FÉNELON

A CAMBRAI

D'APRÈS SA CORRESPONDANCE

1699-1715

PAR

EMMANUEL DE BROGLIE

PARIS

LIBRAIRIE PLON

E. PLON, NOURRIT et Cie, IMPRIMEURS-ÉDITEURS

RUE GARANCIÈRE, 10

1884

Tous droits réservés

FÉNELON A CAMBRAI

L'auteur et les éditeurs déclarent réserver leurs droits de traduction et de reproduction à l'étranger.

Cet ouvrage a été déposé au ministère de l'intérieur (section de la librairie) en mai 1884.

DU MÊME AUTEUR, A LA MÊME LIBRAIRIE.

Le Fils de Louis XV, *Louis, Dauphin de France*. Un volume in-18 jésus. Prix.. 3 fr. 50

PARIS. TYPOGRAPHIE DE E. PLON, NOURRIT ET Cie, RUE GARANCIÈRE, 8.

FÉNELON

A CAMBRAI

D'APRÈS SA CORRESPONDANCE

1699-1715

PAR

EMMANUEL DE BROGLIE

PARIS

LIBRAIRIE PLON

E. PLON, NOURRIT ET Cie, IMPRIMEURS-ÉDITEURS

RUE GARANCIÈRE, 10

1884

Tous droits réservés

AVANT-PROPOS

Il est peu de noms plus illustres que celui de Fénelon. Tout semble avoir concouru à lui donner une place à part dans l'histoire de cette grande époque qui s'appelle le dix-septième siècle. A la gloire littéraire qui le met au premier rang parmi les plus grands écrivains de la France, vient s'ajouter pour l'auteur du *Télémaque* le souvenir d'une vie toute de vertus qui s'acheva dans la disgrâce. Le charme que cette nature à la fois si fine et si fière exerça autour d'elle ne s'est pas dissipé tout entier avec la mort.

Après avoir été l'objet de l'admiration de ses contemporains, Fénelon attire encore l'attention, non-seulement des amis des lettres, mais aussi de ceux qui aiment à s'occuper de l'histoire de l'esprit humain. Malgré la distance des temps et le changement des mœurs, malgré la gloire elle-même qui, en imposant certaines figures à notre admiration, leur enlève parfois une partie de leur originalité propre, il exerce un singulier attrait sur les esprits élevés où vivent encore le goût du beau et le culte de la vérité.

Et cependant, malgré cette gloire posthume, sur laquelle

Fénelon n'avait peut-être pas compté, les opinions sur son caractère moral ont subi les plus étranges vicissitudes, et aucun jugement précis, définitif, ne s'est formé sur son compte. Les hommes qui ont brillé pendant leur époque prennent, en général, rang dans l'histoire avec une appréciation toute faite, revêtus, si on nous passe l'expression, d'une sorte de masque où les traits principaux de leur caractère sont grossis et défigurés. La postérité, légère et inattentive, donne aux grandes figures du passé des attributs qu'elle se contente de saluer de loin, et ces êtres si vivants, dont l'activité a été si féconde, deviennent comme de froides statues, décoration pompeuse et triste des temps qui ne sont plus.

Fénelon a été, sous ce rapport, plus ou moins heureux que les autres illustres personnages de son siècle. Sa renommée, quelque grande qu'elle soit, est restée incertaine, comme nébuleuse, et cette incertitude a rendu les jugements portés sur ce grand caractère singulièrement superficiels. Pour les uns, ce fut un saint méconnu; pour les autres, un ambitieux ne rêvant que crédit et domination. Les jansénistes en firent un défenseur fanatique des doctrines qu'on a appelées ultramontaines, ne cherchant qu'à faire oublier ses propres erreurs par un zèle affecté. Puis vint l'école philosophique du siècle dernier, qui, fidèle à sa tactique ordinaire, voulut s'emparer d'une renommée dont l'éclat lui portait ombrage, et transforma Fénelon en une sorte de philosophe inavoué, dont la douceur tolérante cachait mal le scepticisme réel. Lorsque enfin la première édition complète des *Mémoires de Saint-Simon* vit le jour, l'admirable portrait de l'archevêque de Cambrai, où l'écrivain de génie s'est surpassé lui-même, attira aussitôt l'attention, et détruisit la légende philosophique pour la remplacer par une nouvelle critique, singulier mélange de vérités et d'erreurs, d'involontaire admiration et de partialité jalouse, où, à son insu, l'auteur nous montre à la fois, et toutes les ressources de son talent, et toutes les passions confuses de son âme.

De toutes ces diverses appréciations, tour à tour présentées au public, il s'est formé sur Fénelon une sorte de vague impression que chacun tourne du côté où le porte le penchant naturel de son esprit. Ceux qui ont le goût du bon sens pratique, tout en admirant l'écrivain, se sont méfiés de l'homme comme d'un rêveur à moitié sincère. Ceux au contraire qui sont naturellement portés vers les élans de l'imagination se prennent de passion pour le défenseur du pur amour et l'auteur des *Lettres spirituelles*. Et ainsi pour le grand nombre Fénelon est devenu un personnage à double face, moitié mystique, moitié ambitieux, aussi chimérique en politique qu'exalté en religion. De plus, les deux grands événements de sa vie furent la fameuse dispute suscitée par son livre des *Maximes des Saints*, et l'éducation du duc de Bourgogne. Dans un cas, l'archevêque de Cambrai se trouve avoir été emporté par l'ardeur de son âme dans de dangereuses régions où il faillit s'égarer; dans l'autre, la mort vint anéantir le fruit de ses efforts. Ainsi sa vie fut en apparence stérile, et les admirables qualités littéraires de son style restent ses plus grands titres à la renommée.

Amené à lire dans son entier la volumineuse correspondance de Fénelon, imprimée au commencement du siècle, à laquelle les historiens font de si curieux emprunts, j'ai été frappé de la différence profonde qui sépare le Fénelon vrai et tel qu'il se montre dans ses lettres, de ces personnages divers, tantôt mystiques et rêveurs, tantôt ambitieux et avides de pouvoir, que l'on nous représente tour à tour. De cette longue suite de lettres, où il faut du temps pour se reconnaître, se détache une figure toute différente de celle que ce nom évoque en général dans les esprits. A côté de l'écrivain dont la langue claire, abondante, aussi souple que forte, sait exprimer avec netteté les idées les plus délicates, se montre à découvert une de ces âmes d'élite que dévore l'ardeur intérieure, qui se consument à la poursuite de la perfection morale, sans cependant perdre le goût ni le besoin de l'activité pratique. A côté du chrétien, qui semble vouloir se perdre dans la contemplation passive des choses divines, on trouve un esprit ouvert, généreux, passionnément épris du bien de l'État et du bonheur des peuples, qui dans son dévouement et son patriotisme sait s'élever au-dessus des idées de son temps, et juger les hommes et les institutions avec une largeur de vues surprenante. Partout dans ces pages, qui semblent encore tout imprégnées de l'émotion qui les a dictées, circulent une chaleur de cœur, une indépendance d'esprit, une vigueur dans les pensées, qui surprennent chez celui qu'on se plaît à appeler le doux auteur de *Télémaque*. L'humble soumission du fidèle qui est et veut à quelque prix que ce soit demeurer l'enfant docile de l'Église, n'a donné à la noble indépendance de l'évêque et du gentilhomme qu'une nuance de délicatesse de plus.

La disgrâce, cette terrible épreuve des temps passés, sous laquelle fléchissaient si souvent les plus grands courages, n'a rien pu sur cet homme naturellement fier, qui a conscience de sa valeur et sait rester debout devant un pouvoir dont l'éclat éblouissait les meilleurs esprits. Peut-être même l'intérêt constant pour les affaires publiques, le goût aussi vif qu'inconscient de s'en occuper, joints à une certaine roideur qui eût pu devenir de l'obstination si elle n'eût pas été contenue par l'intelligence la plus pénétrante, étonnent-ils au premier abord chez le défenseur du pur amour. Mais ces inconséquences, ces contrastes qui se rencontrent dans les natures les plus élevées, sont aussi curieux qu'attachants. Il est intéressant de voir les combats que l'ambition la plus noble et la plus désintéressée, mais enfin l'ambition, livrait, dans le cœur de cet homme si supérieur, au détachement chrétien, et comment les coups de la Providence firent peu à peu mourir en lui cet intérêt propre qu'il avait voulu proscrire du cœur de tous, alors que le sien en était peut-être encore trop rempli. Là aussi Fénelon n'est pas bien connu : ce n'était ni un ambitieux dans le sens le plus ordinaire du mot, ni une de ces âmes saintes qui ont tout quitté et que Dieu remplit seul. Lui-même le savait bien : « Le monde me flatte encore, » répète-t-il souvent dans ses lettres. Les efforts constants qu'il fait pour atteindre l'idéal chrétien auquel il aspire, si fort en opposition avec la vivacité naturelle de son esprit et la fermeté presque inflexible de son caractère, le goût toujours renaissant pour les affaires, lui donnent parfois, je ne dirai pas un air de fausseté, mais de dissimulation tout à fait contraire à la vérité de sa nature. C'est tout ce travail intérieur, cette lutte qu'il eût appelée celle du « vieil homme contre l'homme nouveau », qu'il est intéressant de connaître. Ce n'est plus ce personnage tendre, vivant dans les nuages d'une mysticité de mauvais aloi, rêvant le bonheur des peuples dans un monde imaginaire, mais un homme vivant, plein de cœur et de générosité, avec une incontestable grandeur, dont les défauts semblent rehausser en quelque sorte les vertus. En pénétrant plus avant dans la connaissance de Fénelon, il est plus aisé de se rendre compte du prestige qu'il exerçait autour de lui, et plus d'une fois on croit entendre cette voix si pénétrante qui fascinait le « petit troupeau » des initiés de Versailles.

Nous allons essayer, malgré la difficulté de l'entreprise et notre peu de capacité pour la mener à bien, de faire faire à nos lecteurs une connaissance un peu plus intime avec ce grand et admirable esprit.

Les lettres de Fénelon, non pas ses lettres de direction qui sont dans toutes les mains, mais sa correspondance générale, nous aideront dans notre tâche et nous donneront le secret de son cœur. Nous ferons de nombreux emprunts à ces lettres, où il s'est peint en quelque sorte lui-même : en le laissant parler le plus souvent possible, nous aurons au moins le mérite de faire repasser sous les yeux du lecteur quelques-unes des plus charmantes pages de la langue française.

Nous avons hâte cependant de dire que nous n'avons à aucun degré le dessein d'entreprendre une histoire complète de la vie de Fénelon. Nous ne nous en sentons ni la force ni l'autorité. La lutte que l'archevêque de Cambrai soutint contre Bossuet sur les matières les plus ardues de la théologie mystique demande, pour être bien exposée, une exactitude théologique qui n'appartient qu'à ceux qui ont fait de ces matières l'objet particulier de leurs études. Nous ne nous risquerons pas sur ce terrain glissant où peu d'esprits nous suivraient. Les années que Fénelon passa à la cour, l'éducation qui fut donnée par ses soins au jeune duc de Bourgogne, sont connues, et de récents travaux ne laissent rien à ajouter sur cette partie la plus brillante et la plus célèbre de son existence. Mais ce que, suivant nous, on connaît moins, c'est la dernière portion de cette vie qui eut tant de phases diverses, c'est celle-là même qui jette la plus vive lumière sur la personne de Fénelon.

Le lecteur sera peut-être surpris de nous voir ainsi sauter, pour ainsi dire, par-dessus toute la portion brillante de la carrière de Fénelon pour nous occuper uniquement de la fin plus obscure de sa vie. Mais si nous avons su exprimer notre pensée, il comprendra sans peine la raison de ce choix et pourquoi, comme dit Saint-Simon, « on imitera ici son silence en l'admirant, et on se transportera tout d'un coup à Cambrai après la totale fin de cette étrange affaire ». Privé, à l'heure où la vieillesse arrivait, du commerce de ces amis d'élite qu'il avait su grouper autour de lui, frappé dans son autorité morale par la condamnation de son livre, accablé par les soins incessants que réclamait un diocèse ruiné par la guerre, Fénelon vit enfin emporter par un de ces coups de la Providence qui étonne même la postérité, le duc de Bourgogne qu'il avait formé, et s'anéantir avec lui toutes ses espérances publiques et privées. Mais à tant d'épreuves il opposa le plus noble courage, sachant être à la hauteur de sa tâche, et, comme les anciens évêques de Gaule, devenir le vrai pasteur et le nourricier des fidèles. Rien ne put l'abattre ni diminuer son ardeur; mais son âme fut broyée, et, pareille au vase de Madeleine, elle répandit en se brisant tous les parfums qu'elle contenait.

L'épreuve seule peut donner la véritable mesure d'un homme et de sa valeur morale. C'est la pierre de touche qui fait reconnaître l'or pur. De sa main austère, mais toujours bienfaisante, la douleur déchire les voiles, fait voir à nu le cœur de celui qu'elle a marqué de son sceau. Jamais vie ne commença à la fois plus pure et plus brillante que celle de Fénelon pour aller finir plus tristement dans une continuelle et amère déception; mais aussi jamais années assombries par le malheur ne furent plus actives et plus pleines. L'éclat des vertus de l'archevêque de Cambrai, l'autorité de son nom devinrent si grands que Louis XIV lui-même ne put échapper à l'admiration commune, et qu'après avoir travaillé avec tant de passion à faire condamner le livre des *Maximes des Saints,* il finit par écouter en secret les conseils de celui qui lui avait inspiré tant de défiance, et qu'il eut parfois recours à l'auteur du *Télémaque* pour apprendre la vérité. C'est tout cet admirable dénoûment d'une vie si traversée que nous voudrions mettre un peu plus en lumière. L'histoire en a peu ou point parlé : l'ombre de la retraite couvrit Fénelon à cette époque où il fut vraiment grand par le cœur et par le dévouement.

Sans abandonner tout à fait l'ordre chronologique, nous ne nous sommes pas cru astreint à le conserver absolument, et nous avons usé d'une certaine liberté afin de donner aux hommes comme aux événements leur physionomie vraie et leur caractère propre, en groupant les faits qui les mettent dans une plus vive lumière.

Après avoir essayé de peindre Fénelon à Cambrai, son genre de vie et la petite société qui l'entourait, nous le montrerons tour à tour évêque infatigablement dévoué à son troupeau, en correspondance active avec ses anciens amis de Versailles, dirigeant de loin le duc de Bourgogne, et soutenant presque à lui seul la polémique contre les jansénistes. La guerre dans les Flandres rapprochant l'élève de son maître donnera lieu à cette célèbre correspondance où Fénelon essaye en vain de faire passer dans l'âme indécise et timorée du jeune prince un peu de cette ardeur intérieure qui consumait la sienne, et que l'exercice le plus complet des œuvres de charité envers les pauvres, soldats ou paysans, amis ou ennemis, pouvait à peine satisfaire. Lorsque enfin la mort soudaine du premier Dauphin, fils de Louis XIV, amènera le duc de Bourgogne tout à fait sur les marches d'un trône qui devait bientôt être vide, nous verrons tout ce que cette péripétie subite causa d'émotion et fit concevoir de plans d'avenir à Cambrai et à Versailles. Enfin, comme si toutes les espérances ne devaient être que des illusions pour Fénelon, un nouveau coup de la Providence vint encore une fois réduire tous ces rêves à néant, en enlevant celui qui en était le centre, et frapper Fénelon à la fois dans sa plus chère affection et dans ses rêves de bon citoyen.

C'est ainsi que les derniers jours de l'archevêque de Cambrai, assombris par toutes les tristesses, nous le montreront arrivé par cette série d'épreuves à cette heure où la croissance morale est achevée, où la mort détache sans peine le fruit mûr pour l'éternité.

Tel est le plan fort simple que nous avons suivi dans notre travail; il nous a paru répondre au but que nous nous sommes proposé.

Il semble que dans les heures douteuses que nous traversons, au milieu des angoisses de tout genre qui viennent assaillir le cœur d'un chrétien et d'un Français, il n'y ait pas seulement un intérêt de curiosité, mais quelque chose de singulièrement fortifiant dans cette étude qui nous fait acquérir une connaissance un peu plus intime d'un des esprits les plus nobles et les plus généreux qui furent jamais. A l'heure où, revenu lui-même de bien des illusions, où, trempé par l'épreuve et ayant montré au monde qu'en restant l'humble enfant de l'Église, il n'en était devenu que plus homme par la fermeté de son âme et l'indépendance de son caractère, Fénelon nous apparaît comme une de ces grandes lumières qui éclairent le passé. Sa chaleur ranime ce goût pour l'enthousiasme et les idées élevées que le froid scepticisme contemporain ne parviendra jamais à éteindre tout à fait. Il y a plus, cette dernière période de la vie de Fénelon correspond exactement à cette triste fin du règne de Louis XIV où tous les désastres semblèrent fondre à la fois sur la France et lui faire expier sa gloire passée. Mais, sous les coups de la fortune, la France entière, à l'exemple de son vieux roi, retrouva une vigueur et une énergie qui surprirent l'Europe et l'aidèrent à sortir de la lutte avec une nouvelle grandeur. En étudiant les dernières années de Fénelon, nous assisterons ainsi aux deux plus grands spectacles qu'il soit donné aux hommes de contempler : celui d'une nation qui sait résister au malheur et lutter courageusement pour défendre son indépendance, et celui d'une âme chrétienne, qui va chaque jour s'épurant, jusqu'à ce que la mort lui fasse connaître cet état de charité pure que, dans la hardiesse téméraire de son esprit, Fénelon avait voulu établir parfaitement dès ici-bas.

FÉNELON A CAMBRAI

CHAPITRE PREMIER

Fénelon à Cambrai après la condamnation du livre des *Maximes des Saints*. — Sa vie. — Sa maison. — Ses amis. — Les trois abbés. — Les jeunes neveux. — Madame de Montberon. — Visite de l'abbé Le Dieu.

1699-1700.

« J'ai passé une jeunesse douce, libre, pleine d'études « agréables et de commerce avec des amis délicieux. J'entre « dans un état de servitude perpétuelle en terre étrangère. « Mais je serais bien fâché de tenir ni à ma santé, ni à ma « liberté, ni à mes amis, ni à aucune consolation. » Ces paroles mélancoliques, qu'une sorte de pressentiment arrachait à Fénelon en 1695, alors que rien ne pouvait faire prévoir sa disgrâce, sont comme un adieu adressé à la meilleure portion de sa vie. Du jour, en effet, où le modeste abbé de Fénelon, qui jusqu'alors n'avait brillé à la Cour que par ses vertus et ses talents, fut devenu l'archevêque de Cambrai, à la tête d'un des plus grands évêchés du royaume, la destinée sembla se plaire à lui arracher une à une toutes les joies de sa vie.

Bien que, comme nous l'avons dit, nous ne nous occupions que de la vie de Fénelon à Cambrai, il nous faut cependant résumer en quelques mots son existence précédente et remettre ainsi dans la mémoire de nos lecteurs des faits qui leur sont connus, mais qu'il est nécessaire de rappeler brièvement; ce rapide exposé fera mieux comprendre la situation de Fénelon à ce moment critique de sa vie où, condamné à Rome et banni de Versailles, il se retira dans son diocèse pour n'en plus sortir.

François de Salignac de la Mothe-Fénelon naquit au château de Fénelon, en Périgord, le 6 août 1651, d'une ancienne famille, fort illustre dans le Midi, et très-bien placée à la Cour. Élevé successivement à l'université de Cahors, puis au collége du Plessis à Paris, le jeune Fénelon témoigna dès sa jeunesse une vocation décidée pour l'état ecclésiastique, tandis qu'il faisait également preuve d'un esprit dont les brillantes qualités se firent jour de très-bonne heure.

Dès que ses études furent terminées, son oncle, le marquis de Fénelon, ce militaire distingué dont le grand Condé loua publiquement la bravoure et l'honneur, et qui joignait au plus mâle courage la piété la plus fervente, le fit entrer au séminaire de Saint-Sulpice, fondé trente ans auparavant par le célèbre M. Ollier. Ce fut là que le jeune homme reçut son éducation sacerdotale, et puisa une piété large et forte très-différente du rigorisme de Port-Royal. Ce fut là aussi qu'il reçut les principes théologiques auxquels il fut fidèle toute sa vie, et que les gallicans d'alors se plaisaient à appeler ultramontains. Au sortir du séminaire, le jeune abbé de Fénelon, encore dans toute la ferveur d'un néophyte, eut, dit-on, la pensée de se consacrer aux missions d'Orient. Une lettre restée célèbre et souvent reproduite a conservé ces aspirations vagues vers un sublime dévouement. Détourné de ses projets par la faiblesse de sa santé, il se voua dans la congrégation de Saint-Sulpice, chargée alors comme aujourd'hui du soin de cette vaste paroisse, au ministère pastoral avec un tel succès qu'il ne tarda pas à attirer l'attention. M. de Harlay, alors archevêque de Paris, le nomma à vingt-sept ans supérieur de la communauté dite des Nouvelles Catholiques, où se retiraient les personnes converties au catholicisme et désireuses de s'affermir dans leur foi. Pendant dix ans, Fénelon exerça cette fonction si délicate avec un tact et une mesure parfaits. Ce fut alors qu'il se lia assez intimement avec Bossuet, auquel son oncle l'avait présenté, et qu'il connut aussi le duc de Beauvilliers, avec lequel il devait former des liens d'une si étroite amitié. Les ducs de Beauvilliers et de Chevreuse avaient épousé les deux filles de Colbert, et formaient à la Cour une petite société particulière, fort pieuse et donnant l'exemple de toutes les vertus domestiques et sociales dans un milieu frivole et agité. L'abbé de Fénelon ne tarda pas à avoir une place à part dans ce petit cénacle dont il devait devenir l'idole. Il séduisit tout le monde par le charme de son esprit et cette éloquence naturelle qui vient du cœur, dont personne n'était plus doué que lui. Ce fut pour la duchesse de Beauvilliers qu'il composa le *Traité de l'éducation des filles,* qui est resté comme un modèle du genre. En 1683, il perdit son oncle chez qui il vivait. Cette perte, le laissant seul à Paris, reserra encore les liens qui l'unissaient à ses amis de Versailles, ainsi que sa liaison avec Bossuet. M. de Harlay, qui n'aimait pas l'illustre évêque de Meaux, en prit ombrage, et dit alors au jeune abbé dans une de ses rares visites cette phrase singulière que l'avenir devait si fort démentir : « Monsieur l'abbé, vous voulez être oublié, vous le serez. » Et en effet, à deux reprises il empêcha le Roi de donner suite au dessein de le nommer à un évêché. Fénelon continua tranquillement ses fonctions sans chercher à s'élever ; il fit paraître un ouvrage de controverse, le *Ministère des pasteurs,* qui eut alors le plus grand succès et attira l'attention sur son nom. Lors de la révocation de l'édit de Nantes, le marquis de Seignelay le chargea d'aller présider aux missions faites dans le Poitou et la Saintonge, pour obtenir la conversion des protestants. Fénelon partit pour accomplir cette tâche si épineuse en ne demandant qu'une seule grâce, celle de voir les troupes éloignées des lieux des missions. La correspondance qu'il eut avec le marquis de Seignelay sur cette mission est fort curieuse, et montre avec quel zèle et quelle douceur il sut prêcher les religionnaires. S'il était trop de son temps pour s'étonner de l'emploi de la force, il était aussi trop bon chrétien pour croire que l'on pût violenter les consciences, et partout son passage fut marqué par des conversions sincères qui lui méritèrent l'estime de ceux même qui n'écoutèrent pas sa voix. De retour à Paris, il reprit simplement ses fonctions jusqu'au jour où Bossuet et M. de Beauvilliers le désignèrent au Roi comme précepteur du jeune duc de Bourgogne. Ce fut en 1689 que le Roi appela l'abbé de Fénelon à la Cour. Sur ce nouveau et plus vaste théâtre, il ne tarda pas à fixer tous les regards, et cette période fut la plus brillante de sa vie. Chacun admirait le talent du jeune instituteur qui savait dompter le caractère de son élève, né terrible, comme dit Saint-Simon, et réussissait à tourner vers le bien cette nature ardente. Le charme de son esprit, l'agrément de ses manières, sa vie austère sans affectation, sa piété et surtout ce don de séduction qu'il avait à un si rare degré, tout acquit à Fénelon en peu de temps une situation particulière à la Cour et un véritable empire dans la petite société d'esprits distingués et de grandes dames dont nous avons parlé. C'étaient, outre les ducs de Beauvilliers, de Chevreuse et leurs femmes, les deux duchesses de Mortemart, la comtesse de Gramont, que Fénelon détacha un moment du jansénisme, M. de Seignelay, la maréchale de Noailles et quelques autres choisis avec soin. C'était même madame de Maintenon, qui, aussi prompte à s'engouer des gens qu'à les abandonner, goûta fort l'abbé de Fénelon. Sa direction déjà très-empreinte de mysticisme l'enchanta, et elle songea pendant un moment à le prendre pour guide dans la piété. Ce désir passager lui valut une lettre de conseils pieux où le jeune directeur signale avec une franchise voisine de la rudesse les défauts qu'il a cru remarquer en elle. C'est encore pour obéir à madame de Maintenon que Fénelon rédigea un plan de lettre à faire passer sous les yeux de Louis XIV, dont la hardiesse et la liberté de jugement sont telles qu'on a longtemps contesté l'authenticité de la pièce, demeurée du reste sans usage et à l'état de simple projet. Pendant quelques années la réputation du jeune abbé alla toujours grandissant, et lorsqu'en 1695 le Roi le nomma à l'archevêché de Cambrai, le choix fut unanimement approuvé. Deux ans auparavant, il avait remplacé Pélisson à l'Académie française et s'était lié avec les gens de lettres les plus illustres du temps : il eut entre autres des rapports d'amitié intime avec Racine et La Bruyère.

Voici un portrait peu connu de Fénelon que nous ne croyons pouvoir mieux faire que de placer ici, parce qu'il nous semble rendre bien compte de l'impression produite à la Cour par ce brillant esprit. Il est extrait des Mémoires du chancelier d'Aguesseau, qui ne le vit plus après sa retraite à Cambrai [1] :

« L'abbé de Fénelon, depuis archevêque de Cambrai, était un de ces hommes rares, destinés à faire époque dans leur siècle, et qui honorent autant l'humanité par leurs vertus, qu'ils font honneur aux lettres par leurs talents excellents, facile, brillant, dont le caractère était une imagination féconde, gracieuse et dominante sans faire sentir sa domination. Son éloquence avait, en effet, plus d'insinuation que de véhémence, et il régnait autant par les charmes de sa société que par la supériorité de ses talents, se mettant au niveau de tous les esprits, et paraissant même céder aux autres dans le temps qu'il les entraînait. Les grâces coulaient de ses lèvres, et il semblait traiter les plus grands

[1] *OEuvres de d'Aguesseau*, XIII, p. 167.

sujets pour ainsi dire en se jouant. Les plus petits s'ennoblissaient sous sa plume, et il eut fait naître des fleurs du sein des épines. Une noble singularité répandue dans toute sa personne et *je ne sais quoi de sublime dans le simple* ajoutaient à son caractère un certain air de prophète ; le tour nouveau, sans être affecté, qu'il donnait à ses expressions, faisait croire à bien des gens qu'il possédait toutes les sciences comme par inspiration ; on eût dit qu'il les avait inventées plutôt qu'il ne les avait apprises. Toujours original, toujours créateur, n'imitant personne et paraissant lui-même inimitable. Ses talents, longtemps cachés dans l'obscurité des séminaires et peu connus à la Cour, lors même qu'il se fut attaché à faire des missions pour la conversion des religionnaires, éclatèrent enfin par le choix que le Roi en fit pour l'éducation de son petit-fils, le duc de Bourgogne. Un si grand théâtre ne l'était pas trop pour un si grand acteur, et si le goût qu'il conçut pour la mystique n'avait trahi le secret de son cœur et le faible de son esprit, il n'y aurait point eu de place que le public ne lui eût destiné et qui n'eût paru au-dessous de son mérite. »

Si l'on joint à ce que vient de dire sur Fénelon ce juge froid et peu susceptible d'enthousiasme, une figure originale, d'une expression saisissante, il sera aisé de se rendre compte de la place qu'un tel homme sut se faire en peu de temps dans le milieu brillant et spirituel où la fortune l'avait conduit.

« Ce prélat, dit Saint-Simon [1], était un grand homme, maigre, bien fait, pâle, avec un grand nez, des yeux dont le feu et l'esprit sortaient comme un torrent, et une physionomie telle que je n'en ai point vu qui y ressemblât, et qui ne se pouvait oublier quand on ne l'aurait vue qu'une fois. Elle rassemblait tout, et les contraires ne s'y combattaient point. Elle avait de la gravité et de la galanterie, du sérieux et de la

---

[1] SAINT-SIMON, éd. Cher., XI, p. 438.

gaieté, elle sentait également le docteur, l'évêque et le grand seigneur ; ce qui y surnageait, ainsi que dans toute sa personne, c'était la finesse, l'esprit, les grâces, la décence et surtout la noblesse. Il fallait effort pour cesser de le regarder. »

Tout semblait donc devoir promettre un avenir très-brillant à celui que les circonstances avaient jusqu'alors si bien servi. L'orage du quiétisme vint anéantir ces espérances. Il serait trop long d'exposer, même sommairement, cette interminable discussion sur un sujet d'une singulière délicatesse, qui fut l'occasion de la chute de sa fortune et le ruina à jamais dans l'esprit du Roi. Commencée « dans la douceur et le calme », entre les deux plus grands prélats du temps, Bossuet et Fénelon, devenant ensuite de jour en jour plus ardente, plusieurs fois terminée et renaissant toujours de ses cendres à cause de la ténacité des deux adversaires, cette controverse théologique finit par devenir une lutte passionnée ou les torts furent au moins partagés. Tout le monde sait comment l'archevêque, ne croyant soutenir que la doctrine du pur amour ou de la charité désintéressée, se laissa séduire par le mysticisme de la trop fameuse madame Guyon et entraîner avec elle sur le plus dangereux des terrains. Cette singulière personne, dont les écrits et les étranges conseils de dévotion avaient été le premier motif de la querelle du quiétisme, disparut bientôt des débats qui s'élevèrent jusqu'aux plus hautes régions de la théologie. De part et d'autre on déploya des trésors d'éloquence et d'esprit dans cette lutte de plume, qui valut à notre langue un chef-d'œuvre de plus dans cette *Relation du quiétisme*, ou Bossuet montra qu'il savait mieux que personne manier l'ironie et en faire une arme terrible. Un décret du Pape vint mettre fin à la dispute en condamnant le livre des *Maximes des Saints*, composé par Fénelon comme exposition de sa doctrine. Celui-ci se soumit immédiatement sans murmurer. Pendant ce temps il avait vu s'écrouler toute sa fortune de courtisan, si le mot peut s'appliquer à un caractère tel que le sien. A mesure que la faveur royale s'éloignait de lui, les amis de Cour l'avaient abandonné l'un après l'autre. Madame de Maintenon, sans se souvenir de leurs rapports passés, était devenue le docile instrument de ses ennemis : elle se montrait même d'autant plus empressée à le combattre qu'elle avait elle-même provoqué la querelle en introduisant madame Guyon dans son cher Saint-Cyr. Le Roi, d'abord refroidi à l'égard de M. de Cambrai, avait fini par se croire personnellement offensé et trouvait de bonne foi fort mauvais qu'un évêque ne voulût pas se rendre immédiatement à ses ordres, fût-ce sur une matière de foi. Dès le mois d'août 1697, il avait fait ordonner à l'archevêque de quitter la Cour et de se retirer à Cambrai pour y attendre la fin du procès. C'était une disgrâce complète, et depuis ce jour Fénelon ne devait plus sortir de sa ville épiscopale. C'est là que nous allons aller le chercher, après avoir remis dans la mémoire du lecteur les incidents qui l'y avaient conduit.

« Pour moi, qui suis si soumis, on m'écrase. Dieu soit loué. Laissez Rome m'envoyer ou ne m'envoyer point de bref. Ils sont nos supérieurs, il faut s'accommoder de tout, sans se plaindre, et demeurer soumis avec affection pour l'Église mère et porter humblement l'humiliation. Venez, venez; quelle consolation de vous embrasser, de vous entretenir, de vivre et de mourir avec vous [1]! » Ces belles paroles, empreintes d'une tristesse si chrétienne, terminent la longue correspondance de Fénelon avec l'abbé de Chantérac qu'il avait envoyé à Rome pour y suivre l'affaire de son livre et y porter ses défenses. Ayant accepté sincèrement et sans restriction le jugement qui le condamnait, il fit lui-même le silence sur ces matières qui ne l'avaient que trop occupé :

---

[1] *Corresp. gén.*, X, 585.

rien n'eût été plus facile que de continuer la discussion à propos des défenses justificatives, qu'il avait composées pour expliquer ses sentiments et qui ne furent pas condamnées. Il pensa alors ce qu'il eût mieux fait peut-être de penser plus tôt, que l'Église saurait bien défendre sans lui le véritable caractère de cette doctrine de la charité désintéressée que son zèle imprudent avait compromise. Il comprit que l'abandon de toute discussion sur ces matières et l'activité pratique convenaient seules à cette heure d'épreuve. L'éclat que le procès du livre des *Maximes des Saints* venait de donner à son nom, l'admiration qu'excitait partout sa soumission si simple et si digne, l'intérêt que l'acharnement de ses adversaires lui valait, même de la part de ceux qui étaient le plus éloignés de ses sentiments, les avances que lui prodiguaient à l'envi jansénistes et protestants : toute cette fumée de gloire du monde, comme il eût dit, ne le troubla pas un moment, et ne le fit pas hésiter sur la conduite à tenir. Il n'oublia pas que deux ans auparavant il écrivait à un ami, en quittant la Cour : « Humilions-nous, et au lieu de raisonner sur l'oraison, songeons à la faire ; c'est en la faisant que nous la défendrons, c'est dans le silence que sera notre force[1]. » Moins de deux mois après sa condamnation, il était en pleine tournée épiscopale, prêchant, confessant, confirmant avec une ardeur nouvelle. « Divers besoins pressants de ce diocèse m'engageant à partir au plus tôt pour aller faire quelques visites, écrit-il le 28 avril 1699 à l'évêque d'Arras, cette occupation, convenable au profond silence où je veux vivre, sera aussi consolante pour moi que j'ai eu de répugnance à écrire pour me défendre[2]. » Mais cette soumission courageuse fut simple et sans affectation ; il ne songea pas un instant à en profiter pour regagner la faveur de personne ; il ne fit pas la moindre tentative pour se rapprocher

---

[1] Fénelon, *OEuvres complètes*, II, 282. Paris, 1852.
[2] *Corresp. génér.*, X, 543.

de ses adversaires. « Ma patience, mes mœurs, mon travail pour ce diocèse, écrivait-il à l'abbé de Chantérac qui sollicitait un bref d'approbation pour le mandement de soumission, mes instructions familières feront peut-être plus à la longue pour me justifier que des louanges dans un bref. Ainsi, mon très-cher abbé, si vous ne pouvez obtenir ce bref des offices du Pape et du côté de la Cour que par des bassesses équivoques sur le passé, prenez modestement congé de la compagnie, et passons-nous avec abandon à la Providence de tout ce qu'elle nous ôtera. Point de négociations où l'on me mettra à la merci de mes parties pour mes soumissions, ceux qui veulent que j'achète si chèrement une apparence vaine ne savent pas combien je suis, Dieu merci, détaché de tout ce qui flatte en ce monde [1]. » — « Pour ma personne, dit-il encore quelques jours plus tard, je ne veux point acheter par des bassesses ou par des soumissions ambiguës quelques louanges vagues. J'aime mieux porter la croix et me justifier moi-même aux yeux de mon troupeau par ma patience, par mon travail et par une conduite tout opposée à l'illusion. Mais, Dieu merci, je n'aime pas assez le monde pour aller mendier le secours de mes parties pour me relever. » C'est avec cette tranquillité un peu fière que Fénelon mit fin à toute controverse et, suivant son expression, se « borna à ses fonctions ».

Pendant les années qui suivirent immédiatement la condamnation de son livre, la vie de l'archevêque se concentra donc tout entière dans son diocèse et à Cambrai. Seules, les lettres de ses fidèles amis de la Cour venaient le tenir au courant des affaires, mais elles étaient rares, et arrivaient difficilement, et ce ne fut que plus tard qu'elles servirent à le ramener presque dans les conseils de Louis XIV.

Nous allons, si le lecteur veut bien nous suivre, entrer

[1] *Corresp. gén.*, X, 471, 477.

dans quelques détails sur cette vie de Fénelon à Cambrai, et le montrer au milieu de la petite société qui l'y entourait. Le tableau ne manquera pas d'intérêt; il nous fera connaître le nom de plus d'un homme distingué, aujourd'hui oublié, ainsi que le genre d'existence que menait alors un archevêque lorsqu'il résidait dans son diocèse. Tout a tellement changé depuis lors, et le sort des évêques peut-être plus que toute autre chose, que la description de l'archevêché de Cambrai en 1700 est curieuse à plus d'un titre.

La ville de Cambrai, à peine réunie par le traité de Nimègue (1678) au territoire français, était alors une place fort importante ; mais, toute flamande encore par son histoire, ses mœurs et son langage, elle n'était passée qu'à regret sous la domination du roi de France et n'avait pas appris à oublier ses anciens maîtres. Sa position près de nos nouvelles frontières, son commerce, les nombreux dépôts de grains qui se trouvaient aux alentours, la richesse et la fertilité des campagnes environnantes, tout en faisait une des principales villes de cette contrée. Avant la réunion de Cambrai à la France, l'archevêque de la ville était prince du Saint-Empire romain et avait même quelques prétentions à des droits de souveraineté du genre de ceux qu'exerçaient encore beaucoup de prélats allemands. Tout en gardant son titre et ses prétentions pour la partie de son diocèse qui était demeurée terre d'empire, il était devenu duc de Cambrai pour la partie française. C'était donc un très-grand seigneur que l'archevêque duc de Cambrai. Les revenus de la manse épiscopale s'élevaient à la somme fort considérable de 200,000 livres. Mais c'étaient des revenus très-aléatoires, qui rentraient difficilement, que mille circonstances pouvaient tarir ou diminuer, et sur la totalité desquels on ne pouvait jamais compter. L'archevêque était seigneur de dix paroisses, et de toute la châtellenie du Câteau-Cambrésis, ce qui en faisait le plus puissant propriétaire de la province.

Le palais où résidait ce grand personnage était fort magnifique. Une partie des bâtiments, celle où se trouvait la bibliothèque de Fénelon, avait été brûlée en 1698, mais le feu avait respecté les principaux corps de logis. Voici, d'après les souvenirs de l'abbé Le Dieu, la description de ce palais épiscopal où vécut Fénelon pendant les seize dernières années de sa vie. Nous le citons parce qu'il est intéressant de connaître ce qu'était il y a deux cents ans la demeure d'un évêque considérable [1].

« L'ancien bâtiment de l'archevêché, autour d'une cour spacieuse, est grand et magnifique. Il est précédé d'une place publique, le long de laquelle s'étend l'église métropolitaine de Notre-Dame. L'entrée du palais est à droite, au couchant; l'église à gauche. Par la petite porte de l'archevêché qui va droit de la porte cochère, on entre sous une galerie ou portique ouvert, ornée de colonnes avec leurs cintres, et pavée de marbre blanc et noir, qui règne tout le long de la cour et en occupe tout le côté droit, et soutient une galerie haute, couverte, où sont beaucoup de logements des gens de la maison.

« ... A la suite, et de plain-pied avec la chapelle archiépiscopale, il y avait ci-devant une grande salle synodale, et dessous cette masse de bâtiments, de grandes voûtes avec un espace fort ample et inutile. Monseigneur l'archevêque a élevé au-dessus de ces voûtes un superbe bâtiment de briques avec des chaînes de pierre de taille, à la place de la salle synodale qu'il a fait abattre. Sous les voûtes il a fait pratiquer des offices avec toutes sortes de commodités au rez-de-chaussée. Son bâtiment neuf a deux étages, et il est tourné au midi et au nord; l'ancienne chapelle au bout du côté du levant, et à l'autre bout, du côté du couchant, la bibliothèque ou grand cabinet de livres, avec une grande croisée en cintre

---

[1] *Journal de l'abbé Le Dieu*, III, 160.

au soleil couchant. Le corps de ce bâtiment est double, et le prélat s'y est fait un logement très-commode composé d'une salle du dais, sous lequel est la croix archiépiscopale, avec trois grandes croisées au milieu ; d'une grande chambre à coucher avec deux grandes croisées aussi au midi ; d'un cabinet de passage avec une seule grande croisée au midi ; et dans le double, d'une petite chambre à coucher avec sa fenêtre au nord ; et au bout d'un grand cabinet carré tout plein de livres qui a, comme je l'ai dit, une grande croisée en cintre à l'occident, avec trois grandes fenêtres au midi et trois au nord, dont les vues sont sur des jardins qui entourent ce bâtiment.

« La salle du dais, lequel est de velours cramoisi, est tendue d'une tapisserie de haute lisse très-fine, représentant l'histoire de la Genèse, avec un grand tapis de pied dessous, et deux canapés aux deux côtés, une douzaine de fauteuils autour de la salle, un grand bureau couvert de son tapis en un coin. Tout ce meuble est de velours cramoisi comme le dais, les portières de même, avec des galons d'or et des franges d'or aux fauteuils ; les rideaux des trois grandes croisées sont de taffetas cramoisi. Il y a quatre portes aux quatre coins de cette grande salle, et la cinquième, qui est au nord vis-à-vis la fenêtre du milieu, est celle par laquelle on entre de l'ancien bâtiment dans le neuf. Le dais est à l'occident, et la cheminée vis-à-vis, au levant. Il n'y a point d'armoiries au dais, et je n'en ai point remarqué en aucun endroit du bâtiment neuf, ni sur les cheminées, ni ailleurs : tous les chambranles des cheminées sont en marbre jaspé.

« L'ameublement de la grande chambre à coucher est d'un damas cramoisi : au lit, fait à la duchesse, il y a un petit galon d'or ; à la tapisserie d'un même damas, il n'y a rien du tout ; les siéges de même, avec encore des fauteuils d'autre sorte.

« Le portrait du roi d'Espagne est placé sur la cheminée

même, celui du Roi est au-dessus immédiatement; à droite celui de Monseigneur le Dauphin, et tout de suite celui de Monseigneur le duc de Bourgogne : ces deux et celui du Roi sur la même ligne, tous portraits en buste de la façon de Rigaud. Il y a aussi des tableaux de dévotion de bonne main dans la grande ruelle du lit et vis-à-vis de la cheminée.

« La petite chambre à coucher est garnie d'un petit meuble de laine gris blanc, un lit à la duchesse, et des siéges avec de très-belles estampes dans des bordures à la capucine; et en me montrant ce lieu, Monseigneur l'archevêque me dit : « C'est ici que je couche, la grande chambre à coucher n'é- « tant que pour la parade, et celle-ci pour l'usage. » Ce prélat m'a bien fait remarquer cette différence, afin que je fusse bien persuadé de sa modestie : tout est grand chez lui pour le dehors, mais tout paraît modeste pour sa personne.

« Au milieu de la bibliothèque ou du grand cabinet à livres, il y a un grand bureau de maroquin noir avec des fauteuils et des siéges à l'entour; une cheminée derrière, au levant; et tous ces appartements sont parquetés, et les parquets cirés et brossés.....

« Dans le bas, sous l'ancien bâtiment, je trouvai des chaises de poste et des chaises roulantes en grand nombre; tout est grand, aisé et commode en cette maison, et l'on n'y fait pas faire des voyages aux ecclésiastiques qu'à leurs joints et aises, ce qui fait beaucoup d'honneur au maître et le fait aimer et respecter comme il l'est partout. »

Le palais épiscopal que Fénelon ne quitta plus était donc une très-belle demeure. Mais si beau que fût le lieu de l'exil, c'était toujours l'exil, et l'on ne peut que difficilement mesurer ce que dut être pour Fénelon le passage de la vie animée de la Cour, avec ses mille sujets d'intérêt, à l'existence uniforme et terne d'une ville de province. Tant que le procès de son livre fut pendant, l'anxiété et l'agitation durent l'empêcher de sentir le vide ; mais une fois l'affaire terminée, le grand silence qui se fit pour un temps autour de lui dut paraître singulièrement triste à cet esprit si habitué à la société et qui avait un si impérieux besoin de mouvement et d'activité. Les communications étaient lentes et difficiles : un voyage de Paris à Cambrai, en hiver surtout, était une véritable entreprise. A cette cause d'isolement il faut ajouter la crainte qu'inspirait alors toute personne qui avait perdu la faveur royale. La disgrâce n'entraînait pas seulement la perte des honneurs ou de l'influence, elle éloignait de celui qui avait eu le malheur de déplaire tous ceux qui prétendaient à quelque chose ou qui, sans prétendre à rien, voulaient vivre en paix : il fallait déployer un vrai courage pour s'avouer ouvertement l'ami d'un homme disgracié. Il est nécessaire de se remettre en esprit dans cet état de société, dont nous avons perdu même l'idée, pour se rendre compte de ce que devait avoir d'amer le passage brusque de la vie de Versailles et du commerce des esprits les plus distingués comme des plus grands seigneurs, à l'exil, à la défaveur, dans une ville toute flamande, où les habitants ne parlaient pas encore français. Il n'y a qu'à lire les lettres de Bussy-Rabutin pendant son exil, ou celles du cardinal de Bouillon lorsqu'il fut passé à l'étranger, pour comprendre comment c'était, il y a deux siècles, un vrai malheur que d'être banni de la Cour pour celui qui y avait vécu.

Lorsqu'il avait été nommé à Cambrai, tout en conservant le poste de précepteur du duc de Bourgogne, Fénelon n'avait accepté cette position si brillante que sous la condition de résider neuf mois de l'année dans son diocèse. Mais alors ce n'était pas la disgrâce et l'isolement qui entourait la disgrâce. Le coup fut donc très-rude, car quelque profonde que fût sa foi religieuse, quelque effort qu'il fît pour arriver à la perfection chrétienne de ce détachement qu'il savait si bien prêcher, ce n'était pas encore une de ces âmes qui se sont élevées au-dessus de tout par les sentiments religieux : l'homme du monde, le gentilhomme frappé dans son honneur, vivait encore en lui, et peut-être plus qu'il ne le savait. Mais Fénelon avait l'âme trop haute pour se laisser aller, fût-ce un instant, à des sentiments de découragement. Dès le premier jour il distribua ses occupations comme s'il ne devait jamais quitter son diocèse et comme s'il n'eût jamais été à la Cour. La règle la plus austère présidait à tous ses moments. Aussi simple, aussi frugal dans ses habitudes qu'un moine dans son couvent, il recevait tout le monde avec grâce et aménité. Sa maison était tenue sur un pied de grandeur simple qui convenait à son rang, et qui s'alliait à une certaine magnificence dans les occasions où il était convenable d'en user, mais aussi avec la plus sévère économie. Malgré ses grands revenus, l'archevêque de Cambrai était loin d'être riche, tant étaient lourdes les charges qui retombaient sur ses épaules : « Je suis endetté à force d'être riche », écrivait-il dès sa nomination ; mais bien résolu à ne pas se laisser gagner par l'indifférence trop générale alors qui régnait sur cette matière, il tenait lui-même ses comptes avec une exactitude scrupuleuse, ce qui ne l'empêchait pas de donner avec une générosité dont nous aurons lieu de parler avec détails dans le cours de ce récit. Il s'occupait aussi avec le plus grand soin de la bonne tenue de ce qu'on appelait alors « le domestique de la maison ». Il écrivit tout exprès un règlement détaillé, en quatorze articles, que l'on devait lire chaque année deux fois aux serviteurs, « afin, dit-il, d'en rafraîchir la mémoire et qu'insensiblement on ne se relâche ». Le maître du logis voulait tout savoir et ne souffrait nul désordre ; à dix heures, les portes de l'archevêché étaient closes. Les rapports des gens de la maison entre eux étaient aussi réglés avec un soin minutieux, et « pour conserver la paix », défense expresse était faite à aucun des serviteurs de rapporter à un autre, « sous prétexte d'amitié », ce qu'il aurait « vu ou entendu dire par un autre à son désavantage ».

S'il demandait de l'ordre dans sa maison, Fénelon en donnait le premier l'exemple. « Il s'éveillait de bonne heure, dit Saint-Simon, mais la maigreur et la délicatesse de son corps le réduisaient à se lever tard. De son lit, il se faisait un cabinet pour dire son office et ses autres prières, voir et répondre à ses lettres, et administrer son diocèse, ce qui était bientôt fait par la grande connaissance qu'il en avait acquise [1]. » Une fois levé, Fénelon disait aussitôt la messe, tous les jours dans sa chapelle, et le samedi à la cathédrale. Ce jour-là, il confessait indistinctement tous ceux qui se présentaient. Les jours de fête, il officiait lui-même solennellement. A midi, il dînait entouré de toute sa maison; on était toujours treize ou quatorze à table, tant aumôniers, secrétaires, que visiteurs ou invités. La table était servie avec abondance et libéralité, mais sans la moindre recherche. Le maître du logis « tenait assez longue table, entretenant, servant, ne mangeant rien de solide et assez peu des autres choses ». Aussitôt après le dîner, on passait dans la grande chambre à coucher d'apparat de l'archevêché, où personne n'habitait. Là, pendant une heure, on causait avec liberté pendant que Fénelon signait sur une petite table ses lettres et expéditions. Puis il se retirait dans son cabinet jusqu'à huit heures et demie en hiver. Lorsque le temps le permettait, et toujours en été, l'archevêque allait par la ville faire quelques visites de bienséance ou dans les hôpitaux, « toujours désireux de se promener pour peu que le temps ne fût pas humide ». A neuf heures du soir, on servait le souper, composé uniquement d'œufs et de légumes; enfin, à dix heures, le prélat faisait lui-même la prière à tous ses domestiques et se retirait.

L'unique plaisir de Fénelon était la promenade : le spectacle de la nature agissait vivement sur son âme et calmait une ardeur intérieure que rien ne pouvait satisfaire. Aussi se promenait-il beaucoup à pied et pendant fort longtemps,

[1] Saint-Simon, *Écrits inédits*, V, 461.

tantôt avec ses neveux, tantôt avec ses grands vicaires, et l'on causait tout en marchant. Quelquefois il allait seul plongé dans de longues réflexions : « Je m'amuse, je me promène, je me trouve en paix dans le silence devant Dieu », écrit-il un jour lui-même à son neveu. A bien des reprises différentes, la mention de ces courses revient sous sa plume, toujours avec une expression de vive jouissance. Lorsque la pluie l'empêchait de sortir, il se promenait de long en large dans le grand plain-pied du premier étage du palais. On ouvrait alors les portes des appartements, et l'archevêque faisait en causant son heure d'exercice journalier.

Rien ne venait troubler l'uniformité de cette vie d'une règle presque monacale pendant les séjours de Fénelon dans sa ville épiscopale. Voici comment il s'en explique lui-même à propos d'un prêtre qui s'offrait pour remplir une place dans sa maison. Il écrit à l'abbé de Beaumont, son neveu : « Ce qu'il me paraît que vous devez bien approfondir avec lui, c'est s'il pourrait se résoudre à mener une vie solitaire, uniforme et continuellement sédentaire, après en avoir mené une si active au dehors et si variée. Aura-t-il la santé, le goût, la patience nécessaire pour cette vie égale et régulière comme le mouvement d'une pendule[1] ? » C'est ainsi que Fénelon à Cambrai s'absorbait dans ce qu'il nomme lui-même « un travail toujours insensible et comme enterré ». Les tournées épiscopales venaient seules apporter quelques changements dans cette existence si monotone.

Chaque année l'archevêque de Cambrai prêchait lui-même le carême dans une ville de son diocèse, avec cette éloquence facile et abondante qui frappait si vivement ses auditeurs, et dont il a exposé les principes dans son *Traité de l'éloquence de la chaire*. Dans ces visites pastorales il charmait tout le monde par sa bonne grâce et son amabilité,

---

[1] *Corresp. gén.*, II, 82.

mettant autant de soins à plaire aux Flamands qui savaient à peine le français, qu'il en avait mis autrefois à séduire le beau monde de la cour. Il eut quelque peine à se faire adopter par ces populations, à peine réunies à la France, et qui avaient gardé toutes leurs anciennes coutumes et tous leurs préjugés contre les étrangers. Son prédécesseur immédiat, M. de Bryas, avait eu une très-grande situation comme étant originaire du pays, et plein de bonté pour les pauvres. Fénelon eut donc de nouveau l'occasion de déployer cette singulière puissance de séduction qui lui était naturelle, et nous verrons plus loin qu'il fut plus heureux sur ce nouveau théâtre, si différent de celui de Versailles, et qu'il s'acquit en peu de temps et pour toujours l'affection et la vénération de ces peuples fidèles par nature. Rien ne pouvait l'arrêter lorsque arrivait le temps des visites épiscopales, ni la guerre, ni la maladie. Il partait sans appareil, s'arrêtant dans les moindres villages pour y prêcher et y donner la confirmation. Il passait alors la plus grande partie de la journée à l'église, recevant avec bienveillance tout ceux qui se présentaient.

Dans les premiers moments qui suivirent la condamnation de son livre, cette activité dut être un puissant moyen de calmer les dernières agitations de son âme; mais le temps en s'écoulant ne fit qu'augmenter son zèle, et constamment nous trouvons dans ses lettres la mention de ces courts voyages, toujours avec une expression de joie de pouvoir se livrer tout entier à ses fonctions. « Je viens de passer quinze jours en visites dans un canton de ce diocèse, écrit-il à sa belle-sœur, le 30 juillet 1699, et je pars aujourd'hui pour aller visiter les environs d'Avesnes jusque sur les frontières du diocèse de Liége. Quoique je fasse tous les jours un grand travail par rapport à mes forces, ma santé est, Dieu merci, assez bonne, et meilleure que quand j'étais autrefois dans une vie si tranquille et dans un régime si précautionné[1]. » En octobre, il est encore en

[1] *Corresp. gén.*, II, 70.

tournée, et il écrit à M. Tronson, le directeur célèbre du séminaire de Saint-Sulpice : « Ma santé ne fait que croître dans ce travail, et j'ai soutenu depuis trois mois en visites des fatigues dont je me croyais très-incapable. Dieu donne la robe selon le froid. Je souhaite de tout mon cœur, Monsieur, que votre santé qui est plus utile que la mienne se conserve de même. Ce qui me fait une véritable peine dans mon éloignement, c'est que je ne puis vous embrasser et vous entretenir cordialement. Du reste, j'ai, Dieu merci, le cœur dans une paix profonde, et je ne pense qu'à mes fonctions[1]. » Ces tournées pastorales avaient lieu au printemps et à l'automne ; Fénelon les prolongeait aussi longtemps que le permettait l'état des routes impraticables pendant une moitié de l'année. Une fois rentré à Cambrai, il reprenait aussitôt la vie réglée dont nous avons tracé le tableau.

Tel fut, pendant seize ans, l'extérieur de l'existence que mena Fénelon. Mais le lecteur ne serait pas tout à fait instruit de sa vie à Cambrai si on ne lui faisait pas connaître le petit groupe d'amis qui avaient suivi leur maître et étaient si bien « passés en lui » qu'ils ont fini par faire comme partie de lui-même, et qu'on ne peut pas plus se les représenter sans Fénelon que Fénelon sans eux.

Ce sont d'abord les trois abbés : MM. de Langeron, de Beaumont et de Chantérac. Les deux premiers, compagnons de sa disgrâce, et le troisième, confident intime de sa pensée pendant le procès du fameux livre des *Maximes*, et chargé de le défendre en cour de Rome. C'étaient trois hommes d'esprit et de cœur, parfaitement dissemblables, bien qu'unis par la plus cordiale affection, et formant un trio fort original qui mérite qu'on le fasse connaître avec quelque détail : s'il est vrai que les amitiés d'un homme révèlent plus véritablement sa nature morale que ce qu'il peut dire ou faire lui-

---

[1] *Corresp. gén.*, II, 384.

même, il ne sera pas inutile de nous étendre un peu sur les hôtes habituels de l'archevêque de Cambrai.

L'abbé de Langeron vient le premier, c'était le plus fidèle ami de Fénelon. Il ne l'avait, pour ainsi dire, jamais quitté : avec lui il avait fait les missions en Saintonge, et il l'avait suivi à Versailles, où il avait été nommé lecteur du duc de Bourgogne, alors que Fénelon était chargé de l'éducation du jeune prince. L'orage du quiétisme n'épargna pas non plus M. de Langeron, qui fut renvoyé de la Cour en 1698, comme suspect d'avoir adopté les sentiments de son ami dans la querelle du pur amour. Il se retira à Cambrai, qu'il ne quitta plus. Esprit élevé, d'un commerce charmant par sa gaieté et son égalité d'humeur, le petit abbé, comme on l'appelait à Cambrai par opposition à la grande taille de M. de Beaumont, occupait une place toute particulière dans l'intérieur de Fénelon. « C'était, écrivait ce dernier, un ami qui faisait la douceur de ma vie et qui avait, avec la vertu la plus exacte, tout ce qui contribue à l'agrément de la société. » La bonne humeur constante de M. de Langeron, jointe à infiniment d'agrément dans l'esprit, lui avait acquis une grande influence sur le duc de Bourgogne, qui ne l'oublia pas plus que Fénelon, lorsque le lecteur fut enveloppé dans la disgrâce du précepteur. Admirateur passionné de l'archevêque, avec qui il était sur le pied de la plus intime familiarité, M. de Langeron n'en était pas moins fort indépendant dans ses vues, et n'avait nullement abdiqué son propre jugement. Il différait souvent de manière de voir avec son supérieur, et lui faisait même parfois des remontrances que celui-ci acceptait fort bien. « Vos remontrances, mon très-cher enfant, lui écrit-il, me firent quelque légère peine sur-le-champ; mais il était bon qu'elles m'en fissent, et elle ne dura pas. Je ne vous ai jamais tant aimé. Vous manqueriez à Dieu et à moi si vous n'étiez pas prêt à me faire de ces sortes de peines toutes les fois que vous croirez me devoir contredire. Notre union roule sur cette simplicité, et l'union ne sera parfaite que quand il y aura un flux et un reflux de cœur sans réserve entre nous [1]. Je vais être fainéant pendant les moissons qui ne finiront qu'avec le mois d'août. Je compte employer en visites les mois de septembre et d'octobre. » (1701.) A quelques jours de là, M. de Langeron ayant fait un voyage, Fénelon le presse vivement de revenir au bercail. « La Toussaint approche, employez bien votre temps et revenez-nous : nous philosopherons ensemble. » Le charmant ami avec qui Fénelon aimait tant à philosopher écrivait lui-même avec agrément. En grande relation d'amitié avec la maréchale de Noailles, belle-sœur du cardinal, l'adversaire passionné du livre des *Maximes*, M. de Langeron servit souvent d'intermédiaire entre elle et Fénelon. Lorsque les affaires des jansénistes eurent mis l'archevêque de Paris dans une situation aussi critique que celle traversée par Fénelon, il essaya de se rapprocher de son ancien ennemi par les soins de sa belle-sœur. Mais l'archevêque de Cambrai, en lutte ouverte et déclarée contre le parti janséniste, repoussa ces avances avec une dignité parfaite, et c'était l'abbé de Langeron qui était chargé de transmettre ses réponses, toujours polies, mais toujours évasives. Voici une de ces lettres, adressées à la maréchale de Noailles, des eaux de Bourbon. Nous la citons en entier, parce qu'elle peint bien son auteur et tout l'agrément de son esprit. La maréchale se plaignait de ce que Fénelon n'avait pas cherché à la voir en se rendant aux eaux, où il obtint une fois, en 1706, la permission de se rendre. M. de Langeron lui écrit :

« A Bourbon, le 3 octobre 1706.

« Pour obéir à vos ordres, Madame, je n'ai point voulu
« vous écrire par la poste. Je n'ai pu trouver aucune voie

---

[1] *Corr. gén.*, II, 428.

« plus sûre que celle de ma sœur, qui part demain sans avoir
« ressenti ici aucun soulagement. Si vous n'êtes pas con-
« tente de la lettre de M. de Cambrai, vous avez tort, car
« elle est vraie, et il vous y dit ce que je sais qu'il a pensé
« toujours et ce que j'ai eu l'honneur de vous dire bien des
« fois. Il est encore très-vrai qu'il s'est engagé à ne voir au-
« cune personne de ses amis sur la route. J'aurais été ravi
« que vous fussiez venue ici sans être malade et n'ayant
« besoin que d'y manger des poulets gras, je me serais
« offert à vous pour être votre médecin sur ce régime, et je
« vous aurais donné l'exemple sur tout ce que je vous au-
« rais ordonné. Je vous souhaite, Madame, une fraîcheur de
« sang qui vous fasse si bien dormir que vous n'ayez jamais
« besoin des Capucins!

« A propos des Capucins, il faut que je vous dise ce que
« j'ai fait aujourd'hui. Le père gardien m'a prié ce matin de
« faire leur salut à cinq heures du soir. Après avoir dîné et
« mangé des poulets gras, j'ai été me promener hors la
« ville. Je suis revenu à près de six heures. Je n'ai non plus
« pensé aux Capucins de Bourbon qu'à ceux qui sont à la
« Chine, s'il y en a. Le salut avait été fait par un autre après
« que les Pères m'avaient attendu inutilement. M. de Cam-
« brai a bu ici fort régulièrement, les eaux lui ont fort bien
« fait, et j'espère qu'il s'en trouvera bien [1]. »

Tout à côté du petit abbé venait celui qu'on appelait le grand abbé, par opposition, M. de Beaumont. Fils d'une sœur consanguine de Fénelon, il avait été nommé en 1689 sous-précepteur du duc de Bourgogne. Disgrâcié en 1698, il suivit son oncle à Cambrai, et celui-ci le nomma grand vicaire du diocèse. C'était un homme aimable, gai, rempli d'animation, qui ressemblait un peu à son parent. Si M. de Langeron était la douceur de la vie de Fénelon, on eût pu

[1] *Corr. gén.*, XI. Lettres à la maréchale de Noailles.

dire que M. de Beaumont en était le mouvement et l'entrain. Fénelon avait la plus grande confiance en lui et le chargeait, lorsqu'il allait voir sa famille à Paris, de commissions secrètes pour les amis de la Cour. Aussi Panta, comme on l'appelait par abréviation de son nom Pantaléon, ou bien le grand Panta, joue-t-il un rôle considérable dans la correspondance. Nous l'y retrouvons à tout moment. C'était lui qui, durant les tournées pastorales de son oncle, était chargé de surveiller la tenue de la maison de l'archevêque, et Fénelon ne lui ménageait pas les lettres sur ce sujet qui lui tenait fort à cœur, ainsi que nous l'avons dit plus haut.

Voici quelques extraits de ces lettres, qui nous montreront en même temps l'affection qui unissait l'oncle et le neveu, et nous feront prendre sur le vif les soins que le prélat ne s'épargnait pas pour être un bon maître de maison :

« A Valenciennes, 3 mai 1712.

« Bonjour, mon Panta [1]; ayez soin de réjouir un peu le vénérable, selon les uns, et selon les autres le subtil docteur. Badinez avec la gent féline, mais sans mutilation de membres. Faites veiller le maître d'hôtel sur nos domestiques. Il faudrait occuper Barassy aux meubles et Leduc à l'écriture... Faites un bon usage de votre temps selon Dieu ; nourrissez votre cœur. Tout à vous... sans réserve... »

Quelques jours après, il écrit encore [2] : « Il est absolument nécessaire de mettre en couleur le parquet de mon appartement et de le faire frotter, faute de quoi tous les meubles périssent. Ce qui me paraît très-certain, c'est que le parquet doit être bien frotté. Le maître d'hôtel me demande congé pour aller du côté de Paris pour ses intérêts ; je lui permets volontiers. Décidez avant son départ. Tout à vous, mon cher

[1] *Corr. gén.*, II, 87.
[2] *Corr. gén.*, II, 89.

Panta, sans mesure. » Je suis sûr que plus d'une ménagère accomplie se réconciliera avec un mysticisme qui n'empêche pas de si bien soigner les parquets de l'archevêché de Cambrai.

Mais si Fénelon veillait de si près au soin de sa maison, il mettait dans le gouvernement de ses domestiques autant de délicatesse, autant de générosité que lorsqu'il traitait avec ses égaux. On en trouvera la preuve dans cette lettre qu'il écrit à M. de Beaumont, qui voulait lui ramener de Paris un nouveau cuisinier, parce que le sien était malade :

« A Cambrai, 19 novembre 1701.

« Vous trouverez, mon cher neveu, que je ménage mal mes intérêts ; mais je crois devoir penser à ceux d'autrui plus qu'aux miens. Mambrun est beaucoup moins mal. Je sais, à n'en pouvoir douter, que sa peine serait extrême s'il arrivait ici un homme qui ressemblât à un successeur. Ce coup serait capable de le faire retomber dans l'extrémité d'où il n'est encore sorti qu'à demi. Je vois bien qu'un cuisinier habile, fidèle et réglé est un trésor qu'on ne retrouve point... Mais enfin quelle apparence d'accabler un homme qui revient à peine des portes de la mort ! Je crois qu'il consentirait sans peine à voir venir un aide, mais l'homme dont vous parlez doit être fort au-dessus de cette fonction... Voyez bonnement ce que vous pouvez faire, et abandonnez le reste à la Providence [1]. »

L'abbé de Beaumont était donc comme le remplaçant de son oncle lorsque celui-ci quittait Cambrai ; mais leurs relations n'étaient pas bornées à ces détails d'intérieur. C'était une intimité réelle, paternelle d'un côté et filiale de l'autre. Voici un petit billet de Fénelon, d'une date postérieure, qui peint bien cette amitié. La lettre est du reste charmante,

---

[1] *Corr. gén.*, II, 86.

toute pleine de souvenirs d'enfance. Elle est adressée à M. de Beaumont pendant un séjour qu'il faisait en Périgord, berceau de la famille des Fénelon.

« 12 juillet 1714, à Cambrai [1].

« Où êtes-vous, mon très-cher neveu? Où allez-vous? quand est-ce que je vous reverrai, *lasso maris et viarum* [2]? Je n'en sais rien, mais je sais bien que le jour de notre réunion sera marqué par la craie et non par le charbon. Vous devez avoir passé la Drôme et la Charente. Avez-vous vu le pas de Selle? Avez-vous embrassé nos parents communs? Il vous reste encore un quart du monde à parcourir avant que d'arriver à Marcoin [3] et que de voir notre clocher. Dieu sait avec quelle légèreté j'irai ce jour-là au-devant du voyageur; mais nous sommes loin encore de ce bon moment. En attendant, j'espère de vos nouvelles qui me toucheront du fond du cœur. Milles choses aux parents et amis que vous voyez. Tout à vous, sans mesure et sans fin. » Telles étaient les relations douces, aimables, empreintes d'une familiarité affectueuse, qui régnaient entre l'oncle et le neveu. Comme il y a loin de cette simplicité sans affectation, de cette douce cordialité, à la gravité cérémonieuse qui était de règle au dix-septième siècle dans les rapports de famille, aussi loin peut-être que de l'emphase sentimentale que Rousseau devait mettre plus tard à la mode! Il n'y a que madame de Sévigné qui ait su mettre autant de grâce et de simplicité dans l'expression de ses sentiments. Mais dans les lettres de famille de Fénelon, même dans les moments d'abandon, il y a un fond de gravité sacerdotale qui ne disparaît jamais et qui eût été aussi déplacée chez l'aimable châtelaine

---

[1] *Corr. gén.*, II, 258.
[2] Hon., liv. VII.
[3] Village à deux lieues de Cambrai.

des Rochers que sa verve railleuse chez l'archevêque de Cambrai ; la grâce du style ne perd cependant rien au sérieux du fond. Il y a tels passages dans ces billets familiers qui sont de vrais petits tableaux. « Il y a sous mes fenêtres, écrit-il pendant une de ses visites pastorales, cinq ou six lapins blancs qui feraient de belles fourrures, mais ce serait dommage, car ils sont fort jolis et mangent comme un grand prélat. Je vois aussi deux petits coqs, l'un noir et l'autre à plumage couleur d'aurore. Ils sont comme la France et l'Empire ; le noir est Achille, et l'aurore est Hector.

> *Ludus enim genuit trepidum certamen et iram,*
> *Ira truces inimicitias et funebre bellum* [1].

« Je me repose et me ménage beaucoup : c'est être en solitude. Je ne parle qu'à des paysans qui ne font point partie de qu'on appelle le monde... J'ai vu quelques jolis paysages de vallons et de coteaux sur le bord de la forêt de Mormal. J'embrasse le vénérable et les non vénérables marmots. Je suis tout à toi, mon cher et unique Panta [2]... »

Fénelon écrit quelque part dans ses lettres de direction cette phrase si vraie : « Les gens qui aiment pour l'amour de Dieu aiment bien plus solidement que les autres. Une amitié de goût et d'amour-propre n'est pas de grande fatigue, et elle est de grand entretien. » Il se chargea lui-même de vérifier ces paroles ; mais il eut sa récompense dans la parfaite fidélité de tous ses amis, et il les garda tous, malgré la disgrâce et l'éloignement. Nous avons parlé du petit et du grand abbé ; pour achever de peindre le trio, il nous reste à présenter le docteur subtil, le vénérable, l'abbé de Chantérac : en fait, l'homme vraiment remarquable de la petite société après le maître du lieu.

Gabriel de la Cropte de Chantérac, d'une ancienne famille

---

[1] Hor., liv. II.
[2] *Corr. gén.*, II, 94-95.

de Périgord, était proche parent de Fénelon par le côté maternel. Lorsque ce dernier fut appelé à l'archevêché de Cambrai, il choisit l'abbé de Chantérac comme grand vicaire, et quand, peu de temps après, son livre des *Maximes* fut déféré à Rome, ce fut lui encore qu'il chargea d'aller plaider sa cause près du Pape. C'était un homme instruit et zélé, d'un commerce agréable, avec des manières nobles et d'une sûreté parfaite. Ce fut à Rome, en défendant la cause de son ami, que M. de Chantérac déploya toutes les ressources de son esprit et s'acquit l'estime générale. Pendant deux ans il fit preuve sur ce terrain si glissant d'une adresse peu commune, jointe à une constante modération et à un zèle pour les intérêts de la cause qu'il soutenait, qui firent l'admiration même de ses adversaires. Dans cette longue et épineuse discussion, il eut une attitude à la fois si ferme et si soumise qu'il finit par en imposer à tout le monde ; jamais on ne le prit en faute, jamais on ne put lui reprocher contre la partie adverse d'user de cette violence et de cette acrimonie qui ne tardent pas, en général, à être le fruit d'une longue discussion même sur des sujets de pure spéculation. La dignité de la vie de M. de Chantérac, à la fois grave et pieuse, retirée sans maussaderie, frappa ennemis et amis, et eût été le meilleur avocat de la cause qu'il défendait, si elle eût pu être gagnée. Les lettres, en très-grand nombre, qu'il écrivit à Fénelon pendant son séjour à Rome sont vraiment belles, elles égalent presque celles de l'archevêque, et ont parfois plus de netteté et de précision ; d'un esprit vif et fin, saisissant au vol tous les ridicules, l'abbé fait souvent, sans s'en douter, de vrais tableaux de mœurs, mais le trait reste toujours discret, et l'on ne peut y relever rien de violent ou d'injuste contre des adversaires qui étaient loin d'être si modérés. Voici quelques extraits, que nous citons uniquement pour donner une idée de M. de Chantérac par lui-même. Il fut le confident le plus intime de Fénelon pendant la période la plus douloureuse de sa vie, et son esprit ferme et droit ne fut pas sans influence sur la nature plus vive de son supérieur. Comme les deux amis ne furent plus séparés après la conclusion de l'affaire, nous sommes obligé de retourner un peu en arrière et de citer quelques extraits des lettres écrites de Rome par M. de Chantérac. Nous choisissons des passages qui nous paraissent propres à le peindre sans nous obliger à entrer dans l'histoire de la négociation elle-même.

Les lettres de l'abbé de Chantérac sont pleines d'esprit, d'observation et de spirituelle finesse. On voit défiler dans ses longues missives à Fénelon toute la Cour romaine de cette époque, depuis le Pape jusqu'aux *monsignori* officieux. Ainsi cette conversation avec le cardinal Albani, plus tard Clément XI, très-zélé défenseur de Fénelon, n'est-elle pas bien spirituellement racontée [1]?

« J'ai vu M. le cardinal Albani en lui donnant la quatrième lettre à M. de Meaux. Il me dit en riant : « Hé quoi, toujours « des livres nouveaux? » Je lui répondis du même air : « Toute « nouvelle accusation demande une nouvelle réponse. M. de « Meaux fait de gros livres, et M. de Cambrai ne fait que de « petites lettres. — Il est vrai, reprit-il, que l'accusé parle « toujours le dernier », et le répéta deux ou trois fois, « mais « le Roi devrait imposer silence. » La conversation entre les deux interlocuteurs devenant entièrement théologique, nous l'omettons pour rester fidèle à notre plan, et nous ne citons que le trait final : « Après cela, il acheva d'exprimer toute sa pensée par tous ces gestes et ces manières dont nous nous servirions en France pour dire : Laissez-le venir (Bossuet), je vous promets que je le lui ferai sentir et qu'il s'en souviendra... Les mains, la tête, les yeux, tout parlait... »

Voici encore une conversation avec le cardinal Spada, po-

---

[1] *Corr. gén.*, VIII, 472.

litique consommé, plus occupé d'affaires que de théologie, que l'abbé nous raconte avec verve[1] : « Il (le cardinal) me parla ensuite de madame de Maintenon, et je lui répondis, si je l'ose dire, très-sagement là-dessus, et même en lui parlant du Roi, je me souviens des propres termes dont je me servis (car il entend et parle le français), que l'esprit et le cœur des Français étaient de dire toujours que Sa Majesté avait raison de faire tout ce qu'elle faisait, » et j'ajoutai en riant : « Quand « on nous ferait pendre et rouer, nous dirions toujours que « cela était bien. » Il parut surpris que madame de Maintenon eût voulu donner à vos parties et rendre publique une lettre que vous lui aviez écrite en secret et en confiance. Je lui répondis que c'était sans doute par le conseil de personnes qu'elle croyait pieuses. Deux ou trois autres prélats italiens qui m'ont parlé de toutes les histoires à quoi ils sont indignés qu'on veuille vous donner part, et ensuite de ces changements de la cour, rapportent tout à la faveur de madame de Maintenon. « *Non est iram super iram mulieris,* » me disent-ils lors même que je ne veux pas les entendre. »

Nous pourrions multiplier ces citations et parcourir avec lui les vieux palais de Rome, aller de chez le cardinal de Bouillon, si enflé de sa grandeur, chez la princesses des Ursins, qui se préparait au rôle qu'elle devait jouer plus tard à la cour de Philippe V, en tenant à Rome un état de maison fort brillant. Puis ce serait l'abbé Bossuet, ses singulières aventures, racontées par M. de Chantérac avec une discrétion parfaite, et son acharnement contre Fénelon qui aidait plutôt celui-ci, tant il surprenait cette vieille cour de Rome toute calme et habituée à ne rien montrer au dehors. Mais ce serait là faire l'histoire du procès du livre des *Maximes*, et nous en avons assez dit pour donner une idée de l'esprit fin et délicat de M. de Chantérac. S'il était un homme d'esprit, M. de Chan-

---

[1] *Corr. gén.,* IX, 215.

térac était aussi un homme de cœur. Lorsqu'il apprit la disgrâce de l'abbé de Beaumont, qu'il savait être absolument sans fortune, il écrivit aussitôt à Fénelon pour mettre à la disposition de son neveu deux bénéfices dont il avait été gratifié avant la disgrâce de son maître, et dont il aurait cédé volontiers la jouissance à celui qui venait de perdre sa position à la cour sans recevoir aucun dédommagement. Fénelon refusa l'offre, mais elle témoigne de la générosité naturelle de celui qui l'avait faite sans un moment d'hésitation.

Enfin, pour achever de peindre M. de Chantérac, il faut qu'on nous permette de citer encore quelques passages des lettres qu'il écrivit lorsque, malgré ses soins et deux ans d'efforts, l'affaire du livre des *Maximes* fut définitivement jugée contre l'archevêque de Cambrai. Il lui annonce l'issue de ce long et douloureux procès par une lettre tout empreinte des sentiments les plus chrétiens et les plus élevés, dans cette belle langue du dix-septième siècle qui semble faite pour les exprimer.

En voici les débuts : « Voici le temps [1], Monseigneur, de mettre en pratique ce que la religion vous a fait comprendre de plus saint dans la plus parfaite conformité à la volonté de Dieu. Voici le temps, si je l'ose dire, pour vous et pour tous ceux qui vous sont unis, d'être obéissants à Jésus-Christ jusqu'à la mort, et à la mort de la croix, afin que ceux qui vivent ne vivent plus en eux-mêmes. Vous avez besoin de toute votre piété et de toute la soumission que vous avez si souvent promise au Pape dans vos lettres pour posséder votre âme avec patience en lisant le Bref qu'il vient de donner et de publier contre votre livre. . . . .

« Tous vos amis, Monseigneur, croient que vous devez recevoir le Bref avec une parfaite soumission, telle que vous l'avez promise simple et sincère. Ils sont persuadés même que

---

[1] *Corr. gén.*, X, 418.

plus elle paraîtra simple, plus elle sera prudente dans le fond. Il semble que Notre-Seigneur vous destine à édifier autant toute l'Église par là, comme on veut faire croire qu'elle a été scandalisée par votre livre. »

On sait comment Fénelon répondit à de pareils conseils ; toutes ses lettres dans ce cruel moment sont admirables, et par l'éloquence, et par l'élévation des sentiments. Aussi M. de Chantérac, qui recevait ces confidences, en est-il rempli d'une joyeuse reconnaissance, et écrit-il, quelques jours après avoir appris la soumission si rapide de l'archevêque, ces belles paroles toutes pleines de cette joie mystérieuse que l'épreuve, noblement acceptée, apporte avec elle comme première récompense [1] :

« Puisque Notre-Seigneur vous soutient avec tant de force, j'espère qu'il vous fera dire dans les sentiments les plus vifs d'une charité bien sincère : « *Hæc dies quam fecit Dominus* « *exultemus et lætemur in ea.* » Ces paroles font impression sur moi, parce que je me souviens que presque tous ceux qui m'ont voulu consoler sur votre état présent ont eu cette même pensée : « Nous le verrons bientôt ressusciter plus glo- « rieux que jamais. » Fénelon savait apprécier à sa valeur un homme d'un tel caractère. Aussi, dans le premier moment d'angoisse qui suivit sa condamnation, lui écrivit-il ces paroles où vibre encore un accent de sincérité et de douleur auquel le temps n'a rien ôté de son éloquence : « Votre retour sera ma plus sensible consolation. Je ne vous dois pas moins que si les plus grands succès avaient suivi votre travail. J'ai compris tout ce que vous aviez fait et souffert ; je vois bien que vous ne nous en avez mandé que la moindre partie : ma reconnaissance, ma confiance, ma vénération et ma tendresse pour vous sont sans bornes. Venez au plus tôt, afin que nous nous consolions dans le sein du véritable con-

---

[1] *Corr. gén.*, X, 515.

solateur. Nous vivrons et mourrons n'étant qu'un cœur et qu'une âme [1]. » Fénelon fut fidèle à sa parole : l'abbé de Chantérac ne le quitta plus, et il passa à Cambrai sans en sortir les longues années qui suivirent la condamnation du livre des *Maximes*.

Tels étaient les trois amis qui ne quittaient jamais Fénelon et qui s'étaient, pour ainsi dire, consacrés à lui. Ils forment à eux trois comme le fond du tableau de la vie de l'archevêque, chacun avec sa physionomie propre, aussi différents de figure que d'esprit, ne se ressemblant que par le dévouement commun à une même affection et une égale élévation dans les sentiments. On a parfois insinué que les sentiments affectueux que Fénelon prodiguait à ses amis n'étaient pas tout à fait désintéressés, et qu'ils s'adressaient surtout à ceux dont il nourrissait un certain espoir de se servir dans un temps plus ou moins éloigné, afin de rentrer en grâce auprès du Roi. Ce que nous venons de dire de ses relations avec ces trois amis disgraciés comme lui et sans aucun crédit suffit pour réduire cette accusation à sa juste valeur.

A la suite des trois abbés venaient, dans l'intérieur de Fénelon, les aumôniers, secrétaires, grands vicaires, officiers de service qui étaient alors indispensables à un prélat de haut rang. Ils n'étaient pas aussi nombreux à Cambrai que dans d'autres demeures épiscopales, le prélat n'aimant pas le faste. A cet élément grave et cérémonieux venait, heureusement pour une nature aussi animée que celle de Fénelon, s'en joindre un autre tout différent qui apportait avec lui la gaieté et l'entrain, c'était la jeunesse, comme disait l'archevêque, ou messieurs les neveux, comme on les appelait dans la maison. Avec eux la joie et l'avenir entraient dans le palais épiscopal de Cambrai, qui sans cela eût sans doute paru un peu silencieux à celui qui en était le maître.

[1] *Corr. gén.*, X, 540.

Le père de Fénelon avait eu quatorze enfants d'un premier mariage, et trois d'un second; l'aîné de ses neveux eut de nouveau treize enfants. De là était sortie une troupe d'innombrables neveux et de petits-neveux qui venaient constamment à Cambrai où leur oncle les appelait par le plus affectueux accueil. Il y en avait toujours quelqu'un à demeure dans l'archevêché de Cambrai. Les enfants, et surtout le mouvement qu'ils apportaient avec eux, furent une des plus grandes consolations de Fénelon, dont la nature avait un impérieux besoin d'expansion. Il s'occupait avec soin de leur éducation, les surveillait même de loin, et leur prêtait aide et secours dans leurs difficultés. C'était pour lui un nouveau moyen de dépenser l'activité de son esprit. Aussi le voit-on constamment revenir dans ses lettres à l'abbé de Beaumont avec un plaisir marqué sur tout ce qui touchait ses jeunes neveux, qu'il appelle tantôt les « non vénérables marmots », tantôt les « jeunes péripatéticiens ». Nous n'essayerons pas de peindre en détail toute cette petite troupe fort changeante; mais parmi ses neveux, Fénelon s'occupa cependant spécialement de quelques-uns qui sont plus connus. Il se chargea tout à fait de l'éducation de l'un d'entre eux, Gabriel-Jacques de Fénelon, connu plus tard sous le nom de marquis de Fénelon, ainsi que de celle de son frère aîné, François, qui se destinait à l'Église. Le petit marquis ne quitta pas Cambrai pendant les premières années de l'exil de Fénelon; son frère fut élevé à Paris chez les Jésuites, mais revint auprès de son oncle, aussitôt après la fin de ses études. A ces deux jeunes gens, et à leurs nombreux frères dont il y avait toujours quelqu'un à Cambrai, venait souvent se joindre le jeune comte de Laval, fils d'une cousine germaine de Fénelon, mariée d'abord à un cadet de la maison de Montmorency, qui avait secrètement épousé en secondes noces le frère puîné de l'archevêque. En grande relation d'amitié avec son beau-frère, madame de Laval, comme on continuait à l'appeler, bien qu'elle fût devenue la comtesse de Fénelon, confiait souvent le fils de sa première union à ses soins, surtout lorsqu'il fallait lui faire des remontrances et lui donner des conseils. Naturellement il ne reste que peu de traces des soins que prit Fénelon de toute cette jeunesse qui lui tenait si fort au cœur, et dont les rires et les jeux devaient singulièrement animer les grands appartements du palais épiscopal. Le favori de son cœur, celui qu'il regarda toujours comme son enfant, fut le marquis de Fénelon, qui eut aussi pour son oncle une tendresse toute filiale. Nous citerons plus loin quelques-unes des lettres qu'ils échangèrent plus tard, lorsque la carrière du jeune homme l'éloigna de son oncle. Elles sont peut-être les plus charmantes qui soient sorties de la plume de Fénelon. Voici d'abord quelques conseils à madame de Laval qui sont extraits des lettres datées des premières années du séjour de Fénelon à Cambrai. On y reconnaîtra sans peine la main du précepteur du duc de Bourgogne.

« Il (le comte de Laval) ne m'incommode en rien céans, et je suis au contraire fort aise de l'avoir, car je l'aime fort. Il est très-poli, très-complaisant, très-caressant et très-empressé pour moi. Plût à Dieu qu'il fît aussi bien pour lui-même qu'il fait pour moi dans notre société! J'ai très-peu de temps pour lui parler, pour le faire parler, pour le faire agir naturellement devant moi et pour le redresser... L'enfant a l'esprit vif et ouvert, avec de la facilité pour comprendre toutes les choses extérieures, et beaucoup de curiosité pour les choses qui se passent autour de lui; mais il a l'esprit encore fort léger, il ne fait guère de réflexion sérieuse; il n'a ni goût de curiosité pour aucune étude, ni application, ni suite de raisonnement... Les voyages sont fort dangereux à la jeunesse, d'une grande dépense quand on veut les bien faire, et absolument inutiles quand on n'a pas encore des pensées sérieuses et solides. S'il fallait quelque voyage, ce devrait être après l'académie... Il s'ennuie horriblement à Cambrai, et quoi qu'on puisse lui dire, il s'imagine que quand il ira à Paris ou dans ses terres, il sera un seigneur bien brillant. Cette faiblesse de cerveau est assez naturelle à quatorze ans[1]... Vous pouvez, si vous voulez absolument reculer à toute extrémité, le laisser ici jusqu'au printemps, le faire aller alors dans vos terres, et ne le mettre à l'académie que l'hiver suivant. Tout cela n'est point impossible pendant la paix, mais il s'ennuiera étrangement ici, et n'y fera presque rien. »

La franchise de Fénelon finit sans doute par déplaire à madame de Laval, car le nom du marquis de Laval disparait entièrement de sa correspondance ; mais nous ne pouvons résister à l'envie de rapporter en entier la dernière lettre de Fénelon à sa belle-sœur pour s'excuser auprès d'elle d'avoir conseillé à son fils d'entrer au service. Cette lettre, tout empreinte des sentiments du patriotisme qui était la nature même de Fénelon, est curieuse parce qu'elle témoigne de la réprobation universelle qui atteignait un jeune homme de la noblesse qui ne servait pas. Il n'y avait là aucune loi écrite, mais une de ces coutumes séculaires plus fortes que toutes les lois parce qu'elles sont gravées dans les consciences. Il est curieux de voir avec quelle netteté Fénelon, qui aimait la paix par-dessus tout, et avait une horreur naturelle pour la guerre, jusqu'à faire des rêves de pacification perpétuelle, sait rappeler le jeune homme à son devoir. A travers les phrases de politesse, on sent bouillonner toute l'indignation du gentilhomme qui voit un de ses pareils se couvrir de honte[2]. « En arrivant ici de Bruxelles, j'ai reçu votre lettre du 27 janvier. J'avoue, ma chère sœur, qu'elle m'a bien surpris et affligé. J'espérois que vous me sauriez quelque gré de vous avoir représenté cordialement mes pensées dans une

---

[1] *Corr. gén.*, II, 71.
[2] *Corr. gén.*, II, 105.

lettre qui n'étoit que pour vous, et sans me mêler de décider sur la conduite de monsieur votre fils. Il me sembloit qu'il y a une grande différence entre décider et proposer avec zèle ce qu'on croit voir : ainsi j'étois bien éloigné de croire que ma lettre pût m'attirer celle que vous m'avez écrite. Mais je suppose que j'ai tort, puisque vous le jugez ainsi : du moins ma faute sera courte ; car je m'abstiendrai, puisque vous le souhaitez, de vous proposer mes pensées. D'ailleurs je recevrai toujours d'un cœur ouvert tout ce qu'il vous plaira de me mander de vos raisons. Personne ne sera plus content que moi de reconnaître qu'elles sont bonnes, comme personne ne seroit plus affligé que moi, si elles n'étoient pas décisives. Mais supposé qu'elles soient aussi fortes que vous les croyez, je trouve monsieur votre fils bien à plaindre ; car, en ce cas, il se trouve entre une mère qui a de bonnes raisons pour vouloir l'empêcher de servir, et le public, dans lequel il sera déshonoré sans ressources, malgré ces raisons inconnues, s'il ne sert pas. Il est déjà dans sa vingtième année : les autres gens de condition se gardent bien d'attendre un âge aussi avancé pour commencer à servir ; ils servent dès l'âge de quatorze ou quinze ans. On ne trouvera en France aucun exemple d'un homme d'un nom connu, qui n'ait pas déjà fait quelques campagnes dans sa vingtième année. Le public ne comprendra jamais les raisons d'une telle singularité, qui est si contraire aux préjugés de toute la nation. J'en conclus que la situation de monsieur votre fils est bien violente. Il est réduit à l'une de ces deux extrémités, ou de désobéir à sa mère, qui a de bonnes raisons de lui défendre de servir, ou de se laisser déshonorer dans le monde, parce que ces bonnes raisons n'y seront jamais comprises. Pour moi, je n'ai point d'autre parti à prendre, que celui de me taire, d'être véritablement affligé et de prier Dieu qu'il donne son esprit de sagesse à la mère et au fils. Ce qui est certain, c'est que je ne paroîtrai jamais en rien désapprouver votre conduite, et que j'aimerois mieux ne parler de ma vie, que de laisser échapper une parole contre vous. C'est du fond de mon cœur, ma chère sœur, que je vous suis toujours dévoué. » Le jeune homme eut le bon sens d'écouter plutôt les avis de Fénelon que ceux de sa mère ; il prit du service et se fit honneur au siége de Fribourg, où il eut la figure traversée par une balle. Mais madame de Laval ne pardonna pas à son beau-frère, et leur commerce de lettres cessa.

Tout autre fut sa liaison avec le marquis de Fénelon, son petit-neveu. Celui-là avait été, comme nous l'avons dit, élevé sous ses yeux. Il l'avait formé avec un soin paternel, et déployé pour le mettre dans le bon chemin ces merveilleux talents d'éducateur que la cour avait admirés. Cette fois encore ses soins eurent un plein succès. Le jeune François de Fénelon fut un homme de cœur, militaire distingué et chrétien fervent; il eut une carrière, sinon très-brillante, du moins très-honorable, et cette fois aussi, l'élève garda pour son ancien maitre une sorte de culte, une affection vive que rien ne put affaiblir. Pour se rendre compte de ce que fut pour Fénelon l'éducation de cet enfant, et des liens qu'elle forma entre l'oncle et le neveu, il faudrait reproduire toute leur correspondance lorsque, parvenu à l'âge d'homme, le jeune marquis faisait ses premières armes dans la triste guerre de la succession d'Espagne. Les courts passages que nous allons citer comme preuve de leur mutuelle affection sont naturellement bien postérieurs de date à l'époque de la vie de Fénelon qui nous occupe en ce moment. Le Fanfan, comme on l'appelait entre soi à Cambrai, n'était alors en réalité qu'un petit garçon que son oncle élevait. Comme il ne nous reste pas de traces des soins qu'il prit de son éducation, nous sommes obligés de franchir un certain nombre d'années pour le laisser parler lui-même.

« 6 avril 1709.

« Je suis bien fâché de ce que vous allez en Dauphiné.

J'espérais que vous serviriez en Allemagne. Il faut être prêt à tout et content en quelque lieu que l'on aille. Si les bruits de paix sont vrais, nous pourrons vous revoir bientôt. En attendant, travaillez sans relâche à tout ce qui peut contribuer au bon état de votre régiment et au bien du service. Tâchez de vous faire aimer, soyez doux et obligeant sans faiblesse. Distinguez le mérite parmi vos officiers sans blesser personne. Attachez-vous aux officiers qui vous sont supérieurs pour tâcher d'obtenir leur estime et pour apprendre d'eux ce que vous avez besoin de savoir. Ménagez votre santé, ne comptez pas trop sur elle quand elle paraît bonne, car elle s'altère aisément. Adieu, mon cher enfant; je suis à vous avec tous les sentiments que vous savez [1]. » Les conseils de direction reviennent fréquemment sous la plume de Fénelon; mais les avis sont toujours sages et modérés; la vivacité de l'expression traduit heureusement la pensée de l'esprit ferme et vigoureux, qui ne dit jamais que ce qu'il veut dire et rien de plus [2]. « Dans le fond, écrit-il un jour après quelques conseils sur sa conduite, ne comptez point sur les hommes, Dieu est le seul ami fidèle qui ne vous manquera jamais; quoique je vous aime tendrement, je vous conjure de ne compter jamais sur moi et de ne voir en moi que Dieu seul malgré mes misères [3]. » — « Veillez, je vous prie, sur votre petit frère, pour voir comment il se conduit dans sa compagnie. Voilà une occasion de le connaître. Il ne faut pas le laisser faire de certaines fautes; il faut l'accoutumer à être doux, poli, modéré, juste, vrai, ferme, discret et obligeant... Je vous donne à Dieu et ne vous aime que pour lui, c'est la seule véritable amitié; elle est bien tendre au fond de mon cœur. Bonjour, cher enfant; tout à toi sans réserve. » Mais parfois au milieu de ces conseils de piété, se trouvent

[1] *Corr. gén.*, II, 108.
[2] *Corr. gén.*, II, 113.
[3] *Corr. gén.*, II, 116.

aussi des avis sur la conduite à tenir pour réussir dans la société, où l'on reconnaît bien l'homme avisé qui a vécu à la Cour et qui connaît le monde [1]. « Je ne puis m'empêcher de vous gronder sur ce que vous ne voyez pas assez les gens que vous devez cultiver. Il est vrai que le principal est de s'instruire et de s'appliquer à son devoir ; mais il faut aussi se procurer quelque considération et se préparer quelque avancement ; or, vous n'y réussirez jamais, et vous demeurerez dans l'obscurité sans établissement sortable, à moins que vous n'acquiériez quelque talent pour ménager toutes les personnes en place ou en chemin d'y parvenir. C'est un soin tranquille et modéré, mais fréquent et presque continuel, que vous devez prendre, non par vanité et par ambition, mais par fidélité pour remplir les devoirs de votre état et soutenir votre famille. Au nom de Dieu, mon cher enfant, ne négligez pas les choses sans lesquelles vous ne remplirez pas tous les devoirs de votre état. Il faut mépriser le monde et connaître néanmoins le besoin de le ménager ; il faut s'en détacher par religion, mais il ne faut pas l'abandonner par nonchalance et humeur particulière. »

Trois ans plus tard (1712), le marquis de Fénelon, souffrant cruellement d'une blessure reçue à Landrecies, qui le laissa boiteux pour toute la vie, dut faire un long séjour à Paris pour se soigner. Son oncle lui écrit constamment, mais le ton des lettres est tout autre : il n'y est plus question de relations à nouer ou à entretenir, d'intérêts à ménager, mais uniquement de piété et de détachement. Sans qu'un mot y fasse allusion, on sent qu'un coup terrible a achevé de détacher Fénelon du monde et des affaires. La mort du duc de Bourgogne était, en effet, durant ces années écoulées, venue briser tous ses liens. Ses lettres ne sont plus alors que de vives et fortes exhortations à la piété, dont la simplicité

---

[1] *Corr. gén.*, II, 120.

reste toujours gracieuse, tout en s'élevant parfois naturellement à la vraie grandeur [1]. « Bonsoir, mon cher Fanfan, je suis en peine de ta longue souffrance pour ton corps, et pour ton esprit des marques de considération que diverses gens te donnent. La dissipation, la vanité, le goût du monde sont encore plus à craindre que les caustiques. Garde-toi, petit Fanfan, du poison doux et flatteur de l'amitié mondaine… Je t'aime plus que jamais. Tu ne pourrais comprendre la nature de cette amitié. Dieu qui l'a faite te la fera voir un jour. Je te veux à lui et non à moi, et je me veux tout à toi par lui. » — « Je[2] suis ravi, mon très-cher enfant, de votre patience ; mais recevez-la de Dieu à chaque moment comme d'emprunt, sans compter sur elle comme sur votre courage. La patience qui est nôtre est vaine, courte, trompeuse et empoisonnée par l'orgueil ; celle que nous tenons de la main de Dieu est simple, humble et désirable. » — « Quand pourrai-je t'embrasser tendrement ? Que Dieu prenne possession de toi et t'en dépossède pour toute la vie. Oh ! qu'on est plus heureux quand on n'est plus à soi ! »

Nous aurons lieu de revenir plus tard sur cette relation si tendre de l'oncle et du neveu ; mais nous avons cru utile de citer ces extraits afin de faire connaître ce qu'était dans la vie de l'archevêque le jeune François de Fénelon. Il fut, dans ce grave et solennel intérieur, comme un dernier rayon de soleil qui venait en dissiper un peu les ombres. Grâce à sa présence et à sa jeunesse, la solitude qui régnait à Cambrai dans les années qui suivirent immédiatement la condamnation du livre des *Maximes* ne parut pas trop lourde à Fénelon ; il consola à son insu ce cœur froissé et meurtri que le chagrin et la déception avaient brisé sans l'abattre.

Il faut encore ajouter à la société intime du prélat un ancien officier de la maison de M. le duc de Bourgogne,

[1] *Corr. gén.*, II, **194**.
[2] *Corr. gén.*, II, **195**.

M. Dupuy, qui fut, lui aussi, victime de l'orage que suscita la controverse du quiétisme et renvoyé de la cour avec tous les amis de l'archevêque de Cambrai. C'était un homme excellent, tout dévoué à Fénelon, qu'il admirait passionnément. Retiré à Paris, M. Dupuy resta constamment fidèle à son ami; il se rendait souvent à Cambrai pour y faire de longs séjours, et on l'y accueillait à bras ouverts. Dans la petite coterie de Fénelon, il était toujours appelé le bon Puteus, et chacun l'aimait et le choyait. « Put arriva hier en bonne santé, écrit l'archevêque, après avoir passé par des abimes de boue. Il est délassé aujourd'hui et est bien content de se voir en repos au coin de mon feu. » Et quelques jours après : « Le bon Put marche avec nous, et quelquefois il évite nos courses quand il est las. C'est le meilleur homme qu'on puisse voir. Les gens qui veulent de bonne foi servir Dieu sans mesure sont bien aimables. » Lorsqu'il était rentré à Paris, M. Dupuy était le correspondant, en quelque sorte l'homme de confiance de l'archevêque; il recevait les nouvelles, faisait passer aux amis restés fidèles les lettres confidentielles, gardait les papiers importants et suivait les affaires de Fénelon à Paris. C'était par son canal que Fénelon et ses amis faisaient passer de temps à autre des paroles de consolation à la pauvre madame Guyon, exilée à Blois, où elle vivait dans la plus profonde retraite et dans une austère piété. L'obligeance de Puteus était inépuisable, et rien ne lui coûtait pour rendre service à M. de Cambrai et aux siens.

Tel était le petit cercle intime au milieu duquel vivait Fénelon dans le beau palais de l'archevêché; singulier mélange d'enfants au début de la vie et de graves ecclésiastiques revenus des choses de ce monde. Le prélat sortait peu de chez lui, la ville ne renfermant que peu de société. La noblesse du pays, encore toute flamande, vivait dans ses terres ou à Bruxelles, et les gens de la cour qui venaient dans la province pour s'acquitter de leurs fonctions n'osaient guère, dans les premiers temps, fréquenter ouvertement un homme en disgrâce. Il y eut cependant à Cambrai quelqu'un qui, dès les débuts du séjour continuel de Fénelon dans cette ville, affronta sans y faire attention les discours des malveillants, et se mit à sa disposition avec une générosité qui toucha au vif le cœur de l'archevêque. Ce fut le gouverneur de la ville, le comte de Montberon. Sa famille était alliée à celle des Salignac, et il se trouvait naturellement en relation avec Fénelon lorsque celui-ci arriva à Cambrai fuyant l'orage du quiétisme. Le gouverneur, qui avait toujours joui de la faveur du Roi, et venait d'être fait chevalier de l'Ordre, avait tout à craindre d'un commerce trop intime avec celui qui venait de s'attirer la colère du pouvoir. Mais il n'hésita pas et se montra dès le premier jour son ami le plus dévoué. Le mérite était grand surtout pour un homme en place, qui bravait ainsi la contagion de la défaveur. Aussi Fénelon répondit-il à ce dévouement par les plus grands ménagements et se garda-t-il au début de voir trop souvent le gouverneur de la ville, quoique sa femme n'eût pas tardé à prendre ses avis pour calmer les scrupules religieux qui l'obsédaient. Cependant après quelques ménagements accordés à la prudence, les rapports entre l'archevêque et le gouverneur devinrent fréquents.

La maison de M. de Montberon recevait donc souvent la visite de Fénelon, qui y retrouvait quelques vestiges de son passé dans la conversation de la maîtresse du logis, personne distinguée, d'une haute piété, mais poursuivie par des doutes et des inquiétudes sur son salut. Lorsqu'il ne pouvait aller la voir, le prélat lui écrivait; cette correspondance forme le fonds principal du Recueil de lettres spirituelles. Jamais prêtre ne déploya plus de patience, plus de condescendance envers une âme timorée et pusillanime. Il y a jusqu'à deux ou trois billets datés du même jour.

« Nous aurons, Madame, écrivait-il en 1700 à la comtesse de Montberon, quand il vous plaira une conversation particulière sur vos exercices de piété. Je la crois à propos, puisque vous ne voyez rien qui doive l'empêcher, et ce sera dans le lieu que vous choisirez. Je n'ai eu jusqu'ici que des ménagements pour vous et pour votre maison; quand on a la peste, on craint de la donner à ceux qu'on aime; moins ils la craignent, plus on la craint pour eux [1]. » Quelques mois après, sur les instances de M. de Montberon lui-même, Fénelon mit fin à ces ménagements, se chargea ouvertement de la direction spirituelle de madame de Montberon et devint son confesseur, chose rare alors où l'on avait l'habitude de distinguer avec soin la direction, c'est-à-dire la conduite dans les voies de la piété, d'avec la confession en elle-même. Il eut fort à faire pour calmer l'agitation scrupuleuse d'une âme réellement éprise de la perfection et qui avait de la peine à se confier pleinement à un autre. « Vous pouvez compter, Madame, sur les deux choses dont nous avons parlé », lui écrivait-il pour la rassurer, « je ne vous manquerai jamais, s'il plaît à Dieu, en rien. Je suis sec et irrégulier; mais Dieu est bon dans ceux qui ont besoin de sa bonté pour son œuvre et dont il se sert. Confiez-vous donc à Dieu, et ne regardez que lui seul. C'est le bon ami dont le cœur sera toujours infiniment meilleur que le nôtre [2]. » Il n'y a pas moins de deux cent vingt-cinq lettres spirituelles adressées à madame de Montberon. Nous nous arrêterons dans nos citations; ces lettres sont un vrai traité de la vie chrétienne et de l'abandon à Dieu, ce qui ne les empêche pas d'être écrites de la main d'un maître, avec une grâce pleine de douceur qui n'exclut pas l'autorité. Si elles n'ont pas toujours la gravité magistrale et la forte simplicité de celles de Bossuet, elles sont peut-être plus profondes, et si parfois on peut leur re-

[1] *Corresp. gén.*, VI, 285.
[2] *Corresp. gén.*, VI, 302.

procher un peu de subtilité et une certaine affectation mystique de langage, on sent à les lire que celui qui tient la plume connait à fond le cœur humain. Il en a sondé toutes les faiblesses, il sait par son expérience personnelle ce qu'est la souffrance morale, et les efforts que fait l'amour-propre pour y échapper. Ainsi ce passage sur l'abandon total à la volonté de Dieu, que nous ne pouvons résister au désir de citer encore, n'est-il pas admirable de simplicité et de profondeur? « Votre âme est bonne et s'affermit dans ses bons désirs. Ses croix sont grandes, mais il les lui faut avoir aussi grande qu'elle les a. Il n'y a que Dieu qui sache bien prendre la mesure de chacun de nous. Vous en prendriez trop en un sens et trop peu en un autre : trop sur votre santé et votre courage naturel, mais trop peu sur votre délicatesse ; toutes ces mesures sont fausses. Il n'y a qu'à laisser faire Dieu. C'est profondément couper dans le vif que de ne retenir rien de ce qu'il ôte, sans vouloir retrancher ce qu'il n'ôte pas. »

Au gouverneur de Cambrai, il faut ajouter l'intendant de Flandre, M. de Bernières, qui se montra toujours plein de respect pour Fénelon, et surtout celui de Hainaut, M. Roujault. Sa femme, personne d'esprit et d'un caractère noble, sut aussi bien vite mettre de côté les barrières pour s'approcher de Fénelon, mais elle ne se lia jamais aussi intimement avec lui que madame de Montberon. Elle fut la grand'-mère de Malesherbes, qui dut sans doute beaucoup à ses leçons, car elle vécut jusqu'en 1756.

Nous avons fait ainsi, peut-être un peu longuement, le tour du petit cercle d'amis éprouvés où vécut Fénelon lorsqu'il se retira à Cambrai. N'avions-nous pas raison de dire que cette vie, malgré les ressources intellectuelles qu'elle lui offrait par la distinction d'esprit de ses hôtes, devait paraître singulièrement monotone à un homme aussi actif, aussi animé, et qui venait de passer dix ans à la cour?

Avant d'aller plus loin, et de montrer tout ce que Fénelon sut déployer d'activité et d'énergie dans tous les genres sous cette apparence d'immobilité grave, nous allons mettre sous les yeux du lecteur le récit d'une visite faite par l'abbé Le Dieu à l'archevêque de Cambrai en 1704, qui terminera par une peinture un peu plus animée cette description de la vie de Fénelon à Cambrai.

L'abbé Le Dieu avait été le secrétaire particulier de Bossuet jusqu'à sa mort. Il avait des parents aux environs de Cambrai, et l'archevêque l'avait souvent invité à venir le visiter avec une bonne grâce parfaite. Tant que Bossuet vécut, l'abbé n'osa répondre à cet appel. Mais peu de mois après la mort de son évêque, soit curiosité, soit désir de témoigner son estime à un homme qu'il avait vu poursuivre avec tant de vivacité, l'abbé Le Dieu arriva à Cambrai. Il était muni d'une lettre de recommandation de madame de la Maisonfort, ancienne religieuse de Saint-Cyr qui joua un grand rôle dans la controverse du quiétisme, fut renvoyée de la maison à cause de son attachement à madame Guyon, et se retira chez les Ursulines de Meaux. Nous allons laisser parler le bon abbé malgré ses longueurs : rien ne peut peindre plus au naturel Fénelon et le cadre dans lequel il vivait que ce récit un peu traînant, mais qui ne manque pas de finesse. C'est comme une sorte de photographie de l'archevêché de Cambrai au mois de septembre 1704 [1] :

« J'arrivai ainsi à Cambrai sur les deux heures, avec une pluie continuelle, et je descendis au *Lion*, sur la place... M. l'archevêque était absent depuis près de trois semaines, étant parti de Cambrai pour la procession de Valenciennes, et de là étant allé à Tournai, Courtrai, Lille et autres villes de Flandre. On l'attendait ce soir à coucher : il n'arriva pas... Le mardi, 16 septembre, un exprès de sa part

---

[1] Le Dieu, III, 154.

apporta la nouvelle qu'il viendrait aujourd'hui dîner à Cambrai. Il arriva, en effet, un peu après midi. Je l'attendais dans la première grande salle au haut de l'escalier. Il y avait avec lui dans son carrosse M. l'abbé de Beaumont, son neveu, M. de l'Échelle et M. Lefèvre, ci-devant aumônier de la princesse Palatine; ces deux derniers viennent souvent de Paris pour voir M. de Cambrai, l'abbé de Beaumont ne le quitte jamais.

« M. l'abbé de Chantérac, son parent et son grand vicaire, M. l'abbé de Fénelon, un jeune cavalier dit, je crois, le marquis de Fénelon, qui sont deux neveux de M. l'archevêque, élevés auprès de lui, un M. l'abbé de Laval… Tous ces messieurs que je viens de nommer et quelques autres ecclésiastiques domestiques étaient tous à la descente du carrosse : et je crus devoir laisser à ces messieurs la place libre pour les premiers compliments et entrevue.

« J'étais dans la grande salle du billard près de la cheminée : dès que je le vis entrer, j'approchai en grand respect; il me parut au premier abord froid et mortifié, mais doux et civil, m'invitant à entrer avec bonté, mais sans empressement. « Je profite, lui dis-je, Monseigneur, de la permission « qu'il a plu à Votre Grandeur de me donner de venir ici lui « rendre mes respects quand j'en aurais la liberté », c'est ce que je lui dis d'un ton modeste, mais intelligible; j'ajoutai plus bas, et comme à l'oreille, que je lui apportais des nouvelles et des lettres de madame de la Maisonfort. « Vous me « faites plaisir, dit-il, entrez, entrez. » Alors parut M. l'abbé de Beaumont, qui me salua avec embrassades, d'une manière fort aisée et fort cordiale.

« Le prélat était en habits longs, violets, soutane et simarre avec des parements, boutons et boutonnières d'écarlate cramoisi : il ne parut pas à sa ceinture ni glands ni franges d'or, et il avait à son chapeau un simple cordon de soie verte; des gants blancs aux mains et point de canne ni de manteau. Je lui remis le paquet de lettres en entrant dans sa chambre, et sans l'avoir ouvert, il me fit asseoir au-dessus de lui dans un fauteuil égal au sien, ne me laissant pas la liberté de prendre un moindre siége et me faisant couvrir. Les premiers discours furent sur madame de Maisonfort, sa santé, sa situation et la fermeté qu'elle devait avoir à persévérer dans la maison des Ursulines de Meaux sans songer à changer. Il ouvrit alors son paquet de lettres : « Elles sont, dit-il, un peu malaisées à « lire, il faudra les étudier à loisir. » Comme on était déjà venu avertir pour dîner, il se leva, et m'invita à venir prendre place à sa table. Tous les convives l'attendaient à la salle à manger, et personne n'était venu à sa chambre, où l'on savait que j'étais enfermé avec lui. On lava les mains sans façon : le prélat bénit la table et prit la première place, comme de raison ; M. l'abbé de Chantérac était assis à sa gauche : chacun se plaça sans distinction à mesure qu'il avait lavé. Je me mis à une place indifférente, et l'on me servit aussitôt du potage. La place de la droite du prélat étant vide, il me fit signe de m'y mettre ; je remerciai, disant que j'étais placé et déjà servi ; il insista doucement et poliment : « Venez, voilà votre place. » J'y allai donc sans résistance : on m'y apporta mon potage.

« Nous étions quatorze à table, et le soir seize ; je ne vis dans la salle à manger que des tables plus grandes que celles-ci, les unes de dix-huit, d'autres de vingt ou de vingt-quatre couverts, ce qui me fit croire que c'était là la table ordinaire. Aussi n'y avait-il à table que des gens à lui ou ses amis et familiers qui ne le quittent jamais, sans aucun étranger. C'étaient donc ses neveux, des secrétaires et aumôniers, avec un écuyer de ses amis, MM. de l'Échelle, de Laval et Lefèvre ; le soir, il y avait deux aumôniers de plus, dont l'un arrivait actuellement de Paris, et qu'il reçut avec une grande amitié.

« La table fut servie magnifiquement et délicatement ; plusieurs potages, de bon bœuf et bon mouton, des entrées et ragoûts de toutes sortes, un grand rôti, des perdreaux et autres gibiers en quantité et de toutes façons, un magnifique fruit, des pêches et des raisins exquis quoique en Flandre, des poires des meilleures espèces, et toutes sortes de compotes, de bon vin rouge, point de bière, le linge propre, le pain très-bon, une grande quantité de vaisselle d'argent, bien pesante et à la mode. Les domestiques portant la livrée étaient en très-grand nombre, servant bien et proprement, avec diligence et sans bruit; je n'ai pas vu de pages; c'était un laquais qui servait le prélat, ou quelquefois l'officier lui-même. Le maître d'hôtel me parut homme de bonne mine, entendu et autorisé dans la maison.

« M. l'archevêque prit la peine de me servir de sa main de tout ce qu'il y avait de plus délicat sur sa table; je le remerciais chaque fois en grand respect, le chapeau à la main, et chaque fois aussi il ne manqua jamais de m'ôter son chapeau, et il me fit l'honneur de boire à ma santé, tout cela fort sérieusement, mais d'une manière aisée et très-polie. L'entretien fut aussi très-aisé, doux et même gai : le prélat parlait à son tour, et laissait à chacun une honnête liberté; je remarquai que ses aumôniers, secrétaires et son écuyer parlèrent comme les autres, fort librement, sans que personne osât railler ni épiloguer. Les jeunes neveux ne parlaient pas. L'abbé de Beaumont soutenait la conversation, qui roula fort sur le voyage de M. de Cambrai; mais cet abbé était très-honnête, et je n'aperçus rien ni envers personne de ces airs hautains et méprisants que j'ai tant de fois éprouvés ailleurs; j'y ai trouvé, en vérité, plus de modestie et plus de pudeur qu'ailleurs, tant dans la personne du maître que dans les neveux et autres [1].

« Cette table de seize couverts et celles de dix-huit, vingt et vingt-quatre m'ont paru très-dignes de remarque, car elles

---

[1] L'abbé Le Dieu fait ici allusion aux membres de la famille de Bossuet, assez vulgaires et intéressés, auxquels l'illustre évêque, tout entier aux choses de l'esprit, avait trop abandonné la conduite de sa maison.

m'ont fait connaître que ce prélat fait toujours à ses ecclésiastiques l'honneur de les avoir à sa table comme je l'ai vu à dîner et à souper : ce que ne fait pas l'archevêque de Reims, ni à Paris, ni même à Reims, ou très-rarement, car il a une table garnie pour ses ecclésiastiques, écuyers et secrétaires. M. de Noailles, étant évêque de Châlons, en usait à peu près de même, et bien plus depuis qu'il fut archevêque de Paris, et encore plus depuis qu'il est cardinal. C'est donc une grande modestie dans M. de Cambrai, avec sa qualité de duc et de de prince de l'Empire, et avec ses grandes richesses, d'avoir à sa table tous ses prêtres autour de lui.

« Le prélat mangea très-peu, et seulement des nourritures douces et de peu de suc ; le soir, par exemple, quelques cuillerées d'œufs au lait ; il ne but aussi que deux ou trois coups d'un petit vin blanc faible en couleur, et par conséquent sans force : on ne peut voir une plus grande sobriété et retenue. Aussi est-il d'une maigreur extrême, le visage clair et net, mais sans couleur, disant lui-même : « On ne « peut être plus maigre que je ne le suis. » Il ne laisse pas que de se bien porter ; et au retour de ce voyage de trois semaines, il ne paraissait ni las, ni fatigué. Je crois, pour moi, que c'est le chagrin qui le ronge ; car, outre la maigreur, il a l'air très-mortifié ; et dans la demi-journée que j'ai été avec lui, et au retour d'un voyage qui le devait dissiper, il n'est pas sorti de sa profonde mortification, quoique ses manières fussent aisées et polies, mais avec le visage d'un saint Charles.

« Après dîner, toute la compagnie alla à la grande chambre à coucher de M. l'archevêque, où le prélat voulut encore me faire prendre une place distinguée ; je me mis au pied du lit, contre le mur auprès de M. de l'Échelle, laissant le fond de la chambre pour les survenants. Le prélat était assis devant la cheminée, environ le milieu de la chambre, ayant près de lui une petite table pour écrire ce qui se présenterait à expédier ; ses secrétaires et aumôniers, en soutane seulement, lui prenant ses ordres pour des démissoires et autres actes qu'ils devaient lui apporter à signer, parce qu'il ne faisait pas l'ordination prochaine; mais il ne s'agissait d'envoyer aux ordres que quelques moines. On apporta du café; il y en eut pour tout le monde; M. de Cambrai eut l'attention de m'en faire donner avec une serviette blanche. La conversation roula sur les nouvelles du temps.

« ...M. l'archevêque me fit promener avec lui le long de la grande enfilade de son appartement neuf, me parlant toujours de piété, et y rapportant tout le gouvernement ecclésiastique, sans me dire jamais un seul mot de M. de Meaux, ni en bonne ni en mauvaise part. Ce n'était pas à moi à lui en parler; je venais pour madame de la Maisonfort, et naturellement je n'avais à lui parler que d'elle seulement. Il me dit une fois en passant, et sur le sujet de la simplicité chrétienne : « Faites-moi toutes les questions que vous voudrez, « et je vous y répondrai tout simplement comme un enfant. » C'était m'ouvrir un beau champ sur le quiétisme; mais je me gardai bien d'entrer dans cette matière. . . . . . .

« ...Ce prélat me retint à souper, me plaça à table, et me traita avec la même distinction qu'à dîner. Après souper, dans la conversation, on me fit parler de la mort de M. de Meaux; on me demanda s'il s'était vu mourir, s'il avait reçu les sacrements et de qui. Mais le prélat me demanda nommément qui l'avait exhorté à la mort; sur tout cela, je lui dis le fait. Au reste, j'ai cru que ce prélat, me faisant cette dernière question, pensait que M. de Meaux avait besoin, à la mort, d'un bon conseil et d'une personne d'autorité capable de le lui donner, après tant d'affaires importantes qui avaient passé par ses mains pendant une si longue vie, et avec tant de circonstances délicates. Il n'a pas été question du testament, ni de rien de particulier davantage, bien moins de quiétisme. Et dans tous ces entretiens, M. l'archevêque de Cambrai n'a pas dit le moindre mot à la louange de M. de

Meaux. Pendant cette récréation, ce prélat se fit apporter devant lui une petite table sur laquelle il ferma lui-même son paquet pour madame de la Maisonfort et y mit le dessus de sa main. Avant dix heures du soir, il dit : « Nos gens sont-ils « là? » et il ajouta : « Faisons la prière. » Elle se fit dans sa grande chambre à coucher même, où toute sa famille se trouva ; un aumônier lut la formule, et le *Confiteor* se dit tout simplement avec le *Misereatur* sans que le prélat y prît la parole.

« En sortant de table, il avait ordonné qu'on me préparât une chambre : après la prière, il me mit en main son paquet, et donna ordre que l'on prit des bougies et un flambeau de poing pour me conduire à ma chambre, me faisant excuse de ce qu'il faudrait passer par la cour pour y aller. Il me fit aussi mille offres de service pour ma famille qui était si proche de lui. Je pris donc congé, dès ce soir, du prélat et de M. l'abbé de Beaumont, comme devant partir dès le grand matin du jour suivant. Le prélat me conduisit jusqu'à la porte de sa grande salle du dais. Un laquais marcha devant moi avec des bougies et un flambeau de poing de cire blanche. Je lui dis que j'allais coucher au cabaret, afin de partir le lendemain à ma liberté. Il m'y conduisit avec son flambeau de poing. »

La grande figure de Fénelon ressort bien au milieu de ce tableau un peu gris. On sent l'impression qu'il produisait même sur ses adversaires par cette dignité parfaite qui ne l'abandonnait jamais. Rien ne peint mieux son caractère que le silence gardé sur le quiétisme et sur Bossuet. Se justifier ou attaquer l'évêque de Meaux eût été aussi déplacé l'un que l'autre ; s'étendre en louanges douteuses sur le compte de son ancien adversaire eût été encourir le reproche d'hypocrisie, car les saints seuls arrivent à un assez grand degré de détachement pour pouvoir louer leurs ennemis avec une parfaite sincérité. Aussi Fénelon se tait-il avec un bon goût et un tact qui révèlent autant de délicatesse que de fierté dans la nature morale. Les détracteurs de Fénelon, il y en a encore de très-passionnés, lui ont souvent amèrement reproché ce silence rapporté par l'abbé Le Dieu comme venant d'une âme pleine de rancune et d'animosité. Il nous semble, au contraire, que rien ne pouvait mieux prouver son désir de finir toutes les anciennes discussions sans affectation de soumission ou d'indifférence. La situation devait paraître singulièrement délicate aux assistants : Fénelon et le confident de Bossuet en présence !... Jamais, suivant nous, on n'allia tant de dignité et de simplicité. L'abbé Le Dieu se retira tout ému. En revenant à Meaux, il s'arrêta à Noyon, visita l'évêque, dont « le traitement, dit-il, fut bien différent de celui de M. l'archevêque de Cambrai ». Une fois de retour, il s'en alla confier toutes ses impressions à la vieille madame d'Allègre, qui demeurait dans les environs, et écrivit une lettre pleine de reconnaissance à madame de la Maisonfort. Mais l'abbé Bossuet eut vent de la visite, il cria au scandale, à l'ingratitude, et fit promettre au coupable de garder un profond silence sur sa course à Cambrai. Car, comme l'abbé le remarque avec une certaine mélancolie, les neveux de M. de Cambrai étaient bien différents de celui de M. de Meaux.

Nous avons montré Fénelon dans son palais menant sa vie d'évêque avec une admirable dignité ; nous le verrons plus tard administrer son diocèse avec la plus rare habileté. Mais toute une partie de sa vie intime, celle peut-être à laquelle il se donnait avec la plus entière liberté, reste encore à mettre en lumière. Nous allons pénétrer maintenant dans ce qui formait comme le fond mystérieux de l'existence de Fénelon : sa correspondance assidue avec ses amis de la cour. C'était là tout un autre monde, bien différent de celui de Cambrai, ou plus exactement c'était la continuation du rôle qu'il jouait à Versailles. Sans cesser d'être toujours lui-même, Fénelon va se montrer là sous un jour tout nouveau. Si le lecteur n'a pas trouvé que nous nous soyons trop attardés dans les grandes salles un peu tristes de l'archevêché de Cambrai, qu'il nous suive dans la petite chambre grise du prélat pour y lire avec lui les lettres qui lui arrivaient de ses fidèles disciples de Versailles.

CHAPITRE II

Les correspondants de Fénelon à Versailles. — Les deux ducs. — Les *Lettres au duc de Bourgogne.* — Attitude à l'égard du roi et de la cour. — La première campagne du petit prince. — L'entrevue de l'auberge de Dunkerque. — Conseils pour la conduite du duc de Bourgogne à la cour.

1699-1708.

La vie régulière, uniforme, tout épiscopale que menait Fénelon à Cambrai, au milieu des froids brouillards de la Flandre, n'était cependant pas si séparée du monde qu'elle le semblait au premier abord. Les amis qu'il avait laissés à Versailles étaient nombreux, ils étaient presque tous restés fidèles. La disgrâce avait bien dispersé le petit troupeau, mais ne l'avait pas désuni. Les deux ducs de Chevreuse et de Beauvilliers, qui viennent en première ligne, avaient par miracle échappé à l'orage. Le Roi, habitué à les voir à sa cour ainsi que leurs femmes dont il aimait la société, ferma à dessein les yeux sur la fidélité ouvertement gardée à leur cher archevêque, et les laissa en tranquille jouissance de leurs charges à la cour. M. de Beauvilliers resta premier gentilhomme de la chambre, ministre d'État, chef du conseil des finances et gouverneur du duc de Bourgogne. M. de Chevreuse garda sa charge de capitaine des chevau-légers du Roi et toutes ses autres dignités ; il resta surtout, tout aussi avant que par le passé, dans la faveur du monarque, qui goûtait son esprit et avait une grande confiance dans sa droiture. Il était, dit Saint-

Simon, un ministre incognito. Tous deux cependant avaient vivement défendu Fénelon, tout en protestant de leur parfaite soumission à l'Église et en ne se prononçant pas sur le fond de la question. Le duc de Beauvilliers avait lui-même présenté au Roi le livre des *Maximes*. Aussi les ennemis de Fénelon et les courtisans, qui eussent volontiers vu s'écrouler une fortune qui était gênante parce qu'elle était méritée, ne négligèrent-ils rien pour les faire envelopper dans la défaveur de M. de Cambrai. Nulle menace, nul avertissement ne put ébranler l'attachement de ces deux hommes de bien pour leur ami malheureux; en vain les pressa-t-on de l'abandonner au moins en apparence, ils ne changèrent pas un moment de conduite, protestant toujours de leur parfait dévouement au Roi et de leur profond éloignement pour toute nouveauté ou hérésie. Saint-Simon raconte [1] avec une émotion vraie que lui-même avertit M. de Beauvilliers de l'extrême péril où le mettait son dévouement à l'archevêque, et qu'il en reçut la belle réponse qui suit : « Après m'avoir remercié avec tendresse, il m'avoua que lui, son beau-frère et leurs femmes s'apercevaient depuis longtemps de l'entier changement de madame de Maintenon, de celui de la cour et même de l'entraînement du Roi. J'en pris l'occasion de le presser d'avoir moins d'attachement, au moins en apparence, pour ce qui l'exposait si fort, de montrer plus de complaisance et de parler au Roi. Il fut inébranlable, il me répondit sans la moindre émotion, qu'à tout ce qui lui revenait de plusieurs côtés, il ne doutait point qu'il ne fût dans le péril que je venais de lui représenter, mais qu'il n'avait jamais souhaité aucune place, que Dieu l'avait mis en celles où il était, que quand il les lui voudrait ôter, il était tout prêt de les lui remettre, qu'il n'y avait d'attachement que pour le bien qu'il y pouvait faire, que n'en pouvant

---

[1] Saint-Simon, éd. Chéruel, II, 123.

plus procurer, il serait plus que content de n'avoir plus de compte à en rendre à Dieu et de n'avoir plus qu'à le prier dans la retraite où il n'aurait à penser qu'à son salut ; que ses sentiments n'étaient point opiniâtreté, qu'il les croyait bons, et que les pensant tels, il n'avait qu'à attendre la volonté de Dieu, en paix et avec soumission, et à se garder surtout de faire la moindre chose qui pût lui donner du scrupule en mourant. Il m'embrassa avec tendresse, et je m'en allai si pénétré de ces sentiments si chrétiens, si élevés et si rares, que je n'en ai jamais oublié les paroles, tant elles me frappèrent. » M. de Chevreuse était rempli des mêmes sentiments, et, appuyés l'un sur l'autre, les deux beaux-frères laissèrent passer la tourmente. Il faut le dire, si cette indépendance était le fruit de la direction de Fénelon, c'était une direction singulièrement forte et élevée, et si son attitude à Cambrai le justifiait plus que ses discours, celle de ses disciples à la cour n'était pas moins faite pour inspirer le respect. Il savait bien lui-même que les chers amis de Versailles ne l'abandonneraient jamais, et c'était en vain que l'on avait essayé d'ébranler sa confiance en incriminant la réserve des deux ducs. Fénelon n'avait pas été dupe de ces bruits, et lui-même les exhortait à se tenir en dehors de toute l'affaire... « Il est vrai[1], écrivait-il à l'abbé de Chantérac, que ces deux ducs ont déclaré que, pour toutes les matières de doctrine, ils demeuraient soumis et dociles à M. l'archevêque de Paris, qui est leur pasteur. C'est ce que doivent faire des laïques aussi pieux qu'ils le sont. Ils n'ont qu'à se taire sur les contestations dogmatiques d'évêques. » La cour elle-même fut étonnée de ce rare exemple d'union et de fidélité, et après avoir fait quelque temps le vide autour de ces étranges courtisans du malheur, elle revint à eux avec un empressement d'autant plus grand, qu'on vit le Roi se

---

[1] *Corr. gén.*, IX, 358.

montrer sensible à tant de constance dans l'affection et les traiter comme par le passé. Saint-Simon nous retrace avec sa vivacité accoutumée tous ces manéges qui eurent lieu pendant un voyage du Roi à Marly [1] : « Mesdames de Chevreuse et de Beauvilliers, accoutumées à voir l'élite des dames se ramasser autour d'elles partout, s'y trouvèrent tout ce voyage-là et quelques autres ensuite fort esseulées. Personne ne les approcha de celui-ci, et si le hasard ou quelque soin en amenait auprès d'elles, c'étaient sur des épines, et elles ne cherchaient qu'à se dissiper, ce qui arrivait bientôt après. Cela parut bien nouveau et assez amer aux deux sœurs; mais semblables à leurs maris en vertus et en bienséance, elles ne coururent après personne, se tinrent tranquilles, virent sans dédain le flux de la cour, mais sans paraître embarrassées, reçurent bien le peu et le rare qui leur vint, mais sans empressement et à leur façon ordinaire, et surtout sans rien chercher, et ne laissèrent pas de bien remarquer et distinguer les différentes allures et tous les degrés de crainte, de politique ou d'éloignement... Leurs maris, aussi courtisés et encore plus environnés qu'elles, éprouvèrent encore plus d'abandon et ne s'en émurent pas davantage. Tout cela eut un temps, et peu à peu l'on se rapprocha d'eux et d'elles, parce qu'on vit le Roi les traiter avec la même distinction, et que la même politique qui avait éloigné d'eux le gros du monde l'en rapprocha dans les suites, et que l'envie, lasse de bouder inutilement, fit enfin comme les autres. »

Le livre des *Maximes* une fois condamné à Rome, les amis de Fénelon n'eurent pas un moment d'hésitation sur ce que ferait l'archevêque dans cette circonstance si difficile. N'ayant pas à se soumettre comme lui, puisqu'ils s'étaient tenus personnellement à l'écart de la querelle, ils annon-

---

[1] Saint-Simon, éd. Chéruel., II, 129.

cèrent partout que l'acceptation prompte, complète et sans réserve de Fénelon viendrait mettre à néant les accusations de duplicité qu'on avait de toutes parts répandues contre lui, et l'événement justifia leur confiance.

La petite société, quoique privée de son centre, resta donc étroitement unie et se groupa autour des deux ducs, qui, par leur position et aussi par l'affection toute particulière que leur portait l'archevêque, en devinrent tout naturellement les chefs. Le lecteur nous saura peut-être gré de lui remettre sous les yeux quelques traits des portraits que Saint-Simon a laissés de ces fidèles disciples de M. de Cambrai; en deux coups de pinceau le grand écrivain évoquera devant nos yeux ces deux figures si originales. Voici d'abord le duc de Beauvilliers, appelé par tous le bon duc[1].

« Il (le duc de Beauvilliers) était grand, fort maigre, le visage long et coloré, un fort grand nez aquilin, la bouche enfoncée, des yeux d'esprit et perçants, le sourire agréable, l'air fort doux, mais ordinairement fort sérieux et concentré. Il était né vif, bouillant, emporté, aimant tous les plaisirs. Beaucoup d'esprit naturel, le sens extrêmement droit, une grande justesse, souvent trop de précision, l'énonciation aisée, agréable, exacte, naturelle, l'appréhension vive, le discernement bon, une sagesse singulière, une prévoyance qui s'étendait vastement, mais sans s'égarer, une simplicité et une sagacité extrêmes et qui ne se nuisaient pas l'une à l'autre, et depuis que Dieu l'eut touché, ce qui lui arriva de très-bonne heure, je crois pouvoir avancer qu'il ne perdit jamais sa présence, d'où l'on peut juger, éclairé comme il l'était, jusqu'à quel point il porta la piété. Doux, modeste, égal, poli avec distinction, assez prévenant, d'un accès facile et honnête jusqu'aux plus petites gens... Sa charité pour le prochain le resserrait dans des entraves qui le

---

[1] Saint-Simon, éd. Chéruel, XI, 188.

raccourcissaient par la contrainte de ses lèvres, de ses oreilles, de ses pensées, dont on a vu les inconvénients en plusieurs endroits. Le ministère, la politique, la crainte trop grande du Roi, augmentèrent encore cette attention continuelle sur lui-même, d'où naissait un contraint, un concentré, dirais-je même un pincé qui éloignait de lui, et un goût particulier pour la solitude qui convenait peu à ses emplois, qui l'isolait, qui, excepté ses fonctions, parmi lesquelles je range sa table ouverte le matin, lui faisait un désert de la cour et lui laissait ignorer tout ce qui n'était pas les affaires où ses emplois l'engageaient nécessairement[1]. Cet homme si droit, si en garde contre lui-même et d'une attention si active, se laissa tellement enchanter, lui et M. de Chevreuse, aux charmes de l'archevêque de Cambrai que, sans l'avoir jamais vu depuis sa disgrâce, ce prélat ne cessa d'être l'âme de son âme et l'esprit de son esprit, que tout ce qu'il pratiquait dans son intérieur de conscience et dans son domestique était réglé souverainement par M. de Cambrai. » Pour achever le tableau, il faudrait citer les passages qui regardent madame de Beauvilliers, si unie à son mari, et portant comme sa sœur, madame de Chevreuse, dans la conduite de la vie quelque chose de la force d'esprit de Colbert. Mais il faut nous borner et renvoyer à Saint-Simon ceux qui voudraient savoir ce qu'était en plein Versailles cet intérieur où l'austérité chrétienne était pratiquée dans toute sa rigueur sans rien ôter à la dignité extérieure et à la noblesse de la vie.

A côté de M. de Beauvilliers vient le duc de Chevreuse. Parfaitement différent de son beau-frère, aussi bien par la figure que par les qualités et les défauts de l'esprit, il s'était attaché à lui d'une amitié si parfaite qu'elle fit l'étonnement de toute la cour. Toujours ensemble, se voyant tous les jours

---

[1] Saint-Simon, éd. Chéruel, XI, 196.

plusieurs fois, ils vécurent plus de trente ans côte à côte sans qu'un nuage vînt altérer cette singulière affection. Rien n'égalait leur union, si ce n'est peut-être la parfaite dissemblance de leurs caractères : « J'ai eu lieu en plusieurs endroits, dit Saint-Simon, de parler de son caractère, de son esprit, de sa dangereuse manière de raisonner, de la droiture de son cœur, et avec quelle effective candeur il se persuadait quelquefois des choses absurdes et les voulait persuader aux autres, mais toujours avec douceur et cette politesse insinuante qui ne l'abandonnait jamais, et qui était si sincèrement éloignée de tout ce qui pouvait sentir domination, ni même supériorité en aucun genre... Jamais homme ne posséda son âme en paix comme celui-là ; comme dit le psaume, il la portait dans ses mains. Le désordre de ses affaires, la disgrâce de l'orage du quiétisme, qui fut au moment de le renverser, la perte de ses enfants, celle de ce parfait Dauphin, nul événement ne put l'émouvoir ni le tirer de ses occupations et de sa situation ordinaire avec un cœur bon et tendre toutefois. Il offrait tout à Dieu qu'il ne perdait jamais de vue, et dans cette même vue il dirigeait sa vie et toute la suite de ses actions. Jusqu'avec ses valets il était doux, modeste, poli ; en liberté, dans un intérieur d'amis et de famille intime, il était gai et d'excellente compagnie, sans rien de contraint pour lui ni pour les autres, dont il aimait l'amusement et le plaisir ; mais si particulier par le mépris intime du monde et le goût et l'habitude du cabinet, qu'il n'était presque pas possible de l'en tirer, et que le gros de la cour ignorait qu'il eût une table également abondante et délicate. Il n'y arrivait jamais que vers l'entremets. Il se hâtait d'y manger quelque pourpoint de lapin, quelque grillade, enfin ce qui avait le moins de suc, et au fruit quelques sucreries qu'il croyait bonnes à l'estomac, avec un morceau de pain pesé dont on avait ôté la mie. Il voulait manger en sorte qu'il pût travailler en sortant de table avec la même facilité qu'avant de s'y mettre, et, en effet, il rentrait bientôt après dans son cabinet. Le soir, peu avant minuit, il mangeait quelque œuf ou quelque poisson à l'eau ou à l'huile, même les jours gras. Il faisait tout tard et assez lentement. Il ne connaissait pour son usage particulier ni les heures, ni le temps, et il lui arrivait souvent là-dessus des aventures qui faisaient notre divertissement dans l'intime particulier, et sur lesquelles M. de Beauvilliers ne l'épargnait pas, malgré toute sa déférence dans le courant ordinaire de la vie [1]. »

Tels étaient les deux chefs du petit troupeau que Fénelon continuait à diriger de loin. A côté venaient leurs femmes, aussi pieuses, aussi unies qu'ils l'étaient eux-mêmes ; puis la duchesse de Mortemart, fille, elle aussi, de Colbert : son fils avait épousé sa cousine germaine, fille aînée du duc de Beauvilliers. Quelques rares amis étaient admis à entrer dans le cénacle, parmi lesquels il faut remarquer le duc et la duchesse de Charost, fille du fameux surintendant Fouquet. Madame de Béthune-Charost avait été, malgré sa haute piété, la cause première de l'orage du quiétisme, en introduisant dans le cercle intime de Versailles son amie madame Guyon, qui y fut trop vite admise. C'était, il faut bien le dire, une petite coterie fort étroite, mais uniquement composée de gens de bien, de dévots, comme on disait alors, cherchant à oublier le monde au milieu duquel ils vivaient, et à faire leur salut en pleine cour. L'entreprise n'était pas aisée en pareil lieu, si l'on songe à ce que devait être cette vie qui se passait tout entière en représentation devant le Roi, où l'on avait pour unique retraite deux ou trois misérables pièces qui servaient d'appartement entier à toute une famille. C'est ce désir sincère d'avancer dans le bien, et l'absolu besoin d'avoir une direction suivie

---

[1] SAINT-SIMON, éd. Chéruel, X, 269.

pour se tirer de cette existence à la fois vide et agitée, qui assurèrent à Fénelon un empire si entier sur ce groupe distingué. Cet enchantement dont Saint-Simon parle avec une visible impatience, fort naturelle chez quelqu'un qui n'était pas sous le charme, prenait sa source dans la parfaite confiance que leur inspirait Fénelon et la nécessité d'avoir un guide sûr. La disgrâce vint mettre le sceau à cette union ; désormais le cher archevêque, persécuté par des adversaires que rien ne pouvait adoucir, devint une sorte de héros et de martyr, entouré d'une auréole toute particulière. Les lettres remplacèrent les entretiens secrets de Versailles, peut-être avec un attrait de plus, celui du mystère.

Publiée en partie dans la collection des lettres spirituelles, la correspondance de Fénelon avec les deux ducs et les fidèles de Versailles a été réunie en un volume lors de la publication de sa correspondance générale. Ainsi rapprochées, ces lettres forment un ensemble très-intéressant, qui jette une vive lumière sur les événements du temps, et fait surtout beaucoup mieux connaître les relations de l'archevêque avec la cour pendant son exil à Cambrai. Chose remarquable, il ne s'y trouve pas un seul trait sur les anecdotes de la cour, pas une médisance ou une calomnie. Il n'en est pas de même de la politique et des affaires ; ici se retrouve, à côté du directeur de conscience, le citoyen qui eût désiré peut-être plus qu'il ne s'en rendait compte, s'occuper des affaires de son pays autrement qu'en spéculation. Fénelon sait bien qu'en écrivant au duc de Chevreuse, à un ami personnel du Roi, et au beau-frère d'un ministre, ses idées, ses appréciations ne seront pas mises sous le boisseau. Enfin, c'est par ce même canal que le duc de Bourgogne, resté inébranlablement attaché à son ancien maître, pouvait recevoir ses avis et communiquer avec lui. D'abord rare, cette correspondance devint plus fréquente, et resserra encore l'intimité de Fénelon avec le jeune prince, cette intimité qui fut la plus douce consolation et la plus cruelle illusion de sa vie!

Fénelon était donc en rapport constant avec la cour; ses idées, ses plans arrivaient jusqu'à l'oreille du Roi sans que celui-ci s'en doutât, ou plutôt sans qu'il voulût le savoir, car il nous paraît impossible de croire que le secret ait été si bien gardé qu'il n'en transpirât rien. Il est vrai qu'alors la police laissait échapper bien des choses, mais un commerce de lettres qui dura près de dix-huit ans ne peut pas avoir été complétement clandestin. Peut-être le Roi n'essaya-t-il pas à dessein de pénétrer le mystère; peut-être ne lui déplaisait-il pas d'entendre ainsi les idées du plus « bel esprit chimérique » de son royaume, par une voie détournée qui ne pouvait en rien blesser son orgueil, puisqu'au dehors tout rapport avec Cambrai était interdit.

Après ces quelques explications nécessaires pour bien faire comprendre l'état des relations de Fénelon avec la cour, nous allons de nouveau laisser parler l'archevêque lui-même et ses correspondants, afin de donner une idée de l'étroite union qui régnait entre eux. La suite du récit nous amènera à faire plus tard d'amples extraits de ces lettres; mais pour le moment, nous ne voulons que faire entrer celui qui lirait ces lignes dans le secret de toute une partie de la vie de Fénelon.

Peu après son départ de la cour, alors que la polémique sur son livre venait de finir, l'archevêque écrit au duc de Beauvilliers ces lignes sur sa situation dans son diocèse[1] : « Je suis ici en paix et à portée, s'il plaît à Dieu, d'y faire du bien. Je n'y ai d'épines que de la part de mes suffragants. Si l'on avait réglé tout ce qui regarde notre officialité à l'égard de M. l'évêque de Saint-Omer, et si je pouvais avoir un bon séminaire, je me trouverais trop heureux. Je suis fâché, mon bon duc, de ne vous voir point, vous, la bonne duchesse et

---

[1] *Corr. gén.*, I, 79.

quelques autres amis en très-petit nombre. Pour le reste, je suis ravi d'en être bien loin ; j'en chante le cantique de délivrance, et rien ne me coûterait tant que de m'en rapprocher. J'aime toujours M. le duc de Bourgogne, malgré ses défauts les plus choquants. Je vous conjure de ne vous relâcher jamais dans votre amitié pour lui ; que ce soit une amitié crucifiante et de pure foi ; c'est à vous de l'enfanter avec douleur jusqu'à ce que Jésus-Christ soit formé. Supportez-le sans le flatter, avertissez-le sans le fatiguer, et bornez-vous aux occasions et ouvertures de providence auxquelles il faut être fidèle ; dites-lui les vérités qu'on voudra que vous lui disiez, mais dites-les-lui courtement, doucement, avec respect et tendresse. C'est une providence que son cœur ne se tourne point vers ceux qui auraient tâché d'y trouver de quoi vous perdre ; qu'il ne vous échappe pas au nom de Dieu. S'il faisait quelques grandes fautes, qu'il sente d'abord en vous un cœur ouvert comme un port dans le naufrage. » On voit combien grande était la confiance entre les deux amis. Malheureusement il n'y a que peu de lettres de lui à Fénelon ; lors de la querelle du quiétisme, M. de Beauvilliers s'était engagé à ne pas correspondre en secret avec l'archevêque de Cambrai, et nous croyons que c'est la raison du petit nombre de lettres de lui publiées dans la correspondance. Ce qui est plus étrange, c'est la rareté des lettres de Fénelon à son ami, lui qui n'avait pas les mêmes raisons pour garder le silence. Si ces lettres existent, elles doivent être fort curieuses, car, si nous ne nous trompons, le bon duc était l'ami préféré du prélat, celui qui était avec lui sur le pied d'une complète égalité intellectuelle, bien que sa nature froide et réservée fût tout à fait opposée à l'ouverture et à la chaleur de Fénelon. Tout au contraire, la correspondance avec le duc de Chevreuse est très-abondante, et par elle on peut suivre jusqu'au bout les rapports que Fénelon eut avec ses amis de Versailles, car les deux ducs étaient trop unis entre eux pour ne pas se communiquer tout ce qui arrivait de Cambrai. Quelques extraits de ces lettres peindront bien le caractère de M. de Chevreuse, ainsi que le degré où il avait remis toute la conduite de sa vie aux mains de son cher archevêque. Voici d'abord des conseils de piété :

« Jamais[1] rien ne m'a touché plus vivement, mon bon duc, que votre lettre écrite, moitié à..., et moitié à Versailles. Dieu vous bénisse, et se complaise en vous pour votre petitesse. Ne cessez point de vous défier de votre esprit curieux et de vos raisonnements ; craignez ce goût des gens d'esprit et des savants. Vous savez même qu'il y a certains dévots secs, critiques, dédaigneux et pleins de leurs lumières[2], qui sont d'autant plus à craindre pour vous, que votre goût, votre habitude et votre confiance vous ont tourné longtemps de ce côté-là.

« Pour vos affaires, n'y faites que ce qui vous paraîtra, devant Dieu dans l'oraison, que vous y devez faire pour l'éclaircissement des difficultés, et pour mettre les juges en état de vous rendre justice. Comptez que les arrangements de raisons étudiées, les efforts empressés de sollicitations, les tours persuasifs, etc., ne feront pas autant qu'une application modérée, paisible et simple, où vous n'agirez qu'à mesure que la grâce vous fera agir sans ardeur naturelle. Surtout réservez-vous des heures certaines pour prier, pour lire autant qu'il le faut, afin que la lecture nourrisse l'oraison, et pour apaiser l'ébranlement naturel que la multitude des affaires pressées cause. Tout dépend de là, et vous ne sauriez être trop ferme pour vous faire un retranchement contre le torrent des affaires qui entraîne tout. »

Quelques mois après, le duc de Chevreuse ayant perdu un fils au combat de Carpi, sur l'Adige, Fénelon lui écrit aussitôt

---

[1] *Corr. gén.*, I, 104.
[2] Allusion aux jansénistes, dont le duc de Chevreuse avait autrefois partagé les opinions.

pour le consoler la belle lettre qui suit. Jamais on n'exhorta les autres à la soumission et à l'abandon avec un cœur plus chaud et plus sensible : c'est ce qui rendait ses paroles si efficaces. Il n'y a rien qu'un homme affligé ne devine plus vite, et la froideur du consolateur ôte tout de suite toute autorité à sa parole.

« 1er août 1701.

« J'ai[1] appris avec une sensible douleur, mon bon duc, la perte que vous avez faite. Dieu l'a permis, et il faut se taire. Il ne nous reste qu'à prier Dieu pour celui que nous avons perdu. Vous savez que je l'aimois beaucoup, et que j'ai toujours été sensible à ce qui le regardoit. Je suis persuadé que vous portez en paix cette croix, et que vous avez d'abord sacrifié à Dieu le cher enfant qu'il lui a plu de reprendre. Mais je suis en peine de la tendresse de madame la duchesse : quoique je ne doute nullement de sa conformité à la volonté de Dieu, je crains que son cœur n'ait beaucoup à souffrir, et je prie Notre-Seigneur de la consoler. Les douceurs de cette vie ne sont guère consolantes, et elles nous mettent presque toujours en danger de nous y attacher trop; mais pour les amertumes dont la vie est pleine, elles sont véritablement mortifiantes. Tout notre chemin est semé et bordé d'épines ; nous ne sommes ici-bas que pour souffrir, et pour aimer Celui qui nous éprouve par cette souffrance. Tous nos attachements les plus légitimes se tournent en croix. Dieu les rompt, pour nous unir plus purement à lui ; et en les rompant, il nous arrache les liens du cœur, auxquels tenoient ces objets extérieurs. Il faut laisser faire à la main de Dieu, en toute occasion, cette opération douloureuse. Je dois plus qu'un autre sentir les peines de la bonne duchesse, qui a tant senti les miennes. Je viens d'apprendre que de bonnes gens sont

[1] *Corr. gén.*, I, 108.

allés vous voir à...., et j'en suis ravi, dans l'espérance que cette visite aura servi à soulager les cœurs. J'aurois voulu pouvoir être transporté invisiblement dans votre solitude. Mais il me semble que nous sommes bien près, lors même que Dieu nous tient éloignés ; c'est en lui que je ne cesse de vous porter dans mon cœur : je le ferai, mon bon et cher duc, jusqu'au dernier soupir de ma vie. »

Le duc de Chevreuse, après avoir passé deux mois dans la retraite à Vaucresson, maison de campagne qu'il possédait aux environs de Versailles, ce qui était la chose la plus rare du monde, revint à la cour pour reprendre ses fonctions : le Roi n'aimait pas, en effet, que, pour quelque cause que ce fût, on négligeât tant soit peu ses charges auprès de sa personne. De retour à Versailles, il écrit à Fénelon une longue lettre pour le remercier et lui demander conseil sur l'établissement d'un autre de ses fils, le vidame d'Amiens, qui fut plus tard duc de Chaulnes et devint, comme son père, le pénitent de Fénelon. Nous allons la citer ; elle est curieuse à tous égards, et montre comment l'homme du monde le plus vertueux s'occupait alors du mariage de ses enfants, sans seulement songer à consulter leurs sentiments :

« A Vaucresson, le 26 août 1701 [1].

« Toutes nos mesures pour notre voyage de Picardie sont rompues, mon bon archevêque, et nous n'aurons point la joie de vous voir cette année. Nous sommes obligés maintenant à un séjour assidu auprès du Roi, après une absence aussi longue ; et le vidame étant allé rejoindre son régiment en Italie, parce que Mgr le duc de Bourgogne, dont il étoit aide de camp, ne marche point, madame de Chevreuse est bien aise de demeurer où arrivent d'abord les nouvelles et les courriers. Elle est plus sensible que je ne vous puis dire aux

[1] *Corr. gén.*, I, 112.

marques de votre amitié sur la perte que nous avons faite, et ce qui lui vient de vous fait sur elle une vive impression. Sa foi et son abandon paroissent avoir maintenant enfin surmonté entièrement la nature.

« Le vidame se tourne tout à fait de manière à nous donner du contentement. Sa vie est réglée ; le mauvais exemple ne l'ébranle pas ; il s'occupe fort chez lui ; la raison, l'honneur, la droiture, sont devenus ses motifs dominants : il fait des réflexions bien sérieuses sur la religion, qui paroissent des effets de grâce, et il désire d'être marié. Ainsi nous croyons devoir lui donner une épouse cet hiver au plus tard, et il n'est question que de la choisir. C'est sur ce choix, mon cher archevêque, que nous vous demandons votre avis, madame de Chevreuse et moi. Nous ne pensons plus aux filles de M. Chamillard : on les croit engagées ailleurs, et Dieu nous a déterminés sur cela par diverses raisons et inconvénients. Suivant votre avis, nous regarderons principalement dans ce choix la personne avec un bien raisonnable et une naissance honnête, et nous ne songerons pas à la prétention du duché, afin qu'il n'y ait point de mécompte. Trois sortes de personnes se présentent à nos yeux : des filles de grande maison ou illustrée, des demoiselles plus riches, des filles de robe et de bon lieu avec du bien. Parmi les premières, je n'en vois que deux, mademoiselle de Noailles, avec deux cent mille livres, et mademoiselle de Tourbe, avec quatre cent mille ; car je ne compte pas mademoiselle de Melun, qui est dans le grand jeu de la cour, et dont le bien est fort diminué. Vous savez mieux que personne les raisons qui m'éloignent de l'alliance de Noailles ; mais le bon D. (*de Beauvilliers*) a voulu que je vous la nommasse quand je lui ai dit que je vous écrivois toutes mes vues. Cette demoiselle a quinze ans, est bien faite, douce, spirituelle, sage. Le vidame n'y a pas grand penchant à cause des beaux-frères, mais n'en a néanmoins nul éloignement. Mademoiselle de

Tourbe a quatre ou cinq ans plus que le vidame, et est depuis deux ans dans une piété qui se soutient. On doute si son humeur ne tient pas de race ; ses amies disent que non ; on le peut approfondir. Parmi les demoiselles, on parle de quelques héritières de Guienne et de Bretagne, mais dont, jusqu'à présent, les qualités personnelles ne me sont pas connues. Mais vous avez mademoiselle du Forest dans votre voisinage, dont vous m'avez assuré ce printemps que vous sauriez des nouvelles exactes, et je vous prie de vous en souvenir. Je n'ai pu rien apprendre à Paris de sa maison. Enfin, dans la robe, on parle de mademoiselle de Varangéville, qui sera riche, mais dont la naissance est bien peu de chose, et mademoiselle de Nesmond, fille du marquis, laquelle aura cinq ou six cent mille livres (parce que la présidente, sa tante, la mariera), et dont on loue l'éducation et l'honneur. Je serai fort aise, mon bon archevêque, d'être conduit par vous dans le choix d'une de ces personnes, et j'ajouterai seulement, pour n'oublier aucune réflexion sur ce sujet, que le vidame a vingt-cinq ans accomplis dans la fin de cette année, et aura environ quarante mille livres de rente, toutes dettes payées. »

Nous n'avons malheureusement pas la réponse de Fénelon, mais aucun de ses projets n'aboutit. Le vidame ne se maria que trois ans plus tard avec la fille du marquis de Lavardin. Pendant ce temps il s'était, suivant l'expression de son père, tout à fait « tourné au bien ». La mort de son frère aîné, le duc de Montfort, tué peu après son mariage au siège de Landau, acheva ce que les conseils et les exemples de ses parents avaient commencé, et, comme son père, il se mit à travailler sérieusement à son salut, ainsi qu'on disait alors. Fénelon devint naturellement son guide dans cette nouvelle vie, et il s'établit entre eux une correspondance réglée, tout aussi intime que celle qu'il échangeait avec le duc de Chevreuse. « Vous avez vu de près, lui écrivait Fénelon à ce sujet[1], dans un exemple touchant, la vanité et l'illusion du songe de cette vie. Les hommes tiennent beaucoup au monde, mais le monde ne tient guère à eux. La vie, qui est si fragile pour tous les hommes, l'est absolument davantage pour ceux de votre profession. Ils n'ont aucun jour d'assuré, quelque santé dont ils jouissent. Ils ne s'occupent que des amusements de la vie qu'ils exposent continuellement, ils ne pensent presque jamais à la mort, au-devant de laquelle ils vont comme si elle ne venait pas assez vite... Vous connaissez la vérité, Monsieur, vous voudriez l'aimer. Vous auriez horreur de mourir comme ceux qu'on appelle honnêtes gens n'ont point honte de vivre; mais le torrent entraîne... Que tardez-vous? Tous les tempéraments qu'on imagine pour se flatter sont faux. Dieu veut tout, et tout lui est dû. » Ces fermes paroles n'effrayèrent pas le jeune homme de vingt-cinq ans auquel elles étaient adressées, et il se mit comme son père sous la conduite de Fénelon. Lorsqu'il fut marié, sa femme, encore une enfant et orpheline, fit ses débuts à la cour sous les yeux de ses beaux-parents. Fénelon leur trace à cette occasion une sorte de plan de vie pour la jeune vidame d'Amiens, dans une lettre que nous citons, parce qu'elle nous semble montrer toute la souplesse et la modération de son esprit. Certes, de nos jours, un pareil règlement paraîtrait fort austère, mais il faut se rappeler qu'on était en plein mouvement janséniste, dont la sévérité rigoureuse ne tolérait aucun adoucissement, et plaçait la vertu si haut que personne, ou peu s'en faut, n'essayait de s'y élever. Fénelon n'avait rien de janséniste ni dans l'esprit, ni dans le cœur; ce qu'il désirait avec passion, c'était de ramener les âmes à Dieu, et, bien loin de fermer les portes, il les ouvrait aussi grandes que possible, persuadé qu'il saurait bien pousser plus loin ceux qui auraient eu le courage de tenter de bonne

---

[1] *Corr. gén.*, I, 157.

foi l'entreprise. Voici la lettre et ses conseils, qui sembleront sans doute rudes à nos oreilles du dix-neuvième siècle [1] :

« 13 janvier 1705.

« Je ne crois pas, mon bon et très-cher duc, que vous deviez examiner la question qui regarde madame la..., du côté d'un cas de conscience à décider pour vous. Quoiqu'elle soit fort jeune et dépendante de vous, il est néanmoins vrai qu'une des plus importantes parties de son éducation est de lui donner peu à peu insensiblement la liberté qu'elle ne devra avoir tout entière qu'à un certain âge. La liberté qu'on donne tout à coup sans mesure à une personne qui a été longtemps gênée, lui donne un goût effréné d'être libre, et la jette presque toujours dans l'excès. Lorsqu'une personne doit être bientôt sur sa foi, il faut la faire passer de la dépendance où elle est à cette liberté, par un changement qui soit presque imperceptible, comme les nuances des couleurs. La sujétion révolte : la liberté flatte et éblouit. Il faut faire faire peu à peu à une jeune personne des expériences modérées de sa liberté, qui lui fassent sentir que sa liberté n'est point ce qu'elle s'imagine, et qu'il y a une illusion ridicule dans le plaisir qu'on se promet en mangeant le fruit défendu. Je voudrois donc commencer de bonne heure à traiter madame la... en grande personne qu'on accoutume à se gouverner, et à n'en abuser pas. Ne lui décidez point qu'elle ira à l'opéra et à la comédie, et ne vous chargez jamais de ce cas de conscience, qu'elle traitera avec son confesseur : mais laissez entrer un peu d'opéra et de comédie, de temps en temps, dans l'étendue de la liberté que vous lui laisserez. Permettez-lui d'aller avec madame de... ou avec d'autres personnes qui lui conviennent, et qui la mèneront peut-être quelque-

[1] *Corr. gén.*, I, 160.

fois aux spectacles. Ne faites point semblant de l'ignorer : ne déclarez point que vous l'approuvez ; mais, sans affectation, laissez ces choses dans le train de demi-liberté où vous commencerez à la mettre. Si elle vous en parle, ne vous effarouchez de rien, et n'autorisez rien ; mais renvoyez-la à un bon confesseur, qui ne soit ni relâché ni rigoureux. Elle reconnoîtra tout ensemble votre piété ferme et votre condescendance pour attendre qu'elle se désabuse. Voilà, mon bon duc, ce qui me paroît ne charger ni votre conscience, ni celle de la bonne duchesse, et qui pourra toucher le cœur de cette jeune personne. Vous verrez l'usage qu'elle fera de cet échantillon de liberté, et vous vous réglerez, par la suite, sur cette expérience. »

Il y a dans tous ces rapports de Fénelon avec ses amis de la cour une sincérité, une liberté, une élévation de vues et de sentiments bien rares à toutes les époques. Dans ces longues lettres où chacun épanchait son âme avec une entière confiance, il n'y a pas un mot qui détonne, pas une expression révélant un sentiment vulgaire. On se sent dans une atmosphère haute et sereine où l'écho des passions humaines arrive bien encore, mais qu'il ne peut plus troubler.

Les affaires publiques, qui y sont constamment agitées, sont toujours traitées avec un vrai dévouement au Roi et à l'État. Si Fénelon garde l'entière indépendance de son esprit, s'il juge avec sévérité, parfois avec rigueur, jamais le ressentiment personnel ne se fait jour.

Nous aurons, dans la suite, bien des occasions de citer des passages de Fénelon, relatifs aux événements où cette générosité naturelle éclatera à tous les yeux ; nous rapporterons seulement pour le moment un fragment d'une de ses lettres à M. de Beauvilliers, qui donnera l'idée de l'indépendance et de l'élévation de ses sentiments. La lettre dont nous allons extraire quelques passages, est antérieure à l'époque de la vie de l'archevêque dont nous nous occupons;

il l'écrivait au milieu de la controverse sur son livre, alors que les parties étaient les plus excitées et que Louis XIV témoignait le plus ouvertement sa colère contre l'archevêque de Cambrai. (Août 1697.) « Je ne puis m'empêcher, mon bon duc, de vous dire ce que j'ai sur le cœur. Je fus hier, fête de saint Louis, en dévotion de prier pour le Roi. Si mes prières étaient bonnes, il le ressentirait, car je priai de bon cœur. Je ne demandai point pour lui des prospérités temporelles, car il en a assez. Je demandai seulement qu'il en fît bon usage, et qu'il fût parmi tant de succès aussi humble que s'il avait été profondément humilié... J'ai demandé non-seulement qu'il continuât à craindre Dieu et à respecter la religion, mais encore qu'il aimât Dieu, et qu'il sentît combien son joug est doux et léger à ceux qui le portent moins par crainte que par amour. Jamais je ne me suis senti plus de zèle, ni, si j'ose le dire, de tendresse pour sa personne. Quoique je sois plein de reconnaissance, ce n'était pas le bien qu'il m'a fait dont j'étais alors touché. Loin de ressentir quelque peine de ma situation présente, je me serais offert avec joie à Dieu pour mériter la sanctification du Roi. Je regardais même son zèle contre mon livre comme un effet louable de sa religion et de sa juste horreur pour tout ce qui lui paraît nouveauté. Je le regardais comme un objet digne des grâces de Dieu. Je me rappelais son éducation, sans instruction solide, les flatteries qui l'ont obsédé, les piéges qu'on lui a tendus pour exciter dans sa jeunesse toutes ses passions, les conseils profanes qu'on lui a donnés... J'avoue qu'à la vue de ces choses, nonobstant le grand respect qui lui est dû, j'avais une forte compassion pour une âme si exposée. Je le trouvais bien à plaindre, et je lui souhaitais une plus abondante miséricorde pour le soutenir dans une si redoutable prospérité [1]. » Ces belles paroles, qui certes ne passèrent pas sous les yeux du

---

[1] *Corr. gén.*, I, 62.

Roi, auquel elles n'auraient fait qu'un médiocre plaisir, sont comme le fond de la pensée de Fénelon, dans les moments si critiques pour lui où il le voyait favoriser ses adversaires sans garder aucun ménagement envers sa personne. Jamais, d'un autre côté, on ne put lui faire faire la moindre démarche pour rentrer en grâce. Parfaitement soumis à l'Église et à ses décisions, il n'oublia pas sa dignité d'évêque, et ne chercha pas à retirer le moindre profit d'un acte d'obéissance qui aurait pu paraître habile s'il n'eût été tout à fait sincère. L'attitude de l'archevêque disgracié fut toujours la même, aussi éloignée de l'amertume et de la colère que d'un empressement servile à chercher un retour de cette faveur qui l'avait abandonné. Bien longtemps après son départ de la cour, appelé à Paris par le duc de Chevreuse, qui voulait lui faire célébrer le mariage de son petit-fils, Fénelon, qui ne pouvait s'éloigner sans la permission du Roi, écrivait à son ami ces quelques lignes pleines de modération et de dignité : « Ma pensée n'est pas de vouloir refuser un voyage en cas qu'on me le permit, ce serait le penchant de la nature et le véritable honneur du monde auquel je renonce de tout mon cœur. Je croirais qu'en ce cas il n'y aurait qu'à aller avec simplicité et à s'en revenir de même, dès que j'aurais rempli la cérémonie. Je vous ai prié de consulter, et je ferais, si le cas arrivait, tout ce qui m'aurait été dit de ce côté-là. Je ne veux ni trop ni trop peu[1]. » Le projet n'eut pas de suite, et Fénelon n'y fit plus allusion. Il ne demanda jamais la permission d'aller à Paris, et lorsqu'en 1706 sa santé l'obligea de se rendre aux eaux de Bourbon, il traversa Paris sans s'y arrêter ni voir personne, comme « il s'y était engagé envers M. de Chamillard », coucha à Issy et se rendit droit aux eaux.

Il ne crut pas devoir sortir de cette réserve lorsque parut

---

[1] *Corr. gén.*, I, 322.

en 1699 la première édition fautive du *Télémaque*, qui fit tant de bruit en France et courut bientôt toute l'Europe. Ce livre charmant, qui est resté comme un des chefs-d'œuvre de notre langue, digne d'être placé à côté des plus beaux modèles de l'antiquité, fut imprimé à l'insu de son auteur, qui n'en revit même jamais lui-même aucune édition. Le Roi crut voir dans cet ouvrage, composé uniquement pour le jeune duc de Bourgogne, une satire presque directe de son gouvernement et de sa personne. Il en exprima tout haut son indignation et se confirma dans les sentiments d'incurable méfiance qu'il portait à Fénelon; celui-ci garda le plus profond silence. Il savait que toute explication serait inutile, et ce ne fut que dix ans après qu'en écrivant au Père Le Tellier, il s'expliqua incidemment sur ce sujet[1]. « Pour le *Télémaque*, dit-il, c'est une narration fabuleuse, en forme de poëme héroïque comme ceux d'Homère et de Virgile, où j'ai mis les principales instructions qui conviennent à un prince que sa naissance destine à régner. Je l'ai fait dans un temps où j'étais charmé des marques de bonté et de confiance dont le Roi m'honorait. Il aurait fallu que j'eusse été non-seulement l'homme le plus ingrat, mais encore le plus insensé, pour y vouloir faire des portraits satiriques et insolents. J'ai l'horreur de la seule pensée d'un tel dessein. Il est vrai que j'ai mis dans ces aventures toutes les vérités nécessaires et tous les défauts qu'on peut avoir dans la puissance souveraine, mais je n'en ai pas marqué aucun avec une affectation qui tende à aucun portrait ni caractère. Plus on lira cet ouvrage, plus on verra que j'ai voulu dire tout sans peindre personne de suite. De plus, l'imprimé n'est pas conforme à mon original. » Cette justification, si c'en est une, devait passer sous les yeux du Roi qu'elle ne dut pas faire revenir de ses préventions.

[1] *Corr. gén.*, III, 247.

Cette réserve un peu hautaine ne diminue en rien l'intérêt vif, on pourrait dire passionné, que Fénelon porte aux affaires politiques et religieuses du moment. Il ne se désintéresse de rien de ce qui était digne de l'occuper; il n'y a que de lui-même qu'il voudrait bien arriver à se détacher, mais il se sent encore trop loin du but. « Pour moi, dit-il [1], dans une lettre écrite à madame de Mortemart, je passe ma vie à me fâcher mal à propos, à parler indiscrètement, à m'impatienter sur les importunités qui me dérangent. Je hais le monde, je le méprise, et il me flatte néanmoins un peu. Je sens la vieillesse qui avance insensiblement, et je m'accoutume à elle sans me détacher de la vie; quand je m'examine, je crois rêver, je me vois comme une image dans un songe... Il me semble que je n'ai nulle envie de tâter du monde; je sens comme une barrière entre lui et moi qui m'éloigne de le désirer, et qui ferait, ce me semble, que j'en serais embarrassé s'il fallait un jour le revoir. » « Il y a en moi, ce me semble, écrit-il une autre fois, un fond d'intérêt propre et une légèreté dont je suis honteux. La moindre chose triste pour moi m'accable, la moindre qui me flatte un peu me relève sans mesure. Rien n'est si humiliant que d'être si tendre pour soi, si dur pour autrui, si poltron à la vue de l'ombre d'une croix et si léger pour secouer tout à la première lueur flatteuse. Mais tout est bon. Dieu nous ouvre un étrange livre pour nous instruire quand il nous fait lire dans notre propre cœur... Je suis à moi-même tout un grand diocèse plus accablant que celui du dehors et que je ne saurais réformer [2]. » Si le « fond d'intérêt propre » dont parle Fénelon vivait encore en lui, si toute ambition n'était pas morte, ces sentiments étaient d'un caractère très-élevé, et plutôt le désir inné qu'a tout esprit supérieur de donner sa mesure et de

---

[1] *Corr. gén.*, I, 474.
[2] *Corr. gén.*, VI, 135-136.

dépenser utilement les facultés dont il se sent doué, que le désir vulgaire du pouvoir et de la grandeur.

Aussi Fénelon ne se ménage-t-il pas; disgracié, humilié, tenu en suspicion par les uns, haï des autres, il ne perd pas courage, et rien ne lui coûte pour faire arriver ce qu'il croit être la vérité aux oreilles de ceux qui ont autorité ou crédit.

C'est ainsi que dès le 28 août 1701, pendant cet intervalle de paix qui suivit l'acceptation du testament de Charles II par Louis XIV, il fait passer au duc de Beauvilliers un long mémoire politique sur la situation générale et la conduite à tenir. Il ne rentre pas dans notre cadre de faire une analyse détaillée de cette curieuse pièce; nous ne faisons pas l'histoire des idées politiques, mais bien de la personne de Fénelon.

Cependant ce mémoire témoigne trop de la vivacité d'esprit de son auteur et de l'étendue de ses vues pour n'en pas faire mention. Bien loin d'être empreint de cet esprit chimérique que l'on se plaît à prêter toujours à l'archevêque de Cambrai, il est plein de conseils pratiques sur la nécessité absolue de faire tout pour arriver à maintenir les Hollandais dans une neutralité qui gênerait l'Angleterre. Pour y parvenir, il conseille de prendre d'avance l'engagement de ne prétendre à aucun agrandissement pour la France, et de faire vigoureusement aux Impériaux encore isolés une guerre brusque qui les surprendrait, les forcerait à se retirer d'Italie et les rejetterait en Allemagne. Avant toute chose, il fallait chercher à se conserver des alliances, et ménager la Hollande ainsi que l'Angleterre, qui furent, en effet, nos plus violents ennemis dans la guerre de la succession d'Espagne. Guillaume III, vieilli et malade, hésitait à recommencer la guerre. La mort de Jacques II, le souverain dépossédé, à Saint-Germain, fournit à Louis XIV l'occasion de faire, par une fausse idée de dévouement chevaleresque, une de ces fautes qui ne se réparent que par des années de lutte et bien du sang versé. En reconnaissant le fils du roi Jacques II comme roi d'Angleterre, après avoir traité avec Guillaume III comme roi de cette même Angleterre, il refit de ses propres mains cette terrible alliance des grandes puissances de l'Europe contre la France qui mit le pays à deux doigts de sa perte. En blessant l'orgueil de tous les Anglais, le Roi donnait à la guerre contre la France un caractère national, inquiétait toutes les puissances protestantes et resserrait plus que jamais les liens qui unissaient les Provinces-Unies à leur ancien stathouder. Peut-être eût-il mieux valu suivre les avis du « bel esprit chimérique » qui, cette fois du moins, avait bien jugé la situation.

Sans se décourager, Fénelon envoie en 1702 un second mémoire au duc de Beauvilliers, qui s'en appropriait les idées et les portait ainsi au conseil du Roi. Il y exhorte vivement le Roi à se défier du duc de Savoie, Victor-Amédée, père de la duchesse de Bourgogne, jusqu'alors allié de la France parce qu'il y trouvait son intérêt, mais qui ne tarda pas, en abandonnant subitement Louis XIV, à justifier les soupçons qu'on élevait contre sa loyauté. Puis il passe en revue les généraux qui restaient aux armées et qui commençaient à faire défaut à Louis XIV. Fénelon prévoit avec douleur que le Roi céderait à la crainte de contrister le maréchal de Villeroy, et qu'on « risquerait par faiblesse le sort de la France ». C'est ce qui arriva en effet, et l'incapacité de Villeroy ne donna que trop raison à cette prédiction. Passant à Catinat, l'auteur du mémoire ajoute : « Dans la disette de sujets où nous sommes, le maréchal de Catinat ne doit pas être laissé en arrière, quand même il aurait fait bien des fautes, ce que je ne sais pas, il faudrait en juger par comparaison aux autres, et malheureusement il ne sera toujours que trop estimable par cet endroit-là. » Il voudrait qu'on l'associât au duc de Bourgogne, qui, suivant lui, ne doit pas subir l'ignominie d'être laissé oisif à Versailles pendant que son frère le roi d'Espagne se bat en Italie. C'est là, au fond, le but de son mémoire, mais, avec une perspicacité qui ne fut que trop justifiée plus tard, Fénelon supplie son ami d'éviter qu'on ne mette le jeune prince sous la direction du duc de Vendôme, « esprit roide, opiniâtre et hasardeux ». Non content de prodiguer ainsi, avec un désintéressement et une ardeur qui ne pouvaient que le compromettre en éveillant les susceptibilités du Roi ou de ses ministres, toutes les ressources d'un esprit fécond qu'il y avait toujours profit à écouter, l'archevêque se mit en correspondance avec le marquis de Louville, qui accompagnait en Espagne le jeune duc d'Anjou, devenu Philippe V.

Le marquis de Louville, esprit vif et pénétrant, caractère élevé et droit, faisait partie à Versailles du petit cénacle Beauvilliers et était, par conséquent, ami de M. de Cambrai. Chargé de l'ingrate mission de diriger les débuts du nouveau roi en Espagne, il a laissé, dans de charmants Mémoires, remplis d'anecdotes piquantes, le récit de ses inutiles efforts pour inspirer à Philippe V un peu de cette énergie personnelle, de cette force de volonté qui font un roi. Fénelon adressa à M. de Louville, au moment de son départ, une lettre fort curieuse, pleine d'avis et de recommandations. C'est la seule pièce de cette partie de sa correspondance qui n'ait pas été détruite, et l'on peut juger de l'état de continuelle suspicion dans lequel il était tenu par les innombrables précautions indiquées avec détail pour l'envoi et la remise des lettres. En voici le résumé pour l'édification du lecteur. M. de Louville devait envoyer ses lettres, sous l'adresse de M. de Chantérac, à un carme de Bordeaux, le Père de Montazet, qui n'était pas dans le secret. Celui-ci les envoyait à son neveu, M. de Montazet, à Paris, lequel était en même temps neveu de l'abbé de Chantérac; celui-ci les envoyait à madame de Chevry, sœur de M. de Chantérac, laquelle à son tour les expédiait à Cambrai. Une fois arrivées en Flandre, ces lettres qui avaient passé par tant de mains étaient remises à M. de Chantérac, qui, averti de leur provenance, par une faute d'orthographe convenue faite à son nom, les remettait enfin à Fénelon. Les réponses devaient suivre la même voie pour retourner en Espagne. On peut comprendre par cet exemple ce qu'étaient alors la sûreté et la facilité des communications pour un homme disgracié. La lettre qui nous a été conservée est curieuse, pleine de mouvement et d'éloquence. Nous en citerons quelques passages empreints d'une véritable grandeur. Fénelon, qui avait élevé le jeune Roi avec son frère le duc de Bourgogne, connaissait à fond cette singulière nature, mélange de ténacité et d'indolence, incapable d'efforts suivis, et destinée à subir toujours l'influence d'une volonté plus forte que la sienne. Ce n'était encore qu'un jeune homme, et l'on pouvait espérer que son caractère allait se développer. « Proportionnez-vous, écrivait-il[1], au maître que vous servez. Il est bon, il a le cœur sensible au bien ; son esprit est solide et se murira tous les jours, mais il est encore bien jeune. Il n'est pas possible qu'il ne lui reste, malgré toute sa solidité, certain goût de cet âge et même un peu de dissipation. Il faut l'attendre et compter que chaque année lui donnera quelque degré d'application et quelque autorité…

« S'il vous paroît ne désirer point vos avis, demeurez dans un respectueux silence, sans diminuer aucune marque de zèle et d'affection : il ne faut jamais se rebuter. Quand même la vivacité de l'âge le feroit passer au delà de quelque borne, son fond est bon, sa religion est sincère, son courage est grand, et il aimera toujours les honnêtes gens qui désireront son vrai bien, sans le fatiguer par un zèle indiscret. Ce que je crains pour lui, c'est le poison de la flatterie, dont les plus sages Rois ne se garantissent presque jamais. Ce piége est à craindre pour les bons cœurs. Ils aiment à être approuvés

---

[1] *Corr. gén.*, II, 436.

par les gens de mérite, et les hommes artificieux sont toujours les plus empressés à s'insinuer par des louanges flatteuses. Dès qu'on est en autorité, on ne peut plus se fier à la sincérité d'aucune louange. Les mauvais princes sont les plus loués, parce que les scélérats, qui connoissent leur vanité, espèrent de les prendre par ce côté foible. Les vrais honnêtes gens admirent peu et louent même avec simplicité et modération les meilleures choses. Cela est bien sec pour les princes, accoutumés aux acclamations, aux applaudissements, à l'encens prodigué sans cesse. Les malhonnêtes gens ne louent un prince que pour en tirer quelque bienfait. C'est l'ambition qui se joue de la vanité, et qui la flatte pour la mener à ses fins. C'est le tailleur qui appelle M. Jourdain *monseigneur*, pour lui attraper un écu...

« Un Roi n'a plus d'autre honneur ni d'autre intérêt que celui de la nation qu'il gouverne. On jugera de lui par le gouvernement de son royaume, comme on juge d'un horloger par les horloges de sa façon, qui vont bien ou mal.

« Un royaume est bien gouverné, quand on travaille sans relâche, autant qu'on le peut, à ces choses : 1° à le peupler ; 2° à faire que tous les hommes travaillent selon leurs forces pour bien cultiver leurs terres ; 3° à faire que tous les hommes soient bien nourris, pourvu qu'ils travaillent ; 4° à ne souffrir ni fainéants ni vagabonds ; 5° à récompenser le mérite ; 6° à punir tous les désordres ; 7° à tenir tous les corps et tous les particuliers, quelque puissants qu'ils soient, dans la subordination ; 8° à modérer l'autorité royale en sa propre personne, de façon que le Roi ne fasse rien par hauteur, par violence, par caprice ou par foiblesse, contre les lois ; 9° à ne se livrer à aucun ministre ni favori. Il faut écouter les divers conseils, les comparer, les examiner sans prévention ; mais il ne faut jamais se livrer aveuglément en aucun genre à aucun homme : c'est le gâter, s'il est bon ; c'est se trahir soi-même, s'il est mauvais...

« J'oubliois de vous dire que personne n'est plus persuadé que moi que le Roi Catholique est né avec une parfaite valeur, et même avec de grands sentiments d'honneur en toutes choses. J'en ai vu des marques dès sa plus tendre enfance. J'avoue que c'est un grand point à un Roi, que d'être intrépide à la guerre. Mais le courage à la guerre est bien moins d'usage à un si grand prince, que le courage des affaires. Quand se trouvera-t-il au milieu d'un combat? Peut-être jamais. Il sera au contraire tous les jours aux prises avec les autres et avec lui-même au milieu de sa cour. Il lui faut un courage à toute épreuve contre un ministre artificieux, contre un favori indiscret, contre une femme qui voudra être sa maîtresse. Il lui faut du courage contre les flatteurs, contre les plaisirs, contre les amusements qui le jetteroient dans l'inapplication; il faut qu'il soit courageux dans le travail, dans le mécompte, dans le mauvais succès. Il faut du courage contre l'importunité, pour savoir refuser sans rudesse et sans impatience. Le courage de guerre, qui est plus brillant, est infiniment inférieur à ce courage de toute la vie et de toutes les heures. C'est celui-là qui donne la véritable autorité, qui prépare les grands succès, qui surmonte les grands obstacles, et qui mérite la véritable gloire. »

Nous venons de montrer, par quelques exemples que nous aurions pu multiplier, quelle était l'activité intérieure de Fénelon et son ardeur pour le bien public à une époque où il était loin de tout, sans aucun espoir de retour de fortune. Et cependant nous n'avons pas encore parlé du duc de Bourgogne, de l'élève chéri à qui il avait donné, pour ainsi dire, la meilleure partie de lui-même. Tous les amis de Fénelon que nous avons passés en revue, et le duc de Beauvilliers et le duc de Chevreuse, et toutes les nombreuses et délicates affections que rien n'avait pu dénouer, tout disparaissait devant le duc de Bourgogne, ou plutôt tout venait se concentrer en lui comme en un point unique. C'est lui qui est l'objet commun de toutes les espérances, de tous les rêves, c'est lui qui doit un jour mettre à exécution les beaux plans de réforme qu'on ébauche dans l'ombre et rendre tout son éclat à la monarchie, tandis qu'il donnera à ses peuples un bonheur inespéré. Il est donc nécessaire de faire bien connaître les relations qui unissaient Fénelon à son ancien élève.

Tout le monde sait ce que fut l'éducation du duc de Bourgogne par Fénelon. L'histoire générale elle-même, qui tient avec raison si peu de compte des détails, a gardé le souvenir des soins donnés par un des plus grands écrivains du siècle de Louis XIV à l'héritier présomptif du trône de France. Jamais précepteur n'eut pareil succès, jamais on n'avait vu esprit aussi distingué se donner plus entièrement à une tâche plus ardue. Nous allons, en quelques lignes, remettre sous les yeux du lecteur les principales circonstances de cette éducation célèbre. Ceux qui aimeraient à en connaître les détails n'ont qu'à lire un des nombreux ouvrages qui ont été écrits pour en perpétuer le souvenir, depuis la *Vie du duc de Bourgogne* par l'abbé Proyart jusqu'au travail que Michelet lui a consacré dans son histoire. Nous ne voulons que bien mettre en relief les rapports qui existaient entre le maître et l'élève, et, pour y arriver, il nous faut revenir un peu en arrière. Nous serons aussi bref que possible sur ce sujet, qui ne rentre pas directement dans notre cadre.

Le duc de Bourgogne était né avec un caractère violent, indiscipliné, plein de hauteur et de morgue. Tout l'orgueil du sang royal semblait s'être concentré dans cet enfant, dont les colères effrayaient ceux qui l'approchaient. Heureusement il était doué d'une intelligence vive et prompte; ce fut ce qui le sauva. Fénelon nommé en 1689 précepteur des Enfants de France vit aussitôt avec cette remarquable perspicacité qui le faisait juger d'un coup d'œil vif et sûr la nature de ceux qui l'approchaient, qu'il fallait, pour venir à bout de ce caractère entier, gagner l'affection du jeune prince et faire travailler son intelligence. Ce qui manquait à cet enfant impétueux et tendre, c'était l'expansion. Élevé au milieu de la froide étiquette de la cour, il ne trouvait autour de lui aucune de ces chaudes affections dont l'enfance a un si impérieux besoin. Sans mère pour le comprendre, à peine aimé par un père engourdi et peu intelligent, caressé de temps en temps par un grand-père entouré d'une auréole qui tenait chacun à distance, le pauvre enfant royal eût vécu sans trouver un appui véritable si Fénelon n'eût compris que le vrai moyen de le vaincre, c'était de l'aimer.

Rien, d'autre part, ne fut négligé pour mener à bien cette éducation qui semblait devoir être si importante à l'État. Fénelon et le duc de Beauvilliers s'y donnèrent tout entiers, et ceux qu'ils s'étaient adjoints pour les aider dans leur tâche, l'abbé Fleury, MM. de Langeron, de Beaumont, Dupuy et de l'Échelle, suivirent leur exemple et ne ménagèrent ni leur temps ni leurs peines. On vint à bout de ce qu'il y avait de physique dans les colères de l'enfant par un régime dur, presque austère, qui paraîtrait aujourd'hui quelque peu barbare, et l'on s'efforça de développer son esprit par des études suivies dans tous les genres. Persuadé qu'avec un élève d'un caractère aussi violent, il ne fallait à aucun prix laisser mettre son autorité en question, Fénelon sut déployer une singulière énergie dans la volonté de se faire respecter, et le mérite qui lui en revient nous paraît grand, car il avait à faire à un prince royal que, par précaution, on redoute généralement d'humilier. Il y avait parfois entre le maître et l'élève des scènes violentes. Fénelon ne se laissa jamais braver. Un jour, le duc de Bourgogne ayant répondu vivement à un reproche : « Non, non, monsieur, je sais qui je suis et qui vous êtes », l'archevêque laissa tomber la colère du prince, puis le lendemain, froidement et sans aucune apparence d'émotion, vint prendre congé en disant qu'il se trompait beaucoup s'il croyait être plus que lui, que sa naissance n'ajoutait rien à son mérite personnel, et que, grâce à la confiance du Roi et de Monseigneur, il avait sur lui pleine et entière autorité. Puis il l'avertit que puisqu'il ne voulait pas lui obéir, il allait quitter la cour. Le prince comprit la leçon, et supplia son précepteur de ne pas l'abandonner. Il fallut bien des protestations et des demandes de pardon pour faire revenir Fénelon sur une décision qu'il aurait certainement exécutée, même avec quelque hauteur, si le Roi ou le Dauphin ne l'eussent pas encouragé. Le pauvre enfant luttait, du reste, contre lui-même avec une énergie touchante; il signait des engagements d'honneur d'obéir à ses maîtres, y manquait, et les signait de nouveau après des manquements, souvent fort excusables. Dans cette lutte entre la nature et l'intelligence, Fénelon savait bien que la piété seule pouvait assurer un résultat définitif. Chez tous les hommes la religion peut seule donner au caractère la force nécessaire pour se dominer; chez un prince elle est l'unique frein capable d'arrêter la violence des penchants naturels qui ne trouvent partout que flatteries et complaisances. Il est donc inutile d'ajouter que Fénelon élevant le duc de Bourgogne, s'appliqua avec un zèle extrême, mais continu, à en faire un vrai et fervent chrétien. Il ne lui fit faire sa première communion qu'après une sérieuse et longue préparation. Cette date marqua dans la vie du jeune prince, et il devint tout autre. Son caractère se transforma rapidement et devint de jour en jour plus simple et plus doux. Le changement était même si visible que toute la cour en fut frappée, et que madame de Maintenon parlait encore bien des années après, dans ses entretiens avec les demoiselles de Saint-Cyr, du prodigieux changement qui se produisit alors chez le duc de Bourgogne. L'idée de la grandeur de Dieu se grava si profondément dans son âme que Fénelon raconte, dans une lettre écrite après la mort du prince, une curieuse anecdote sur ce sujet : « Un jour, dit-il, il était en très-mauvaise humeur, et il voulait cacher dans sa passion ce qu'il avait fait en désobéissant. Je le pressai de me dire la vérité devant Dieu. Alors il se mit en grande colère et il s'écria : « Pourquoi me le demandez-vous devant Dieu? Eh bien, « puisque vous me le demandez ainsi, je ne puis pas vous dé- « savouer que j'ai fait telle chose. » Il était comme hors de lui par la colère, et cependant la religion le dominait tellement qu'elle lui arrachait un aveu si pénible[1]. »

Une nature aussi vive, aussi généreuse, devait avoir un bien grand charme, et Fénelon, qui lui-même cachait, sous une douceur et un calme apparents, tant de véhémence intérieure, s'attacha de toute son âme à cet être qui semblait prédestiné à faire un jour le bonheur de la France. S'il y avait un retour sur lui-même, un espoir secret de grandeur future dans cette affection envers l'héritier du trône, c'est ce qu'il serait difficile de démêler et ce que Fénelon lui-même ne distinguait sans doute pas. Ce qui est certain, c'est que l'idée de le maintenir dans un état de demi-ignorance pour le dominer, comme tant de précepteurs de rois sont accusés d'avoir essayé de le faire, ne traversa pas même son esprit. Il fit tout pour le développer dans tous les sens : le crédit qu'il pourrait avoir sur l'enfant devenu homme par ses soins, il ne le devrait qu'à l'estime ou à la reconnaissance.

Aussi le succès le plus complet couronna-t-il les efforts de toute cette petite troupe de gens de bien qui travaillaient en commun à l'éducation du prince. D'un enfant colère et impérieux, ils firent un homme de bien, très-attaché à tous ses devoirs, chrétien sincère et rempli d'un véritable amour du peuple qu'il devait un jour gouverner. Mais comme toute médaille a son revers, on put craindre un moment que ce succès n'eût été presque trop complet, car la timidité, la défiance de soi-même qui vinrent remplacer les explosions de colère d'autrefois n'étaient pas faites non plus pour un

[1] *Corr. gén.*, III, 169.

fils de roi destiné à commander aux hommes. Se défiant trop de lui-même, gêné et contraint en public, le jeune prince se renferma de bonne heure dans une attitude silencieuse qui n'était pas exempte de gaucherie et avait, comme dit Saint-Simon, un je ne sais quoi de pincé qu'on ne comprenait pas. Dans son intérieur, au contraire, la nature reprenant ses droits, le duc de Bourgogne se dédommageait de la gêne de l'étiquette par une gaieté un peu enfantine, qui n'était pas mieux jugée que sa réserve au milieu de la cour. Ces légers défauts, qui se développèrent surtout après que le départ de Fénelon l'eut privé de son principal appui, commençaient déjà à poindre avant son départ et l'inquiétaient. Il craignit que cet embarras ne provînt d'un manque de fermeté dans la volonté, et, après avoir eu tant à lutter contre les emportements de son élève, il essaya de faire naître en lui l'énergie de caractère dont aucun homme, et un prince moins que personne, ne peut se passer.

Nous verrons plus tard que Fénelon fut moins heureux dans cette seconde tentative, et qu'il se reprocha peut-être d'avoir trop brisé ce caractère qui manquait d'équilibre. Néanmoins ce changement qui peut s'expliquer, car les emportements de l'enfance tiennent plus au manque de développement de l'intelligence ou au défaut d'empire sur soi-même, qu'ils ne viennent d'une véritable force de volonté, fit l'étonnement de la cour, et l'abbé de Fénelon passa pour une sorte d'enchanteur qui savait charmer les lions. A l'aspect du duc de Bourgogne devenu doux et réservé, Saint-Simon put écrire cet admirable portrait de l'enfance de son héros qui est resté célèbre comme empreint d'une si singulière énergie. Nous en citerons seulement un court fragment qui donne bien l'idée de ce morceau, où l'auteur a su peindre avec tant de force et de vie celui qu'il avait fini par aimer avec une véritable passion :

« Ce prince, héritier nécessaire, puis présomptif de la couronne [1], naquit terrible, et sa première jeunesse fit trembler : dur et colère jusqu'aux derniers emportements et jusque contre les choses inanimées; impétueux avec fureur, incapable de souffrir la moindre résistance, même des heures et des éléments, sans entrer en des fougues à faire craindre que tout ne se rompît dans son corps, opiniâtre à l'excès, passionné pour toute espèce de volupté... De cet abîme, sortit un prince affable, doux, humain, modéré, patient, modeste, pénitent, et, autant et quelquefois au delà de ce que son état pouvait comporter, humble, austère pour soi. Tout appliqué à ses devoirs et les comprenant immenses, il ne pensa plus qu'à allier les devoirs de fils et de sujet avec ceux auxquels il se voyait destiné. »

Si Fénelon fut un admirable précepteur, le professeur ne fut pas moins remarquable en lui. Aidé par Fleury et les autres personnes distinguées et instruites qui s'occupaient de l'instruction des Fils de France, il ne négligea rien pour tenir leur esprit en éveil et faire naître en eux un goût véritable pour les lettres. Passionné comme il l'était lui-même pour la beauté littéraire, il s'efforça, avec une persévérante habileté, de faire passer en ses élèves, et surtout dans l'esprit du duc de Bourgogne, un peu de ce goût pour les lettres qui ne le quitta jamais. Il ne réussit que pour le duc de Bourgogne; ses frères avaient l'esprit court, n'aimaient pas le travail, et ne devinrent pas assez instruits pour comprendre et goûter la littérature. Le « petit prince », comme Fénelon appelait dans l'intimité le duc de Bourgogne, fut plus docile, il reçut une forte éducation classique; après s'être familiarisé avec la langue latine, avoir exercé sa mémoire en apprenant beaucoup par cœur, il fit avec Fénelon de longues et profitables lectures dans les plus célèbres auteurs latins et français.

[1] Saint-Simon, éd. Chéruel, X, 97.

Ce que devaient être les leçons de ce grand et charmant esprit, ouvrant à l'enfant qui l'écoutait les sources de ces vives et pures jouissances, dans un langage qui semblait être comme un écho des anciens, qui saura le dire? On se prend à regretter que ces leçons n'aient point été conservées. Nous en avons sans doute un reflet dans les *Fables* et les *Dialogues des morts,* et surtout dans le *Télémaque,* composés pour son élève; mais cette voix si pénétrante, ces yeux admirables qui parlaient tout seuls, cette physionomie si mobile et si vive, qui devait faire de Fénelon un maître incomparable, tout a disparu, et l'imagination seule peut y suppléer. On comprend qu'initié par un si grand esprit aux sources de la beauté classique, le duc de Bourgogne ait témoigné de bonne heure un vif attrait pour les lettres, et qu'à l'encontre de son père, il se soit promis de ne jamais fermer ses livres. Excité par de semblables leçons, le jeune prince se laissait aller à causer avec son précepteur qui l'encourageait, et une conversation vive s'engageait entre le maître et l'élève. Le souvenir de ces entretiens resta si bien gravé dans l'esprit et dans le cœur de Fénelon, que près de vingt ans plus tard il en écrivait encore[1]: « Je l'ai vu souvent nous dire, quand il était en liberté de conversation : Je laisse le duc de Bourgogne derrière la porte, et je ne suis plus avec vous que le petit Louis. Il parlait ainsi à neuf ans. J'abandonnais l'étude toutes les fois qu'il voulait commencer une conversation où il pût acquérir des connaissances utiles. C'est ce qui arrivait assez souvent; l'étude se retrouvait assez dans la suite, car il en avait le goût, et je voulais lui donner celui d'une solide conversation pour le rendre sociable et pour l'accoutumer à connaître les hommes dans la société. Dans ces conversations, son esprit faisait un sensible progrès sur les matières de littérature, de politique et même de métaphysique : il y avait

---

[1] *Corr. gén.,* IV, 177.

entendu toutes les preuves de la religion. Son humeur s'adoucissait dans tels entretiens, il devenait tranquille, complaisant, gai, aimable, on était charmé... Il nous a dit souvent qu'il se souviendrait toute sa vie de la douceur qu'il goûtait en étudiant sans contrainte. Nous l'avons vu demander qu'on lui fît des lectures pendant ses repas et à son lever, tant il aimait les choses qu'il avait l'envie d'apprendre. Aussi n'ai-je jamais vu un enfant entendre de si bonne heure et avec tant de délicatesse les choses les plus fines de la poésie et de l'éloquence. »

Il ne faudrait cependant pas croire qu'on chercha à faire du futur héritier du trône un homme de lettres, plus occupé de littérature que de gouvernement. Loin de là, tout en cherchant à développer son esprit, Fénelon n'oubliait pas qu'avant tout, un prince doit être un homme d'action, aussi robuste de corps que ferme de volonté. Si l'on voulait s'assurer de l'exactitude de nos paroles, il n'y aurait qu'à chercher dans la correspondance de Fénelon le *Règlement de vie des jeunes princes*, rédigé par le marquis de Louville d'après ses inspirations. Cette pièce est très-curieuse, elle est marquée de l'esprit du temps par la singulière rudesse de l'éducation physique et aussi du génie propre à son auteur, par la largeur des vues qui préside à l'éducation morale. On peut même, si l'on veut, y retrouver l'esprit chimérique de Fénelon qui, devançant les temps, devine les méthodes nouvelles si fort en vogue aujourd'hui, et veut qu'ils apprennent le latin plus par l'usage que par la grammaire, afin de rendre l'étude agréable, méthode dont le succès est si douteux, mais qui peut parfois réussir sur un sujet exceptionnel entouré de soins et de maîtres. Voici quelques extraits de ce curieux règlement :

« La manière dont on élève les Enfants de France[1], par

---

[1] *Corr. gén.*, II, 358.

rapport à leur santé, n'est pas approuvée des médecins ; et il a fallu que M. le duc de Beauvilliers ait beaucoup pris sur lui, et que le Roi ait autant de confiance en lui qu'il en a, pour lui avoir permis d'en user comme il a fait à cet égard.

« Ils vivent d'une manière très-commune, mangent autant qu'ils veulent à tous leurs repas ; mais on ne leur sert que des choses saines. Le matin, ils ne mangent que du pain sec, et boivent un grand verre d'eau et de vin, ou d'eau pure ; ce qui est à leur choix.

« A dîner et à souper, ils mangent autant qu'ils veulent de toutes les choses qu'on leur présente, et l'on a seulement attention à leur faire manger beaucoup de pain, et fort peu de fruit cru.

« Il y a trois jours de la semaine qui sont des jours de ragoût, c'est pour leur dîner seulement ; et ces jours-là on leur sert, entre le bouilli et le rôti, des fricassées de poulets, des tourtes, du blanc-manger, et autres choses semblables ; mais jamais, ou très-peu souvent, des ragoûts ou des viandes salées.

« Les autres jours, ils ne mangent que du bœuf à dîner, et leur rôti ne consiste qu'en quelques poulets, poulardes ou perdrix.

« Pour le souper, il est toujours égal ; on leur sert ou un gigot de mouton, ou une longe de veau, ou un aloyau, avec quelque gibier ou volaille, sans aucun ragoût, et pour le fruit, un seul massepain, ou quelque écorce d'orange.

« En carême, ils font plus ou moins de jours maigres, selon leur âge. Mgr le duc de Bourgogne commencera à faire le carême prochain tout entier, mais pour messeigneurs ses frères, ils feront encore gras trois fois la semaine. Ils font maigre tous les vendredis et samedis, et ces jours-là, aussi bien qu'en carême lorsqu'ils font maigre, ils mangent toujours en particulier, afin qu'on puisse leur servir, sans choquer la bienséance, précisément ce qu'ils doivent manger. La raison de ceci est que le maigre étant moins sain, et ordinairement d'un plus haut goût et plus assaisonné que le gras, il seroit à craindre qu'ils n'en mangeassent trop; et l'on a aussi une fort grande attention à ne leur donner en maigre que des choses très-saines, et beaucoup de fritures.

« A leur collation, ils ne mangent, non plus que le matin, qu'un morceau de pain sec, et tout au plus quelque biscuit, et boivent un verre d'eau.

« Ils boivent du vin à dîner et à souper, s'ils en veulent (car quelquefois ils n'en veulent point); c'est toujours du vin de Bourgogne, et n'en boivent que deux coups. Jamais ils ne boivent ni bière, ni cidre, ni vin de liqueurs, ni eaux rafraîchissantes d'aucune espèce, à moins que ce ne soit dans leurs parties de plaisir, qui arrivent rarement, ou quand ils mangent chez M. le duc de Beauvilliers. Ils ne boivent point encore à la glace, parce que Mgr le duc de Bourgogne ne l'aime pas.

« Voilà ce qui regarde leur boire et leur manger; mais pour les exercices que l'on leur fait faire, ils sont tels qu'aucun bourgeois de Paris ne voudroit hasarder un pareil régime sur ses enfants; et il faut avouer qu'à moins qu'ils ne soient aussi sains que ceux-ci le sont, il ne seroit pas sûr de le hasarder. Jamais ils ne se couvrent lorsqu'ils sont dehors, à moins qu'ils ne soient à cheval, ou qu'il ne pleuve; car, quelque chaud, quelque froid, ou quelque vent qu'il fasse, ils ont presque toujours la tête nue, et ils y sont déjà tellement accoutumés, qu'ils ne peuvent plus mettre leur chapeau, et qu'ils n'en ressentent pas la moindre incommodité. Jamais on ne leur fait aucun remède, et ils n'ont jamais été ni saignés ni purgés; ils ont cependant eu quelquefois la fièvre, mais on leur a donné du quinquina. S'ils avoient quelque autre maladie plus pressante, je ne doute pas qu'on ne suivît en ce cas-là l'avis des médecins.

« Dans leurs promenades, qui arrivent régulièrement tous

les jours été comme hiver, quelque temps qu'il fasse, ils marchent et courent tout autant qu'ils veulent, soit à pied, soit à cheval, et se mettent assez souvent en sueur, sans qu'on leur fasse jamais changer de chemise. Il n'y a que le seul cas de la paume qui soit excepté, parce que pour lors ils changent de chemise, mais on ne les frotte ni on ne les couche.

« Ils font presque tous les jours des courses à perdre haleine, chassent à pied quelquefois des journées entières; ce qui arrive quand ils sont à Fontainebleau; ils y courent le cerf, depuis quatre ans [1], pendant plusieurs heures. En un mot, on les élève comme s'ils devoient être un jour des athlètes, et M. le duc de Beauvilliers est tellement persuadé qu'un prince infirme n'est bon à rien, surtout en France où il faut qu'ils commandent leurs armées en personne, que tous les accidents que l'on peut envisager sur cela ne l'ont jamais pu détourner de son projet; et jusques ici, grâce à Dieu, il ne leur en est encore arrivé aucun, et ils sont au contraire d'une santé si parfaite et d'un tempérament si robuste, qu'ils ne se plaignent jamais de la moindre incommodité. Il arrive quelquefois seulement qu'ils sont enrhumés; mais ils n'en courent pas moins, à moins que leurs rhumes ne soient très-considérables, et l'on ne s'en embarrasse jamais.

« Quand ils vont à la promenade ou à la chasse, à pied ou à cheval, ils ont toujours trois ou quatre petits seigneurs avec eux, qui se joignent à leur suite ordinaire; mais pendant tout le reste de la journée, chez eux ou ailleurs, ils sont toujours avec leurs seuls domestiques, et jamais ni jeunes gens ni pages n'en approchent.

« Ils ne se parlent jamais bas l'un à l'autre, ni aucun jeune homme à eux, pendant la promenade ou la chasse; et de

---

[1] Le mémoire doit avoir été rédigé en 1696. Le duc de Bourgogne avait alors quatorze ans.

leurs domestiques, il n'y a que leurs sous-gouverneurs, gentilhomme de la manche, premier valet de chambre, précepteur et sous-précepteur, ou le confesseur, quand il y est, qui osent leur parler bas et en particulier ; et si c'est quelque chose qui mérite attention, ils doivent, tous tant qu'ils sont, en rendre compte à M. le duc de Beauvilliers.

« Quand quelqu'un des princes fait quelque chose en public qui peut être désapprouvé, M. le duc de Beauvilliers, et en son absence le sous-gouverneur ou les principaux de ses domestiques qui se trouvent auprès de lui, l'en avertissent tout bas ; et quand il arrive que le prince, étant bien averti, ne profite pas de l'avis qu'on lui donne, la punition suit de près et infailliblement ; et comme ceux qui sont préposés pour leur éducation n'ont auprès d'eux qu'une autorité dépendante de celle de M. le duc de Beauvilliers, et qu'ils peuvent par conséquent en faire moins de cas, M. le duc de Beauvilliers est plus exact et plus rigoureux à leur faire subir les punitions dont leurs principaux domestiques les ont menacés de sa part, que celles dont il les a menacés lui-même lorsqu'il a été présent à leurs fautes. Quand ils font des fautes en particulier, c'est-à-dire dans leur domestique, on les ménage moins, et on les reprend plus librement que l'on ne fait en public.

« Ils apprennent le latin par l'usage, et non par les règles de la grammaire, à l'exception des premiers commencements. La raison qui a fait préférer cette conduite à l'autre est qu'on veut leur ôter tout ce qu'il y a de pénible et de fatigant dans l'étude, afin de la leur rendre agréable ; et l'on y a si bien réussi, qu'ils vont à l'étude avec presque autant de plaisir qu'à la promenade. Il est vrai que les deux aînés ont naturellement du goût pour les belles-lettres, et savent déjà le latin en perfection. Ils y écrivent très-facilement et très-purement, font des fables et des dialogues qu'ils s'envoient l'un à l'autre, que non-seulement ils mettent en bon latin, mais dont ils composent eux-mêmes les matières. Ils font des extraits français des livres latins, et des extraits latins des livres français. On ne veut point qu'ils fassent de vers ni latins ni français, parce qu'il est ridicule à un prince de vouloir passer pour poëte ; mais ils traduisent tous les poëtes, et par la connoissance qu'on leur donne du bon latin, on leur en fait sentir toutes les beautés. Ils ont déjà traduit Virgile, Ovide et Horace tout entiers, et ils feront ainsi de tous les autres.

« Leurs études sont différentes, comme l'on peut juger, par rapport à leur âge ; mais, à cela près, elles seront presque les mêmes : il y aura pourtant quelque différence dans celles de Mgr le duc de Bourgogne, à qui l'on prend bien soin d'apprendre bien des choses qui ne peuvent convenir qu'à la première place. On leur donne une grande horreur de la pédanterie, et l'archevêque de Cambrai, leur précepteur, est persuadé qu'il vaudroit mieux qu'un prince fût tout à fait ignorant en ce qui regarde les belles-lettres ou les arts, que de les savoir d'une manière pédante, parce qu'il est ridicule à un prince d'être caractérisé par aucune chose que ce puisse être, lorsqu'elle ne convient pas essentiellement à son état, n'y ayant que trois choses, pour ainsi dire, qu'il lui soit permis de savoir à fond, l'histoire, la politique et commander ses armées : c'est aussi ces trois choses-là que l'on tâchera de leur bien apprendre. Pour tout le reste, on ne veut pas qu'ils y excellent, quand ils le pourroient faire.

« On ne leur apprendra aucune autre langue morte que le latin ; mais ils le sauront parfaitement. Ce n'est pas qu'on se soucie qu'ils la parlent, mais seulement qu'ils puissent écrire avec pureté et élégance, et qu'ils entendent tous les auteurs avec facilité.

« Le matin ils font ordinairement des thèmes, et le soir des versions.

« Pour les langues vivantes, on ne se soucie peu qu'ils les

sachent, ces princes-là ne voyageant jamais, et tous ceux qui viennent à la cour sachant parler français ou latin. On veut cependant qu'ils sachent l'italien et l'espagnol; mais on ne leur apprendra ces deux langues qu'après qu'ils sauront très-parfaitement le latin, qu'ils pourroient corrompre, par la conformité qu'il a avec ces deux langues.

« Ils n'apprendront à jouer d'aucun instrument, parce qu'on craint que cela ne leur fît perdre trop de temps, et que cela ne les rendit trop particuliers. Quant à présent, ils n'apprennent encore qu'à danser, à écrire et à dessiner; mais ils vont incessamment apprendre les mathématiques, à faire des armes et à voltiger, et dans un an ou un an et demi les deux aînés apprendront à monter à cheval, et les autres exercices qui en dépendent. Jamais M. le duc de Beauvilliers n'a donné ni fouet ni férules à aucun des trois princes, et il prétend que ces sortes de punitions ne conviennent point à des enfants de ce rang-là : il ne songe au contraire qu'à s'en faire aimer, afin de leur être utile, et il les châtie avec la dernière douceur. Cependant il y a un certain nombre de punitions qui se succèdent les unes aux autres, dont il se sert à mesure qu'ils font quelque faute.

« Je n'ai rien dit, dans tout ceci, de ce qui regarde l'éducation chrétienne qu'on leur donne, parce qu'elle est répandue sur le tout; et l'on songe bien plus à les rendre chrétiens par les sentiments vertueux qu'on leur inspire, et l'éloignement de tous ceux qui leur pourroient donner de mauvais exemples, que par des pratiques extérieures et pénibles, qui ne produisent ordinairement d'autre effet dans tous les enfants qui en sont accablés, que de leur donner, pour tout le reste de leur vie, de l'éloignement, et quelquefois même de l'horreur pour la piété ; et l'on peut dire sans flatterie, parce que c'est une chose connue dans toute l'Europe, que jamais princes n'ont été élevés plus chrétiennement que ceux-ci. »

Les extraits que nous venons de citer montrent bien à quel point l'éducation des princes du sang fut conduite avec intelligence et fermeté. Elle était même fort en avance sur celle que l'on donnait ordinairement aux jeunes gens de qualité; aussi fit-elle grand bruit, et l'on ne manqua pas de la comparer à celle que le grand Dauphin avait reçue du duc de Montausier et de Bossuet, et qui avait si mal réussie. L'intention de s'y prendre tout différemment est visible dans cette nouvelle méthode d'élever les Enfants de France. Car on avait accablé le fils de Louis XIV de devoirs mécaniques et de punitions corporelles. Aussi le résultat fut-il tout autre, du moins chez le duc de Bourgogne. Le duc d'Anjou et le duc de Berri, qui n'avaient que peu d'esprit, n'en profitèrent pas autant. Du reste, ils étaient encore trop jeunes lorsque Fénelon quitta la cour pour avoir ressenti son influence personnelle, qui était, croyons-nous, le grand ressort de son éducation.

Et cependant on peut, nous le pensons du moins, reprocher à ce plan d'éducation de ne pas laisser assez de liberté d'expansion à la nature, et de trop multiplier les soins. Sous ces règles si nombreuses qui ne laissent pas un moment de libre, l'originalité propre et la force de caractère de l'enfant devaient fléchir. Chez tous les enfants et chez les princes plus encore, il faut, avant tout, développer le caractère, le rendre ferme et fort, faire naître de bonne heure le sentiment de la responsabilité personnelle, apprendre à l'élève à marcher moralement tout seul dans la bonne voie. Lorsqu'il s'agit d'un homme destiné à porter une couronne, il est plus nécessaire encore de l'habituer, aussitôt que la chose est possible, à mesurer la portée de ses actes, qui peuvent avoir de si terribles conséquences. Au lieu de cela, et le « petit prince » ne fut pas plus heureux que les autres, les enfants royaux passent leur jeunesse dans une dépendance continuelle qui assujettit jusqu'au moindre détail de leur vie, et ne les prépare en aucune façon à l'exercice d'une liberté et d'un pouvoir qui leur arrivent subitement, sans qu'ils soient habitués à s'en servir. On voudrait voir circuler un peu plus de vie et de mouvement dans toutes ces réglementations, et l'on se prend à regretter l'air libre du Béarn, où le premier des Bourbons fut élevé ou plutôt s'éleva tout seul au milieu des montagnes, où son corps puisa sa force, et son âme son énergique indépendance.

Quoi qu'il en soit, il est facile de comprendre, après tout, ce que nous venons de dire des efforts dépensés par Fénelon pour former le prince confié à ses soins, quel profond attachement avait dû naître dans son âme pour celui qu'il pouvait légitimement appeler l'enfant de son travail. C'est l'honneur du duc de Bourgogne d'avoir su répondre à cette affection et se défendre de l'envie de s'affranchir de toute tutelle, qui naît si vite dans le cœur des jeunes gens. Loin de là, appréciant à merveille que l'affection seule guidait son précepteur, le duc de Bourgogne, qui ne savait où épancher les sentiments si vifs qui remplissaient son cœur, se donna à lui tout entier, et l'on peut dire qu'il ne se reprit jamais. Aussi la disgrâce qui éloigna Fénelon de la cour fut-elle un déchirement dont personne ne soupçonna la profondeur. Après avoir vainement essayé de le défendre auprès du Roi, l'ancien élève de l'archevêque de Cambrai subit en silence l'épreuve que lui imposait cette séparation en lui enlevant l'appui et le soutien de sa vie. Il ne se plaignit pas, ne récrimina pas. Qui eût osé le faire à la cour de Louis XIV? Mais il resta passionnément fidèle au souvenir de son précepteur, et rien ne put l'en détacher. Il ne le laissa jamais attaquer devant lui, et il lui demeura aussi soumis, malgré son éloignement, qu'il l'avait été au temps de sa faveur. La condamnation du *Livre des Maximes* l'émut beaucoup, mais n'ébranla pas sa confiance; il savait trop bien quels étaient les véritables sentiments de Fénelon pour être étonné de sa prompte et sincère soumission, et on l'avait, d'un commun accord, tenu hors de la querelle. Pendant quatre ans, à l'âge où le caractère change le plus, et où les impressions de l'enfance s'effacent pour faire place à celles de la jeunesse, le duc de Bourgogne n'eut aucun rapport direct avec Fénelon. Il le vit successivement bannir de la cour, être dépouillé de son titre de précepteur des Enfants de France; il vit le Roi témoigner publiquement son courroux contre l'archevêque de Cambrai, rien ne put l'ébranler ni dénouer les liens qui unissaient le maître et l'élève. Peut-être même le malheur consacra-t-il l'influence de l'archevêque sur le cœur généreux du prince... Présent, Fénelon aurait eu à lutter contre l'esprit d'indépendance des jeunes années : entouré de l'auréole de la persécution, loin de tout, et vaincu par ses adversaires, il devint pour le duc de Bourgogne comme une espèce de héros et de saint, auquel il se faisait gloire de rester fidèle.

Fénelon n'assista même pas au mariage du prince avec la jeune Marie-Adélaïde de Savoie, qui a laissé une si gracieuse mémoire. Ce dut être pour lui un cruel chagrin, et nous ne comprenons plus la raison d'une telle rigueur. C'était une singulière manière de récompenser les soins et les efforts de celui qui, de l'aveu de tous, avait été le principal auteur de l'éducation du prince et en avait fait l'exemple de la cour. Il ne demanda pas à assister à la cérémonie, se tut, et supporta sans se plaindre cette nouvelle preuve de la disgrâce royale. Peut-être se crut-il au moment de perdre en même temps le crédit dont il se savait jouir sur le duc de Bourgogne, tout entier à la joie d'une union qu'un sentiment passionné, au moins de sa part, ne tarda pas à rendre pour lui la source d'un bonheur dont l'espèce était rare à Versailles. Mais si Fénelon crut que la jeune femme qui avait si bien su séduire son mari allait le chasser du cœur de son ancien élève, il se trompa. Le Petit Prince, comme on l'appelait encore dans le cercle du duc de Beauvilliers, resta immuable dans ses sentiments à l'égard de son ancien maître. Ne se sentant pas encore doué de cette fermeté calme qui apprend à marcher seul dans la vie, il cherchait instinctivement un appui, mais il avait trop d'esprit pour espérer trouver ce soutien dans une jeune femme de seize ans, qui, malgré son intelligence précoce, avait toute la frivolité de son âge. Il se contenta de l'aimer avec toute l'ardeur d'un cœur innocent, mais il n'en resta pas moins l'élève soumis de l'archevêque de Cambrai.

Le 22 décembre 1701, le jeune prince prit enfin courage, et, après quatre longues années d'un silence ininterrompu, mit une lettre de sa main dans le paquet que les amis de Versailles trouvaient moyen de faire passer secrètement à Cambrai. Voici cette lettre, que nous citons en entier, parce qu'elle peint au naturel le caractère sérieux, et peut-être même porté à la rêverie, du duc de Bourgogne, ce qui ne l'empêchait pas de paraître parfois singulièrement enfant, presque frivole [1] :

« A Versailles, le 22 décembre 1701.

« Enfin, mon cher archevêque, je trouve une occasion favorable de rompre le silence où j'ai demeuré depuis quatre ans. J'ai souffert bien des maux depuis; mais un des plus grands a été celui de ne pouvoir point vous témoigner ce que je sentois pour vous pendant ce temps, et que mon amitié augmentoit par vos malheurs, au lieu d'en être refroidie. Je pense avec un vrai plaisir au temps où je pourrai vous revoir; mais je crains que ce temps ne soit encore bien loin. Il faut s'en remettre à la volonté de Dieu, de la miséricorde duquel je reçois toujours de nouvelles grâces. Je lui ai été plusieurs fois bien infidèle depuis que je ne vous ai vu ; mais

---

[1] *Corr. gén.*, I, 116.

il m'a fait toujours la grâce de me rappeler à lui, et je n'ai, Dieu merci, point été sourd à sa voix. Depuis quelque temps, il me paroît que je me soutiens mieux dans le chemin de la vertu. Demandez-lui la grâce de me confirmer dans mes bonnes résolutions, et de ne pas permettre que je redevienne son ennemi, mais de m'enseigner lui-même à suivre en tout sa sainte volonté. Je continue toujours à étudier tout seul, quoique je ne le fasse plus en forme depuis deux ans, et j'y ai plus de goût que jamais ; mais rien ne me fait plus de plaisir que la métaphysique et la morale, et je ne saurois me lasser d'y travailler. J'en ai fait quelques petits ouvrages, que je voudrois bien être en état de vous envoyer, afin que vous les corrigeassiez, comme vous faisiez autrefois mes thèmes. Tout ce que je vous dis ici n'est pas bien de suite, mais il n'importe guère. Je ne vous dirai point ici combien je suis révolté moi-même contre tout ce qu'on a fait à votre égard ; mais il faut se soumettre à la volonté de Dieu, et croire que tout cela est arrivé pour notre bien. Ne montrez cette lettre à personne du monde, excepté à l'abbé de Langeron, s'il est actuellement à Cambrai ; car je suis sûr de son secret, et faites-lui mes compliments, l'assurant que l'absence ne diminue point mon amitié pour lui. Ne m'y faites point non plus de réponse, à moins que ce ne soit par quelque voie très-sûre, et en mettant votre lettre dans le paquet de M. de Beauvilliers, comme je mets la mienne ; car il est le seul que j'aie mis de la confidence, sachant combien il seroit nuisible qu'on le sût. Adieu, mon cher archevêque ; je vous embrasse de tout mon cœur, et ne trouverai peut-être de bien longtemps l'occasion de vous écrire. Je vous demande vos prières et votre bénédiction.

« Louis. »

En recevant ces lignes où respirent tant de confiance et de candeur naïve, Fénelon dut se trouver suffisamment récompensé de ses peines : là au moins il avait formé un cœur chaud qui ne connaissait ni l'oubli, ni l'ingratitude. Ce dut être comme une nuée bienfaisante venant rafraîchir une terre longtemps desséchée par le vent cruel de l'ingratitude et de l'injustice des hommes. Il répond à ce touchant appel par une longue lettre, toute de direction spirituelle, dont nous ne citons que deux ou trois passages, tout en remarquant, une fois pour toutes, qu'il n'est jamais question dans les lettres de Fénelon que de ce qui regarde le jeune prince. Si toute ambition personnelle n'était pas éteinte en lui, si les blessures qu'il avait reçues dans la longue querelle du *Livre des Maximes* étaient encore saignantes, il savait mettre tous ces sentiments qui ne regardaient que lui-même à l'écart, pour ne penser qu'à l'intérêt de celui qui se confiait à lui avec tant d'abandon[1] : « Jamais rien ne m'a tant consolé que la lettre que j'ai reçue. J'en rends grâce à Celui qui peut seul faire dans les cœurs tout ce qu'il lui plaît pour sa gloire. Il faut qu'il vous aime beaucoup, puisqu'il vous donne son amour au milieu de tout ce qui est capable de l'éteindre dans votre cœur. Aimez-le donc au-dessus de tout, et ne craignez que de ne l'aimer pas. Il sera lui seul votre lumière, votre force, votre vie, votre tout... Ce qui me donne de merveilleuses espérances, c'est que je vois par votre lettre que vous sentez vos faiblesses, et que vous les reconnaissez humblement... Oh! qu'on est fort en Dieu quand on se trouve bien faible en soi-même... Appliquez-vous à vos devoirs, ménagez votre santé et modérez vos goûts pour ne point épuiser vos forces. Je ne vous parle que de Dieu et de vous : il n'est pas question de moi. Dieu merci, j'ai le cœur en paix, ma plus rude croix est de ne point vous voir, mais je vous porte sans cesse devant Dieu dans une présence plus intime que celle des sens. Je donnerais mille vies comme une goutte

[1] *Corr. gén.*, I, 118.

d'eau pour vous voir tel que Dieu vous veut. Amen. Amen. »

Il est facile de s'imaginer en lisant ces lignes deux siècles après, quelles espérances elles devaient faire naître dans le cœur du petit nombre d'amis qui en recevaient la confidence. Que serait plus tard un prince qui savait, si jeune, écouter de telles leçons!... Peut-être ne le verrait-on pas à l'œuvre, car son père pouvait régner longtemps, mais, avec lui, les destinées du pays étaient assurées. Il aimerait et chercherait la vérité. Les plaies de la France, qui devenaient chaque jour plus profondes, sans que le Roi, dans son atmosphère factice de Versailles, consentît à les voir, il saurait les guérir en les regardant courageusement en face. C'est ainsi qu'entre eux, en secret, les fidèles de M. de Cambrai faisaient des rêves de félicité parfaite pour le pays sous le règne de leur cher « petit prince ». Il y a une chose qu'on ne peut leur contester : c'est un sincère amour de l'État; ils étaient vivement préoccupés du bien-être des peuples; pour eux, la gloire militaire, la puissance extérieure de la France n'étaient pas tout, et le sort des campagnes, la misère qui allait toujours en augmentant, les attristaient jusqu'au fond de l'âme. On comprend tout ce qui s'agitait de sentiments de ce genre dans l'âme de Fénelon, lorsqu'on lit une lettre célèbre qu'il adressa à cette époque à son élève pour l'exhorter à imiter saint Louis. Cette lettre est écrite dans un si beau et si ferme langage qu'on nous saura gré d'en reproduire quelques fragments[1] : « La force et la sagesse de saint Louis vous seront données si vous les demandez en reconnaissant humblement votre faiblesse et votre impuissance. Il est temps que vous montriez au monde une maturité et une vigueur d'esprit proportionnées au besoin présent. Saint Louis à votre âge était déjà les délices des bons et la terreur des méchants. Laissez donc tous les amusements de

---

[1] *Corr. gén.*, I. 128.

l'âge passé, faites voir ce que vous pensez, et que vous sentez tout ce que vous devez penser et sentir... Saint Louis s'est sanctifié grand roi. Il était intrépide à la guerre, décisif dans les conseils, supérieur aux autres hommes par la noblesse de ses sentiments, sans hauteur, sans présomption, sans dureté. Il suivait en tout les véritables intérêts de sa nation, dont il était le père autant que le Roi. Il voyait tout de ses yeux dans les affaires principales. Il était appliqué, prévoyant, modéré, droit et ferme dans les négociations; de sorte que les étrangers ne se fiaient pas moins à lui que ses propres sujets. Jamais prince ne fut plus sage pour policer les peuples et pour les rendre tout ensemble bons et heureux... Longtemps après sa mort, on se souvenait encore avec attendrissement de son règne, comme de celui qui devait servir de modèle aux autres pour tous les siècles à venir. On ne parlait que des poids, des mesures, des monnaies, des coutumes, des lois, de la police du règne du bon Roi saint Louis. On croyait ne pouvoir mieux faire que de ramener tout à cette règle. Soyez l'héritier de ses vertus avant que de l'être de sa couronne. »

Nous accusera-t-on de subtilité, si nous remarquons que Fénelon, en portant l'esprit du duc de Bourgogne sur l'imitation de saint Louis, sans dire un mot de celui qui portait alors la couronne de saint Louis, sans y ajouter une allusion, cependant bien indiquée, à Louis XIV, faisait une silencieuse critique du grand Roi, qui n'eût sans doute pas été très-satisfait de ne pas se voir offrir comme modèle à son petit-fils?

En attendant qu'il fût appelé à faire revivre saint Louis à Versailles, le duc de Bourgogne désirait fort aller à l'armée, et échapper un moment à la vie activement oisive de la cour. Ses amis travaillaient à décider le Roi à envoyer son petit-fils s'aguerrir un peu dans la vie des camps. Fénelon le désirait plus que personne, espérant qu'une fois en liberté, il secouerait cette sorte de timidité gauche dont nous avons déjà parlé, sous laquelle se cachaient aux yeux du monde les qualités si rares dont il était doué. En 1702, le Roi se rendit au désir de son petit-fils, et lui confia le commandement de l'armée de Flandre, sous la direction du vieux maréchal de Boufflers. La joie du duc de Bourgogne fut d'autant plus vive qu'il lui fallait nécessairement traverser Cambrai pour se rendre à l'armée. Il osa demander au Roi la permission de voir l'archevêque à son passage. La permission fut accordée avec la restriction suivante : il ne verrait Fénelon qu'un instant et en public. Cette singulière précaution qui prouvait la méfiance persistante du Roi envers l'illustre prélat n'était pas de nature à refroidir le jeune prince dans ses sentiments de reconnaissance envers son ancien précepteur. Le seul fait de cette réserve devait en effet rendre plus profond son entêtement, si entêtement il y avait. Telle qu'elle était pourtant, cette permission combla de joie le duc de Bourgogne, et fut une surprise pour Fénelon, qui était si loin de s'y attendre qu'il avait pris ses dispositions pour se trouver en tournée pastorale lors du passage du prince à Cambrai.

Le duc de Bourgogne expédia de Péronne un courrier, qui arriva subitement à Cambrai, porteur de la lettre suivante[1] :

« A Péronne, le 25 avril, à 7 heures (1702).

« Je ne puis me sentir si près de vous, sans vous en témoigner ma joie, et en même temps celle que me cause la permission que le Roi m'a donnée de vous voir en passant. Il y a mis néanmoins la condition de ne vous point parler en particulier ; mais je suivrai cet ordre, et néanmoins pourrai vous entretenir tant que je voudrai, puisque j'aurai avec moi Saumery, qui sera le tiers de notre première entrevue, après cinq ans de séparation. C'est assez vous en dire de vous le

[1] *Corr. gén.*, I, 130.

nommer, et vous le connoissez mieux que moi pour un homme très-sûr, et, qui plus est, fort votre ami. Trouvez-vous donc, je vous prie, à la maison où je changerai de chevaux, sur les huit heures ou huit heures et demie. Si par hasard trop de discrétion vous avoit fait aller au Câteau, je vous donne le rendez-vous pour le retour, en vous assurant que rien n'a jamais pu diminuer ni ne diminuera jamais la sincère amitié que j'ai pour vous. »

L'entrevue eut lieu comme le Roi l'avait exigée, en public, dans une hôtellerie où l'on relayait, appelée l'*Auberge de Dunkerque;* et la curiosité que cette singulière rencontre inspirait aux assistants causa aux principaux acteurs une gêne et une réserve pénibles. L'archevêque assista au repas du prince et lui offrit la serviette, suivant l'étiquette du temps. A ce moment, le jeune homme éleva la voix et dit de manière à être entendu de tous : « Je sais ce que je vous dois, vous savez ce que je vous suis. » Cette curieuse scène qui avait lieu dans une maison de poste, entre un vieil archevêque et un jeune prince destiné au trône, eût mérité d'être conservée à la postérité par la plume d'un Saint-Simon. Toute courte qu'elle fut, elle fit grand bruit; c'était comme une première marque de l'adoucissement de la colère royale. Elle fut surtout une grande joie pour Fénelon, qui, après cinq années, avait enfin une occasion de revoir son cher « petit prince »; et l'on ne peut s'empêcher d'être ému en pensant ce que dut lui coûter, ainsi qu'au duc de Bourgogne, l'obéissance ponctuelle aux ordres du Roi[1] : « J'ai vu aujourd'hui, écrit-il le jour même à madame de Montberon, après cinq ans de séparation, Mgr le duc de Bourgogne; mais Dieu a assaisonné cette consolation d'une très-sensible amertume… Je n'ai aucun plaisir qui ne porte sa croix avec lui. »

L'année 1702 n'amena aucun événement remarquable : on

---

[1] *Corr. gén.*, VI, 379

n'était encore qu'aux débuts de cette malheureuse guerre de la succession d'Espagne qui devait faire expier si chèrement à Louis XIV et à la France leurs triomphes passés. Le succès, si longtemps favorable à nos armes, semblait hésiter à les abandonner, et les premières campagnes demeurèrent douteuses. Ce fut pendant quelque temps une alternative de succès et de revers qui maintinrent la balance presque égale entre la France seule à soutenir l'Espagne, et cette formidable coalition dirigée par le triumvirat fameux de Marlborough, du prince Eugène de Savoie et du grand pensionnaire Heinsius, tous trois ennemis implacables de la France. La mort de Guillaume III, arrivée en 1701, n'avait fait que reserrer les liens qui unissaient les alliés entre eux, et depuis longtemps aussi formidable orage n'était venu fondre sur la France. Elle fit vaillamment tête à cette coalition qui semblait devoir si facilement l'écraser. Et lorsque, vaincu à la longue, notre pays se vit un moment à deux doigts de sa perte, il mérita le retour subit de fortune qui le sauva, par sa constance et l'énergique persévérance, vertu si peu française, dont chacun, et le Roi plus que personne, fit preuve dans cette crise mémorable.

Lorsque le duc de Bourgogne vint à l'armée, les choses étaient encore en bon état. Si, en 1701, le prince Eugène avait successivement défait Catinat à Carpi et Villeroy à Chiari, cette année 1702, Vendôme, qui conduisait les débuts du jeune roi d'Espagne, Philippe V, avait relevé les armes françaises en délivrant Mantoue, et en remportant cette brillante victoire de Luzzara qui rappelle les faits d'armes des anciennes guerres d'Italie par le courage hardi et l'élégante bravoure des combattants. Pendant ce temps, les Anglais essayaient vainement d'envahir l'Espagne. En Flandre, les opérations militaires ne furent pas aussi heureuses; quoique la campagne n'eût pas eu de résultat important, les alliés avancèrent partout. Il n'y eut pas cependant d'affaire décisive :

mais, malgré un engagement brillant dans lequel le duc de Bourgogne se distingua et força, par une charge impétueuse, les Hollandais à s'abriter sous les remparts de Nimègue, Boufflers, qui commandait en réalité, sous le nom du prince, dut reculer sur toutes ses lignes. Marlborough, qui préparait ses prochaines victoires en établissant fortement la base de ses opérations, reprit la Gueldre espagnole, le Brabant, et força Liége à capituler (31 octobre 1702). De son côté, Villars faisait également présager ses futurs triomphes, en menant avec une hardiesse incroyable une pointe rapide en Allemagne, où il remporta contre le prince Louis de Bade sa première victoire, celle de Friedlingen, qui lui valut le bâton de maréchal.

La fortune balançait donc encore ses faveurs, et l'issue de la campagne laissait les affaires à peu près dans le même état qu'à son début. Pendant tout le temps qu'il fut à l'armée, le jeune prince se montra tout à son avantage et perdit, pour un moment du moins dans cette vie plus libre, la timidité et l'indécision qui lui nuisaient tant à la cour. La nouveauté du spectacle, l'activité forcée, le firent sortir de sa tranquillité ordinaire, que l'on se plaisait parfois à taxer de mollesse. « Il charma, disent les *Mémoires du marquis de Quincy*, employé dans cette campagne, les officiers et les soldats par ses attentions pour eux, et par des manières gracieuses accompagnées de toutes sortes de marques de bonté. » De son côté, Fénelon, qui recueillait avec avidité les moindres bruits sur le cher prince, écrivait au duc de Beauvilliers[1] : « M. le duc de Bourgogne fait au delà de tout ce qu'on aurait pu espérer... » « Au nom de Dieu, mon bon duc, écrit-il encore quelques jours plus tard, tâchez de faire en sorte que M. le duc de Bourgogne soutienne ces merveilleux commencements. Je souhaite qu'il retourne à Ver-

---

[1] *Corr. gén.*, I, 134.

sailles le plus tard qu'il se pourra, et qu'il s'affermisse dans sa bonne conduite avant que d'y retourner. Si, en arrivant, il retombait dans tous les défauts dont il paraît guéri, on croirait qu'il n'a fait qu'un effort passager, qu'il n'est pas capable de se soutenir, et il demeurerait dans un triste état. Si, au contraire, il fait à Versailles ce qu'il a fait à l'armée, il sera estimé, admiré du public, et toutes les critiques tomberont. L'inclination publique est toute pour lui, c'est une grande avance, tout est défriché, il n'y a qu'à ne rien détruire [1]. » Le Roi rappela son petit-fils auprès de lui au commencement de septembre 1702. Dans la crainte d'éveiller les ombrageuses méfiances des ennemis de Fénelon, le duc de Bourgogne renonça à le voir en retournant à Versailles. Il lui fit passer un billet pour l'en prévenir, qui finissait ainsi [1] : « Peut-être sera-t-il encore mieux que je ne vous voie pas la veille du jour ou le jour même que j'arriverai à Versailles ; cela n'est pas la même chose quand on doit être quelque temps dehors et les idées sont plus effacées. Adieu, mon cher archevêque ; il n'est pas besoin de vous recommander le secret sur cette lettre, ni de vous assurer de la tendre amitié que je conserverai en Dieu pour un homme à qui j'ai tant d'obligations que vous. » Cette lettre arriva trop tard, et pendant que Fénelon se rendait à la poste aux chevaux, où il savait que le duc de Bourgogne devait relayer. Cette seconde entrevue fut plus courte encore que la précédente, mais un peu moins contrainte, et Fénelon put écrire au bon duc : « J'ai vu notre cher prince un moment ; il m'a paru engraissé, d'une meilleure couleur, et fort gai. Il m'a témoigné en peu de paroles la plus grande bonté ; il a beaucoup pris sur lui en me voyant... Je ne saurais recevoir tant de marques de sa bonté sans lui en témoigner ma reconnaissance, en lui retraçant la conduite qu'il doit tenir, et lui rappeler ce qu'il me

---

[1] *Corr. gén.*, I, 137.

semble qu'il doit à Dieu. Voici un temps de crise où vous devez redoubler votre fidélité pour n'agir que par grâce auprès de lui, et pour le secourir sans timidité, ni empressement naturel [1]. »

L'année suivante, le Roi envoya de nouveau le duc de Bourgogne à l'armée; mais cette fois il n'alla pas en Flandre, mais bien en Allemagne, où il commanda l'armée, sous la direction du maréchal de Tallard et de Vauban. Il semble qu'on ait voulu l'empêcher de revoir Fénelon, dont on craignait tant l'influence sur son esprit. Certes ce ne fut pas là l'unique motif de la décision royale : Vauban devait reprendre la forteresse de Brisach, et le Roi aimait faire assister les princes du sang à ces siéges, qui se terminaient presque infailliblement par un succès. Mais il n'était pas fâché non plus de ne pas laisser se renouveler les scènes de l'année précédente; singulière précaution que celle qui consistait à empêcher le crédit d'un prêtre âgé sur un jeune homme de vingt ans; ce ne sont généralement pas de telles influences que des parents soucieux du bonheur de leurs enfants écartent avec soin, et chez un autre que le duc de Bourgogne, il n'eût pas fallu beaucoup de peine pour faire oublier le précepteur, au risque de faire naître l'influence de favoris d'un autre genre.

Lorsqu'il sut que le Roi envoyait le prince en Allemagne, et, par conséquent, qu'il ne le verrait pas, Fénelon se hâta de lui faire passer des avis par le duc de Beauvilliers. Ces conseils sont remarquables par cette modération pratique et ce bon sens parfait qui est le trait caractéristique des avis sortis de sa plume, modération qui contraste si étrangement avec l'ardeur mystique de son âme [2] : « Quand M. le duc de Bourgogne sera à l'armée, il aura raison de ne vouloir souffrir aucun excès de vin à sa table; mais il lui

---

[1] *Corr. gén.*, I, 138.
[2] *Lettres et opuscules inédits*, p. 12.

convient fort de continuer cette longue société de table et cette liberté de conversation pendant les repas qui a charmé les officiers dans la campagne dernière. Il est bon de continuer cette affabilité aux autres heures de commerce. Le prétexte naturel de se renfermer pour écrire à la cour lui donnera toujours des heures de retraite pour les choses plus solides... Quand il y aura à l'armée quelque désordre de mœurs, il peut donner des ordres généraux bien appuyés pour les réprimer, mais il ne faut point qu'il descende dans les détails : on l'accuserait de tomber par scrupule dans la rigidité et la minutie. Il faut même qu'il tourne ses ordres du côté de la discipline militaire, qui a besoin de cette fermeté. Enfin, je vous conjure de n'oublier rien pour faire en sorte que notre jeune prince ménage sa santé, qu'il s'épargne à l'armée toutes les fatigues inutiles, qu'il dorme, qu'il mange bien, et qu'il marche toujours en présence de Dieu avec la paix d'une bonne conscience. »

La campagne de 1703 fut beaucoup plus brillante que la précédente, bien qu'au fond assez inefficace. Villars passa le Rhin, s'empara de Kehl, puis, repassant le fleuve, fit une marche hardie à travers la Bavière, pour opérer sa jonction avec l'électeur, qui nous était resté fidèle, pendant que Boufflers remportait le brillant combat d'Eckeren (30 juin) contre les Hollandais. Au même moment, Vauban dirigeait sous les yeux du duc de Bourgogne le siége du Vieux-Brisach, que lui-même autrefois avait fortifié avec le plus grand soin. « On ignore, monseigneur, lui dit-il à ce sujet, si vous savez prendre les places que j'ai fortifiées : vous allez nous l'apprendre. » Le siége fut mené avec cet entrain tout français que les troupes n'avaient pas encore perdu. Le duc de Bourgogne s'y exposa constamment avec une bravoure tranquille qui lui fit honneur, et le 7 septembre, après quatorze jours de tranchée ouverte, la place fut enlevée. La conduite du jeune prince fut remarquée de tous. « M. le duc de Bourgogne, dit Saint-Simon, s'acquit beaucoup d'honneur pendant sa campagne d'Allemagne par son application, son assiduité aux travaux, avec une valeur simple et naturelle qui n'affectait rien, qui allait partout où il convenait sans s'apercevoir du danger. La libéralité, le soin des blessés, l'affabilité lui acquirent le cœur de toute l'armée. » Il la quitta à regret sur les ordres du Roi pour retourner à la cour, et arriva le 22 septembre à Fontainebleau. En même temps arrivait la nouvelle de la victoire remportée sur les Impériaux par le maréchal de Villars à Hochstedt, journée dont la gloire devait être si tristement effacée plus tard par le désastre qu'essuyèrent les armées françaises dans le même lieu. Enfin la victoire de Spire remportée par Tallard contre les Hollandais vint dignement clore (14 novembre) cette campagne, qui fut la dernière campagne heureuse de cette guerre.

Malgré les succès qui maintenaient au moins l'honneur de nos armes, la France restait épuisée d'hommes et d'argent, et Marlborough plus près des frontières qu'au début des opérations. Avec une régularité méthodique, admirable, ce grand général dépossédait systématiquement tous les alliés de la France en Allemagne et n'avançait qu'après avoir assuré ses derrières contre toute surprise. Cette année, pendant que le Roi faisait chanter des *Te Deum* pour de brillants combats, qui n'auraient pu avoir comme effet que de désunir et décourager les coalisés, le général anglais avait pris Bonn et se trouvait maître de tout l'électorat de Cologne. L'année suivante, il allait entrer lui-même en ligne, et tout changerait de face. La gloire militaire qui faisait encore illusion à l'Europe sur les forces de la France, allait se dissiper comme une vaine fumée sous un vent violent, et l'affaiblissement, l'épuisement de cette grande monarchie qui avait dominé le continent, apparaître à tous les yeux.

Le duc de Bourgogne n'avait quitté l'armée qu'avec tristesse et pour obéir aux ordres du Roi ; il se sentait plus à l'aise dans cette vie au grand air, et s'y montrait aussi tout à son avantage ; dès qu'il reparaissait dans les galeries de Versailles, il redevenait gauche et timide. A peine de retour, il écrivit à Fénelon cette lettre touchante, pour lui exprimer sa peine de ne pas avoir pu le voir cette fois [1] :

« A Fontainebleau, le 23 septembre 1703.

« Le côté où j'ai été cette année n'a pas été compatible avec le rendez-vous que je vous avois donné la dernière. Mais je trouve l'occasion favorable de vous écrire ce mot par ma voie ordinaire : vous me ferez réponse de même quand il repassera. Ma volonté d'être à Dieu se conserve, et même se fortifie dans le fond ; mais elle est traversée par beaucoup de fautes et de dissipation. Aidez-moi donc de vos conseils et de vos prières. Pour vous, vous êtes tous les jours nommément dans les miennes. Vous croyez bien que ce n'est pas tout haut. Remerciez Dieu aussi des bons succès dont il nous a favorisés, et demandez-lui la continuation de sa protection dans une situation où les affaires en ont un pressant besoin. Je ne vous dirai rien de ce que je sens à votre égard : je suis toujours le même, et désirois bien que ce ne fût pas à aller en Flandres, ou non, qu'il tînt de vous voir ou ne vous voir pas. Tout cela sera quand Dieu voudra. »

Nous n'avons pas la réponse de Fénelon à cette lettre si affectueuse, mais peu de jours après il écrit au duc de Beauvilliers : « Je suis ravi de tout ce que j'entends dire de Mgr le duc de Bourgogne. Tâchez de faire en sorte que ceux qui en sont charmés à l'armée le retrouvent le même à la cour. Je sais qu'il y a des différences inévitables, mais il faut rapprocher les deux états le plus qu'on peut [2]. »

[1] *Corr. gén.*, I, 151.
[2] *Corr. gén.*, I, 153.

Fénelon avait raison de recommander à son élève de prendre garde à l'attitude qu'il avait à prendre à la cour, où il devait rester cinq ans inactif, en butte à toutes les observations malveillantes d'une foule de courtisans attentifs à exciter les jalousies et les méfiances réciproques. La situation du jeune prince était en effet loin d'être facile : son père, connu sous le nom de Monseigneur ou du Grand Dauphin, lourd, indolent, entouré d'une société à la fois débauchée et impie, quoiqu'il ne fût lui-même ni l'un ni l'autre, supportait impatiemment la supériorité manifeste de son fils et le traitait plus que froidement. Le Roi, de son côté, tout en admirant sincèrement les vertus naissantes de son petit-fils, n'en trouvait pas moins un peu singulier qu'un autre fût plus sage qu'il ne l'avait été lui-même, et ne comprenait pas cette dévotion précoce. Il fallait que le duc de Bourgogne tint ferme dans ses bonnes résolutions, sans affectation et sans hauteur, cachât avec soin la meilleure partie de lui-même et s'humiliât constamment devant la volonté des autres. Il fallait aussi supporter avec patience cette vie si fatigante de la cour où l'on vivait pour ainsi dire en public, sous mille regards curieux. Puis c'était madame de Maintenon qui, toute à son cher duc du Maine, n'aimait pas le duc de Bourgogne ; on était obligé de la ménager, afin de ne pas s'attirer son inimitié, si l'on ne pouvait pas espérer se concilier ses bonnes grâces. Aussi le Mentor de Cambrai n'épargne-t-il pas les avis au Télémaque de Versailles ; ils passent toujours par le même canal. Voici en premier lieu quelques extraits d'une lettre au bon duc sur la conduite à tenir envers madame de Maintenon [1], et, en général, sur la position qu'il doit s'efforcer de prendre à la cour : « Il faudrait trouver un milieu, afin qu'il ne fût ni trop ni trop peu chez madame de Maintenon ; il ne doit

[1] *Lettres et opuscules inédits*, p. 10.

jamais lui montrer aucun éloignement, il doit même lui montrer, quoi qu'elle puisse faire, une attention et des égards par respect pour la confiance que le Roi a en elle. Ainsi, il est à propos qu'il aille chez elle de temps en temps d'une manière honnête et pleine de considération, sans paraître changer ; mais il ne convient pas qu'il y demeure oisif et rêveur dans un coin, comme un enfant ou comme un pauvre homme bizarre qu'elle ne daigne pas entretenir ; il ne doit pas choisir ce théâtre-là pour montrer ses rêveries, ses chagrins, ses humeurs ; s'il veut avoir de telles heures, il faut qu'il aille les cacher dans son cabinet ; en un mot, il faut qu'il s'accoutume à quelque dignité et qu'il y accoutume les autres. Le moment de son retour de l'armée est favorable pour prendre un bon pli ; il ne reviendra de longtemps s'il perd une si belle occasion ; plus il montrera de force, d'égalité et de raison, plus madame de Maintenon changera pour le bien traiter, et tous les autres compteront avec lui ; sinon tout ce qu'il vient de faire à l'armée se perdra dans l'antichambre de madame de Maintenon, et on l'avilira de plus en plus... M. le duc de Bourgogne s'est familiarisé à l'armée avec beaucoup de gens ; toutes les glaces sont rompues entre eux, il n'y a qu'à être avec ces mêmes personnes à Versailles à peu près comme à l'armée. Peut-il croire ou dire qu'il lui soit impossible de continuer à prendre sur lui ce qu'il a déjà pris, et avec tant de succès ? Mais il faut deux choses : l'une, qu'il proportionne ses ouvertures et ses manières obligeantes pour le reste des courtisans à celles qu'il vient de prendre avec les officiers de l'armée ; la seconde chose, que vous lui ouvriez de temps en temps les yeux sur les divers caractères des gens qui l'environnent, et sur ce qui s'est passé où se passe actuellement dans le monde, afin qu'il ne tombe point en mauvaise compagnie, et que, faisant grâce à tout le monde en gros, il sache faire justice au mérite de chaque particulier. Je suppose qu'il se réservera toujours des heures pour prier, pour lire, pour s'instruire solidement de plus en plus sur les affaires. »

« Je crois que M. le duc de Bourgogne devrait sans empressement accoutumer le Roi à lui, et se tenir à portée d'attirer sa confiance, soit pour entrer dans le conseil, soit pour soulager un prince âgé. Sa modération, son respect, son esprit réservé et discret pourraient faciliter ce progrès dans des temps où le Roi ne saurait où reposer la tête ; en ce cas, vous ne devriez faire aucun pas marqué, qui pût donner aucun soupçon d'empressement ; mais il faudrait vous tenir le plus près que vous pourriez avec un air simple, ouvert et affectueux, pour le mettre en état de vous donner sa confiance. »

Fénelon passe ensuite à la piété, et là encore, il est obligé d'exhorter son ancien élève à la prudence et à la modération. Ses avis sont toujours empreints d'une sûreté de vue et d'un tact parfait ; il est impossible d'être à la fois plus ferme et plus mesuré : « J'entends dire que M. le duc de Bourgogne augmente ses pratiques de piété. C'est pour moi un grand sujet de joie de voir la grâce dominer dans son cœur. Que ne peut-on pas espérer, puisque le désir de plaire à Dieu surmonte en lui les passions de la jeunesse et l'enchantement d'un siècle corrompu ! Je rends grâce à Dieu de ce qu'il lui a donné ce courage pour ne rougir point de l'Évangile. Il est essentiel qu'un prince du sang fasse publiquement des œuvres qui excitent les hommes à glorifier le Dieu qu'ils adorent.

« Mais on prétend que M. le duc de Bourgogne va au delà des œuvres nécessaires pour éviter tout scandale, et pour vivre avec régularité en chrétien. On est alarmé de sa sévérité contre certains plaisirs, on s'imagine même qu'il veut critiquer les autres et les former selon ses vues scrupuleuses. On raconte qu'il a voulu obliger madame la duchesse de Bourgogne à faire le carême comme lui, et à se priver de même pendant tout ce temps de tous les spectacles. On ajoute qu'il commence à retrancher son jeu et qu'il est toujours renfermé tout seul. Enfin, on prétend qu'il a refusé à Monseigneur de le suivre à l'Opéra pendant le carême.

« En écoutant de tels discours, j'ai compté sur l'exagération du monde qui ne peut souffrir la règle, qui la craint encore plus dans les grands que dans les particuliers, parce qu'elle y tire plus à conséquence. On y appelle souvent excessif en piété ce qui est à peine suffisant ; mais je craindrais d'un autre côté que ce prince ne se tournât un peu trop aux pratiques extérieures, qui ne sont pas d'une absolue nécessité. Voici mes pensées que je vous propose sans les donner pour bonnes :

« 1° Je crois que M. le duc de Bourgogne ne devrait pas gêner madame la duchesse de Bourgogne ; qu'il se contente de laisser décider son médecin sur la manière dont elle doit faire le carême. Il est bon de renvoyer ainsi toutes choses aux gens qui ont caractère et autorité pour décider. On décharge sa conscience, on satisfait à la bienséance, on évite l'inconvénient de passer pour rigide réformateur de son prochain. Si ce prince veut inspirer de la piété à la princesse, il doit la lui rendre douce et aimable, écarter tout ce qui est épineux, lui faire sentir en sa personne le prix et la douceur de la vertu simple et sans apprêt, lui montrer de la gaieté et de la complaisance dans toutes les choses qui ne relâchent rien dans le fond, enfin se proportionner à elle et l'attendre ; il faut seulement prendre garde de tomber en tendant la main à autrui.

« 2° Il ne doit donner au public de spectacle sur la piété que dans les occasions de devoir où la règle souffrirait s'il ne la suivait pas aux yeux du monde. Par exemple, il doit être modeste et recueilli à la messe, faire librement ses dévotions toutes les fois qu'il lui convient de les faire pour son avancement spirituel, s'abstenir de toute moquerie, de toute conversation libre, imposer silence là-dessus aux inférieurs par son sérieux, par sa retenue ; tout cela lui donnera beaucoup d'autorité ; mais quand il fait ses dévotions hors des grands jours, il faut choisir les heures et les lieux qui dérobent le plus cette action aux yeux des courtisans ; du reste, il ne doit jamais donner aucune démonstration de ses sentiments, on les sait assez. La seule régularité pour les devoirs généraux, et sa retenue à l'égard du mal, décideront suffisamment pour l'édification nécessaire.

« 3° Il doit, si je ne me trompe, s'accommoder à l'inclination de Monseigneur, pour les choses qu'il peut faire sans pécher. Si les spectacles étaient tels en eux-mêmes que personne ne pût jamais y assister sans offenser Dieu, il ne faudrait jamais y aller, non plus au carnaval que pendant le carême ou la semaine sainte. Il est vrai que ce prince se propose de n'y aller pas au moins pendant les temps consacrés à la pénitence et à la prière ; mais la complaisance bien placée est une admirable vertu, et si elle sort quelquefois de la lettre de la règle, c'est pour en mieux suivre l'esprit. N'aller point aux spectacles de son propre mouvement pendant le carême, et y aller en même temps pour plaire à Monseigneur quand il le propose, c'est le parti qui me semble le plus à propos. »

Dans son ardeur pour le bien du jeune prince, Fénelon va jusqu'à lui faire des représentations sur l'éclat qu'il donnait à sa passion pour sa femme, la jeune princesse de Savoie, qui tournait toutes les têtes à la cour. Le duc de Bourgogne avait pour sa femme une véritable idolâtrie, et témoignait si publiquement ses sentiments qu'il en devenait parfois ridicule aux yeux des courtisans, qui ne l'épargnaient pas. On en riait ; la princesse passait pour dominer tout à fait son mari, et s'amusait toute la première à le plaisanter sur ce sujet. Fénelon ne craignit pas de conseiller au duc de Bourgogne de se modérer et de ne pas mettre ainsi le public dans ses confidences ; mais sur ce point il ne gagna rien, et bien des années après il écrivait encore des remontrances sur ce sujet au duc de Beauvilliers.

Telles étaient les instructions que l'archevêque de Cambrai faisait passer à son ancien élève. Il se crut alors bien près d'avoir réussi à en faire un homme accompli. On vantait partout les vertus du jeune prince et son ardeur à s'instruire. Fénelon espéra sans doute que le temps à lui seul achèverait l'œuvre commencée et donnerait au duc de Bourgogne cette assurance et cette confiance en lui-même qui lui manquait. Mais le temps passé à la cour dans une demi-oisiveté n'est guère propre à fortifier l'énergie morale d'un jeune homme défiant et timide. Pendant cinq ans le prince eut à subir cette épreuve, et s'il sut avec une rare persévérance rester fidèle à ses résolutions d'être homme de bien et d'honneur, il n'eut aucune occasion de se montrer à son avantage et de secouer la réserve un peu triste que faisait naître en lui une vie comprimée par l'étiquette. Nous le retrouverons alors tel que nous le laissons aujourd'hui. Il fallut deux choses, la calomnie d'une part et le sentiment d'une responsabilité prochaine de l'autre, pour réussir à secouer chez lui cette espèce de torpeur et le faire pour ainsi dire sortir de lui-même.

Pendant ces cinq années, il est à croire que la correspondance entre Fénelon et le duc de Bourgogne continua comme auparavant. Aucune lettre ne nous a été conservée sur cette période si triste pour la France. Les lettres au duc de Beauvilliers font également défaut. Le public, à qui elles étaient cachées avec soin, soupçonnait cependant quelque chose des touchantes relations du prince et de Fénelon, et il entourait d'un égal respect, et le jeune prince qui avait su rester fidèle aux leçons de son enfance, et le conseiller disgracié qui supportait si noblement sa disgrâce. Pour nous, à qui le secret de cette intimité a été révélé, nous contredira-t-on si nous disons que les noms du duc de Bourgogne et de Fénelon éclairent comme d'un dernier rayon d'une gloire douce et tempérée, les jours si sombres de la fin du grand siècle?

Le lecteur qui aura bien voulu nous suivre dans notre analyse de la correspondance de Fénelon pendant les premières années de sa disgrâce, peut maintenant se rendre facilement compte de ce que nous appellerons, peut-être à tort, mais aucune autre expression ne rendrait aussi bien notre pensée, la vie intérieure de Fénelon et les mille liens qui le rattachaient au monde. Fénelon n'était, on a pu le voir, ni oisif, ni découragé. Il se prodigue dans tous les sens, donnant à tous tout ce qu'il peut donner, multipliant à ses amis les conseils de direction toujours exprimés dans le langage le plus délicat, mais aussi souvent avec une vigueur, une force dans l'expression, dont ordinairement on attribue à Bossuet seul le secret. Comme il y joint sans cesse des avis politiques sur les événements du jour et la conduite à tenir, sa correspondance forme un des tableaux les plus animés et les plus vrais d'une société qui allait bientôt disparaître, mais qui survivait encore par quelques côtés.

La petite compagnie, comme on eût dit alors, des deux ducs de Beauvilliers et de Chevreuse, de leurs femmes et de quelques amis, est encore toute du dix-septième siècle par le sérieux de la vie et la profondeur des convictions ; mais elle a déjà quelque chose de désabusé, de désenchanté sur le gouvernement politique du pays, d'inquiétude vague sur l'avenir qui est le propre d'une époque de transition. Le dix-huitième siècle arrive, il germe déjà jusque dans cette réunion de gens religieux et même dévots; ce ne sont plus seulement le récit des efforts pour faire le bien ou arriver à la perfection chrétienne, ce sont les idées générales, les rêves d'amélioration, de bien public, de bonheur universel, qui arrivent fréquemment sous leur plume ; on attend tout de l'avenir parce qu'on souffre du présent. A chaque page on sent le changement des temps, et la joie débordante de madame de Sévigné racontant les triomphes du grand roi et les magnificences de sa cour est déjà bien loin. D'un jour à l'autre, le vieux monarque peut mourir, et tout changera de face : Fénelon le sait bien, et dans le silence de Cambrai, il est attentif au moindre bruit du dehors ; il est au courant de tout, sauf des anecdotes du jour, car il n'y a, comme nous l'avons dit, dans ces longues lettres venant du centre des nouvelles, pas une seule anecdote, pas une histoire scandaleuse, rien, absolument rien sur cette vie journalière de Versailles, que les correspondants voyaient chaque jour se dérouler sous leurs yeux. Ils ne sont occupés que de trois choses : avancer dans la perfection religieuse, être utiles s'ils le peuvent à l'Église et à l'État, enfin diriger dans la bonne voie le duc de Bourgogne afin d'en faire un prince digne de ce nom. N'y a-t-il pas là une remarquable originalité? Nous ne croyons pas que cette correspondance, quel que soit le jugement que l'on en porte, ait jamais eu rien de semblable, et le Fénelon qui apparaît dans ce cadre n'est-il pas tout autre que ce personnage de convention qu'on nous présente d'ordinaire? Quelle différence entre cet esprit si vivant, si animé, et cet archevêque de Cambrai dont on se plaît à ne vanter jamais que la grâce et la douceur, tout en l'accusant invariablement de chimère en dévotion comme en politique!

CHAPITRE III

OEuvres et administration épiscopale. — Première polémique contre les jansénistes. — Activité littéraire. — Situation de Fénelon dans son diocèse et en France.

Confiné dans son diocèse de Cambrai, Fénelon ne se bornait pas cependant à entretenir une active correspondance avec ses amis de Versailles. Avant tout, il devait être évêque et veiller avec soin sur le troupeau confié à sa garde. C'était là le premier de ses devoirs, et ce fut aussi la plus constante de ses préoccupations. Dès l'origine, il n'avait, comme nous l'avons dit, accepté la haute dignité ecclésiastique dont il était revêtu que sous la condition formelle de pouvoir résider neuf mois de l'année dans son diocèse. Maintenant qu'il n'en pouvait plus sortir, l'exercice de ses fonctions devint, comme il le dit lui-même, sa plus grande consolation. Il nous faut entrer ici dans quelques détails et montrer Fénelon administrateur. Cette partie de sa vie est, par sa nature même, la moins connue, et elle a presque entièrement échappé à la postérité. Les lettres qui nous ont été conservées sur les affaires de sa juridiction épiscopale viennent en partie combler cette lacune. Nous nous efforcerons d'être brefs sur cette matière, car, une fois passées, de telles affaires n'offrent plus qu'un intérêt d'érudition; mais elles nous feront connaître le caractère de Fénelon d'une façon plus intime. Nous verrons comment il savait être supérieur et exercer l'autorité, épreuve décisive pour les hommes même doués du plus grand esprit. On peut être un écrivain de génie, avoir les plus grandes vertus comme les plus grands talents, et ignorer complétement cet art de commander et de gouverner qui est, a-t-on dit, le premier de tous. Ce n'est pas, suivant nous, une des moindres originalités qu'offre la vie de Fénelon, que l'activité intelligente, l'habileté persévérante et le soin minutieux avec lesquels il gouverna son diocèse.

Peu de temps après son arrivée à Cambrai, Fénelon écrit à M. de Beauvilliers[1] : « Je travaille ici doucement, et je ménage les esprits pour me mettre à portée de leur être utile; ils m'aiment assez parce qu'ils me trouvent sans hauteur, tranquille et d'une conduite uniforme; ils ne m'ont trouvé ni rigoureux, ni intéressé, ni artificieux; ils se fient assez à moi, et nos bons Flamands, tout grossiers qu'ils paraissent, sont plus fins que je ne veux l'être. » Fénelon savait bien, en effet, que sa situation était loin d'être aisée : il était, comme nous l'avons fait remarquer, le premier évêque français nommé par Louis XIV dans cette contrée, et les Flamands ne reçurent d'abord qu'avec une extrême défiance cet homme qui leur venait d'un pays encore étranger pour eux, qui ne parlait pas leur langue et qui, ils le croyaient du moins, devait les tenir en médiocre estime.

Il fallait aussi se concilier les sympathies de la partie de la Flandre restée à l'Espagne, tout en travaillant à rendre l'autre plus française. De plus, le voisinage du Hainaut, où il y avait une foule de jansénistes et de protestants, avait exercé une fâcheuse influence sur les habitants de ces contrées, et l'on y comptait plus d'un partisan des nouvelles doctrines jusque dans le clergé. Enfin, à peine Fénelon avait-il entrepris cette tâche laborieuse, que la condamnation du *Livre des Maximes* vint mettre son autorité en ques-

---

[1] *Lettres et opuscules inédits*, p. 8.

tion et ajouter encore à ces difficultés déjà si grandes que nous venons de signaler. Il lui fallut donc déployer des prodiges d'habileté, de doûceur et de fermeté pour venir à bout de tant d'éléments divers et les fondre en une véritable unité. Mais c'était une de ces natures que les difficultés excitent au lieu de les accabler : bien loin de perdre courage, il se mit à l'œuvre avec ardeur, et déploya pour arriver au but tous les dons de son esprit.

Convaincu de la nécessité d'agir avec prudence et sans précipitation, il résolut de ramener les esprits par une conduite uniforme et douce. Il laissa chacun tranquillement à sa place, prescrivit aux prêtres qu'il avait amenés avec lui les plus grands ménagements pour l'amour-propre des Flamands ; il les réprimanda même une fois sévèrement, parce qu'ils avaient voulu forcer, tout d'un coup, les enfants à réciter le catéchisme en français. Il n'écarta de l'évêché aucun des anciens conseillers de son prédécesseur, et eut soin de choisir toujours un de ses vicaires généraux dans le clergé du diocèse. Il ne décidait aucune affaire sans avoir pris l'avis de son conseil, où les membres du chapitre de Cambrai étaient admis. Il réussit ainsi bien vite à dissiper les préjugés des bons Flamands contre un archevêque né en Périgord, et qui arrivait en droite ligne de Versailles. On oublia bientôt qu'il n'était pas originaire de la Flandre, en le voyant si peu enclin à mépriser les habitants du pays, et si décidé à leur rendre justice. Après les personnes qu'il sut bien vite se concilier, restaient les doctrines qu'il fallait purifier de tout levain de jansénisme ou de protestantisme, et la chose était moins aisée, car il ne fallait tolérer aucune erreur, sans cependant aller plus loin que l'Église elle-même, sans vouloir obliger les fidèles à accepter comme obligatoires de simples opinions théologiques. Fénelon expose lui-même la conduite qu'il tint sur ces délicates matières, dans une réponse à son supérieur d'ordre religieux qui lui demandait conseil au sujet du jansénisme. Nous aimons toujours à le laisser parler[1] : « Vous connaissez mes sentiments, Monsieur, je n'aime que la douceur, et je voudrais n'employer que des moyens de persuasion. Les supérieurs doivent ménager les personnes, leur éclaircir à fond la doctrine et supporter patiemment ceux qui leur paraissent avoir quelque infirmité dans la foi; mais ils ne peuvent jamais rien relâcher sur les dogmes décidés, ni souffrir qu'on élude les décisions en les réduisant à des sens qui n'ont rien de sérieux. Les inférieurs doivent être doux et humbles de cœur, simples, dociles, en garde contre leurs préventions, éloignés de toute partialité et de toute intrigue, incapables de se moquer, de dire des injures et de décider avec hauteur, disposés à sacrifier leur honneur personnel pour la paix de l'Église; enfin toujours prêts à se taire et à obéir; avec un tel esprit, les disputes qui scandalisent tout le monde tomberaient bientôt. » Plus fidèle que personne à suivre la ligne de conduite qu'il traçait d'une main si ferme, Fénelon en recueillit le fruit lors de la condamnation de son livre qui n'ébranla pas son autorité, parce qu'il n'avait jamais songé à imposer à personne ses opinions personnelles[2]. « C'est une tyrannie sur les esprits, écrivait-il à M. de Sacy, que de vouloir les réduire à notre sens dans les choses qui ne sont décidées ni par l'Église ni par le consentement unanime de toutes les personnes sages. » C'est encore dans le même esprit de prudence et de fermeté qu'il écrit au supérieur d'une maison d'oratoriens fixée dans son diocèse[3] : « Vous me demandez ce que je veux que vous enseigniez à vos étudiants. Permettez-moi de vous répondre que je ne veux rien et que je laisse à chacun toute l'étendue de liberté d'opinion que l'Église laisse à ses enfants. Et qui suis-je pour vouloir aller plus

---

[1] *Corr. gén.*, III, 8.
[2] *Corr. gén.*, III, 11.
[3] *Corr. gén.*, V, 238.

loin qu'elle? Je me borne à demander en son nom qu'on n'enseigne plus rien contre le concile de Trente et contre les cinq constitutions contre le jansénisme. » Ce singulier mélange d'autorité et de modération, que si peu d'esprits savent acquérir ou conserver, eut bientôt mis fin aux controverses dans son diocèse, et par ce seul fait porté un coup mortel au jansénisme, qui ne vivait que de controverse. En ne souffrant jamais qu'on éludât les décisions de l'Église, sans rien demander de plus, il fermait la porte à toutes les équivoques dont le parti vivait. Il voyait aussi avec regret les rigueurs dont on poursuivait les protestants [1] : « Le bruit public de ce pays, écrit-il au duc de Beauvilliers, est que le conseil sur les affaires des huguenots, où vous entrez, ne prend que des partis de rigueur; ce n'est pas là le vrai esprit de l'Évangile. L'œuvre de Dieu sur les cœurs ne se fait point par violence : je suppose que s'il y a de la rigueur, elle ne vient pas de vous, et que vous ne pouvez la modérer. » Dans la partie du Hainaut qui dépendait du diocèse de Cambrai, se trouvaient un certain nombre de paysans protestants qui allaient remplir leurs devoirs religieux à l'église catholique, poussés par la crainte d'être poursuivis, puis passaient la frontière et y célébraient le culte protestant avec leurs anciens coreligionnaires. Fénelon résolut de mettre un terme à ce scandale permanent qui n'engendrait que du mal pour l'Église et les fidèles. Il fit venir un ministre, nommé Prunier, lui dit d'aller trouver ces familles, de prendre leurs noms, de lui en apporter la liste, lui promettant qu'avant six mois, il leur aurait obtenu des passe-ports. Il tint parole et réussit à éteindre un scandale qui ébranlait la foi chez les populations témoins de ces perpétuels sacriléges, tandis qu'il procurait à ces pauvres gens le seul soulagement possible, et ce n'était pas alors chose facile d'obtenir, pour des religionnaires, la permission de sortir de France.

[1] *Lettres et opuscules inédits*, p. 13.

Une pareille mesure, dans ses rapports avec les hommes, rare en tout temps, plus rare encore alors que les passions religieuses étaient excitées par de si ardentes controverses, ne tarda pas à rétablir la paix dans les consciences. Aussi Fénelon, arrivé dans un diocèse tout rempli de nouvelles doctrines, fut peut-être de tous les évêques de France celui qui sut le mieux les combattre, les réduire à l'impuissance, et n'eut jamais aucune difficulté personnelle avec les jansénistes ni avec les protestants. Le bruit de ces heureux succès vint même jusqu'à la cour, et Saint-Simon en parle dans ses *Mémoires;* toujours rempli d'une déplaisance invincible contre Fénelon, il attribue cette douceur au calcul le plus intéressé, ne s'apercevant pas qu'il prête à cet habile homme un fort mauvais calcul, car la modération ne fait en général le compte ni des violents ni des timides. Voici le passage que nous citons, sans essayer de justifier Fénelon de la perfide accusation qu'il contient, et que sa vie tout entière dément[1] : « Parmi ces combats de plume, Fénelon, uniforme dans la douceur de sa conduite et dans sa passion de se faire aimer, se garda bien de s'engager dans une guerre d'action. Les Pays-Bas fourmillaient de jansénistes ou de gens réputés tels. En particulier, son diocèse et Cambrai même en étaient pleins. L'un et l'autre leur furent des lieux constants d'asile et de paix. Heureux et contents d'y trouver du repos sous un ennemi de plume, ils ne s'émurent de rien à l'égard de leur archevêque, qui, bien que si contraire à leur doctrine, leur laissait toute sorte de tranquillité. Ils se reposaient sur d'autres de leur défense dogmatique, et ne donnèrent point d'atteinte à l'amour général que tous portaient à Fénelon. Par une conduite si déliée, il ne perdit rien du mérite d'un prélat doux et pacifique, ni des espérances d'un évêque dont l'Église devait tout se

---

[1] Saint-Simon, éd. Chéruel, IX, 291.

promettre, et dont l'intérêt était de tout faire pour lui. » Cet heureux résultat, que Saint-Simon enregistre avec une mauvaise humeur si visible, ne fut pas passager; grâce à sa salutaire influence, qui mit fin aux querelles religieuses dans ces contrées, les peuples conservèrent autour de Cambrai un attachement sincère et profond à la religion catholique, attachement que la Révolution même ne put ébranler et qui dure encore.

Si Fénelon trouva de grandes difficultés dans la défense de l'orthodoxie, le gouvernement des fidèles ne lui en offrit pas de moins grandes. Le pays suivait encore en tout les mœurs et les coutumes étrangères à la France, et dont quelques-unes constituaient de véritables abus. Grand est toujours, en pareils cas, l'embarras de celui qui veut réformer. Car comment ôter brusquement aux populations leurs usages traditionnels, sans risquer d'ébranler leur foi? Fénelon, né dans le midi de la France, élevé dans un des séminaires les plus orthodoxes et les plus fervents du siècle, eût pu facilement blesser les susceptibilités nationales des Flamands, en voulant supprimer d'un coup ce qui lui semblait peu conforme à l'esprit de l'Église. Mais il comprit bien vite qu'il s'attirerait ainsi une opposition violente, et qu'en voulant ramener sans ménagement, brusquement, son diocèse aux usages de l'Église de France, il ne réussirait qu'à les en éloigner. Aussi se garda-t-il avec soin de donner des instructions trop absolues aux membres de son clergé, mais il leur traça une double règle : d'abord de rejeter tout ce qui ne pourrait être un objet et moyen d'édification, tout ce qui conduirait évidemment à des pratiques superstitieuses; puis de conserver, au contraire, avec soin ce qui, n'étant contraire ni à la foi ni aux mœurs, pouvait exciter les peuples à des sentiments plus chrétiens, et leur faire mener une vie plus conforme aux enseignements de la foi. Il recommandait, en même temps, de **ménager avec le plus grand soin** l'esprit du peuple, dont il fallait détruire les préventions et les habitudes, non par la force, mais par la douceur. Fénelon écrivait à ce sujet ces belles paroles, tout empreintes de la gravité chrétienne qu'il possédait à un si haut degré, dans le rituel qu'il fit rédiger pour le diocèse de Cambrai : « Qu'aucun ne s'écarte dans une matière aussi importante de cette maxime sublime de saint Augustin : « Il ne faut pas, à « mon sens, chercher à extirper les abus avec âpreté, dureté, « ou des formes impérieuses, mais plutôt par l'instruction que « par des ordres, par le conseil que par des menaces. » C'est ainsi qu'il faut se conduire avec la multitude. Ce n'est que dans les délits particuliers que l'on doit exercer de la sévérité. S'il faut user de menaces, que ce ne soit qu'à regret, en s'appuyant sur l'Écriture Sainte, pour menacer de la rétribution future, afin que ce ne soit nous, ni notre puissance qui soit redoutée, mais Dieu qui parle par notre bouche. C'est ainsi que les personnes pieuses, ou celles qui sont sur le chemin de le devenir, seront averties, et leur autorité, jointe à leurs remontrances aussi douces que pressantes, viendront à bout de la résistance de la multitude. »

Voici un exemple de la fidélité que l'archevêque mit à suivre ces règles si sagement posées. Cette lettre, qui a trait à un fait purement local, nous montrera un Fénelon administrateur qui est peu connu [1] :

« A Cambrai, le 10 juillet 1702.

« Je vous prie, Monsieur, de prendre la peine de travailler à l'accommodement du pasteur de Jumont avec ses paroissiens. Il s'agit d'une procession que le pasteur n'a pas voulu faire, en y admettant des irrévérences que le peuple vouloit y introduire, et que le peuple a fait tout seul, sans le pasteur et malgré lui. Ce que le peuple vouloit introduire dans la

---

[1] *Corr. gén.*, V, 143.

procession, c'est qu'il vouloit battre le tambour, porter des drapeaux et tenir des flèches en main. A la vérité, il seroit mieux qu'on ne fît point cette innovation, qui peut se tourner en abus et irrévérence ; mais ce n'est pourtant pas une indécence contre le culte divin, qui mérite un procès entre le pasteur et le troupeau. Je n'ai garde de vouloir décréditer un si bon pasteur, ni de le laisser exposé aux caprices d'un peuple entêté ; mais vous ne sauriez lui représenter trop fortement combien ces bagatelles ruineroient tout le bien qu'il peut faire dans les matières les plus capitales. Il n'aura jamais ni autorité, ni confiance des peuples, ni paix dans ses fonctions, ni fruit de son travail, s'il ne ménage les peuples sur de pareilles choses. »

Lorsque les circonstances l'exigeaient cependant, la fermeté de l'évêque pour faire observer la discipline dans toute sa rigueur n'était pas moindre que les ménagements dont il croyait devoir user envers les personnes. Voici encore à ce sujet une lettre écrite pour retirer la parole à un prédicateur imprudent [1] :

« A Cambrai, 20 mars.....

« Je vous prie, mon Révérend Père, d'aller voir au plus tôt, de ma part, le gardien des Pères Capucins et le prédicateur de l'église des dames chanoinesses, et de leur dire que le zèle du prédicateur est allé trop loin ; que je ne saurois l'excuser, nonobstant l'amitié cordiale que j'ai pour leur ordre, et la persuasion où je suis des intentions pieuses de ce bon Père ; qu'enfin il est juste d'apaiser M. l'intendant, qui a l'autorité du Roi, et qui est respectable en toute manière ; qu'ainsi ce religieux doit s'abstenir de prêcher à Maubeuge, et doit s'en retirer. Je ne laisserai pas de lui donner partout ailleurs, dans ce diocèse, des marques d'estime, pour adou-

---

[1] *Corr. gén.*, V, 146.

cir ce qui lui est arrivé. S'il hésitoit à suivre ce que vous lui direz de ma part, il s'attireroit des ordres fâcheux de la cour, qui retomberoient sur le corps des Capucins. De plus, je ne pourrois m'empêcher de révoquer ses pouvoirs. Si, au contraire, il montre en cette occasion la douceur et l'humilité convenable à sa profession, pour réparer cet excès de zèle, il édifiera tout le monde; il apaisera M. l'intendant; peut-être qu'il l'engagera même à le laisser dans ces fonctions, et il me montrera combien il est digne enfant de Saint-François. Je vous prie de lui lire, et au Père gardien, toute cette lettre. Je vous prie aussi d'aller voir de ma part madame de Maubeuge, pour la supplier de terminer doucement cette affaire, si elle le peut, et de n'être pas surprise que, par considération pour M. l'intendant, je souhaite qu'il y ait un autre prédicateur dans l'église des dames. »

Dans une autre occasion, il dut avoir recours au bras séculier pour faire cesser un scandale; la lettre par laquelle il réclame l'appui des gens du Roi est curieuse, et elle est écrite avec une dignité simple qui relève jusqu'aux plus petits détails [1]. Il s'agit d'un chanoine dont la vie n'était pas régulière :

« Nous avons employé inutilement toutes les voies de douceur. Ce chanoine a trouvé de la protection chez les ennemis, et il compte que nous ne pourrons point procéder contre lui, par l'embarras où nous serons pour informer dans le pays de la domination ennemie. M. l'archevêque de Malines m'a néanmoins envoyé une information secrète qui charge beaucoup le chanoine; mais j'entrevois que ce prélat ne veut point entreprendre une information publique dont nous aurions besoin. Cependant, Monsieur, il est très-important, pour l'honneur de la religion, que ce scandale soit promptement réprimé. C'est dans une extrémité si embar-

---

[1] *Corr. gén.*, V, 186.

rassante, que je prends la liberté de vous supplier de nous procurer la protection du Roi. Cette affaire sera bientôt finie, et l'accusé rentrera d'abord par crainte dans son devoir, pourvu que vous me fassiez l'honneur de m'écrire une lettre que je puisse lui montrer, et où vous me fassiez espérer de la part de Sa Majesté qu'elle donnera les ordres nécessaires pour renfermer ce chanoine, quand M. le chevalier de Luxembourg, lieutenant général de cette province, et M. de Bernières, qui en est intendant, conviendront avec le chapitre et avec moi que ce remède est nécessaire dans un si grand mal. Vous voyez bien, Monsieur, par les tempéraments que je propose, combien je suis éloigné de vouloir être cru tout seul. »

L'autorité que Fénelon savait si bien faire respecter dans l'intérieur de son diocèse, il n'était pas moins vigilant à la défendre dans les affaires de sa juridiction métropolitaine qui le mettaient en rapport avec ses suffragants. Ainsi l'un d'eux, l'évêque de Saint-Omer, se plaignit par l'entremise d'un de ses confrères de ce que l'archevêque de Cambrai eût reçu l'appel d'un ecclésiastique qu'il avait condamné. L'évêque de Saint-Omer avait été l'adversaire acharné de Fénelon dans l'affaire des *Maximes*, il l'avait même publiquement offensé dans l'assemblée métropolitaine qui avait reçu le bref du Pape contre le livre condamnant. Se fondant sur cette ancienne affaire, il avait fait insinuer à Fénelon que leur dissentiment ferait grand bruit et pourrait lui nuire à la cour. A ces insinuations blessantes, Fénelon répond fièrement[1] : « A l'égard du Roi dont vous me parlez, personne ne surpassera jamais mon zèle, mon respect, ma soumission et ma reconnaissance ; mais permettez-moi de vous dire, Monseigneur, que c'est Dieu et non pas le Roi qu'il faut mettre devant les yeux des évêques lorsqu'il s'agit des choses pure-

---

[1] *Corr. gén.*, V, 259.

ment spirituelles. Je serais bien malheureux et bien indigne de mon ministère si ma conscience ne suffisait pas pour me déterminer à mes fonctions dans une matière si grave et si on avait besoin de me presser par des réflexions de politique mondaine. » Et après avoir exposé les motifs qui l'avaient déterminé à la décision qu'on incriminait, il finissait par ces mots : « Je serai fort aise toutes les fois que les évêques de notre province voudront s'unir avec moi, leur métropolitain, et agir de concert dans les choses communes de discipline. Ils ne me trouveront jamais, s'il plaît à Dieu, ni relâché, ni politique. Je crois même qu'aucun métropolitain ne pousse plus loin que moi le respect, les égards et les ménagements pour ses comprovinciaux; mais je n'achèterai jamais cette correspndance par des condescendances qui violent les lois de l'Église et qui dégradent le tribunal métropolitain. »

Ainsi attentif à ne rien négliger de tout ce qui dépendait de son administration épiscopale, est-il besoin d'ajouter que le prélat s'occupait avec un soin plus constant peut-être encore du sort des populations dont il avait le gouvernement spirituel? Aucun besoin, aucune misère ne le trouvait indifférent, et nous verrons plus tard ce que furent son dévouement et sa charité pour ces provinces lorsque la guerre vint les ruiner. Durant les premières années de son épiscopat, alors qu'elles ne souffraient encore que de la gêne et des embarras pécuniaires communs à toute la France, Fénelon s'efforça de faire régner dans toutes les possessions dépendant de son archevêché un ordre parfait et la plus vigilante économie. Il était en rapport constant avec l'intendant de Hainaut, M. de Bernières, et l'aidait à établir et à lever équitablement l'impôt de la capitation, nouvellement établi, qui troublait et effrayait les populations. Il s'efforçait de faire lever les entraves qui gênaient la libre circulation des blés et rendait parfois difficile l'approvisionnement de cette contrée. Ainsi il écrit à ce sujet à l'intendant au mois d'août 1702[1] : « Souffrez, s'il vous plaît, Monsieur, que je vous importune en faveur de quelques habitants de notre terre de Solesmes dont on a arrêté les chevaux qui portaient du blé à Namur. Je n'ai garde de vouloir raisonner sur aucune des choses qui ont rapport à l'exécution des ordres du Roi, et je souhaite la punition de tous ceux qui les éludent par quelque fraude ; mais je prendrai la liberté, Monsieur, de vous dire en général que le commerce de blé, qui est la seule ressource de ce pays, ne saurait être trop libre ; que les moindres sujétions le troublent et l'arrêtent tant il languit, que c'est épuiser les sources d'argent pour le Roi que d'empêcher la vente des grains de ceux qui doivent les payer. Il me semble voir très-clairement que le pays ne saurait continuer à bien payer ses charges, si on ne facilite le débit de ses denrées. Tout s'appauvrit à vue d'œil, et ce pays qu'on crut si riche sera bientôt plus pauvre que les provinces du cœur du royaume. Je ne parle si librement que par zèle, et à vous seul, Monsieur, en grand secret. » Mais en 1703, les choses n'ayant fait qu'empirer, la disette menaça la province, et surtout les environs de Cambrai ; Fénelon rendit alors un arrêté pour ordonner aux cultivateurs de la châtellenie de Câteau-Cambrésis, dont il était seigneur, d'apporter leurs grains aux marchés du pays, et les autorisa à faire leurs payements en nature. Cette ordonnance, qui est tout à fait conforme aux principes économiques de l'époque, et que la rareté des communications et la difficulté des transports rendaient efficace, lorsqu'on n'en exagérait pas l'application, fut exécutée sans opposition, et soulagea beaucoup la misère des campagnes.

Tel était Fénelon dans l'accomplissement des devoirs de sa charge, mais son zèle n'était pas satisfait par ce complet dévouement. Juge de la foi comme évêque, faisant partie du

---

[1] *Lettres et opuscules inédits*, p. 178.

corps enseignant de l'Église, il se croyait obligé de défendre la vérité par sa plume comme par ses actes. Ce n'était pas assez pour lui de dépenser tous ses revenus en aumônes, de travailler à faire disparaître toute trace de jansénisme dans son troupeau, il eût cru manquer à son devoir s'il n'avait pas pris sa part des controverses sans cesse renaissantes qui occupaient les esprits sur ces délicates questions. Le rôle qu'il a joué dans cette ardente polémique du jansénisme lui ayant été souvent reproché, quelques mots seront ici nécessaires pour bien expliquer sa conduite.

Élève de Saint-Sulpice, où l'enseignement de M. de Bérulle et de M. Ollier était dans toute sa force, Fénelon en était sorti fort bon théologien et très-pieux, mais aussi peu enclin à adopter les principes gallicans de la Sorbonne, principes qui s'étaient singulièrement développés depuis que le pouvoir royal dominait tout en France et ne voulait pas même laisser l'Église en dehors de cette domination. Il était de cœur et d'esprit ce qu'on a appelé de nos jours un ultramontain, c'est-à-dire qu'il était exactement le contraire d'un janséniste. Sans entrer dans les discussions si subtiles sur la grâce, Fénelon soutenait surtout la nécessité dogmatique de se soumettre à l'Église représentée par son chef. Il allait même plus loin, et avec une sûreté de coup d'œil rare que l'avenir devait justifier, il croyait à l'infaillibilité du Pape, bien qu'il ne mît jamais cette conviction en avant afin de ne pas soulever des contestations peu opportunes. Il rédigea même sur ces matières un véritable traité théologique qui resta alors manuscrit, mais que l'on a imprimé de nos jours. Personne n'était donc moins porté vers le jansénisme que l'archevêque de Cambrai. Aussi, dès le début de son épiscopat, se déclara-t-il ouvertement l'adversaire des nouvelles doctrines. Il n'y a donc aucun fondement réel à l'accusation que Saint-Simon porte contre lui lorsqu'il l'accuse d'avoir voulu, par cette hostilité déclarée, faire oublier la condamnation de son livre. L'illustre écrivain affirme cependant que dans sa jeunesse l'abbé de Fénelon avait eu d'intimes relations avec les jansénistes, et qu'il ne les abandonna pour se tourner du côté des Jésuites et de Saint-Sulpice, que le jour où il les vit poursuivis par l'autorité du Roi et privés de tout crédit. Cette assertion n'est pas plus fondée que beaucoup d'autres que Saint-Simon a avancées avec la même assurance. Pour la détruire, il suffit de rappeler qu'élève chéri des sulpiciens, associé aux Jésuites dans les missions de Saintonge, ouvertement protégé par M. de Beauvilliers, ennemi déclaré des jansénistes, l'abbé de Fénelon parut à la cour à une heure où les jansénistes n'avaient déjà plus nul crédit et étaient tenus en suspicion par le Roi aussi bien que par le Pape.

Que Fénelon ait eu alors des rapports de société avec quelques personnes amies de ce parti, le fait n'a rien de surprenant, d'autant plus que le duc de Chevreuse avait été lui-même quelque temps janséniste par tradition de famille. Mais rien ne permet de conclure de là que le directeur de madame de Gramont, qui l'exhorte si vivement à rompre ses relation à Port-Royal, eut, en le faisant, déserté une cause qui ne pouvait plus lui être utile. Lors de la querelle du quiétisme, les jansénistes furent ardents à le poursuivre, sans cependant l'accuser jamais d'avoir professé d'autres opinions. L'accusation de Saint-Simon n'a donc aucune vraisemblance; si le jeune abbé de Fénelon eût penché un moment vers le jansénisme, c'eût été à Saint-Sulpice et aux jésuites à se plaindre, et ils n'eussent pas manqué de le faire.

On lui a fait encore à ce sujet un autre genre de reproche : quelques-uns trouvèrent qu'une part active prise dans une querelle de doctrine ne convenait guère à un évêque dont le livre venait d'être censuré, et l'on a parfois insinué que cette ardeur prenait sa source dans le désir de regagner la faveur royale. Au risque de paraître partial pour celui dont nous racontons les dernières années, nous dirons tout de suite que ce reproche ne nous paraît nullement fondé. Et d'abord il s'était ouvertement déclaré leur adversaire, comme nous l'avons déjà fait remarquer, bien avant l'affaire du *Livre des Maximes;* le sort de son ouvrage n'était pas une raison pour changer de parti. Venant de donner lui-même, au prix de bien des amertumes, un exemple public de soumission, il ne pouvait s'associer, fût-ce par le silence, à des hommes qui, reconnaissant en apparence la souveraine autorité de l'Église, s'efforçaient toujours d'en éluder les décisions. Quant à l'idée de regagner par là la faveur royale, elle ne put pas seulement traverser son esprit, il se savait perdu sans retour dans l'esprit du Roi, qui ne revenait jamais sur une décision prise. Cette conduite si nette ne pouvait donc plus lui être de la moindre utilité. Au contraire, elle lui aliénait à jamais la faveur du parti janséniste, qui, charmé de voir un homme de ce mérite en lutte contre le Roi et condamné à Rome, n'eût rien tant désiré que de l'attirer à lui. Le lendemain de la condamnation de Fénelon, le Père Gerberon, un des chefs du jansénisme, lui écrivit une longue lettre, lui offrant de le défendre, lui et sa doctrine, et de ressusciter la discussion. Fénelon écarta l'offre, et ne voulut à aucun prix recommencer une lutte que venait de terminer une décision souveraine. C'était se faire un ennemi déclaré du parti janséniste qui ne ménageait guère ses adversaires. C'était aussi s'aliéner la faveur de tous ceux qui cachaient sous le masque du jansénisme une opposition politique au gouvernement de Louis XIV, passer pour être l'instrument des Jésuites, et sacrifier, au moins en partie, cette faveur à peu près générale que lui avait conquise son admirable conduite pendant son procès. Sans hésiter un moment, Fénelon resta fidèle à ses convictions et à la vérité.

En se rangeant, ne fût-ce qu'à moitié, du côté janséniste, Fénelon eût donné à ce parti un poids, une autorité, un lustre qu'il n'eut jamais : une âme moins haute eût pu trouver un secret plaisir à se venger ainsi indirectement par les embarras qu'il aurait causés, de l'ardeur que le Roi avait mise à le faire condamner, et en même temps faire regretter à la cour de Rome, en augmentant encore ses difficultés déjà si grandes, l'humiliation qu'elle lui avait imposée. Tout au contraire, sans avoir seulement laissé naître en lui une telle pensée, Fénelon n'hésita pas à se porter, fût-ce à ses dépens, défenseur de cette même autorité qui venait de le frapper. Il y a là, si nous ne nous trompons, quelque chose de plus honorable encore que sa soumission. Car obéir et se taire, c'est beaucoup; mais venir défendre, avec tout l'éclat de son talent, ceux-là même qui ont dû vous condamner, c'est faire plus, c'est rendre à la vérité le plus éclatant des hommages.

Quant au reproche d'avoir manqué à la réserve que lui imposait la récente condamnation de son livre, il ne nous paraît pas mieux fondé : parce que l'ardeur de son âme et la ténacité de son caractère l'avaient entraîné trop loin dans une lutte théologique subtile où les torts avaient été au moins partagés, était-ce une raison de se désintéresser des périls que courait alors la véritable orthodoxie? Et cette voix que l'autorité de l'épreuve noblement supportée devait rendre plus persuasive encore, était-elle condamnée au silence? Parce que Fénelon avait péché par excès d'amour de Dieu, comme le Pape l'avait dit en le condamnant, lui était-il interdit de prouver la sincérité de cet amour par son zèle à défendre la vérité? Non, cette réserve prétendue, qui n'eût été au fond que le plus mesquin calcul d'égoïsme, elle ne lui était imposée qu'à l'égard de la personne même de ses anciens adversaires, et nous verrons qu'il y fut fidèle jusqu'à l'excès. Mais nul n'avait le droit de lui interdire de consacrer à la défense de l'Église ces admirables facultés dont il venait de montrer au monde la variété et l'étendue. Il ne le fit, du reste, comme il nous le dira lui-même plus loin, qu'avec la plus extrême prudence et parce qu'il croyait sa conscience engagée à se compromettre personnellement pour la défense de la vérité.

Fénelon fut donc l'adversaire ardent et déclaré des jansénistes; mais s'il mit dans cette lutte toute l'ardeur de son âme, il y porta aussi cette modération singulière qui s'alliait en lui à tant de feu intérieur. Dès le mois de novembre 1699, quatre mois après la condamnation de son livre, il écrit au duc de Beauvilliers ces remarquables paroles, qui sont le fond de sa pensée sur la manière de combattre le jansénisme[1] : « Je voudrais qu'on évitât soigneusement divers écueils en réprimant la cabale des jansénistes : 1° Il ne faut jamais les attaquer dans des choses légères ou obscures; ce qui a le plus prévenu beaucoup d'honnêtes gens en leur faveur, c'est qu'on a cru qu'on attaquait un vain fantôme, qu'on soupçonnait témérairement les personnes les plus innocentes, et qu'on voulait trouver en eux des erreurs que personne n'avait jamais ouïes. Ce serait fortifier ce préjugé que d'entamer l'affaire par quelque endroit douteux ou peu important. 2° Il faut les attaquer, ou pour mieux dire, les réprimer avec modération dans les choses mêmes où ils sont évidemment répréhensibles. Une conduite ardente, dure et rigoureuse, même pour la vérité, est un préjugé qui déshonore la meilleure cause. Par exemple, ce qu'on a fait contre madame la comtesse de Gramont ne me paraît pas assez mesuré. Dire qu'on a Port-Royal en abomination, c'est dire trop, ce me semble. Il n'y avait qu'à avertir madame la comtesse de Grammont qu'elle n'allât plus à Port-Royal, maison suspecte, et laisser savoir au public qu'on lui avait fait cette défense; ce n'était pas elle qu'il fallait humilier; elle a de l'obligation à ce monastère; elle n'y croit rien voir que d'édifiant; elle a devant les yeux l'exemple de Racine, qui y allait très-souvent, qui le disait tout haut chez madame de Maintenon, et qu'on

---

[1] *Corr. gén.*, I, 80.

n'en a jamais repris; mais la sévérité du Roi devait tomber sur M. l'archevêque de Paris qui l'a sollicité, il n'y a que deux ans environ, de laisser à cette maison la liberté de recevoir son noviciat. »

Telle fut constamment l'attitude de Fénelon dans cette fameuse querelle; ce qu'il voulait, ce n'était ni des mesures violentes contre les personnes, ni de vaines paroles, mais un enseignement net, clair, unanime, de l'épiscopat tout entier, appuyé sur l'autorité royale pour le faire respecter.

Malheureusement les évêques de France, timides devant l'opposition toujours croissante des opposants, avaient chacun leur conduite particulière, et au milieu de ces agitations, plus le pouvoir royal se montrait sévère, plus « le parti prenait de lustre ». « Il ne faut, écrivait encore Fénelon[1], des coups d'autorité que contre les principales têtes, pour abattre les chefs du parti; encore ne faut-il faire qu'en bornant le Roi à appuyer le Pape, et on ne doit frapper qu'à mesure qu'on instruit. »

Nous n'avons nullement le dessein d'entrer dans le détail des polémiques contre les jansénistes que Fénelon soutint avec autant d'ardeur que d'habileté. Le sujet serait long et n'offrirait que peu d'intérêt, maintenant que ces querelles sont passées. Il nous faudra, du reste, y revenir plus tard, lorsque nous parlerons de la correspondance entretenue par Fénelon avec le Père Le Tellier. Mais nous ne pouvons passer entièrement sous silence l'affaire de son mandement sur le fameux cas de conscience et l'infaillibilité de l'Église dans les faits de doctrine. Ce mandement fit alors beaucoup de bruit et valut à son auteur un témoignage de respect du corps épiscopal entier auquel l'auteur du *Livre des Maximes* dut être très-sensible.

Depuis la fameuse paix de Clément IX, les jansénistes

---

[1] *Corr. gén.*, II, 513.

avaient vécu tranquilles, grâce à leur protestation de soumission. Mais, tout en obéissant en apparence aux décisions du Pape, ils avaient profité du repos dont on les laissait jouir pour s'étendre et se fortifier. Vers 1700, ils commencèrent à s'agiter de nouveau. En 1702 parut le fameux livre du *Cas de conscience*. Dans cet écrit, l'auteur renouvelait les anciennes discussions sur la question de fait et le silence respectueux, qui avaient tant été agitées autrefois. Les jansénistes, ou du moins un grand nombre d'entre eux, tout en reconnaissant comme hérétique la doctrine condamnée par les papes dans les écrits de Jansénius, prétendaient qu'en réalité elle ne s'y trouvait pas contenue, et que pour obéir aux décisions du Saint-Siége, il suffisait de se taire sur ces matières, tout en continuant à se servir d'ouvrages innocents en fait de l'hérésie à eux imputée. C'était une de ces équivoques dont le parti si austère savait si bien se servir au besoin : affirmer qu'il suffisait de se taire sur les décisions de Rome, n'était-ce pas dire qu'il était permis de croire que les livres condamnés n'étaient pas hérétiques, et accuser le Pape d'erreur non sur la doctrine en elle-même, mais sur ce point particulier du fait de l'hérésie dans les ouvrages qu'il avait condamnés?

Le livre du *Cas de conscience* parut approuvé par un grand nombre de docteurs, et ne fut pas censuré par l'archevêque de Paris, le cardinal de Noailles. On peut juger du bruit que fit le *Cas de conscience* dans le monde ecclésiastique et à la cour. Toutes les anciennes querelles se ranimèrent. Le livre fut condamné à Rome; le Pape se plaignit au Roi des docteurs de Sorbonne, et adressa son bref à tous les évêques de France, en les invitant à censurer également l'ouvrage en question.

Fénelon, bien que son diocèse ne fît pas partie de l'Église de France, mais relevât, du moins pour toute une portion, de l'Empire germanique, reçut aussi le bref, et se décida, après bien des hésitations, à rompre le silence qu'il avait gardé en public depuis près de quatre années sur les questions de doctrine. Ce n'est pas qu'il eût la moindre hésitation sur le fond de la question ; mais il craignait de reparaître personnellement sur la scène, et voyait avec regret renaître une discussion où le manque d'union et les conduites diverses feraient du tort à la bonne cause. « J'avoue, écrit-il à l'abbé de Langeron[1], que je tremble pour la vérité, elle ne fut jamais en si grand péril. Le Roi frappe, mais l'Église n'éclaircit rien : on suppose toujours que tout est éclairci. Veut-on donner de plus en plus aux jansénistes l'avantage qui a séduit presque le monde entier en sa faveur, je veux dire qu'on le montre persécuté pour un fantôme que personne n'ose éclaircir ? Parlera-t-on de l'inséparabilité du fait et du droit, comme de la pierre philosophale, ou de la quadrature du cercle, ou du mouvement perpétuel ?

« Il me convient moins qu'à un autre de parler. On m'accusera de vengeance contre les jansénistes : ils remettront sur la scène le quiétisme, il soulèvera tout le clergé de mon diocèse et des deux universités voisines. Je me trouverai seul contredit par les autres évêques, et même par M. de Chartres ; on sera ravi de dire que j'ai été trop loin... Si Dieu voulait que je m'exposasse pour la vérité, je ne devrais pas hésiter un moment à le faire ; mais je ferai encore plus de tort à la vérité qu'à moi, en la disant hors de propos tout seul, le public étant prévenu en sophismes des jansénistes et leurs adversaires même me contredisant. »

Les amis de Fénelon triomphèrent de ses hésitations, et il fit paraître en 1804 un long mandement où il profitait de la condamnation du *Cas de conscience* pour faire un exposé historique de la querelle du jansénisme et poser les principes de l'infaillibilité de l'Église dans les faits doctrinaux,

---

[1] *Corr. gén.*, II, 501.

doctrine qui soulevait alors quelques contestations, mais qui ne tarda pas à être universellement admise. Le mandement, aussi net dans le fond que ferme et précis dans la forme, attaquait vivement les distinctions subtiles que les jansénistes s'acharnaient à défendre, et établissait victorieusement que si l'Église pouvait se tromper dans le jugement des faits de doctrine, c'est-à-dire sur l'existence ou la signification des faits qu'elle condamne, toutes les hérésies pourraient échapper à leur condamnation et iraient s'abriter derrière le silence respectueux. Cette longue instruction pastorale finissait par ces belles paroles tout empreintes du génie de Fénelon, que, malgré notre intention de ne ne pas entrer dans le détail de cette lutte fameuse, nous citerons, afin de donner une idée de l'éloquence que Fénelon savait mettre jusque dans des mandements purement théologiques[1] : « A Dieu ne plaise que nous nous élevions ici avec un zèle amer contre les défenseurs de Jansénius. Dieu sait jusqu'à quel point nous craignons toute préoccupation et toute partialité... La charité ne pense point le mal, et croit facilement le bien; loin d'éclater contre quelque particulier qui aurait, avec de la bonne foi et de la docilité pour l'Église, quelque prévention pour la doctrine de Jansénius, nous ne songerions qu'à soulager son cœur, et qu'à l'attendre pour le détromper peu à peu; nous nous oublierions nous-mêmes plutôt que d'oublier jamais cette aimable leçon de l'Apôtre : « Recevez avec « ménagement celui qui est faible dans la foi, sans entrer dans « des disputes de pensées. » Nous mourrions content si nous avions le bonheur de voir les défenseurs de Jansénius, doux et humbles de cœur, tourner leurs talents et leurs travaux en faveur de l'autorité qu'ils combattent. Ils sont sages, il est vrai, mais ils n'ont point assez connu les bornes de cette sagesse sobre et tempérée que l'Apôtre nous recommande.....

---

[1] *OEuvres complètes*, X, 196.

Ils doivent nous permettre de leur dire ce que saint Augustin disait à saint Victor : « Avec le génie que Dieu vous a « donné, il paraît que vous serez véritablement sage si vous ne « croyez pas l'être. » Nous leur donnons avec plaisir la louange que ce saint docteur donnait à ses adversaires, qu'il nomme des esprits forts et pénétrants, *fortissima et celerrima ingenia*. Chacun tient son esprit en captivité sous le joug de la foi quand il s'agit, par exemple, de croire que le corps de Jésus-Christ est caché dans l'Eucharistie sous l'apparence du pain, mais on n'accoutume point assez son esprit à croire que le Saint-Esprit parle dans cette assemblée d'hommes pécheurs et imparfaits qu'on appelle le corps des pasteurs. La vue des hommes faibles qui font les décisions de l'Église, forme en nous une tentation plus subtile, et une révolte plus violente à notre propre sens que la vue des espèces de pain dans l'Eucharistie. On n'ose douter, en général, que l'Église ne soit, suivant les promesses, toujours assistée par le Saint-Esprit ; mais, en détail, on cherche des distinctions subtiles pour éluder cette autorité qu'on aurait horreur de combattre directement. C'est notre propre sens qui est l'idole de notre cœur, c'est la liberté de pensée dont notre cœur est le plus jaloux. Notre jugement est le fond le plus intime de nous-mêmes ; c'est ce qui nous coûte le plus à nous laisser arracher... Au reste, nous ne présumons point de nos propres forces ; trop heureux de nous taire le reste de nos jours, si nous n'étions pas dans la nécessité de veiller et d'instruire un grand troupeau dans le pays même où ces contestations ont le plus éclaté. »

Le mandement fit grand bruit, le nom de son auteur attirait l'attention ; c'était le premier acte public de Fénelon depuis la condamnation de son livre, c'est-à-dire depuis cinq années. Il irrita vivement le parti janséniste, et surtout ses chefs qui avaient cru que Fénelon ne romprait pas le silence. Ils répondirent par de vives critiques ; le prélat ne voulut pas leur laisser le dernier mot, et s'engagea ainsi dans une longue et difficile polémique, où il montra la même souplesse et la même verve de talent, et aussi la même ténacité, que dans la controverse du quiétisme. Cette partie des écrits de Fénelon ne forme pas moins de six gros volumes. Mais cette fois l'avantage lui resta, et il eut même l'occasion de recueillir un témoignage public de l'estime qui entourait son nom. Le Pape avait publié le 15 juillet 1705 la bulle *Vineam Domini*, qui renouvelait les condamnations précédentes du jansénisme, condamnait le silence respectueux, et obligeait à recevoir non-seulement de bouche, mais de cœur, les constitutions portées contre Jansénius. Cette bulle fut reçue et publiée par l'assemblée du clergé alors réunie à Paris. Le cardinal de Noailles présidait cette assemblée; il était vivement porté pour les jansénistes. Il ne crut rien pouvoir faire de mieux que d'essayer d'obtenir de l'assemblée une censure indirecte contre la doctrine soutenue par Fénelon dans son mandement. Mais moins heureux cette fois que lors de leur ancienne querelle, le cardinal de Noailles n'obtint pas ce qu'il désirait, il eut même le désagrément d'être obligé de supprimer du procès-verbal de l'assemblée le discours qu'il avait tenu au début des séances, et où il avait très-vivement attaqué la doctrine de l'infaillibilité de l'Église sur les faits dogmatiques mise en avant par l'archevêque de Cambrai. L'assemblée refusa d'adhérer à ses paroles, et M. de Noailles dut les retirer. C'était admettre la doctrine de Fénelon et lui rendre un public hommage.

Nous ne suivrons pas plus loin le prélat dans cette ingrate polémique. Ce que nous avons dit suffit pour montrer quelle fut son attitude dans les démêlés qui occupaient alors tous les esprits, et quels conseils il faisait passer à ses amis de la cour. Si l'on compare cette conduite à celle que tinrent contre lui ses adversaires dans la lutte du quiétisme, la comparaison est tout à son avantage. Son zèle n'est jamais amer, il ne soupçonne pas les intentions de ses adversaires ; il eût pu essayer d'attaquer Bossuet qui garda le silence dans cette discussion au milieu de laquelle la mort vint le surprendre ; peut-être eût-il réussi à le compromettre ; mais une idée aussi basse, aussi mesquine, ne traversa même pas sa pensée. Il n'eut garde de prononcer publiquement le nom de l'illustre évêque de Meaux, et conserva avec celui qui avait été son ardent adversaire cette mesure parfaite, cette réserve pleine de dignité, aussi éloignée d'une douceur affectée que d'un sentiment antichrétien, que nous avons déjà signalée. Aussi l'opinion publique, qui ne se trompe pas toujours, devint-elle de plus en plus favorable à Fénelon, et tous ceux qui avaient gardé dans leur cœur le culte des idées nobles et désintéressées tournèrent-ils les yeux vers Cambrai avec un espoir secret d'en voir sortir un jour, pour le bien de l'État, celui qu'une disgrâce royale y tenait renfermé.

Tout ce que l'affaire du quiétisme avait pu lui faire perdre en autorité dans l'Église de France fut bien vite reconquis. De toutes parts Fénelon recevait des témoignages de l'estime publique toujours croissante. Resté très en faveur à Rome, où on lui avait su un gré infini de sa soumission si prompte et si simple, il est en correspondance régulière avec le cardinal Gabrielli, ancien général des Feuillants, et par lui, fait passer au Pape les nouvelles sur le jansénisme, et des avis sur la conduite à tenir contre les partisans de cette doctrine tenace. Ce serait trop dire que de le représenter comme le conseiller secret de la cour de Rome dans ces tristes affaires ; mais ses lettres fréquentes et détaillées jouissaient certainement d'un grand crédit. Fénelon, du reste, ne se cachait pas de cette union intime avec la cour de Rome, et sa faveur était si connue, que lors de la fameuse affaire des cérémonies chinoises, où les Jésuites eurent successivement pour adversaires les Dominicains et les missionnaires français, chacun des deux partis écrivit à l'archevêque de Cambrai pour le prier de garder au moins une stricte neutralité. Fénelon répond tour à tour au Père Le Tellier et à M. Brisacier, supérieur des missions, qu'il était loin de vouloir s'engager dans une discussion dont il ne connaissait pas le fond, et qu'il attendait en silence la décision du Pape. Le fait est curieux à constater, car il montre qu'en 1702, deux ans à peine après la fin malheureuse de son procès, sa situation comme théologien était si bien refaite que son jugement avait repris toute son autorité.

Vers la même époque, le pape Clément XI, qui venait de monter sur le trône pontifical, lui donna une preuve singulière de son estime, dont nous ferons mention parce qu'elle révèle une fois de plus le parfait désintéressement de Fénelon. Le diocèse de Cambrai était resté soumis au concordat germanique, d'après lequel certains bénéfices vacants étaient pendant six mois de l'année à la nomination du Pape et pendant les six autres mois à la nomination des souverains. Clément XI, pour donner à Fénelon un témoignage public de son bon vouloir, lui fit dire qu'il ne disposerait des bénéfices qu'en faveur des sujets qui seraient recommandés par lui. Mais le prélat, qui redoutait par-dessus tout la faveur ou la complaisance en de pareilles matières, répondit au Pape qu'il n'userait de cette confiance que d'après les règles suivantes : 1° jamais il ne recommanderait au Saint-Père ni un parent ni un ami de ses parents ; 2° il ne donnerait que des attestations de mérite et jamais de recommandation personnelle ; 3° tout en accordant ces attestations à ceux qui les demanderaient, il se croirait obligé d'en délivrer de lui-même à ceux qui, « par modestie ou scrupule », s'abstiendraient d'en faire la demande. Enfin il terminait son mémoire de remerciment en disant qu'il pensait que « les naturels du pays devaient passer avant les autres ». Quand on songe quel moyen de se faire des amis était alors la collation des bénéfices, et que de fois on les conférait pour des motifs d'intérêt, la conduite de Fénelon dans cette petite circonstance prend une valeur morale toute particulière.

Une des choses qui frappent le plus en étudiant de près la vie de Fénelon, c'est l'unité de son caractère moral : pas de défaillance, pas d'inconséquence : il est toujours le même. Le temps, qui change et altère parfois si profondément la nature des hommes, passe sur sa tête sans rien enlever à l'ardeur de son âme, à cette jeunesse intérieure qui est un des plus beaux dons du ciel. L'archevêque de Cambrai en exil et en disgrâce, ayant beaucoup souffert des hommes et des choses, est aussi désintéressé, aussi généreux que le jeune homme sortant du séminaire avec la confiance de la jeunesse et la foi dans la vie. C'est le propre des natures d'élite d'aller toujours en se développant dans le bien. Pour elles la vie n'est pas une conseillère égoïste, elles vieillissent sans renier les nobles pensées de leur jeunesse ; si bien des illusions les ont abandonnées en chemin, elles savent tous les jours mieux que la vérité et le bien ne sont pas des illusions ; plus elles approchent du terme, plus elles s'élèvent au-dessus de cette terre dont les contours commencent à disparaître à leurs yeux.

Pour achever de faire connaître avec quel soin Fénelon remplissait les devoirs de sa charge, il nous reste à parler des soins qu'il prit de son séminaire. Nous avons omis à dessein de le faire plus haut, parce que le séminaire de Cambrai tint une place toute particulière dans sa vie. Rempli comme il l'était lui-même d'un esprit de piété vraiment sacerdotal, Fénelon n'eut rien tant à cœur que de voir fleurir dans le clergé de son diocèse les vertus et la science ecclésiastiques. Il savait aussi que la meilleure manière de faire disparaître sans bruit le jansénisme de cette contrée, était de former une jeune génération de prêtres instruits et fervents qui fussent bien éclairés sur la nouvelle doctrine, afin d'en arrêter les progrès.

Aussi, dès son arrivée à Cambrai, conçut-il le dessein de confier son séminaire aux prêtres de la congrégation de Saint-Sulpice. Élevé par leurs soins, Fénelon avait appris à connaître la valeur de ces hommes de bien, qui, fidèles imitateurs de leur admirable maître, M. Olier, consument leur vie entière dans les obscurs labeurs de l'enseignement. Fénelon était tout particulièrement lié avec l'un des plus vénérables d'entre eux, M. Tronson, qui a laissé un nom dans l'histoire religieuse du dix-septième siècle. Troisième supérieur général de cette congrégation, il avait su mériter l'estime et la vénération de tous par l'austérité de sa vie et sa modération pleine de douceur. C'était lui qui avait dirigé le jeune abbé de Fénelon lors de son entrée au séminaire et l'avait formé aux vertus de son état. La situation que le modeste sulpicien avait acquise à son insu était si grande, qu'il fut associé aux évêques chargés d'examiner les écrits de madame Guyon, et qu'il prit part aux célèbres conférences d'Issy. Plus tard, lorsque, malgré les articles qui y avaient été signés, la controverse reprit plus ardente que jamais, il s'employa de son mieux à apaiser les esprits et à faire prévaloir la modération. La douce et humble figure de M. Tronson fait même un singulier effet entre les grandes figures de Bossuet et de Fénelon. Pénétré de reconnaissance pour tous les services qu'il lui avait rendus dans sa jeunesse, et sachant tout ce qu'il devait à l'éducation de ces « messieurs », l'archevêque eût voulu dès le principe les appeler auprès de lui à Cambrai; mais l'entreprise, qui semblait si aisée à mener à bien, n'aboutit que vingt ans plus tard, et c'est à peine si Fénelon put en voir le succès. Au début, ce fut le manque de sujets capables qui mit obstacle aux désirs de Fénelon; il ne demandait cependant pas des gens extraordinaires, mais simplement de bons prêtres, comme il le disait lui-même à M. Tronson dans son charmant langage : « Ce que nos gens ne sauront pas d'abord, ils auront le loisir de l'apprendre. Donnez-moi de bons cœurs avec un esprit droit, je me charge de les mettre en bon chemin. Je vivrai en frère avec eux. Je ne vous demande ni politesse, ni talents qui éblouissent; je ne veux que du sens grossier et une volonté bien gagnée à Dieu. Si vous avez de quoi donner plus que cela, ce sera au delà de mon attente; mais comptez qu'au point que j'aime votre corps vous devez faire un effort pour me secourir. Je suis assuré qu'ils m'aimeront quand nous aurons un peu vécu ensemble. Ils ne me trouveront, s'il plaît à Dieu, ni défiant, ni entêté; voilà ce que j'espère de Dieu, et nullement de moi. Voyez donc avec vos messieurs l'aumône que vous pouvez me faire dans ma mendicité; il y a ici des biens infinis à faire. Les ouvriers de confiance me manquent [1]. » L'affaire ne put alors aboutir, parce que l'on ne put trouver de membres de la congrégation en nombre suffisant pour les envoyer à Cambrai. Puis vint la conclusion de l'affaire du livre des *Maximes*, et Fénelon, avec ce tact délicat et ce désintéressement qui ne l'abandonnaient jamais, craignit de compromettre les Sulpiciens en ayant l'air de les attacher à sa cause. Il rompit même pendant quelque temps sa correspondance avec M. Tronson, afin d'éviter tout ennui à cet homme de bien qui resta toujours son fidèle ami. Mais l'archevêque ne renonça pas à son projet, car il n'était pas dans sa nature de renoncer à une entreprise qu'il avait résolue. Une fois l'orage passé, il reprit sa négociation, et nous verrons qu'elle réussit peu avant sa mort.

Ne pouvant confier dès le début la direction des élèves de son séminaire à la congrégation qui avait toute sa confiance, Fénelon résolut d'y suppléer par la plus active surveillance et un soin constant. De Valenciennes, où le séminaire était établi, il le transporta à Cambrai même, afin de pouvoir y

---

[1] *Corr. gén.*, V, 211.

veiller de près. L'abbé de Chantérac fut chargé de tous les détails qui concernaient la discipline et le régime intérieur. Mais Fénelon ne confia à personne le soin d'examiner les candidats et de les faire avancer dans la piété. Il faisait lui-même des instructions pendant les retraites et aux fêtes de la communauté. Afin de rendre plus imposant l'examen qui précédait l'admission aux saints Ordres, il le faisait passer à l'archevêché, sous sa présidence, avec solennité. Ainsi tout prêtre ordonné par Fénelon était examiné cinq fois par son archevêque avant d'être reçu. Non content de ces examens, dont le résultat est toujours plus apparent que réel, et malgré ses innombrables affaires, Fénelon s'imposa la règle de faire lui-même une fois la semaine des conférences dans son séminaire. C'était une sorte de cours familier où chaque élève avait le droit de prendre la parole, de poser des questions, et d'exposer ses difficultés. L'archevêque prodiguait ainsi à ces humbles prêtres de campagne tous les trésors de son esprit avec le même zèle, la même ardeur qu'autrefois, sur un théâtre plus brillant, à ces belles dames, à ces grands seigneurs de la cour qui goûtaient si fort le génie de l'abbé de Fénelon. Ses soins s'étendaient jusqu'à ceux des élèves ecclésiastiques de son diocèse qui étudiaient à Paris; il s'inquiétait de leur sort, les faisait surveiller, et chargea spécialement un prêtre de Saint-Sulpice, dont il était sûr, de les examiner en son lieu et place.

C'est ainsi que Fénelon sut remplir avec la plus scrupuleuse exactitude les devoirs que lui imposait le gouvernement d'un des plus grands diocèses de France. On est tout étonné de rencontrer un administrateur ferme et vigilant là où l'on ne croyait trouver qu'un grand écrivain, et une nature rêveuse et ardente. L'homme le plus versé dans les affaires, le moins porté aux idées mystiques, n'eût pu mieux s'acquitter de la tâche difficile dont l'archevêque de Cambrai portait le fardeau sans fléchir. Certes, beaucoup de ceux qui l'avaient tant attaqué sur son goût pour la doctrine du pur amour comme devant nécessairement conduire à un état d'esprit troublé et chimérique, furent forcés de convenir, au moins en eux-mêmes, que le grand défenseur de la charité désintéressée qui n'avait pas su rester dans les justes bornes de la théorie, savait mieux que personne agir avec un bon sens ferme et droit dans la vie pratique, sans rien perdre de son zèle pour le bien.

Aussi cette conduite lui attira-t-elle une réputation toute particulière et unique à cette époque, où la grandeur du pouvoir royal, arrivée à son apogée, ne laissait guère rien subsister en dehors d'elle. Chaque jour l'estime publique et le respect des gens de bien allaient grandissant autour de l'illustre archevêque de Cambrai. Tout ce qui ne tenait pas immédiatement à la cour et ne vivait pas de la faveur royale ne cachait pas ses sentiments. Pour les courtisans seuls, Fénelon continua longtemps « à avoir la peste », comme il le disait lui-même. Mais la persistance de la défaveur royale ne l'empêchait pas de voir grandir sans cesse sa situation. Un jour, c'est l'électeur de Saxe qui vient le voir dans sa ville; le lendemain, c'est le cardinal de Bouillon qui, rebelle et fugitif, lui demande asile et protection dans sa lutte ridicule contre Louis XIV, sûr de ne trouver chez Fénelon aucun ressentiment de sa conduite équivoque dans le procès du livre des *Maximes*, alors que, doyen du Sacré Collége et partisan presque avoué de l'archevêque de Cambrai, il eût pu beaucoup pour le sauver. Ce fantasque et vaniteux personnage entretint longtemps avec Fénelon une correspondance que celui-ci, malgré la crainte de déplaire au Roi, ne voulut point rompre, tout en ne ménageant pas les dures vérités au prélat qui se croyait de force à lutter contre le roi de France. Une autre fois, c'est l'électeur de Cologne qui, banni de son électorat pour avoir suivi le parti de la France, et errant en fugitif dans la Flandre française, demande à Fénelon des conseils pour se préparer à la consécration épiscopale qu'il voulut recevoir de sa main. L'archevêque lui écrivit à ce sujet deux lettres admirables qui sont restées célèbres. Si l'on voulait citer exactement le nom de tous les personnages étrangers qui lui font parvenir les marques de leur estime, la liste serait longue, et cette nomenclature n'offrirait que peu d'intérêt. Un nouveau nonce n'arrive pas à Bruxelles ou à Cologne sans qu'aussitôt il n'écrive à l'illustre exilé de Cambrai pour se recommander à sa bienveillance.

En France, sa réputation n'était pas moins grande; le successeur de Bossuet, M. de Bissy, le grand ennemi des jansénistes, cherchait à se couvrir de son nom dans les polémiques ardentes qu'il soutenait presque seul ; l'évêque de Chartres, M. Godet-Desmarets, l'ami et le directeur de madame de Maintenon, l'ancien adversaire du quiétisme, cherchait insensiblement à se rapprocher de lui, et lui faisait faire des ouvertures que Fénelon recevait sans empressement; la maréchale de Noailles, cette ancienne amie, qui voyait chaque jour la situation de son beau-frère, le cardinal, plus ébranlée à la cour, lui écrivait pour le prier de renouer leurs anciennes relations. Le Père de La Chaise, et après lui le Père Le Tellier, étaient en commerce de lettres régulières avec Fénelon. Le Père Lamy, le savant Bénédictin, le constant adversaire de Malebranche, lui écrivait d'une manière suivie pour le tenir au courant du mouvement littéraire et religieux du temps. Nous aurons lieu de revenir sur cette correspondance très-intéressante, et qui peint bien l'état des esprits à cette époque. Fénelon entretient aussi une correspondance réglée avec le Père Lallemant, l'adversaire du Père Quesnel; c'était un homme lettré, qui se consacra tout entier à la controverse contre le jansénisme, et eut son jour de célébrité lorsqu'il composa des *Réflexions morales sur le Nouveau Testament*, en réponse à celles du fougueux janséniste, ce qui lui valut une ardente inimitié de la part de ses partisans. Il tenait Fénelon au courant des affaires religieuses.

Tous les jours on trouve de nouvelles traces de cette situation toute particulière de Fénelon dans les lettres soit de direction, soit d'affaires, qui se retrouvent un peu partout. C'est ainsi que tout dernièrement encore des lettres inédites de l'archevêque, adressées à une princesse de Salm et conservées dans les archives de cette famille, ont vu le jour grâce aux soins d'un éditeur érudit [1]. Ces quelques lettres, qui devront désormais figurer dans la correspondance complète, sont tout à fait dignes de leur auteur et nous montrent bien quelle considération entourait le nom de Fénelon, même à l'étranger. Chanoinesse de Remiremont, la princesse Marie-Christine de Salm était venue vers 1690 à Versailles, pour y défendre les intérêts de son chapitre; elle y avait connu le jeune et brillant précepteur du duc de Bourgogne, qui lui rendit même quelques services. La solliciteuse princière subit comme une autre le charme du prophète, comme disait Saint-Simon, et elle se mit sous sa direction. De là une correspondance dont les quelques fragments conservés font vivement regretter la perte du plus grand nombre de lettres, tant on y retrouve Fénelon tout entier; quel autre que lui savait consoler avec cette douce fermeté une femme inquiète et troublée par les mille difficultés de la vie? « On ne saurait être à l'abri de l'orage quand on est exposé aux soupçons de personnes puissantes qui sont crédules, inappliquées et obsédées par des flatteurs... O madame, laissons les hommes et n'aimons que Dieu. Du moins, ne ménageons les hommes que pour l'amour de lui. Quand nous aurons fait vers les hommes ce que Dieu demande, le meilleur pour nous est que nous n'en ayons aucune récompense en ce monde. Il n'y a qu'un seul ami sur qui on puisse compter. »

[1] *Une nouvelle correspondance de Fénelon* (Revue des questions historiques, **1882-1883**), par M. l'abbé DRANCE.

Il paraîtra peut-être surprenant que dans cette rapide et bien incomplète énumération de ceux qui, soit par les lettres, soit par la dévotion, étaient restés en relation avec Fénelon, le nom de madame Guyon ne soit pas même prononcé. On ne trouve en effet aucune trace d'une relation quelconque entre eux, depuis la fin de l'affaire du quiétisme. Ce fait indique à lui seul combien avait été exagérée la fréquence de leurs rapports, uniquement dus à une conformité de tendances vers un même genre de dévotion. Si le prélat avait défendu avec tant de persistance une femme traitée, suivant lui, au moins avec rudesse, c'était par un sentiment d'honneur, où se mêlait peut-être à son insu toute la ténacité du théologien. Une fois la décision du Pape rendue et madame Guyon retirée à Blois, où elle vécut de longues années dans la retraite et la soumission, l'archevêque de Cambrai n'eut plus aucun rapport avec elle.

Nous venons d'esquisser, bien imparfaitement à coup sûr, le rôle que l'archevêque de Cambrai, au lendemain de sa disgrâce, sut se faire dans la société de son temps. Ce rôle, unique peut-être à cette époque, n'était pas fait, il faut l'avouer, pour désarmer la colère de ses ennemis, tout surpris de voir encore debout celui qu'ils avaient cru renverser pour toujours. Le Roi, qui avait fait de la condamnation du livre de Fénelon presque une affaire personnelle, ne voyait pas grandir sa situation, tant dans son diocèse qu'en France, sans un déplaisir qu'il ne cachait pas. Plus il entendait murmurer à ses oreilles les louanges de M. de Cambrai, plus il semble qu'il se soit confirmé dans la résolution de le tenir éloigné de sa personne. Jamais il ne permit qu'on lui parlât du retour de Fénelon à la cour; ses amis n'osaient même pas espérer que la colère de Louis XIV à l'égard du prélat se démentît en rien. C'eût été à ses yeux manquer à sa dignité royale, tandis qu'au contraire il attirait lui-même l'attention sur celui qu'il tenait ainsi éloigné de sa personne. Fénelon, obligé de ne pas s'éloigner de Cambrai, entouré de l'auréole de la persécution et du talent, accomplissant avec éclat et sainteté tous les devoirs de sa charge, attirait bien autrement les regards qu'il ne l'eût fait dans les galeries de Versailles, perdu au milieu de la foule, et forcé de rencontrer partout ses anciens adversaires. Il est difficile de savoir si madame de Maintenon eut quelque part dans cette constante aversion du Roi pour un homme aussi rare que l'était Fénelon. Ce n'est pas que le bruit qui courut alors que la cause réelle de l'irritation du Roi contre le prélat était, non pas le quiétisme, mais son opposition nette et ferme à la déclaration du mariage de Louis XIV avec madame de Maintenon, mérite la moindre créance. Le Roi ne songea jamais à déclarer son mariage, et madame de Maintenon avait trop d'esprit pour désirer qu'il le fît; personne, du reste, n'eût consulté Fénelon sur ce sujet. Néanmoins, madame de Maintenon, après avoir été très-admiratrice de Fénelon, l'avait complétement abandonné lors de l'orage du quiétisme, et s'était livrée au cardinal de Noailles. Passant d'une extrémité à l'autre avec une singulière rapidité, elle prit même une part active dans la querelle suscitée par le livre des *Maximes*. Et ce ne fut pas une des épreuves les moins amères pour Fénelon, pour un archevêque, d'avoir à défendre sa doctrine devant une femme du monde, moins apte que personne à juger de ces sortes de matières. Il fallut cependant dévorer l'amertume et essayer de se justifier dans son esprit. Mais cette extrémité lui parut rude et le dégoûta plus que tout le reste de la vie de la cour. Il faut lire, dans la partie de sa correspondance relative au quiétisme, ses lettres à madame de Maintenon, pour se rendre compte de ce que ces démarches durent faire éprouver à la nature fière et indépendante de Fénelon. L'humiliation lui parut être singulièrement pénible, et il ne s'y prêta qu'en frémissant. Une fois le livre des *Maximes* condamné, madame de Maintenon revint-elle sur son ressentiment ou, au contraire, encouragea-t-elle le Roi dans son éloignement pour l'archevêque de Cambrai ? C'est ce qu'il est difficile de savoir exactement ; mais ce qui nous paraît le plus vraisemblable, c'est que madame de Maintenon, toujours timide en face du maître, et qui ne conservait son crédit qu'en ne résistant jamais, n'eut pas osé, quand même elle l'eût souhaité, prendre la défense de son ancien ami. Elle avait trop d'esprit, et malgré tout trop d'élévation dans l'âme, pour ne pas être frappée de la conduite de Fénelon ; mais son retour eût rappelé de pénibles souvenirs. Sa présence, même silencieuse, eût été un reproche : puis un esprit aussi supérieur est toujours dangereux, li peut prendre de l'influence et devenir redoutable. Aussi ne fit-elle rien pour faire revenir le Roi de ses préventions. En se taisant, madame de Maintenon rendit à Louis XIV un mauvais service, car c'eût été une gloire de plus pour la fin de son règne, que la justice rendue à un homme tel que Fénelon, et il y avait de la petitesse à croire que c'était se diminuer que de lui rendre ses bonnes grâces.

Si le Roi continuait à se montrer irrité contre l'archevêque exilé, les ennemis de l'illustre prélat, et c'était un homme trop supérieur pour n'en avoir pas beaucoup, ne s'avouaient pas non plus vaincus. Le plus redoutable de ses adversaires dans la lutte du quiétisme, Bossuet, venait de disparaître. Mais la plupart de ceux qui s'étaient acharnés dans cette grande querelle vivaient encore, et ne voyaient pas sans regret les anciennes préventions contre Fénelon s'effacer de jour en jour davantage. A ces rancunes se joignaient les passions plus vives des jansénistes, qui n'avaient garde d'oublier ni de laisser oublier la sentence rendue autrefois contre leur plus redoutable adversaire : aussi, bien que réduits à recourir aux insinuations et aux attaques dissimulées par l'admirable conduite de l'archevêque, ses ennemis ne luttaient-ils pas moins avec acharnement contre son influence. On le représentait comme un fanatique ultramontain, un partisan dévoué des Jésuites, plus occupé de réussir à faire oublier le passé qu'à travailler aux intérêts de l'Église; on incriminait sa soumission en la déclarant peu sincère, et l'on disait qu'il était aisé de juger de ce manque de sincérité, puisqu'il ne retirait pas les défenses qu'il avait écrites pour expliquer son livre.

Il n'y avait que son talent littéraire que personne ne contestât; car tout était resté vivant en Fénelon, et le lettré ni l'écrivain ne s'étaient pas plus engourdis en lui dans l'uniformité de la vie de province, que le polémiste ou l'ami dévoué. Nous avons déjà montré Fénelon à Cambrai sous bien des faces, et cependant nous n'avons encore rien dit de son activité littéraire, c'est-à-dire d'un des côtés de sa vie qui a laissé la trace la plus brillante et la plus durable. Au milieu de toutes les occupations diverses dont nous venons de tracer une esquisse bien incomplète, il trouvait encore le temps de cultiver les lettres, et jamais sa plume ne fut plus féconde que dans ces temps où il semblait comme accablé par le travail de son ministère.

Nous ne parlerons pas ici du *Télémaque*, dont l'apparition fut un événement dans le monde lettré; cet ouvrage appartient à la jeunesse de Fénelon, c'est-à-dire à son séjour à Versailles. Nous avons dit quel en fut le succès dès le premier jour; ce succès ne devait aller que croissant; il ne nous conviendrait nullement de l'apprécier. Depuis qu'il est devenu une des œuvres classiques de notre langue, il n'est pas un écrivain qui n'en ait parlé, et ces divers jugements, malgré leurs différences ou leurs réserves, en ont consacré la gloire. Presque toutes ses œuvres philosophiques furent composées ou revues à cette époque : le *Traité sur l'existence de Dieu*, dont une partie parut en 1712 et attira aussitôt l'attention, était une œuvre de jeunesse qu'il reprit lorsqu'il fut exilé à Cambrai, mais dont il ne put qu'ébaucher la fin. C'est aussi à Cambrai qu'il écrivit les *Lettres sur la religion,* dont quelques-unes sont adressées au duc d'Orléans, plus tard Régent, dont l'incrédulité était notoire. C'est en 1708 qu'il écrivit ses lettres sur l'autorité de l'Église, ouvrage de controverse contre les protestants, la réfutation du système de Malebranche sur la nature et la grâce, et ses lettres au Père Lamy sur la grâce et la prédestination. C'est également vers la même époque que parurent le *Recueil de Fables* et les *Dialogues des morts,* composés pour l'éducation du duc de Bourgogne ; ces deux ouvrages furent imprimés à l'insu de leur auteur, comme le fameux *Télémaque,* dont les éditions se continuaient et se sont continuées depuis sans interruption. Nous avons déjà dit que Fénelon avait pris part à la lutte contre le jansénisme par un mandement qui fit grand bruit, mais là ne se bornait pas son activité à défendre la vérité par ses écrits comme par ses actions, et c'est aussi à cette époque qu'il faut rapporter la composition de plusieurs ouvrages de piété et de théologie qui ne furent imprimés qu'après sa mort, et d'autres qui parurent de son vivant. Comme prédicateur, il ne s'épargnait pas davantage. Il parlait presque toujours d'inspiration et jouissait alors de la réputation d'un des plus grands orateurs du temps, surtout depuis que la grande voix de Bossuet s'était tue. Il ne reste que de courts fragments ou de simples canevas des sermons de Fénelon ; un seul a été entièrement écrit par lui : c'est le discours prononcé en 1707 au sacre de l'archevêqu-électeur de Cologne, et il est resté justement célèbre.

Il ne rentre nullement dans notre cadre de placer ici une analyse littéraire même sommaire de toutes les œuvres de Fénelon composées pendant son séjour à Cambrai, dont quelques-unes sont devenues classiques. La chose a été faite depuis longtemps, et nous n'aurions aucune qualité pour nous y essayer de nouveau après tant d'autres. Mais comment ne pas remarquer la prodigieuse facilité et l'extrême étendue d'esprit de cet homme, qui passe comme en se jouant d'un sujet à un autre, et qui est toujours supérieur, quittant la métaphysique pure pour écrire un traité de théologie, et la théologie pour composer une fable ou un cantique pour les enfants? Cette variété, cette souplesse de talent si rare, est la marque caractéristique du génie de Fénelon, et partout, dans toutes les matières, il porte une hauteur de vues et une élévation de sentiments qui ne défaillent jamais. Nous ne parlons pas ici de la lettre à l'Académie, ni de la correspondance avec Lamothe sur les anciens et les modernes, parce que ces écrits sont postérieurs aux années qui nous occupent ; mais ces deux écrits fameux mettront dans tout leur jour cette abondance et cette originalité si remarquables.

La rapide nomenclature des ouvrages qui se rapportent aux premières années de son séjour à Cambrai montre déjà à elle seule la fécondité et l'étonnante diversité de son talent. Et cependant, si nous osons dire notre sentiment, nulle part Fénelon ne s'est montré plus grand écrivain que dans sa correspondance privée. Certes, le style en est bien différent de celui du *Télémaque*, mais à être moins élégant et moins fleuri, il gagne en force et précision. L'expression toujours heureuse arrive sans effort sous sa plume, la pensée se dégage plus vivante et plus nette sous ce vêtement moins chargé d'ornements, et, sans s'en douter, sans efforts, Fénelon atteint parfois à une éloquence naturelle, simple et forte, qui est la vraie beauté littéraire. La langue est pour lui une arme bien trempée dont il sait se servir avec vigueur et hardiesse. Citons par exemple ce portrait de l'électeur de Bavière, frère de la seconde Dauphine, que Fénelon jette en passant dans une lettre, et qu'on croirait plutôt sorti de la plume de Saint-Simon que de celle de l'auteur du *Télémaque*[1] :

« M. l'électeur m'a paru doux, poli, modeste, et glorieux

---

[1] *Corr. gén.*, I, 156.

dans sa modestie. Il étoit embarrassé avec moi, comme un homme qui en craint un autre sur sa réputation d'esprit. Il vouloit néanmoins faire bien pour me contenter; d'ailleurs il me paroissoit n'oser en faire trop, et il regardoit toujours par-dessus mon épaule M. le marquis de Bedmar, qui est, dit-on, dans une cabale opposée à la sienne. Comme ce marquis est un Espagnol naturel, qui a la confiance de la cour de Madrid, l'électeur consultoit toujours ses yeux avant que de me faire les avances qu'il croyoit convenable : M. de Bedmar le pressoit toujours d'augmenter les honnêtetés; tout cela marchoit par ressorts comme des marionnettes. L'électeur me paroît mou, et d'un génie médiocre, quoiqu'il ne manque pas d'esprit, et qu'il ait beaucoup de qualités aimables. Il est bien prince, c'est-à-dire foible dans sa conduite et corrompu dans ses mœurs. Il paroit même que son esprit agit peu sur les violens besoins de l'État qu'il est chargé de soutenir ; tout y manque; la misère espagnole surpasse toute imagination. Les places frontières n'ont ni canons ni affûts ; les brèches d'Ath ne sont pas encore réparées ; tous les remparts sous lesquels on avoit essayé mal à propos de creuser des souterrains, en soutenant les terres par des étais, sont enfoncés, et on ne songe pas même qu'il soit question de les relever. Les soldats sont tous nuds, et mendient sans cesse ; ils n'ont qu'une poignée de ces gueux ; la cavalerie entière n'a pas un seul cheval. M. l'électeur voit toutes ces choses; il s'en console avec ses maîtresses, il passe les jours à la chasse, il joue de la flûte, il achète des tableaux, il s'endette ; il ruine son pays, et ne fait aucun bien à celui où il est transplanté; il ne paroît pas même songer aux ennemis qui peuvent le surprendre. »

Dans ces pages écrites au courant de la plume, où vibre encore, pour ainsi dire, l'accent de sa voix, Fénelon nous apparaît tout entier, et son talent n'en ressort que plus grand pour être vu de plus près, et comme à son insu. On croit le voir assis dans ce cabinet de travail solitaire du palais de Cambrai où il se retirait, une fois les devoirs de sa journée remplis, avec cette grande figure osseuse qu'éclairaient deux yeux magnifiques, brillants d'ardeur et d'intelligence ; il passe successivement et sans effort d'un travail à un autre, écrit au duc de Bourgogne, puis à des hommes d'affaires, quitte les affaires pour la métaphysique ou la direction des âmes ; toujours en verve, toujours dispos, il laisse courir sa plume sur le papier, les idées lui viennent en foule sur tous les sujets ; il parle, il écrit d'abondance de cœur et d'esprit, et si la forme est parfois presque parfaite, elle n'est jamais cherchée ni travaillée.

Est-il besoin d'ajouter, après tout ce que nous avons dit plus haut, que Fénelon était resté en rapport avec la plupart des gens de lettres qu'il avait connus à Paris, et que le lettré ne fut pas plus oublié que l'illustre directeur de conscience? M. de Sacy, le savant traducteur de la Bible, lui écrivait fréquemment, et l'Académie française lui fit souvent témoigner son regret de ne plus le voir à ses séances. L'ancien ami de Racine et de La Bruyère avait beau essayer d'oublier la littérature pour ne plus penser qu'aux soins de la religion, son goût passionné pour les lettres renaissait toujours, et les nombreuses citations latines qui se rencontrent partout dans ses écrits en sont le meilleur garant. Mais le grand siècle touchait à sa fin, les écrivains de génie qui avaient jeté tant d'éclat sur le règne le plus brillant de notre histoire étaient tous disparus, et Fénelon restait le dernier de cette rare génération d'esprits. La spirituelle marquise de Lambert, dont le salon était comme l'antichambre de l'Académie, et qui conservait avec un éclat tempéré les anciennes traditions de goût pour les lettres, dont les femmes avaient donné tant de preuves au dix-septième siècle, lui écrivait ce charmant billet, qui montre bien quelle était sa situation dans la société lettrée :

« Janvier 1710.

« Je n'aurais jamais consenti, Monseigneur, à ce que M. de Sacy vous eût montré les occupations de mon loisir, si ce n'était vous mettre sous les yeux vos principes et les sentiments que j'ai pris dans vos ouvrages. Personne ne s'en est plus occupé et n'a pris plus de soins de se les rendre propres. Pardonnez-moi ce larcin, Monseigneur, voilà l'usage que j'en ai su faire. Vous m'avez appris que mes premiers devoirs étaient de travailler à former l'esprit et le cœur de mes enfants ; j'ai trouvé dans *Télémaque* les préceptes que j'ai donnés à mon fils, et dans l'*Éducation des filles* les conseils que j'ai donnés à la mienne. J'ai la hardiesse de croire que je penserais comme vous sur l'ambition ; mais les mœurs des jeunes gens d'à présent nous mettent dans la nécessité de leur conseiller, non pas ce qui est le meilleur, mais ce qui a le moins d'inconvénient, et ils nous forcent à croire qu'il vaut mieux occuper leur cœur et leur courage d'ambition et d'honneurs, que de hasarder que la débauche s'en empare. Quel danger, Monseigneur, pour l'amour-propre que les louanges qui viennent de vous ! Je les tournerai en préceptes ; elles m'apprennent ce que je dois être pour mériter une estime qui ferait la récompense des plus grandes vertus. Nous sommes ici dans une société très-unie sur la sorte d'admiration que nous avons pour vous. »

A ces compliments si bien tournés, Fénelon répond par un billet d'une parfaite simplicité, comme quelqu'un qui est au-dessus du plaisir d'être loué[1]. « Je devais déjà beaucoup, Madame, à M. de Sacy, puisqu'il m'avait procuré la lecture d'un excellent écrit ; mais la dette est bien augmentée depuis qu'il m'a attiré la très-obligeante lettre que vous m'avez fait l'honneur de m'écrire. Ne pourrais-je point enfin, Madame, vous devoir à vous-même la lecture du second ou-

---

[1] *Corr. gén.*, III, 256.

vrage? Outre que le premier le fait désirer fortement, je serais ravi de recevoir cette marque des bontés que vous voulez bien promettre. Je n'oserais me flatter d'aucune espérance d'avoir l'honneur de vous voir en ce pays, dans un temps malheureux, où il est le théâtre de toutes les horreurs de la guerre ; mais dans un temps plus heureux, une belle saison pourrait vous tenter de curiosité pour cette frontière. Vous trouveriez ici l'homme du monde le plus touché de cette occasion, et le plus empressé à en profiter. » Madame de Lambert réplique par de nouveaux compliments, qui nous semblent résumer l'opinion générale des beaux esprits du moment sur Fénelon, toute part faite de l'exagération qu'imposait la politesse en lui parlant : « Si j'avais quelque chose de bon, quelque bon tour dans l'esprit, quelque sentiment dans le cœur, c'est à vous, Monseigneur, que je le devrais : c'est vous qui m'avez montré la vertu aimable et qui m'avez appris à l'aimer. Pénétrée de vos bontés et d'admiration pour vos vertus, combien de fois dans la calamité publique, dans de si grands malheurs si bien sentis, et d'autres si justement appréhendés, nous avons dit avec de vos amis : Nous avons un sage dont les conseils pourraient nous aider; pourquoi faut-il que tant de mérite et tant de talent soient inutiles à sa patrie ?... »

C'est ainsi que s'écoulèrent dans cette paisible, mais constante activité, les premières années qui suivirent la disgrâce de Fénelon et la condamnation de son livre. Nous allons le voir sortant par la force des choses de cette retraite qu'il avait su rendre glorieuse, et jouant un rôle dans la triste période qui termine le règne de Louis XIV. Il semble qu'avant de lui faire subir ces dernières et décisives épreuves, la Providence ait voulu lui donner comme un répit, comme une halte dans le rude chemin de la vie. Le repos dont Fénelon jouit pendant les années que nous venons de raconter lui permit de se relever en paix du coup terrible qui l'avait frappé. Tel qu'il nous apparaît dans ses lettres avec ce singulier mélange de feu et de prudence, avec cette fidélité constante à ses amis et ce besoin d'amitié, cette poursuite un peu haletante du bien, qui se mêle à cet intérêt vif pour les affaires de son temps, où l'ambition personnelle se glissait encore presque à son insu, enfin avec cette piété si ardente et si sincère qui prime tout en lui, on a peu de peine à comprendre le charme que, par ses défauts mêmes, une pareille nature devait exercer autour d'elle. Mais de tels êtres ne peuvent être jugés avec impartialité ; s'ils excitent l'admiration, ils font naître aussi la défiance, et nous avons montré tous les jugements divers qui s'élevaient autour de son nom. Retiré dans son diocèse, Fénelon restait un signe de contradiction, il le sentait bien lui-même ; il s'efforçait de rester au-dessus de l'opinion sans arriver à y être insensible, mais dans le secret de son cœur il savait se juger, et avec une sévérité plus grande que toute celle que ses adversaires pouvaient déployer à son égard.

Nous ne croyons pas pouvoir mieux finir cette partie de notre travail qu'en citant quelques passages des lettres de Fénelon, dans lesquelles il se peint lui-même avec un accent de parfaite sincérité. Ces extraits sont tirés de ses lettres de direction qu'il écrivait plus avec son cœur qu'avec son esprit. Ils paraîtront peut-être d'une sévérité exagérée ; mais quel est l'homme de bonne foi qui ne se juge pas sévèrement, quand il descend au dedans de lui-même avec un vrai désir de se connaître[1] ?

« Je ne veux jamais flatter qui que ce soit, et même, dès le moment que j'aperçois dans ce que je dis ou je fais quelque recherche de moi-même, je cesse d'agir ou de parler ainsi. Mais je suis tout pétri de boue, et j'éprouve que je fais à tout moment des fautes pour n'agir point par grâce. Je me re-

---

[1] *Corr. gén.*, VI, 196.

tranche à m'apetisser à la vue de ma hauteur. Je tiens à tout d'une certaine façon, et cela est incroyable ; mais d'une autre façon j'y tiens peu, car je me laisse assez facilement détacher de la plupart des choses qui peuvent me flatter. Je n'en sens pas moins l'attachement foncier à moi-même ; au reste, je ne puis expliquer mon fond, il m'échappe, il me paraît changer à toute heure. Je ne saurais guère rien dire qui ne me paraisse faux un moment après. Le défaut subsistant et facile à dire, c'est que je tiens à moi et que l'amour-propre me décide souvent. J'agis même beaucoup par prudence naturelle et par un arrangement humain. Mon naturel est précisément opposé au vôtre. Vous n'avez point l'esprit complaisant et flatteur comme je l'ai quand rien ne me fatigue ni ne m'impatiente dans le commerce. Alors vous êtes bien plus sèche que moi, vous trouvez que je vais alors jusqu'à gâter les gens, et cela est vrai. Mais quand on veut de moi certaines attentions suivies qui me dérangent, je suis sec et tranchant, non par indifférence ou dureté, mais par impatience et vivacité de tempérament. » — « Mon état, écrit-il[1] encore une autre fois, ne se peut expliquer, car je le comprends moins que personne. Dès que je veux dire quelque chose de moi en bien ou en mal, en épreuve ou en consolation, je le trouve faux en le disant, parce que je n'ai aucune consistance en aucun sens. »

Le lecteur ne souscrira pas plus que nous à la sévérité de ce jugement où se retrouvent encore les restes de cette subtilité dont Fénelon avait tant de peine à se défaire. Mais comme il peint bien les agitations intérieures, les luttes de cette nature éprise de la perfection religieuse, et qui ne peut parvenir à se détacher, non pas des petitesses de ce monde, mais de ce qu'il y a de grand et d'élevé dans les intérêts humains ! Comme de pareilles paroles, écrites avec un accent

---

[1] *Corr. gén.*, VI, 171.

si sincère et tombant de si haut, sont frappantes ! Rien n'est plus attachant, rien ne fortifie davantage que le commerce avec de tels esprits, et la vue de leurs efforts constants vers un but qui semble s'éloigner toujours est à elle seule une excitation à les imiter. Pour n'être pas encore tout à fait arrivés à ces sphères sereines de la perfection qui semblent inaccessibles, ils n'en sont que plus à notre portée, et nous montrent la route à suivre : à plus d'un siècle de distance, les pages où Fénelon épanchait son âme sont encore toutes remplies d'une émotion vraie qui nous gagne insensiblement. On y voit un homme de bien qui souffre et qui lutte, sans chercher à se draper dans une perfection à laquelle il n'était pas encore parvenu ; avec lui, on quitte les régions basses pour s'élever sur ces hauts sommets où il y a encore bien des orages et des jours sombres, mais où l'air est pur, et d'où le regard s'étend au loin ; l'âme se recueille insensiblement et prend son essor vers Celui dont la gloire est écrite partout, mais nulle part en caractères plus éclatants que dans l'âme de ceux qui savent lutter et souffrir pour son nom.

CHAPITRE IV

La guerre en Flandre. — Campagne de 1708. — Le duc de Bourgogne à l'armée. — Oudenarde et la prise de Lille. — Soin des malades et des blessés. — Dévouement de Fénelon. — Marlborough et le prince Eugène. — L'hiver de 1709. — Histoire de la conversion du chevalier de Ramsay. — Jacques III à Cambrai. — Mort de l'abbé de Langeron.

1708-1710.

La fin de la guerre de la succession d'Espagne ramena les armées sur les frontières de la France envahie et pressée de toutes parts. Les Flandres, qui jusque-là avaient servi de base aux opérations militaires, en devinrent alors le théâtre même et furent livrées à toutes les misères de la guerre et de l'invasion. Il fallut bien que, dans cette triste extrémité, l'archevêque de Cambrai, l'un des personnages les plus importants de ces provinces, sortit de la réserve qu'il s'était jusqu'alors imposée. Les circonstances devenant tous les jours plus graves, il fut forcé de se mettre en avant et de payer de sa personne pour venir en aide à ces malheureuses contrées. Mais c'est aussi à cette heure de péril et d'angoisse que Fénelon, avec la vivacité de ses sentiments patriotiques, se révélera tout entier à nous. Le rôle qu'il joua à cette époque est peu connu ; la grandeur des événements efface tout dans les années qui virent passer la France par le plus extrême péril ; la modestie de Fénelon a aidé à cacher, du moins en partie, les efforts de son dévouement et de sa charité. L'histoire n'en dit qu'un mot en passant : le lecteur qui a suivi avec intérêt le récit de l'existence paisible de

Fénelon nous saura peut-être gré de le lui montrer maintenant déployant toute l'activité et toutes les ressources de son zèle.

Chacun sait que ce fut cette guerre de la succession d'Espagne qui fit expier si chèrement à Louis XIV sa gloire première. La fortune, un moment indécise, se tourna tout à coup contre nos armes avec une rigueur qui sembla un moment amener la ruine de la France. Chaque campagne amenait un nouveau désastre, et le pays, découragé et appauvri, soupirait en vain après une paix qui s'éloignait toujours. Tous les ans, l'état de la France empirait; l'argent manquait, les troupes n'étaient plus ni payées ni nourries; la terrible révolte des Camisards, qui fut si rudement réprimée, venait encore s'ajouter à tous ces maux. Il fallait au Roi une force d'âme qu'on ne lui avait pas connue dans la prospérité, pour ne pas plier sous l'orage. Ce fut, en effet, le plus noble moment de sa vie. Avec un courage et une persévérance indomptables, il fit tête à l'infortune et sut, en ne perdant pas l'espérance, faire déployer à ses peuples épuisés d'impôts et de misère une énergie, une ténacité que l'exemple de ce monarque vieilli dans la gloire pouvait seul inspirer. Hochstedt, Ramillies, Turin vinrent successivement, comme autant de coups de foudre, abattre l'orgueil royal, pendant que Philippe V, chassé de Madrid, restait à peine maître de quelques provinces dans son propre royaume. Le Roi, sans s'humilier encore, cherche en vain à établir la paix sur les bases des anciens traités de partage conclus avant la mort de Charles II. Exaltés par leur succès, les alliés ne veulent plus entendre parler de paix, mais bien imposer à la France les plus honteuses conditions. Sous le coup de tels affronts, le Roi fait de nouveaux efforts pour soutenir la lutte, et les armées, rétablies avec peine, peuvent une fois encore entrer en campagne. Le succès sembla un moment répondre à cette admirable constance; l'invasion de la Provence par le prince

Eugène, qui conduisait les troupes du duc de Savoie, notre infidèle allié, échoua misérablement (1707), pendant que Villars paralysait les efforts de Marlborough et l'empêchait d'entrer en Flandre. En Espagne, la victoire d'Almanza rendait à Philippe V son royaume, et montrait à l'Europe étonnée ce que la France épuisée pouvait encore faire pour ses alliés.

Mais ces succès étaient plus apparents que réels; le cercle de fer se reserrait autour de la France, dont les ressources diminuaient toujours. Le contrôleur général, Desmarets, avait beau multiplier les inventions de son fertile génie pour remplir le Trésor, il n'y avait plus d'argent, et tout criait misère. On résolut de faire un grand effort en 1708, et ce fut la Flandre qui dut en être le théâtre. Ces provinces, qui semblent destinées à être la grande route des armées, déjà livrées à l'invasion des troupes étrangères, durent en même temps nourrir les armées françaises. Ce fut une époque terrible pour la partie de la Flandre acquise à la France par les traités précédents. Cambrai, étant l'une des villes principales de ces contrées, eut peut-être la part la plus lourde à porter. Tout passait à travers cette ville, qui dut, en outre, fournir plus d'une fois à la nourriture des états-majors et des troupes d'élite.

Fénelon voyait depuis longtemps venir ce moment où le flot terrible se répandrait sur son diocèse; mais il était trop fidèle à sa double qualité d'évêque et de Français pour hésiter un instant dans l'accomplissement de la nouvelle tâche que le malheur de ces peuples lui imposait. Il fallait faire tout ce qui était en son pouvoir pour aider les troupes du Roi, leur fournir des vivres et, en même temps, défendre de son mieux la population contre les déprédations des ennemis et la violence des soldats. Nous verrons plus loin, avec quelques détails, ce que surent faire en cette occasion sa charité chrétienne et son patriotisme. Mais en commençant le récit de cette triste année, il faut raconter un fait qui, par sa date même, ouvre en quelque sorte cette campagne; il est à peu près ignoré, bien qu'il mérite d'être mis en lumière.

La garnison de Saint-Omer n'étant ni payée, ni nourrie, menaça de se révolter et commit des actes d'indiscipline très-graves. Cette ville forte, en pleine Flandre, à la porte de Cambrai, était d'une importance capitale alors que le pays était ouvert aux alliés; la laisser prendre ou livrer aux ennemis, c'était leur donner une base d'opération redoutable et rendre toute résistance à leurs progrès presque impossible. Fénelon fut informé en même temps, et de la révolte des troupes de la garnison de Saint-Omer, et de l'inaction absolue de l'évêque qui laissait tout faire et manquait, dans cette extrémité, aux devoirs que lui imposaient sa charge et sa qualité de Français. C'était ce même prélat qui avait été si violent contre Fénelon lors de la réception du bref contre les *Maximes des Saints,* et l'avait publiquement outragé dans cette pénible circonstance. L'archevêque comprit aussitôt que la perte de la citadelle de Saint-Omer pouvait avoir les plus funestes conséquences. Sachant par expérience qu'écrire à la cour était peine perdue, qu'on y manquait d'argent et qu'on refuserait de croire à l'imminence du péril, il prit résolûment le parti d'agir lui-même. Il se dépouille de tout l'argent comptant qu'il avait chez lui, emprunte le reste sur des billets qui, signés de son nom, furent reçus avec toute confiance, fait passer le tout aux soldats de Saint-Omer, dont la garnison rentre aussitôt dans le devoir. Puis, cet acte de patriotisme accompli, ayant à la fois sauvé une place importante et caché aux yeux du monde la défaillance d'un confrère qu'il avait tant de sujet de ne pas aimer, Fénelon mit tous ses soins à dérober son action à la connaissance du public. Il y réussit si bien que le Roi ne sut jamais, grâce au silence de ses ministres, qui n'avaient que trop de raisons pour se taire, que le dangereux archevêque, dont les chimères étaient si pernicieuses au bien public, lui avait conservé, au prix de ses propres deniers, une des places fortes de la frontière envahie. Fénelon, dans toutes ses lettres, ne laisse pas échapper une allusion à ce fait, qui fût sans doute resté parfaitement ignoré, sans une missive du cardinal de Bouillon qui lui écrit pour le féliciter de sa générosité envers l'évêque de Saint-Omer dont il a dissimulé « l'inertie » à ses propres « dépens[1]. Les sentiments naturels et réfléchis de mon cœur, lui écrit ce prélat dans sa langue lourde et embarrassée, Monsieur, sont trop vifs sur ce que j'apprends dans l'instant, que vous venez de faire de si généreux (dans le dessein, comme vous avez réussi, d'apaiser la garnison de Saint-Omer et de la faire rentrer dans son devoir), pour que je puisse différer d'un moment à vous congratuler... Je suis sûr que cette action, qui vous attire tant de louanges et qui devrait vous attirer tant de récompenses dès cette vie, ne vous a guère coûté, et je suis même persuadé qu'au pied de votre crucifix, vous avez eu au moins à éloigner des sentiments de complaisance et de joie que vous aurez ressentis en la faisant, par le principe d'une espèce de vengeance permise et si naturelle aux grands et aux nobles cœurs tels qu'est le vôtre. » Le cardinal de Bouillon n'eut raison qu'à moitié; si Fénelon fut heureux dans son cœur d'avoir payé l'opposition violente d'un adversaire par le plus grand des services, s'il put se dire qu'il avait rendu à son pays un service éminent, cet acte resta parfaitement ignoré : on n'en parla que dans la province, et il ne reçut même pas un remercîment verbal.

C'est par ce silencieux dévouement aux intérêts de son pays que Fénelon commença l'année 1708.

Au printemps de cette même année, le duc de Bourgogne

---

[1] *Corr. gén.*, III, 158.

était envoyé pour la troisième fois par le Roi à la tête des armées en Flandre, où étaient réunies toutes les forces dont la France disposait encore. On espérait fort que le jeune prince, à la tête des dernières armées de la France, pourrait assister à une tentative heureuse, et que sa présence ranimerait le courage des officiers et des soldats. Cette espérance, chacun le sait, ne se réalisa pas; la fortune resta contraire à nos armes, et le duc de Bourgogne, un peu par sa faute, beaucoup par celle des autres, ne répondit pas à l'attente générale. La campagne de 1708 rapprocha donc Fénelon de son ancien élève, et leur correspondance devint plus active que par le passé. Ces relations sont trop uniques en leur genre, et cette correspondance est trop originale, pour qu'on n'aime pas à les connaître avec un certain détail. Le Télémaque vivant écoutant les avis du Mentor du dix-septième siècle est plus curieux et plus utile à étudier que l'ingénieuse fiction de l'écrivain.

Depuis la stérile campagne de 1703, le duc de Bourgogne était resté oisif à Versailles et, malgré ses efforts, n'avait pas obtenu la permission d'aller de nouveau à l'armée. Que ce fût prudence ou mauvaise volonté, toujours est-il qu'il avait vu chaque fois ses demandes repoussées. Pendant ces cinq années, la situation du petit-fils de Louis XIV n'était pas devenue plus facile. La cabale de Monseigneur, comme on appelait la petite société libertine et débauchée qui entourait le Dauphin, devenait plus hardie à mesure qu'elle voyait vieillir le Roi et approcher le moment où elle serait maîtresse de la cour; elle ménageait de moins en moins le duc de Bourgogne, dont on raillait la dévotion et la timidité un peu gauche. Sous ces regards malveillants, le pauvre prince devenait plus gauche encore, et se renfermait de plus en plus en lui-même. Le constraste entre son embarras et l'aisance charmante de la duchesse de Bourgogne, dont la grâce a été immortalisée par Saint-Simon, était rendu plus visible encore par les efforts que faisait la princesse pour dissiper les préventions qui régnaient à la cour contre son mari. Avec cette séduction à laquelle personne ne résistait, la duchesse de Bourgogne tournait la tête de son grand-père, cajolait madame de Maintenon, mais ne parvenait pas à donner à son mari cette bonne grâce, cette possession tranquille de lui-même, qui lui eussent permis de lutter d'influence avec la coterie dont tous les efforts tendaient à le rendre ridicule. Mais du moins l'union était complète entre les deux époux, grâce surtout aux conseils prudents de Fénelon, dont la jeune femme se défiait à tort, et qui ne faisait passer que des avis d'indulgence et de modération par le canal des deux ducs. Eux aussi s'employaient de leur mieux à empêcher aucun de ces bruits malveillants, qui naissent toujours dans une cour, d'arriver jusqu'aux oreilles du prince. Au-dessus de toutes ces intrigues, le Roi vieillissant, triste et abattu par les revers, regardait sans le comprendre ce petit-fils si différent de lui, se défiant toujours par instinct de ce qu'il ne comprenait pas. Telle était, autant qu'on peut s'en rendre compte, la situation du jeune prince lorsqu'il partit au printemps pour se rendre en Flandre commander les armées affaiblies et découragées qui restaient seules à celui qui, hier encore, était le plus puissant monarque de l'Europe.

Il est facile de juger quelle fut l'émotion de Fénelon et celle de tous ses amis. C'était pour le prince une occasion de se montrer, de dissiper les bruits désavantageux répandus à dessein sur son compte. Mais les affaires étaient en si triste état qu'une campagne pouvait tout perdre. Le petit prince allait donc courir une grande aventure. Si la guerre était heureuse ou même douteuse, l'honneur lui en reviendrait; mais si la fortune continuait à nous être contraire, on rejetterait tout sur lui, et sa réputation serait perdue. Quelle angoisse pour d'aussi fidèles amis que l'étaient Fénelon et les ducs de Beauvilliers et de Chevreuse! Les alarmes devinrent encore plus vives quand on sut que le Roi avait donné au jeune généralissime, pour le diriger, le duc de Vendôme, en lui adjoignant pour la forme seulement le maréchal de Matignon.

Le nom du duc de Vendôme est resté un des plus illustres de la fin du règne de Louis XIV. Le vainqueur de Villaviciosa a souvent relevé par sa courageuse hardiesse la gloire défaillante des armes françaises, mais il était loin d'être ce qu'on est convenu d'appeler un grand capitaine. Caractère inégal et incomplet, capable des plus grands efforts comme de la plus inconcevable négligence, il est jugé par les historiens de la façon la plus différente, tantôt avec une sévérité extrême, tantôt avec une admiration peu méritée; ce n'est pas une de ces figures qui imposent le respect à l'histoire. Son caractère formait le plus complet contraste avec le prince qu'il devait guider. Nous renvoyons pour la peinture du duc de Vendôme comme homme privé aux admirables portraits que Saint-Simon a laissés de lui. Hardi jusqu'à la témérité dans l'action, comme d'une paresse inouïe hors du champ de bataille, oublieux des détails qu'il méprisait, aussi licencieux dans ses mœurs que cynique dans son langage, M. de Vendôme formait, par ses défauts comme par ses qualités, le constraste le plus complet qu'on eût pu trouver avec le duc de Borgogne. Aussi Fénelon et ses amis furent-ils consternés de ce choix, qui ne pouvait faire naître que les plus tristes prévisions. Deux ans auparavant, poussé par une défiance instinctive, l'archevêque écrivait au duc de Chevreuse: « M. de Vendôme [1], qui a plus de vivacité et d'ardeur que d'attention au total des affaires, ne peut souffrir la supériorité des ennemis sur lui : c'est une honte, un dépit personnel... Il ne s'agit pas de la seule campagne de M. de Vendôme, mais de la fortune de l'État. M. de Vendôme est

---

[1] *Corr. gén.*, I, 176.

paresseux, inappliqué à tous les détails, croyant toujours tout possible sans discuter les moyens et consultant peu ; il a de grandes ressources par sa valeur et son coup d'œil, qu'on dit être très-bon pour gagner une bataille, mais il est très-capable d'en perdre une par excès de confiance; alors que deviendrait-on? » Pour tout achever, il était à la tête de la cabale de Monseigneur, c'est-à-dire de cette coterie qui entourait le Dauphin et qui poursuivait le duc de Bourgogne de ses railleries. M. de Vendôme, favori du fils de Louis XIV, n'aspirait qu'à séparer davantage le prince de son fils, afin de le dominer complétement. Enfin la duchesse de Bourgogne le détestait et lui avait témoigné publiquement son peu d'estime.

Tout contribuait donc à en faire l'ennemi du jeune prince dont il allait diriger le commandement, et il ne fallait pas beaucoup de perspicacité pour deviner qu'une pareille association ne pouvait rien produire de bon, si, même dans des circonstances aussi graves, elle n'amenait pas de grands malheurs. Comment un roi, à qui une aussi longue expérience de gouvernement aurait dû apprendre à connaître à fond la nature humaine, ne s'en rendit-il pas compte lui-même? C'est ce qu'on ne peut expliquer que par cette infatuation et cette habitude d'être obéi qui finissent par troubler le jugement même le plus ferme et le plus juste. Saint-Simon, qui, dans ses Mémoires, se trouve toujours avoir tout prévu avec infaillible perspicacité, raconte avec sa vivacité ordinaire une longue conversation qu'il eut sur ce sujet avec M. de Beauvilliers, qui, plus confiant et plus naïf, voulait croire que cet étrange assemblage ne réussirait pas mal. Voici un fragment de ce curieux morceau, tout plein de cette singulière éloquence qui coule de source avec une sorte de fracas à chaque page de ces récits inimitables. Si la conversation a été tenue telle que Saint-Simon la raconte, il fut ce jour-là bon prophète, et l'événement ne répondit que trop à sa prédiction de malheur[1]. « Je lui dis donc que, pour en juger comme je faisais, il n'y avait qu'à connaître ces deux hommes, et à cette connaissance joindre celle de la cour, et d'une armée qui deviendrait cour au moment que Mgr le duc de Bourgogne y serait arrivé. Que le feu et l'eau n'étaient pas plus différents, ni plus incompatibles, que l'étaient Mgr le duc de Bourgogne et M. de Vendôme : l'un dévot, timide, mesuré à l'excès, renfermé, raisonnant, pesant et compassant toutes choses, vif néanmoins et absolu, mais avec tout son esprit, simple, retenu, considéré, craignant le mal et de former des soupçons, se reposant sur le vrai et le bon, connaissant peu ceux à qui il avait à faire, quelquefois incertain, ordinairement distrait et trop porté aux minuties; l'autre, au contraire, hardi, audacieux, avantageux, imprudent, méprisant tout, abondant en son sens avec une confiance dont nulle expérience ne l'avait pu déprendre, incapable de contrainte, de retenue, de respect, surtout de joug; orgueilleux au comble dans toutes les sortes de genre, âcre et intraitable à la dispute et hors d'espérance de pouvoir être ramené sur rien, accoutumé à régner, ennemi jusqu'à l'injure de toute espèce de contradiction, toujours singulier dans ses avis et fort souvent étrange, impatient à l'excès de plus grand que lui, d'une débauche également honteuse et abominable, également continuelle et publique, dont même il ne se cachait pas par audace, ne doutant de rien, fier du goût du Roi si déclaré pour lui et pour sa naissance, et de la puissante cabale qui l'appuie, fécond en artifices, avec beaucoup d'esprit, et sachant bien à qui il a affaire; tous moyens bons, sans vérité, ni honneur, ni probité quelconque, avec un front d'airain qui ose tout, qui entreprend, qui soutient tout, à qui l'expérience de l'état où il s'est élevé par cette voie confirme qu'il peut tout,

---

[1] SAINT-SIMON, édition Chéruel, VI, **223**.

et que pour lui il n'est rien qui soit à craindre; que cette ébauche de portrait de ces deux hommes était incontestable et sautait aux yeux de quiconque avait un peu examiné l'un et l'autre par leur conduite et par les occasions qu'ils ont eues de se montrer tels qu'ils sont; que cela étant ainsi, il était impossible qu'ils ne se brouillassent, et bientôt, que les affaires n'en souffrissent, que les événements ne se rejetassent de l'un sur l'autre, que l'armée ne se partialisât, que le plus fort ne perdît le plus faible, et que ce plus fort serait Vendôme, que nul frein, nulle crainte ne retiendrait, et qui, avec sa cabale, perdrait le jeune prince, et le perdrait sans retour; que le vice incompatible avec la vertu rendrait la vertu méprisable sur ce théâtre de vices; que l'expérience accablerait la jeunesse; que la hardiesse dompterait la timidité; que l'asile de la licence et l'asile par art pour se faire adorer en rendrait odieux le jeune censeur, que le génie avantageux, audacieux, saisirait tout, que les artifices soutiendraient tout; que l'armée, si accoutumée au crédit et au pouvoir de l'un et à l'impuissance de l'autre, abandonnerait en foule celui dont rien n'était à espérer ni à craindre, pour s'attacher à celui dont l'audace serait sans bornes, et dont la crainte avait tenu glacée toute l'encre d'Italie tandis qu'il y avait été. »

Le duc de Bourgogne quitta Versailles au moi de mai pour se rendre en Flandre. Cette fois encore il se rapprochait de Fénelon, mais il n'était pas plus libre que cinq années auparavant de voir son ancien maître. Il était, comme par le passé, gêné par la crainte de déplaire au Roi, et plus encore parce qu'il se savait entouré des amis de Vendôme, espionné et surveillé sans relâche; il dut donc se contenter d'appeler de nouveau l'archevêque de Cambrai à son passage dans la ville et de le voir en public. Le billet par lequel il lui mande qu'il dînera le 16 mai à la poste de Cambrai est écrit avec cette même tendresse affectueuse que nous avons déjà remarquée plus d'une fois [1] : « Il (le duc de Bourgogne) passa à Cambrai, dit Saint-Simon, avec les mêmes défenses de la première fois, mais il y dîna. A la vérité, ce fut à la poste même, où l'archevêque se trouva avec tout ce qui était à Cambrai. On peut juger de la curiosité de cette entrevue qui fut au milieu de tout le monde. Le jeune prince embrassa tendrement son précepteur à plusieurs reprises. Il lui dit tout haut qu'il n'oublierait jamais les grandes obligations qu'il lui avait, et, sans jamais parler bas, ne parla presque qu'à lui, et le feu de ses regards lancé dans les yeux de l'archevêque suppléa à tout ce que le Roi avait interdit. »

Dans cette fugitive entrevue, Fénelon n'avait pu guère que voir de ses yeux son cher prince, mais cela ne lui suffisait pas. Comprenant que jamais le prince n'avait eu plus besoin de soutien, Fénelon lui fit passer par une voie sûre une lettre pleine de conseils et d'avis. Malheureusement nous n'avons pas cette lettre, qui nous apprendrait ce que Fénelon recommandait à son élève dans la situation difficile où il se trouvait. La réponse du duc de Bourgogne a été conservée : nous allons la citer en entier. Elle le peint à merveille, avec l'élévation de son cœur, mais aussi avec une préoccupation excessive des sujets religieux, qui est singulière dans un pareil moment. Ce n'était pas l'heure de penser aux jansénistes, et nous verrons plus loin que Fénelon, bien que trop ardent lui-même pour jamais perdre de vue la défense de la vérité, était le premier à combattre chez son élève une certaine étroitesse de vues religieuses, qu'une religion mieux entendue eût fait disparaître, et qui nuisait à la fermeté de son caractère [2] :

---

[1] Saint-Simon, édition Chéruel, VI, 285.
[2] *Corr. gén.*, I, 214.

« A Valenciennes, le 21 mai 1708.

« Votre lettre m'a été rendue en particulier, mon cher archevêque, et je vous envoie la réponse par la même voie. C'est la meilleure dont vous puissiez user lorsque vous le jugerez à propos. L'électeur de Cologne a fait savoir à M. de Vendôme qu'il désiroit me voir ; et à cause des inconvéniens du cérémonial, et que je ne lui pourrois pas donner autant qu'il prétendroit, il a été convenu que je ne le verrois qu'à cheval, et je crois que ce sera le jour de la revue de l'armée : ainsi faites-lui la réponse que vous avez projetée. Je sais que ce prince a plus de mérite qu'on ne lui en croit : je le connois par moi-même. Je suis charmé des avis que vous me donnez dans la seconde partie de votre lettre, et je vous conjure de les renouveler toutes les fois qu'il vous plaira. Il me paroît, Dieu merci, que j'ai une partie des sentimens que vous m'y inspirez, et que, me faisant connoître ceux qui me manquent, Dieu me donnera la force de tout accomplir, et d'user des remèdes que vous me prescrivez. Il me paroît que, pour ne guère nous voir, vous ne me connoissez pas mal encore. Quant à l'article qui regarde les jansénistes, j'espère, par la grâce de Dieu, non pas telle qu'ils l'entendent, mais telle que la connoît l'Église catholique, que je ne tomberai jamais dans les piéges qu'ils voudront me dresser. Je connois le fond de leur doctrine, et je sais qu'elle est plus calviniste que catholique. Je sais qu'ils écrivent avec esprit et justesse ; je sais qu'ils font profession d'une morale sévère, et qu'ils attaquent fortement la relâchée ; mais je sais en même temps qu'ils ne la pratiquent pas toujours. Vous en connoissez les exemples, qui ne sont que trop fréquens. J'aurai une attention très-particulière à ce qui regarde les églises et les maisons des pasteurs : c'est un point essentiel, et je garderai sur ces points une exacte sévérité. Continuez vos prières, je vous en supplie : j'en ai plus besoin que jamais. Unissez-les aux miennes, ou plutôt je les unirai aux vôtres ; car je sais qu'en pareil cas l'évêque est au-dessus du prince. Vous faites très-sagement de ne point venir ici, et vous en pouvez juger par ce que je n'ai point été coucher à Cambrai. J'y aurois été assurément sans les raisons décisives qui m'en ont empêché. Sans cela, j'aurois été ravi de vous voir ici pendant le séjour que j'y fais, et de vous y entretenir sur beaucoup de matières, où vous auriez été plus capable que personne de m'éclaircir et de me donner conseil. Vous savez l'amitié que j'ai toujours eue pour vous, et que je vous ai rendu justice au milieu de tout ce dont on vous accusoit injustement. Soyez persuadé que rien ne sera capable de la diminuer, et qu'elle durera autant que ma vie. »

Le début de la campagne fut assez heureux pour donner donner quelques instants d'illusions sur ses résultats. La brillante surprise de Gand, où les jeunes princes (le duc de Berri accompagnait son frère) entrèrent en grande pompe, le 6 juillet 1708, sembla un présage favorable ; mais ce retour de fortune ne dura guère. Les armées françaises avaient passé l'Escaut pour s'emparer d'Oudenarde et couper ainsi les communications des deux armées alliées. Ce plan hardi, qui eût exigé plus de forces que celles dont disposaient les généraux français, ne pouvait être exécuté avec succès en présence des armées ennemies beaucoup plus nombreuses. Les conséquences de ce malheureux essai ne tardèrent pas à se montrer désastreuses. Marlborough s'avança rapidement avec un nombre considérable de troupes, tandis que le prince Eugène arrivait à marches forcées pour le rejoindre. Il fallut donc rétrograder pour n'être pas pris entre deux feux : c'est alors que le caractère de Vendôme se montra dans tout son jour. Malgré les vives représentations de ses officiers, malgré les instances réitérées du duc de Bourgogne qui sentait tout le péril, rien ne put le décider à se hâter. Se confiant dans son bonheur accoutumé, il perdit plusieurs jours par paresse et par négligence. Quand il voulut repasser l'Escaut, les alliés l'avaient déjà franchi avant lui et occupaient une position formidable aux environs d'Oudenarde. Il fallut bien alors livrer ce funeste combat qui a pris dans l'histoire le nom de défaite d'Oudenarde.

Nous n'avons pas à faire le récit de cette triste affaire, qui fut engagée dans les plus mauvaises conditions, sans ordre et sans plan préconçu. Toute la valeur et la hardiesse téméraire du duc de Vendôme, l'auteur de tout le mal par son inconcevable nonchalance, ne purent rien pour rétablir le combat, qui dégénéra bientôt en déroute pour les Français. Le duc de Bourgogne, son frère le duc de Berri, et le jeune Jacques III qui combattait avec nous, s'exposèrent à plusieurs reprises avec une bravoure personnelle qui leur fit honneur aux yeux de toute l'armée et mit au moins leur réputation au-dessus de toute atteinte.

La journée, malgré toute son importance, n'avait cependant pas été décisive; c'était plutôt une panique qu'un désastre irrémédiable; les pertes n'étaient pas très-considérables.

Les princes, le duc de Vendôme et les autres généraux se réunirent donc le soir même, pour savoir s'il fallait tenter le lendemain une nouvelle aventure malgré les conditions défavorables où se trouvaient les troupes démoralisées et harassées de fatigue, où bien re retirer afin de sauver la dernière armée de la France. C'est alors qu'eut lieu ce fameux conseil de guerre que Saint-Simon raconte avec une si saisissante éloquence; le lecteur nous saura sans doute gré de lui remettre sous les yeux cette page si vivante qui nous fait, pour ainsi dire, assister à cette scène étrange, empreinte d'un pathétique sombre, tout à fait en accord avec le soir d'une défaite :

« La nuit tombait, on avait perdu un terrain infini, la moitié de l'armée n'avait pas achevé d'arriver. Dans une situation si triste, les princes consultèrent avec M. de Vendôme ce qu'il y avait à faire, qui de fureur de s'être si cruellement mécompté brusquait tout le monde. Mgr le duc de Bourgogne voulait parler, mais Vendôme, enivré d'autorité et de colère, lui ferma à l'instant la bouche, en disant d'un ton impérieux devant tout le monde : « qu'il se souvînt qu'il « n'était venu à l'armée qu'à condition de lui obéir ». Ces paroles énormes, et prononcées dans les funestes moments où on sentait si horriblement le poids de l'obéissance rendue à sa paresse et à son opiniâtreté, et qui, par le délai de décamper, était cause de ce désastre, firent frémir d'indignation tout ce qui l'entendit. Le jeune prince à qui elles furent adressées y chercha une plus difficile victoire que celle qui se remportait actuellement par les ennemis sur lui ; il sentit qu'il n'y avait point de milieu entre les dernières extrémités et l'entier silence, et fut assez maître de soi pour le garder. Vendôme se mit à pérorer sur ce combat, à vouloir montrer qu'il n'était point perdu, à soutenir que la moitié de l'armée n'ayant point combattu, il fallait tourner toutes ses pensées à recommencer le lendemain matin, et pour cela profiter de la nuit, rester dans les mêmes postes où on était, et s'y avantager au mieux qu'on pourrait. Chacun écouta en silence un homme qui ne voulait pas être contredit, et qui venait de faire un exemple aussi coupable qu'incroyable, dans l'héritier nécessaire de la couronne, de quiconque hasarderait autre chose que des applaudissements.

« Le silence durait donc sans que personne osât proférer une parole jusqu'à ce que le comte d'Évreux le rompit pour louer M. de Vendôme dont il était cousin germain et fort protégé. On en fut un peu surpris, parce qu'il n'était que maréchal de camp. Il venait cependant des avis de tous côtés que le désordre était extrême.

« Puységur arrivant devers la maison du Roi en fit un récit qui ne laissa aucun raisonnement libre, et que le maréchal de Matignon osa appuyer. Sousternon, venant d'un autre côté, rendit un compte semblable. Enfin Cheladet et Puyguyon, survenant chacun d'ailleurs, achevèrent de presser une résolution. Vendôme, ne voyant nulle apparence de résister davantage à tant de convictions, et poussé à bout de rage : « Oh bien! s'écria-t-il, messieurs, je vois bien que « vous le voulez tous, il faut donc se retirer. Aussi bien, ajouta- « t-il en regardant Mgr le duc de Bourgogne, il y a longtemps, « Monseigneur, que vous en aviez envie. » Ces paroles, qui ne peuvent manquer d'être prises dans un double sens, et qui furent, par la suite, appesanties, furent prononcées exactement telles que je les rapporte, et assénées de plus de façon que pas un des assistants ne se méprit à la signification que le général leur voulut faire exprimer. Les faits sont simples, ils parlent d'eux-mêmes ; je m'abstiens de commentaires pour ne pas interrompre le reste de l'action. Mgr le duc de Bourgogne demeura dans le parfait silence, comme il avait fait la première fois, et tout le monde, à son exemple, en diverses sortes d'admirations muettes. Puységur le rompit à la fin pour demander comment on entendait faire la retraite. Chacun parla confusément. Vendôme, à son tour, garda le silence, ou de dépit, ou d'embarras ; puis il dit qu'il fallait marcher à Gand, sans ajouter comment, ni aucune autre chose. »

Nous laissons aux gens du métier le soin de décider lequel des deux partis était le meilleur : les historiens sont partagés. Il semble que dans un autre temps, alors que les armées françaises, confiantes en elles-mêmes et habituées à vaincre, eussent été plus ardentes le lendemain que le jour même de la bataille, l'avis de Vendôme eût été le meilleur, mais on n'était plus à ces brillants moments. Avec des troupes découragées, fatiguées, mal nourries et mal payées, avec le souvenir de Hochstedt et de Ramillies, on ne pouvait plus rien risquer, et à s'obstiner contre le sort, on n'eût fait qu'aller à une défaite plus complète encore.

La retraite s'opéra donc sans ordre, et dans une confusion qui montre ce qu'eût été une nouvelle bataille ; mais la conséquence immédiate fut le siége de Lille, que le prince Eugène et Marlborough vinrent aussitôt entourer. Le maréchal de Boufflers s'y jeta, et y fit cette défense héroïque qui illustra son nom.

Les tristes nouvelles de la défaite d'Oudenarde arrivèrent bien vite à Versailles et à Paris, et y firent une profonde impression. L'émoi et la terreur furent grands : Lille une fois pris, l'ennemi était presque aux portes de Paris. Ce fut un cri général contre le duc de Bourgogne, qu'on accusait de timidité. La cabale de Monseigneur, obéissant aux instructions de Vendôme, et assurée de ne pas déplaire au prince lui-même, jeta les hauts cris. Les amis du jeune prince, à la tête desquels se trouvaient MM. de Chevreuse et de Beauvilliers, le défendirent avec vivacité, et la cour se trouva divisée en deux partis. La jeune duchesse défendait avec ardeur les intérêts de son mari auprès du Roi, et allait pleurer chez madame de Maintenon, qui la soutenait cette fois parce qu'elle n'aimait pas plus qu'elle le parti de Vendôme ; mais la rumeur augmentait toujours. Tout ce bruit, toutes ces clameurs, exagérées encore par l'inquiétude, arrivaient à Cambrai, et y pénétraient d'angoisse et de douleur l'âme de Fénelon. Voir le duc de Bourgogne, l'enfant de ses soins et de ses prières, dans une position aussi critique, entendre proférer contre lui les accusations les plus diverses et les plus injurieuses, ce fut pour Fénelon l'épreuve la plus cruelle. Mais il savait que si tout le monde abandonnait le pauvre jeune homme inexpérimenté qu'on avait ainsi envoyé au péril en lui donnant comme conseillers des adversaires déclarés, c'était à lui que revenait la tâche de le fortifier et de le soutenir. Profitant de la facilité de communication que le séjour du prince en Flandre établissait entre eux, il lui adressa une série de lettres qui méritent d'avoir leur place dans le récit de ces campagnes fameuses. Mais avant d'en rendre compte, et pour bien les comprendre, il est nécessaire d'exposer en quelque mots quelle fut, pendant toute la durée de cette correspondance, la position du duc de Bourgogne, et les événements qui suivirent le combat d'Oudenarde.

Le duc de Bourgogne, ou plutôt M. de Vendôme, qui, en réalité, était le seul maître, restait, après la défaite, à la tête d'une armée qui comptait encore cent mille hommes. Chacun s'attendait à voir ce corps de troupes, très-considérable pour le temps, marcher rapidement au secours de Lille, et forcer les alliés à lever le siége. La chose eût été facile au début; mais la paresse et l'opiniâtreté de Vendôme vinrent encore tout empêcher. Ne voulant pas croire à la persévérance des ennemis dans une tentative aussi audacieuse que celle de prendre une place forte de premier ordre sous les yeux mêmes de l'armée française, il perdit du temps, ne voulut rien faire, laissa Marlborough amener un immense matériel de siége, et se fortifier si bien dans ses retranchements que, pour le déloger, il eût fallu livrer de nouveau une bataille rangée. Le duc de Bourgogne ne put rien contre cette inertie peut-être volontaire; à chaque occasion l'insolence du duc de Vendôme à son égard devenait plus éclatante, et il était obligé de se renfermer dans une silencieuse réserve. De plus, la division régnait ouvertement parmi les généraux. Le maréchal de Berwick, que le Roi avait envoyé renforcer l'armée de Vendôme, refusait de lui obéir, et leur querelle devint si vive que Chamillard dut venir à l'armée pour les réconcilier. Au milieu de ces indécisions, les travaux des ennemis avançaient toujours, et toutes les entreprises pour les troubler échouaient misérablement. Vendôme se refusait à tout, ne voulant même rien faire à temps pour couper les convois de vivres des alliés. Le duc de Bourgogne réussit bien, presque par force, à lui en imposer l'essai, mais les ordres, mal donnés, furent encore plus mal exécutés et restèrent sans effet. Devant une mauvaise volonté aussi évidente, sachant que sa conduite était chaque jour rapportée à Versailles sous le plus faux point de vue, le pauvre jeune prince de vingt-neuf ans, qui n'était généralissime que de nom, se découragea et se renferma trop dans son particulier, comme on disait alors. Croyant peut-être par là démontrer son impuissance, il se laissa aller à l'indolence de sa nature, et prêta, par cette inattention brusquement affectée et qui fut mal interprétée, le flanc à de nouvelles critiques.

A la cour et à Paris, on ne comprenait rien à ces lenteurs et à ces tergiversations qu'on ne se faisait pas faute d'appeler d'un autre nom. L'héroïsme antique que Boufflers déployait dans la défense de Lille, l'ardeur et le courage des habitants de la ville qui rivalisaient avec la garnison, faisaient ressortir encore plus l'inaction de l'armée. Le récri était général, et les amis de Vendôme ne se cachaient pas pour déclarer que c'était le duc de Bourgogne qui empêchait tout par son inertie, car après la défaite d'Oudenarde, le Roi, comprenant trop tard la faute qu'il avait commise en confiant son petit-fils au duc de Vendôme, crut la réparer en confiant au jeune prince la puissance décisive, c'est-à-dire le droit de trancher les questions difficiles et d'être juge en dernier ressort des décisions à prendre. Ce n'était en réalité qu'augmenter encore la responsabilité qui pesait déjà sur lui et le paralyser davantage encore ; car il était bien naturel, en effet, qu'après un pareil échec, le duc de Bourgogne n'osât plus rien risquer. Aussi cette mesure prise en sa faveur ne fit-elle qu'exciter les esprits contre lui. Cependant la position des alliés était si formidable que Berwick, après avoir examiné et reconnu les lieux que les ennemis avaient fortifiés, déclara hautement, avec cette autorité que lui donnait la victoire d'Almanza, qu'il ne fallait pas songer à essayer de les en déloger. Vendôme, qui n'avait rien fait à temps pour empêcher les alliés de se mettre si bien à l'abri, et qui voulait encore une fois tout risquer lorsqu'il n'en était plus temps, finit pourtant par se ranger à cet avis, qui, en fait, sauva la France, en lui conservant une armée. Mais la foule des officiers et le public en général s'indignaient d'une inaction aussi extraordinaire, et l'opinion se prononçait chaque jour plus ouvertement contre un prince qui la tolérait. Cette terrible angoisse, une des plus pénibles qu'un homme puisse avoir à supporter, dura quatre mois.

Après avoir mis ainsi le lecteur bien au fait de la triste situation du duc de Bourgogne, nous allons laisser parler Fénelon, écouter les réponses du prince, et pénétrer ainsi dans le secret le plus intime de leurs relations durant ces jours d'épreuve.

Dès le commencement de septembre, Fénelon, ayant entendu dire que le prince songeait à retourner à Versailles avant la fin du siége de Lille, lui écrit à la hâte ces quelques lignes émues, où l'on sent combien ces bruits l'affligent[1] :

« Septembre 1709.

« Je n'ai garde, Monseigneur, de me mêler des affaires qui sont au-dessus de moi, et principalement de celles de la guerre que j'ignore profondément ; mais la connaissance de vos bontés et un excès de zèle me font prendre la liberté de vous dire, par cette voie très-sûre et très-secrète, que si Dieu permettait que vous ne puissiez pas secourir Lille, il conviendrait au moins, si je ne me trompe, que vous fissiez les dernières instances pour obtenir la permission de demeurer à la tête des armées jusqu'à la fin de la campagne. Quand un grand prince comme vous, Monseigneur, ne peut acquérir de la gloire par des succès éclatants, il faut au moins qu'il tâche d'en acquérir par sa fermeté, son génie, et par ses ressources dans les tristes événements. Je suis persuadé,

---

[1] *Corr. gén.*, I, 224.

Monseigneur, que toute la pente de votre esprit est pour ce parti. Il ne dépend pas de vous de faire l'impossible; mais ce qui peut soutenir la réputation des armes du Roi et la vôtre, est que vous fassiez jusqu'à la fin tout ce qu'un vieux et grand capitaine ferait pour redresser les choses. Les habiles gens vous feront alors justice, et les habiles gens décident toujours à la longue dans le public. Souffrez cette indiscrétion du plus dévoué et du plus zélé de tous les hommes. »

Quelques jours après, ses inquiétudes sur ce point étant dissipées, Fénelon écrit de nouveau [1]:

« On ne connoît ni les autres hommes ni soi-même, quand on n'a jamais été dans l'occasion du malheur, où l'on fait la véritable épreuve de soi et d'autrui. La prospérité est un torrent qui vous porte; en cet état, tous les hommes vous encensent, et vous vous enivrez de cet encens. Mais l'adversité est un torrent qui vous entraîne, et contre lequel il faut se roidir sans relâche. Les grands princes ont plus de besoin que tout le reste des hommes des leçons de l'adversité : c'est d'ordinaire ce qui leur manque le plus. Ils ont besoin de contradiction pour apprendre à se modérer, comme les gens d'une médiocre condition ont besoin d'appui. Sans la contradiction, les princes *ne sont point dans les travaux des hommes,* et ils oublient l'humanité. Il faut qu'ils sentent que tout peut leur échapper, que leur grandeur même est fragile, et que les hommes qui sont à leurs pieds leur manqueroient, si cette grandeur venoit à leur manquer.

« Oserai-je vous dire ce que j'apprends que le public dit? Si je suivois les règles de la prudence, je ne le ferois pas. Mais j'aime mieux m'exposer à vous paroître indiscret que manquer à vous dire ce qui sera peut-être utile dans un cœur tel que le vôtre. On vous estime sincèrement; on vous aime avec tendresse; on a conçu les plus hautes espérances

---

[1] *Corr. gén.*, I, 226.

des biens que vous pourrez faire ; mais le public prétend savoir que vous ne décidez pas assez, et que vous avez trop d'égards pour des conseils très-inférieurs à vos propres lumières. Comme je ne sais point les faits, j'ignore sur qui tombent tous ces discours, et je ne fais que vous rapporter simplement, mot pour mot, ce que je ne sais ni ne puis démêler. »

Le duc de Bourgogne répond en se disculpant très-simplement, sans aucune affectation d'humilité chrétienne; la vérité que son conseiller lui dit si franchement, il sait l'entendre. Enhardi par l'accueil fait à ses avis et évidemment poussé hors de lui par les bruits toujours plus défavorables qui courent sur le prince, Fénelon lui envoie, le 24 septembre, une nouvelle lettre, où toutes les accusations portées contre lui sont énumérées point par point, avec une vigueur de franchise qui serait difficile à supporter pour un particulier, mais qui devait sonner singulièrement aux oreilles d'un petit-fils de Louis XIV [1] :

« A Cambrai, 24 septembre 1708.

« Loin de vouloir vous flatter, Monseigneur, je vais rassembler ici toutes les choses les plus fortes qu'on répand dans le monde contre vous.

« 1° On dit que vous êtes trop particulier, trop renfermé, trop borné à un petit nombre de gens qui vous obsèdent. Il faut avouer que je vous ai toujours vu, dans votre enfance, aimant à être en particulier, et ne vous accommodant pas des visages nouveaux. Quoique je sois persuadé que vous avez, depuis ce temps-là, beaucoup pris sur vous par raison et par vertu, pour vous donner au public, qui a une espèce de droit d'aborder facilement les princes, il peut se faire qu'il y ait encore dans votre fonds quelque reste de ce goût-là. De plus, je ne m'étonne pas que vous ayez été un peu

---

[1] *Corr. gén.*, I, 237.

plus renfermé qu'à l'ordinaire dans ces temps d'agitation et d'embarras, où les partis étoient difficiles à prendre et où vous trouviez les esprits divisés. Vous avez, plus qu'aucun autre prince, de quoi contenter le public, dans la conversation. Vous y êtes gai, obligeant, et si on l'ose dire, très-aimable : vous avez l'esprit cultivé et orné pour pouvoir parler de tout, et pour vous proportionner à chacun. C'est un charme continuel, qu'il ne tient qu'à vous de donner : il ne vous en coûtera qu'un peu de sujétion et de complaisance. Dieu vous donnera la force de vous y assujettir, si vous la désirez. Vous n'y aurez que la gloire mondaine à craindre. C'est l'avantage des grands princes, que chacun qui se ruine ou s'expose à être tué pour eux, est enchanté par une parole obligeante et dite à propos. L'armée entière chantera vos louanges, quand chacun vous trouvera accessible, ouvert et plein de bonté.

« 2° On dit, Monseigneur, que vous écoutez trop des personnes sans expérience, d'un génie borné, d'un caractère foible et timide : on va jusqu'à les accuser de manquer de courage. Je ne sais point sur qui tombent ces discours, et je les suppose très-injustes. On ajoute qu'ayant par vous-même des lumières très-supérieures à celles de ces gens-là, vous déférez trop à leurs conseils, qui tendent aux partis peu propres à vous faire honneur. Il est naturel que la jalousie et le dépit fassent parler ainsi. Il peut même se faire que les gens attachés à M. de Vendôme répandent ces bruits ; mais enfin ils sont forts répandus. Vous saurez mieux que personne discerner ce qu'ils ont de véritable d'avec ce qui est faux. . .
. . . .

« 5° On dit qu'étant sérieux et renfermé, vous perdez néanmoins du temps pour les choses les plus sérieuses, par un peu de badinage qui n'est plus de saison, et que les gens de guerre n'approuvent pas. Si vous avez besoin d'un certain enjouement pour vous délasser l'esprit, tâchez de le proportionner aux bienséances de votre âge, et à la grande fonction que vous remplissez. Tout au moins que cette espèce de jeu soit secret, et confié à très-peu de personnes sages et discrètes.

« 6° On dit, Monseigneur, que vos délibérations ne sont pas assez secrètes; que vous prenez peu de précautions pour les cacher, et que les ennemis mêmes sont facilement informés de vos desseins, parce qu'ils sont divulgués dans votre armée. Je comprends que les divisions des officiers généraux, à qui vous ne pouvez pas éviter de parler, peuvent contribuer beaucoup à divulguer les résolutions que vous prenez. Des gens divisés se passionnent, disputent, et parlent les uns contre les autres, aux dépens du secret commun. M. de Vendôme a ses confidens, qui peuvent tout savoir, et dire tout à leur mode, pour le défendre. Il est vrai, Monseigneur, que votre vivacité, jointe à votre voix, qui est naturellement un peu éclatante, fait qu'on vous entend d'assez loin, dès que vous vous animez en raisonnant; et c'est sur quoi vous ne sauriez vous trop précautionner pour les délibérations importantes, car le secret est l'âme des affaires. Il y a très-peu de gens à qui il n'échappe pas quelque parole qui fasse trop entendre. Il importe que vous recommandiez un profond secret à toutes les personnes que vous êtes obligé d'honorer de votre confiance.

« 7° On dit, Monseigneur, que vous n'êtes pas assez bien averti, et qu'on ne prend pas assez de soin, dans votre armée, pour savoir d'abord ce que les ennemis font. On ajoute que personne n'a assez de soin de prévoir, d'arranger, de remédier aux inconvéniens, d'étudier le terrain voisin et tout le pays. Il y a longtemps que j'ai ouï dire aux gens qui ont de la réputation dans ce métier, que M. de Vendôme ne sauroit s'appliquer à tous ces détails, qu'il ne prévoit guère, qu'il hasarde beaucoup, qu'il croit tout possible et facile, qu'il est souvent surpris, qu'il ne croit ni n'écoute personne, et qu'il a été en Italie tel qu'il est en France, avec une grande valeur, une très-bonne volonté et une inapplication incorrigible. Voilà le portrait que j'en ai vu faire unanimement à tous les meilleurs officiers; mais il seroit à désirer que quelqu'un fît sous vous, Monseigneur, ce que M. de Vendôme ne fait pas; en sorte que vous fussiez averti de tout, et qu'on ne fût exposé à aucun mécompte, faute de prévoyance....."

« Pour vos défauts, Monseigneur, je remercie Dieu de ce qu'il vous les fait sentir, et de ce qu'il vous apprend à vos dépens, par de si fortes leçons, à vous défier et à désespérer de vous-même. Mais cherchez en Dieu toutes les ressources que vous ne trouvez pas en vous. *Je puis tout*, dit saint Paul[1], *en celui qui me fortifie.* Vivez de foi, et non de votre propre sagesse, ni de votre propre courage.

« Il faut néanmoins, Monseigneur, vous dire que le public vous estime, vous respecte, attend de grands biens de vous, et sera ravi qu'on lui montre que vous n'avez aucun tort. Il croit seulement que vous avez une dévotion sombre, timide, scrupuleuse, et qui n'est pas assez proportionnée à votre place; que vous ne savez pas assez prendre une certaine autorité modérée, mais décisive, sans blesser la soumission inviolable que vous devez aux intentions du Roi. C'est ce que je ne fais que vous rapporter d'une façon purement historique, parce que je suis hors de portée de voir les faits. Mais, supposé même qu'ils soient tels qu'on les raconte, il n'y a qu'un seul usage que vous en deviez faire : c'est celui de voir humblement vos défauts, de ne vous en point décourager, et de recourir à Dieu avec confiance pour travailler à leur correction. Eh! qui est-ce, sur la terre, qui n'a point de défauts, et qui n'a pas commis de grandes fautes? Qui est-ce qui est parfait à vingt-six ans pour le très-difficile métier de la guerre, quand on ne l'a jamais fait de suite? Pour votre piété, si vous voulez lui faire honneur, vous ne sauriez

[1] *Philipp.*, IV, 12.

être trop attentif à la rendre douce, simple, commode, sociable. Il faut vous faire *tout à tous pour les gagner tous;* aller tout droit à l'extirpation de vos principaux défauts par amour de Dieu, et par renoncement à l'amour-propre ; chercher au dehors le bien public, autant que vous le pourrez, et retrancher les scrupules sur des choses qui paroissent des minuties. »

Au milieu des difficultés qui l'entouraient et du tumulte des camps, le duc de Bourgogne trouve le temps de répondre à Fénelon, et sa lettre est aussi calme, aussi simple que s'il eût eu à répondre à des compliments. Certes, on voudrait plus de vie, plus d'ardeur, moins de retour sur soi-même, chez un jeune homme à qui le bruit du canon et l'odeur de la poudre auraient dû monter, ce semble, à la tête et faire tout oublier, hors la passion de se justifier. Mais n'y a-t-il pas aussi de la grandeur d'âme à garder un si profond sentiment du devoir, une si parfaite possession de soi-même au milieu d'un tel orage? Pour être moins brillantes, les qualités qui se révèlent à travers les lignes que le jeune prince traçait sous sa tente n'en sont pas moins d'un ordre supérieur. Elles témoignent d'un esprit doué d'une singulière force de résistance et d'un calme rare à cet âge [1] :

« Du camp de Saulnoir, 3 octobre 1708.

« Je n'ai pu répondre plus tôt à votre grande lettre, mon cher archevêque ; car j'en ai souvent à écrire sur des choses longues, et qui me fatiguent la tête. Je puis le faire présentement article par article, vous disant auparavant que je suis bien moins homme de bien et moins vertueux que l'on ne me croit ; ne voyant en moi que haut et bas, chutes et rechutes, relâchemens, omissions et paresse dans mes devoirs les plus essentiels ; immortifications, délicatesse, orgueil, hauteur,

---

[1] *Corr. gén.*, I, 247.

mépris du genre humain; attache aux créatures, à la terre, à la vie, sans avoir cet amour du Créateur au-dessus de tout, ni du prochain comme moi-même.

« 1° Il est vrai que je suis renfermé assez souvent; mais, comme je vous l'ai dit, j'écris beaucoup de certains jours. La prière, la lecture prennent aussi du temps, quoique j'y sois moins régulier que je ne devrois être. Je ne nie pas cependant que je n'en perde souvent. Il est vrai aussi que je parle plutôt aux gens à qui je suis plus accoutumé, et que je suis trop en cela mon goût naturel.

« 2° Je ne sache point, dans tout ce qui s'est passé en dernier lieu, avoir consulté gens sans expérience. J'ai parlé aux plus anciens généraux, à des gens sans atteinte sur le courage; et si les conseils ont été taxés de timides, ils méritoient plutôt le nom de prudens.

« 3° Il est vrai que la présomption absolue de M. de Vendôme, ses projets subits et non digérés, et ce que j'en ai vu, m'empêchent d'avoir aucune confiance en lui, et que cependant j'ai trop acquiescé dans des occasions où je devois au contraire décider de ce qu'il me proposoit, joignant en cela la foiblesse à peut-être un peu de prévention; car, depuis l'affaire d'Oudenarde, j'ai reçu la puissance décisive, ainsi que je crois vous l'avoir déjà dit.

. . . .

« 5° Il est vrai que j'ai quelquefois badiné, mais rarement. Pour la perte du temps, elle a été plus considérable; mais souvent il n'y a que moi qui l'ai su.

« 6° Les délibérations publiques sont véritables; mais on les peut mettre sur le compte de M. de Vendôme plutôt que sur le mien.

« 7° Il en est de même de n'être pas bien averti; et ce qui fait retomber sur moi ces articles, est que j'aurois dû agir autrement, et que je ne l'ai pas fait toujours, me laissant aller à une mauvaise complaisance, foiblesse, ou respect humain.

Vous connoissez parfaitement M. de Vendôme, et je n'ai rien à vous dire de plus que ce que vous en mettez dans votre lettre. Ce que vous dites du maréchal de Berwick est aussi fort juste, et il excède peut-être trop en prudence ; au lieu que M. de Vendôme excède en confiance et négligence, ainsi que je l'ai déjà dit.

« Je tâcherai de faire usage des avis que vous me donnez, et priez Dieu qu'il m'en fasse la grâce, pour n'aller trop loin ni à gauche, ni à droite. Demandez de plus en plus à Dieu qu'il me donne cet amour pour lui, et de tout, et de moi-même, amis et ennemis, pour lui et en lui. Je m'attends à bien des discours que l'on tient, et que l'on tiendra encore. Je passe condamnation sur ceux que je mérite, et méprise les autres, pardonnant véritablement à ceux qui me veulent ou me font du mal, et priant pour eux tous les jours de ma vie. Voilà mes sentimens, mon cher archevêque, et, malgré mes chutes et défauts, une détermination absolue d'être à Dieu. Priez-le donc donc incessamment d'achever en moi ce qu'il y a commencé, et de détruire ce qui vient du péché originel et de moi. Vous savez que mon amitié pour vous est toujours la même. J'espère pouvoir vous en assurer moi-même à la fin de la campagne : on ne sauroit encore dire quand ce sera ; car l'événement de Lille est encore indéterminé. »

Fénelon, dont l'âme ardente ne supportait qu'avec une peine extrême l'état où il voyait la réputation de son élève, ne comprend pas son calme. Il voudrait le voir aussi ému qu'il l'est lui-même : lui dont la tranquille sérénité a résisté à tant de secousses, qui a vu condamner son livre sans se permettre une plainte, et subi, sans montrer d'émotion, la perte de toute sa bibliothèque, brûlée en 1697, ce qui paraîtra plus étonnant encore à certains esprits, ce calme Fénelon, toujours maître de lui-même, est cette fois poussé à bout et ne se possède plus. Plus le temps passe, plus il devient pressant ; il lui voudrait voir faire quelque action d'éclat, et sortir de cette patience impassible qui le déroute. Le 15 octobre, il revient à la charge ; on devine à la vivacité de son langage qu'il ne dit que la moitié de sa pensée. Le début de la lettre est remarquable : « Monseigneur, dit-il, quelque grande retenue que je veuille garder le reste de ma vie sur toutes les choses qui ont rapport de vous, pour ne vous commettre jamais en rien, je ne puis m'empêcher de prendre la liberté de vous dire encore une fois, par une voix très-sûre et très-secrète, ce que j'apprends que l'on continue à dire sur votre personne. Je suis plus occupé de vous que de moi, et je craindrais moins de hasarder de vous déplaire en vous servant, que de vous plaire en ne vous servant pas. » Après ce début, Fénelon énumère de nouveau, point par point, avec une netteté impitoyable, tous les reproches qui s'élèvent contre le prince. Voici les passages les plus saisissants de cette pièce, qui mériterait d'être citée en entier, si sa longueur ne nous retenait [1] :

. . . .

« On dit, Monseigneur, qu'encore que vous ayez infiniment écrit à la cour pour vous justifier, vous n'avez jamais mandé rien de clair et de précis pour votre décharge, que vous vous êtes contenté de faire des réponses vagues et superficielles, avec des expressions modestes et dévotes à contre-temps. La cour et la ville, dit-on, étoient d'abord pour vous avec chaleur ; mais la cour et la ville ont changé, et vous condamnent. On ne se contente pas de dire que le public est de plus en plus déchaîné contre vous : on ajoute que le mécontentement remonte bien plus haut, et que le Roi même ne peut s'empêcher, malgré toute son amitié, de sentir vivement votre tort. Il y a déjà quelque temps qu'il m'a passé par l'esprit que tant de gens, d'ailleurs fort politiques, n'oseroient point vous critiquer si librement, si cette critique n'étoit pas autorisée par quelque prévention du côté de la cour.

[1] *Corr. gén.*, I, 254.

« Ce qui est le plus fâcheux est qu'un grand nombre d'officiers qui reviennent de l'armée, et qui vont à Paris, ou qui y écrivent, font entendre que les mauvais conseils des gens foibles et timides, que vous écoutez trop, ont ruiné les affaires du Roi, et ont terni votre réputation. J'entends ces discours répandus partout, et j'en ai le cœur déchiré ; mais je n'ose parler aussi fortement que la chose le mériteroit, parce que le torrent entraîne tout, et que je ne veux point qu'on puisse croire que je sache rien de particulier à votre décharge.

« On va jusqu'à rechercher avec une noire malignité les plus petites circonstances de votre vie, pour leur donner un tour odieux : par exemple, on dit que pendant que vous êtes dévot jusqu'à la sévérité la plus scrupuleuse dans des minuties, vous ne laissez pas de boire quelquefois avec un excès qui se fait remarquer.

« On se plaint de ce que votre confesseur est trop souvent enfermé avec vous, qu'il se mêle de vous parler de la guerre, et que, quand on l'accusa de vous avoir conseillé de ne rien rien hasarder sur la Marque, il écrivit au P. de La Chaise, pour faire savoir au Roi qu'il étoit allé reconnoître le terrain et l'état des ennemis ; qu'il avoit été d'avis qu'on les attaquât, et qu'il avoit trouvé qu'il étoit honteux de ne le pas faire. On lui impute d'avoir écrit ainsi, pour le tourner en ridicule comme un homme vain, qui se pique d'entendre la guerre et d'aller reconnoître l'ennemi. Je dois ajouter, par pure justice, que je sais qu'il n'a point mérité ces plaisanteries, et qu'il n'a rien écrit que de modeste et de convenable . . . . . .

« Pourvu que vous vous donniez à Dieu en chaque occasion avec une humble confiance, il vous conduira comme par la main, et décidera sur vos doutes. Quelque génie qu'il vous ait donné, vous courriez risque de faire, par irrésolution, des fautes irréparables, si vous vous tourniez à une dévotion foible et scrupuleuse. Écoutez les personnes les plus expérimentées, et ensuite prenez votre parti ; il est moins dangereux d'en prendre un mauvais que de n'en prendre aucun, ou que d'en prendre un trop tard. Pardonnez, Monseigneur, la liberté d'un ancien serviteur, qui prie sans cesse pour vous, et qui n'a d'autre consolation en ce monde que celle d'espérer que, malgré ces traverses, Dieu fera par vous des biens infinis.

« Il ne m'appartient pas, Monseigneur, de raisonner sur la guerre ; aussi n'ai-je garde de le faire : mais on a de grandes ressources quand on est à la tête d'une puissante armée, et qu'elle est animée par un prince de votre naissance qui la conduit. Il est beau de voir votre patience et votre fermeté pour demeurer en campagne dans une saison si avancée. Notre jeunesse, impatiente de revoir Paris, avoit besoin d'un tel exemple. Tandis qu'on croira encore pouvoir faire quelque chose d'utile et d'honorable, il faut que ce soit vous, Monseigneur, qui tâchiez de l'exécuter. Les ennemis doivent être affoiblis ; vous êtes supérieur en forces ; il faut espérer que vous le serez aussi en projets, et en mesures justes pour en rendre l'exécution heureuse. Le vrai moyen de relever la réputation des affaires est que vous montriez une application sans relâche. Votre présence nuiroit et aux affaires et à votre réputation, si elle paroissoit inutile et sans action dans des temps si fâcheux. Au contraire, votre fermeté patiente pour achever cette campagne forcera le monde à ouvrir les yeux et à vous faire justice, pourvu qu'on voie que vous prévoyez, que vous projetez, que vous agissez avec vivacité et hardiesse. Dieu, sur qui je compte, et non sur les hommes, bénira vos travaux ; et quand même il permettroit que vous n'eussiez aucun succès, vous feriez voir au monde combien on mérite les louanges des personnes solides et éclairées, quand on a le courage et la patience de se soutenir avec force dans le malheur. . . . .

« Je ne puis m'empêcher, Monseigneur, de vous répéter

qu'il me semble que vous devez tenir bon jusqu'à l'extrémité dans l'armée, comme M. le maréchal de Boufflers dans la citadelle de Lille. Si on ne peut rien faire d'utile et d'honorable jusqu'à la fin de la campagne, au moins vous aurez payé de patience, de fermeté et de courage pour attendre les occasions jusqu'au bout; au moins vous aurez le loisir de faire sentir votre bonne volonté aux troupes et de gagner les cœurs. Si au contraire on fait quelque coup de vigueur avant que de se retirer, pourquoi faut-il que vous n'y soyez pas, et que d'autres s'en réservent l'honneur? Ce seroit faire penser au monde qu'on n'ose rien entreprendre de hardi et de fort quand vous commandez, que vous n'y êtes qu'un embarras, et qu'on attend que vous soyez parti pour tenter quelque chose de bon. Après tout, s'il y a quelque chose à espérer, c'est dans le temps où les ennemis seront réduits à se retirer, ou à prendre des postes dans le pays pour y passer l'hiver. Voilà le dénoûment de toute la campagne; voilà l'occasion décisive : pourquoi la manqueriez-vous? Il faut toujours obéir au Roi avec un zèle aveugle; mais il faut attendre, et tâcher d'éviter un ordre absolu de partir trop tôt.

« Vous devez faire honneur à la piété, et la rendre respectable dans votre personne. Il faut la justifier aux critiques et aux libertins. Il faut la pratiquer d'une manière simple, douce, noble, forte et convenable à votre rang. Il faut aller tout droit aux devoirs essentiels de votre état, par le principe de l'amour de Dieu, et ne rendre jamais la vertu incommode par des hésitations scrupuleuses sur les petites choses. L'amour de Dieu vous élargira le cœur, et vous fera décider sur le champ dans les occasions pressantes. Un prince ne peut point, à la cour ou à l'armée, régler les hommes comme des religieux; il faut en prendre ce qu'on peut, et se proportionner à leur portée. »

Le 25 novembre, nouvelle lettre, aussi vive, aussi véhémente, et, il faut le dire à l'honneur du duc de Bourgogne, reçue avec la même douceur : « Le bruit public, dit Fénelon, contre votre conduite croît au lieu de diminuer », et il lui énumère de nouveau, sans le moindre ménagement, tous les bruits qui lui arrivent sur son compte. « Il est amusé, inappliqué, irrésolu ; il mène une vie particulière et obscure ; sa dévotion est faible, timide et scrupuleuse sur des bagatelles. » Tous ces reproches n'étaient malheureusement pas sans fondement. Saint-Simon, tout partisan du duc de Bourgogne qu'il était, parle aussi de la singulière inertie du jeune prince qui perdait son temps à jouer avec son frère à des jeux d'enfants. Il va même jusqu'à l'accuser de n'avoir pas interrompu une partie de volants pour recevoir l'officier chargé de lui soumettre la capitulation de Lille. L'accusation nous paraît dénuée de toute vraisemblance, et si le fait eût été certain, nous en trouverions la trace dans les lettres de Fénelon, qui n'eût pas plus ménagé son élève sur ce point que sur les autres. Prévoyant bien que la campagne va finir sans lui fournir une occasion de se relever, l'archevêque, dans la lettre dont nous parlions plus haut, commence à lui indiquer la conduite à tenir au retour à Versailles. Le prince devra aller droit au Roi et se justifier avec force et respect, en allant aussitôt au fond des choses. Puis, dès qu'il aura expliqué sa conduite, il lui faudra songer à la campagne prochaine, et obtenir du Roi les lieutenants qui lui conviennent. « Quand vous arriverez à la cour, dit-il, plus on vous accusera de faiblesse, plus vous devez montrer par votre procédé combien vous êtes éloigné de ce caractère en parlant avec force. » Il termine par ces belles paroles qui sont comme un cri du cœur dans cette douloureuse épreuve : « On ne peut-être plus édifié que je ne le suis, Monseigneur, de la solidité de vos pensées et de la piété qui règne dans tous vos sentiments ; mais plus je suis touché de voir tout ce que Dieu met dans votre cœur, plus le mien est déchiré d'entendre ce que j'entends. Je donnerais ma vie, non-seulement pour l'État, mais encore pour la personne du Roi, pour sa gloire, pour sa pro-

prospérité, et je prie Dieu tous les jours sans relâche pour qu'il vous comble de ses bénédictions. »

Enfin, le 17 novembre, au moment où la campagne va se fermer sans avoir donné au duc de Bourgogne une occasion de dissiper les préventions et de répondre aux calomnies, Fénelon lui écrit une lettre ou plutôt de véritables instructions, où il semble parfois dépasser les bornes de la franchise. Le retour du prince à la cour était un instant critique; il arrivait précédé de mille bruits défavorables, obligé de tenir tête à la cabale du Dauphin que Vendôme dirigeait, de se disculper devant le Roi et de reconquérir sa faveur. Fénelon tremblait de loin à la pensée de cette entrevue, et l'émotion des amis du prince à Versailles n'était pas moins grande. Il lui écrit sous cette impression les lignes suivantes[1]:

« 17 novembre 1708.

« Monseigneur, j'espère que vous ne jugerez point de moi par l'empressement où vous m'avez vu sur la fin de cette campagne. Vous pouvez vous souvenir que j'ai passé plus de dix ans dans une retenue à votre égard, qui m'auroit attiré votre oubli pour le reste de ma vie, si vous étiez capable d'oublier les gens qui ont eu l'honneur d'être attachés à votre personne. La vivacité avec laquelle j'ai rompu enfin un si long silence, ne vient que de la douleur que j'ai ressentie sur tous les discours publics. Oserois-je, Monseigneur, vous proposer la manière dont il me semble que vous devriez parler au Roi, pour son intérêt, pour celui de l'État et pour le vôtre?

« Vous pourriez commencer par une confession humble et ingénue de certaines choses, qui sont peut-être un peu sur votre compte. Vous n'avez peut-être pas assez examiné le détail par vous-même; vous n'êtes peut-être pas monté assez

[1] *Corr. gén.*, I, 272

souvent à cheval pour visiter les postes importans ; vous n'avez peut-être pas marché assez avant pour voir parfaitement les fourrages. C'est ce que j'entends dire à des officiers expérimentés, et pleins de zèle pour vous. Vous avez trop demeuré renfermé dans un camp, badinant avec M. le duc de Berri d'une manière peu convenable à votre âge et au sérieux de la plus grande affaire de notre siècle dont vous étiez chargé. Vous vous êtes peut-être laissé trop aller à une je ne sais quelle complaisance pour M. de Vendôme, qui auroit eu honte de ne vous suivre pas, et qui auroit été au désespoir de courir après vous. Vous n'avez point assez entretenu les meilleurs officiers généraux en particulier, de peur que M. de Vendôme n'en prît quelque ombrage. Vous avez été peut-être irrésolu, et même, si vous me pardonnez ce mot, un peu foible pour ménager un homme en qui le Roi vous avoit recommandé d'avoir confiance ; vous avez cédé à sa véhémence et à sa roideur ; vous avez craint un éclat qui auroit déplu au Roi. Vous n'avez pas osé, plusieurs fois, suivre les meilleurs conseils des principaux officiers de l'armée, pour ne contredire pas ouvertement l'homme en qui le Roi se confioit. Vous avez même pris sur votre réputation pour conserver la paix. Ce qui en résulte est que votre patience est regardée comme une foiblesse, comme une irrésolution, et que tout le public murmure de ce que vous avez manqué d'autorité et de vigueur.

« Après avoir avoué au Roi avec naïveté toutes les choses dans lesquelles vous croyez de bonne foi avoir manqué, vous serez en plein droit de lui développer la vérité tout entière. Vous pouvez lui représenter tout ce que les plus sages officiers de l'armée lui diront, s'il les interroge, savoir que l'homme qui vous étoit donné pour vous instruire et pour vous soulager ne vous apprenoit rien, et ne faisoit que vous embarrasser ; qu'en un mot, celui qui devoit soutenir la gloire des armes de Sa Majesté, et vous procurer beaucoup de réqputation, a gâté les affaires, et vous a attiré le déchaînement du public. C'est là que vous placerez un portrait au naturel des défauts de M. de Vendôme, paresseux, inappliqué, présomptueux et opiniâtre; il ne va rien voir, il n'écoute rien, il décide et hasarde tout; nulle prévoyance, nul avisement, nulle disposition; nulle ressource dans les occasions, qu'un courage impétueux; nul égard pour ménager les gens de mérite, et une inaction perpétuelle de corps et d'esprit.

« Après ce portrait, vous pourriez revenir à ce qui peut avoir manqué de votre côté, avec si peu de secours et tant d'embarras. Demandez avec les plus vives instances à avoir votre revanche la campagne prochaine, et à réparer votre réputation attaquée. Vous ne sauriez montrer trop de vivacité sur cet article; il vous siéra bien d'être très-vif là-dessus, et cette grande sensibilité fera une partie de votre justification sur la mollesse dont on vous accuse. Demandez sous vous un général qui vous instruise et qui vous soulage, sans vouloir vous décider comme un enfant. Demandez un général qui décide tranquillement avec vous, qui écoute les meilleurs officiers, et qui n'ait point de peine de vous les voir écouter; qu'il vous mène partout où il faut aller, et qui vous fasse remarquer tout ce qui mérite attention. Demandez un général qui vous occupe tellement de toute l'étendue de la guerre, que vous ne soyez point tenté de tomber dans l'inaction et l'amusement. Jamais personne n'eut besoin de tant de force et de vigueur que vous en aurez besoin dans cette occasion. Une conversation forte, vive, noble et pressante, quoique soumise et respectueuse, vous fera un honneur infini dans l'esprit du Roi et de toute l'Europe. Au contraire, si vous parlez d'un ton timide et inefficace, le monde entier, qui attend ce moment décisif, conclura qu'il n'y a plus rien à espérer de vous, et qu'après avoir été foible à l'armée, aux dépens de votre réputation, vous ne songez pas même à la relever à la cour. On vous verra vous renfoncer dans votre cabinet, et dans la société d'un certain nombre de femmes flatteuses.

« Le public vous aime encore assez pour désirer un coup qui vous relève; mais si ce coup manque, vous tomberez bien bas. La chose est dans vos mains. Pardon, Monseigneur, j'écris en fou; mais ma folie vient d'un excès de zèle. Dans le besoin le plus pressant, je ne puis que prier, et c'est ce que je fais sans cesse. »

Il faut rendre justice à celui à qui était adressée cette vive mercuriale, il savait entendre la vérité, et c'était faire sa cour que de le traiter sans ménagement[1] : « Si je n'ai pas répondu plus tôt à plusieurs de vos lettres, mon cher archevêque, ce n'est pas que j'en aie plus mal reçu ce qu'elles contiennent, ni que mon amitié pour vous soit moins vive. Je suis ravi de ce que vous m'avez mandé tout ce qu'on dit de moi. Vous pourrez interroger le vidame qui vous rendra cette lettre, sur la suite des faits publics qu'il me serait bien long de reprendre ici... Je profiterai avec l'aide de Dieu de tous vos avis. J'ai bien peur que le tour que je vais faire en Artois, me faisant finir la campagne à Arras, ne m'empêche de vous voir à mon retour, car de la manière dont vous êtes à la cour, il me paraît qu'il n'y a que le passage dans votre ville archiépiscopale qui puisse me procurer ce plaisir. Je suis fâché aussi que l'éloignement où je vais me trouver de vous m'empêche aussi de recevoir d'aussi salutaires avis que les vôtres. Continuez-les cependant, je vous en supplie, quand vous en verrez la nécessité, et que vous trouverez des voies absolument sûres. »

Cette lettre termine la correspondance directe de Fénelon et du duc de Bourgogne, pendant cette triste année 1708. Nous en avons cité de nombreux extraits qui nous ont paru peindre vivement et Fénelon et le jeune prince qui lui avait

[1] *Corr. gén.*, I, 283.

comme abandonné la direction de sa vie. Jamais la vérité ne fut dite avec plus de hardiesse à un fils de Roi, entouré de tout l'éclat de la grandeur royale. Jamais non plus vérité dite sans ménagement ne fut mieux écoutée. C'est là l'originalité propre de cette correspondance unique en son genre.

Le duc de Bourgogne ne déploya pas dans ces circonstances difficiles les brillantes qualités qui éblouissent les hommes et enlèvent leur cœur. Son indécision apparente, son calme un peu passif, qui avait presque l'air de l'indifférence, lui ont été très-vivement reprochés, non sans justice, et l'on a dit que des deux, Fénelon était le vrai soldat. Mais ce ne serait pas avoir pour lui cette impartialité que doit toujours garder l'historien, que de ne pas tenir compte de la position presque insoutenable où il se trouvait. Tiraillé entre des généraux qui avaient vieilli dans les armes, généralissime à vingt-six ans d'une armée qu'il ne pouvait pas commander, ayant la responsabilité sans le pouvoir, il est peu étonnant que le prince, timide et défiant de lui-même par nature, ait été dominé par les difficultés et se soit laissé comme immobiliser par elles. Et cependant, à notre sens, il déploya une fermeté rare dans le courage avec lequel il fit peser le peu d'autorité qu'il avait, du côté de la prudence et de la temporisation. Avec une armée battue, démoralisée, souffrant de la faim et sans solde, il n'y avait rien à faire qu'à attendre et à se refaire. Si le duc de Bourgogne eût été un homme de génie comme son aïeul Henri IV, il eût eu peut-être une de ces inspirations soudaines qui font sortir heureusement du péril et ont la gloire comme récompense; mais on n'improvise pas le génie, et quand on veut en faire montre sans en avoir, on périt misérablement. Ce qu'il y avait de mieux à faire dans l'extrémité où l'armée se trouvait réduite en 1708, c'était d'attendre une occasion favorable en gagnant du temps. Le jeune duc de Bourgogne eut le courage d'émettre cet avis, et la suite prouva qu'il avait raison; mais c'était là une prudence qu'on ne pardonne pas à un prince de vingt-six ans; il ne l'ignorait pas, mais il préféra le bien de l'État à sa propre gloire, et sut, à cette heure de péril, déployer une fermeté et une patience qui sont aussi des qualités de Roi.

La campagne se termina par la reddition de Lille (novembre 1708); la frontière de France était ouverte. Le grand effort fait au commencement de l'année avait honteusement avorté. La fortune tenait rigueur à ce vieux Roi qui savait porter si noblement l'épreuve, et abreuvait ses derniers jours d'amertume. Après avoir établi les troupes dans leurs quartiers d'hiver, le duc de Bourgogne s'en fut tout droit à Versailles sans voir personne, et vint braver l'orage qui l'y attendait. Il y avait été précédé par une lettre de Fénelon au duc de Chevreuse, qui mettait son ami au courant de ce qui s'était passé, et lui fournissait des arguments pour défendre le prince. Cette lettre est curieuse à comparer avec celles que Fénelon écrivait au duc de Bourgogne. Son jugement est le même, plutôt moins sévère, et atteste une fois de plus sa parfaite sincérité [1] :

« A Cambrai, 3 décembre 1708.

« Je me sers, mon bon duc, de l'occasion sûre de M. Turodin pour répondre à votre dernière lettre. Vous avez su que la campagne finit par une conclusion très-honteuse. M. le duc de Bourgogne n'a point eu, dit-on, pendant la campagne assez d'autorité ni d'expérience pour pouvoir redresser M. de Vendôme. On est même très-mécontent de notre jeune prince, parce que, indépendamment des partis pris pour la guerre, à l'égard desquels les fautes énormes ne tombent pas sur lui, on prétend qu'il n'a point assez d'application

---

[1] *Corr. gén.,* I, 278.

pour aller visiter les postes, pour s'instruire des détails importans, pour consulter en particulier les meilleurs officiers, et pour connoître le mérite de chacun d'eux. Il a passé, dit-on, de grands temps dans des jeux d'enfant avec monsieur son frère, dont l'indécence a soulevé toutes les personnes bien intentionnées, dans de tristes conjectures où il auroit dû paroître sentir la honte de sa campagne et le malheur de l'État. Voilà, si je ne me trompe, la vraie source de l'indisposition générale des militaires, qui reviendroient, s'ils voyoient, au printemps prochain, ce prince moins amusé à des jeux indécens, montant plus souvent à cheval, voulant tout voir et tout apprendre, questionnant les gens expérimentés, et décidant avec vigueur. Mais il faudroit qu'au lieu de M. de Vendôme, qui n'est capable que de le déshonorer et de hasarder la France, on lui donnât un homme sage et ferme, qui commandât sous lui, qui méritât sa confiance, qui le soulageât, qui l'instruisît, qui lui fît honneur de tout ce qui réussiroit, qui ne rejetât jamais sur lui aucun fâcheux événement, et qui rétablît la réputation de nos armes. Cet homme, où est-il? Ce seroit M. de Catinat, s'il se portoit bien ; mais ce n'est ni M. de Villars, ni la plupart des autres que nous connoissons. »

Le duc de Bourgogne arriva le 11 décembre à Versailles ; son retour donna lieu à une de ces scènes saisissantes que Saint-Simon excelle à peindre [1]. « Sitôt, dit-il, que de chez madame de Maintenon on entendit la rumeur qui précède de quelques instants ces sortes d'arrivées, le Roi s'embarrassa jusqu'à changer trois ou quatre fois de visage. Madame la duchesse de Bourgogne parut un peu tremblante, et voltigeait par la chambre pour cacher son trouble, sous prétexte d'incertitude par où le prince arriverait, du grand cabinet ou de l'antichambre. Madame de Maintenon était rêveuse. Tout

[1] Saint-Simon, édition Chéruel, VII, 12 et suiv.

d'un coup, les portes s'ouvrirent; le jeune prince s'avança au Roi qui, maître de soi plus que qui que ce fût, perdit à l'instant tout embarras, fit un pas ou deux vers son petit-fils, l'embrassa avec assez de démonstration de tendresse, lui parla de son voyage, puis, lui montrant la princesse : Ne lui dites-vous rien? ajouta-t-il d'un visage riant. Le prince se tourna un moment vers elle, et répondit respectueusement, comme n'osant se détourner du Roi, et sans avoir remué de sa place. Il salua ensuite madame de Maintenon qui lui fit fort bien ; les propos de voyage, de couchées, de chemin durèrent ainsi, et tous debout, un demi-quart d'heure ; puis le Roi lui dit qu'il n'était pas juste de lui retarder plus longtemps le plaisir qu'il aurait d'être avec madame la duchesse de Bourgogne, et le renvoya, ajoutant qu'ils auraient le loisir de se revoir. Le prince fit sa révérence au Roi, une autre à madame de Maintenon, passa devant le peu de dames du palais qui s'étaient enhardies de mettre la tête dans la chambre, au bas des cinq marches, entra dans le grand cabinet où il embrassa madame la duchesse de Bourgogne... »

Le duc de Bourgogne sut cette fois être docile aux conseils de ses amis, et faire tête avec une tranquille fermeté à la cabale de Vendôme. On lui reprocha même d'avoir affecté une gaité qui n'était pas de saison. Mais il réussit, par cette contenance assurée, à reconquérir les bonnes grâces du Roi, qui, après avoir bien reçu Vendôme à son retour à la cour, ne lui en ôta pas moins son commandement et le tint éloigné de sa personne. C'était une disgrâce et une façon de rendre justice au duc de Bourgogne en face de toute la cour. Le prince eût ardemment désiré quelque chose de plus : la permission de retourner à l'armée la campagne prochaine. Le Roi ne voulut pas consentir à cette demande; il crut avec raison qu'il ne fallait plus envoyer à l'armée l'héritier de la couronne, sans lui laisser l'autorité tout entière, et que tout remettre entre les mains d'un homme de vingt-six ans, qui avait fait preuve de plus de fermeté passive que d'intelligence militaire, c'était trop hasarder. Aussi le duc de Bourgogne ne revit-il plus les armées, malgré son vif désir et une demi-promesse échappée à la première effusion de la réconciliation. Le prétexte mis en avant par le Roi pour maintenir son refus fut l'extrême pénurie du Trésor et les grandes dépenses qu'entraînait toujours la présence d'un Fils de France à l'armée. Le prince eut beau protester qu'il irait sans suite et qu'il mangerait le pain du soldat, ajoutant fièrement : « Personne ne se plaindra de manquer du superflu, lorsque j'aurai à peine le nécessaire », le Roi tint bon, et il eut raison. La France était réduite à une situation trop précaire pour rien risquer, et l'expérience n'avait que trop prouvé combien la division inévitable et funeste d'un conseil de guerre composé d'éléments si divers était dangereuse pour la conduite de la guerre. Malgré la tristesse du prince, malgré celle de ses amis qui eussent voulu lui voir une occasion de se réhabiliter, on ne peut s'empêcher d'admirer ici la fermeté et le bon sens de ce Roi qui, dans le malheur de son royaume, savait mettre l'intérêt de l'État au-dessus de ses plus légitimes affections.

Jamais, en effet, depuis de longues années, la France ne s'était trouvée dans une semblable extrémité ; aux désastres de la guerre était venue s'ajouter la famine, suite du terrible hiver de 1709, un des plus rigoureux dont l'histoire ait gardé le souvenir. Tous les mémoires du temps font de tristes peintures de la misère générale. Contre le double fléau de la famine et de la guerre, toutes les mesures étaient impuissantes, et les efforts publics ou privés pour adoucir les souffrances des pauvres étaient sans effet. En Flandre, le mal était plus grand que partout ailleurs. Aux charges déjà si lourdes qu'imposait la présence des troupes françaises, était venue se joindre l'invasion étrangère avec le triste cortège de maux qui l'accompagne toujours. La population ruinée, et ne voyant pas d'espoir de paix, commençait à supporter impatiemment le joug et n'obéissait plus qu'à contre-cœur; tout, sur cette frontière ouverte et livrée aux ennemis, était dans l'état le plus déplorable. C'est alors que l'archevêque de Cambrai fit preuve d'une charité si simple et si inépuisable, qu'elle lui valut l'admiration de tous, amis et adversaires, compatriotes et ennemis. Nous allons entrer dans quelques détails sur les œuvres de charité que, pendant cette rude période, le zèle de Fénelon sut accomplir avec une constante persévérance. L'opinion publique en fut frappée, et l'impression produite par un dévouement aussi complet fut si vive, qu'elle a créé dans ces contrées une sorte de légende sur la charité de Fénelon qui a duré jusqu'à nos jours.

Dès le début de son épiscopat, Fénelon dépensait tous les revenus de son évêché en aumônes distribuées avec un soin vigilant et perspicace, ne réservant que le strict nécessaire pour tenir sa maison sur un pied convenable à son rang. Tout le reste passait aux hôpitaux, aux monastères, aux pauvres honteux. Il avait fait appeler à Cambrai, par les magistrats de la ville, celles qu'on nommait déjà avec reconnaissance les « Filles de la Charité »... Il visitait régulièrement les malades et les prisonniers, distribuant lui-même les secours et les exhortations pieuses. Tant que la guerre amena seulement un passage continuel de troupes se rendant en Allemagne, l'archevêque s'efforçait de donner des vivres à ces soldats, qui souvent n'avaient pas de pain. La garnison de Cambrai manqua une fois de vivres; ne sachant que faire pour remédier à cet état de choses qui menaçait la sécurité de la ville, l'archevêque fit distribuer à la garnison la moitié de la provision de blé qui était destinée à nourrir sa propre maison. Tout cela se passait déjà avant que la frontière fût envahie; lorsqu'en 1708 la guerre fut reportée par nos défaites aux environs de Cambrai, la charité de Fénelon s'étendit avec les besoins, et ses aumônes devinrent plus abondantes encore. Le clergé des campagnes, ne vivant que de la dîme, était complétement ruiné et dans une impossibilité absolue de payer à l'État les dons extraordinaires que les nécessités de la guerre avaient forcé le gouvernement à lui imposer. Ne voulant pas priver le Trésor de ce secours, et, de l'autre côté, voyant bien que le faire acquitter par ses prêtres, c'était les réduire à la misère, le prélat prit résolûment la taxe à son compte et la paya de ses deniers. L'année suivante, après le sanglant combat de Malplaquet, Cambrai fut rempli de blessés et de fuyards, en même temps que les paysans des villages environnants s'y réfugiaient en foule avec leurs troupeaux. Fénelon ouvrit toutes grandes les portes de son palais épiscopal et y reçut tous les fugitifs sans distinction. Tout fut occupé, corridors, escaliers et chambres grandes ou petites. Les cours et les jardins furent remplis de bestiaux et de bêtes à cornes que les malheureux propriétaires avaient soustraits au pillage des troupes ennemies. C'est ce trait de charité envers les paysans qui a donné lieu sans doute à l'anecdote de la vache cherchée toute une nuit et ramenée à son maître en larmes par l'illustre prélat lui-même. Cette historiette, qui n'a aucun fondement ni même aucune vraisemblance, prouve cependant la profonde impression que la charité de Fénelon avait faite sur les populations désolées par tous les fléaux à la fois. Le palais de Cambrai, où déjà l'archevêque recevait des blessés, fut ainsi pendant quelques jours comme envahi. Fénelon voulut nourrir tout le monde à ses dépens, et ses gens lui faisant des représentations sur l'énorme surcroît de dépenses qui en résulterait : « Dieu nous aidera, répondit-il; la Providence a des ressources infinies sur lesquelles je compte sans défiance. Donnons seulement tant que nous aurons de quoi, c'est mon devoir, c'est aussi ma volonté. » Une fois le flot des fuyards passé, ce fut le tour des officiers et des soldats blessés à

Malplaquet. L'archevêque ouvrit sa maison à tous les officiers malades ou bien portants, Français ou prisonniers étrangers. Il eut ainsi jusqu'à cent cinquante personnes à sa table. Il fit évacuer son séminaire pour y mettre les blessés de la maison du Roi, qui y furent servis et pansés à ses dépens. Fénelon ne ménageait pas plus sa personne que sa bourse : il se montrait partout, parcourant les hôpitaux, exhortant, ramenant les uns, consolant les autres. Son zèle le menait au chevet des simples soldats comme à celui de leurs officiers, et il convertit ainsi deux pauvres soldats, l'un allemand et l'autre suédois, qu'il toucha profondément par son inépuisable bonté.

Ce n'était pas assez cependant pour le zèle de l'archevêque. Dans un moment où la guerre le privait presque entièrement de ses revenus, il fut assez heureux pour fournir en partie le blé qui servit à empêcher les armées françaises de mourir de faim après le terrible hiver de 1709, et ceci par une singulière circonstance. Fénelon, dont la réputation était devenue peu à peu européenne, si l'on nous passe l'expression, avait toujours été traité avec égard et distinction par les chefs des armées alliées. Lorsqu'elles se furent rapprochées de Cambrai, il déploya envers les blessés et les prisonniers ennemis le même dévouement qu'envers les soldats du Roi. « Il s'acquit ainsi, dit Saint-Simon, l'amour des ennemis par les soins pour les prisonniers de tous états retenus à Cambrai et dans les autres lieux de son diocèse, logeant aussi chez lui les officiers ennemis, et répandant ses libéralités sur leurs soldats comme sur les nôtres, en sorte que les chefs de leurs troupes, les gouverneurs de leurs places, le prince Eugène et le duc de Marlborough lui marquèrent sans cesse leur attention et leur considération en toutes choses, jusqu'à ne fourrager point ses terres, à épargner celles qu'il leur faisait recommander, et faisant pour des officiers, leurs prisonniers, à sa prière, ce que personne n'eût osé leur demander. En sorte que quelque aimé et révéré qu'il fût dans tous les pays de son voisinage et de la domination du Roi, il le paraissait encore davantage dans ceux où ses ennemis étaient les maîtres[1]. »

Le fait rapporté ici par Saint-Simon, quelque étrange qu'il puisse paraître, est néanmoins réel et attesté par tous les historiens de Fénelon et les Mémoires du temps. Les généraux alliés, par respect pour l'illustre et saint évêque, peut-être aussi parce qu'ils le savaient en butte à la colère du Roi, dont ils cherchaient par tous les moyens à blesser l'orgueil, veillèrent avec soin à ce que les terres et les magasins de l'archevêché de Cambrai fussent épargnés et exempts de taxe ou de pillage. Dès qu'il venait à leur connaissance que tel lieu lui appartenait en propre, aussitôt ordre était donné de n'y mettre aucune garnison et de n'y point lever de contributions. Il inspirait une si grande vénération aux troupes ennemies, que lorsqu'il lui fallait faire un voyage dans son diocèse, il n'avait nul besoin d'escorte. Les officiers des troupes alliées lui fournissaient, sans qu'il les demandât, les gardes dont il avait besoin. Les terres de l'archevêque de Cambrai devinrent donc comme des lieux de refuge où les paysans pouvaient se mettre à l'abri; puis ces terres cultivées avec soin et non ravagées fournirent du blé en abondance, qui remplit les magasins de l'archevêque. Bien loin de songer à garder ses provisions de froment pour ses besoins particuliers ou même pour l'approvisionnement de Cambrai, Fénelon les fit offrir à l'intendant de Flandre pour la nourriture de l'armée. Celui-ci n'eut garde de refuser ce secours inattendu, qui lui tombait du ciel. Voici la lettre que Fénelon écrit à M. de Chamillard, encore ministre de la guerre, pour lui faire part des propositions qu'il a faites à l'intendant. Cette lettre est curieuse à tous égards. Elle montre toute sa générosité naturelle : ces blés, c'était la nourriture de sa

---

[1] Saint-Simon, écrits inédits.

maison, celle de ses pauvres et le plus clair des revenus de l'année; les livrer à l'intendance, c'était les donner, car il n'y avait nul doute qu'ils ne seraient pas payés, ou que le payement ne serait effectué que bien des années plus tard. Fénelon savait tout cela mieux que personne, mais cette pensée ne le fait pas hésiter un instant.

« A Cambrai, 20 novembre 1708.

. . . .

« Pour moi, rien ne m'arrêtera dans la résolution où je suis de vous donner mes blés sans condition ; mais je vous supplie très-humblement de faire attention aux choses que je dois avoir l'honneur de vous représenter.

« 1° Ce n'est point pour achever mon bâtiment, que je veux donner mes blés : mon bâtiment est presque achevé. Si je ne considérois que mon intérêt, j'aimerois bien mieux vendre mon blé à des marchands, qui le viendroient prendre céans à un haut prix et argent comptant. Les termes que vous me marquez peuvent être sujets à de grands mécomptes, par des embarras imprévus, malgré toutes vos bontés pour moi, et quoique vous preniez des mesures très-justes.

« 2° Je compte pour rien mon intérêt, dès que celui du Roi paroît : le devoir de bon sujet décide. De plus, la reconnoissance me presse. Je dois aux anciennes bontés de Sa Majesté tout ce que je possède ; je lui donnerois mon sang et ma vie, encore plus volontiers que mon blé. Mais je suis très-éloigné, Monsieur, de vouloir que vous fassiez valoir mon offre, et que vous me rendiez aucun bon office. La chose ne mérite pas d'aller jusqu'au Roi, et j'en serai assez récompensé, pourvu que vous soyez persuadé de ma bonne volonté pour faciliter l'exécution de vos projets dans son service. D'ailleurs je suis, Dieu merci, guéri de toute espérance mondaine. Je serai content d'avoir fait mon devoir; et mon zèle, quoique ignoré par Sa Majesté, suffira pour ma consolation le reste de ma vie.

« 3° J'ai proposé à plusieurs personnes de vendre leur blé avec le mien. Aucun ne veut rien vendre au Roi, tant ils craignent des retardemens et des mécomptes. Je ne vois rien à espérer de ce côté-là : ainsi je ne puis vous offrir que mon seul blé, et même que celui d'une seule année, parce que j'avois tout vendu à vil prix pour bâtir, dès le printemps dernier.

« 4° Vous agréerez, s'il vous plaît, Monsieur, que je réserve du blé, tant pour ma subsistance dans un lieu de passage continuel, où je suis seul à faire les honneurs à tous les passans, que pour les pauvres, qui sont innombrables en ce pays, depuis que notre voisinage est ruiné, et que la cherté augmente. On vous a très-mal informé, si on vous a fait entendre que j'avois vingt mille sacs de blé. Je ne puis avoir, dans tout le cours de l'année, qu'environ onze mille mesures de blé, chaque mesure pesant environ quatre-vingt-quatre livres. Cette mesure vaut actuellement au marché plus de deux écus, et le prix augmentera tous les jours. Ainsi le total de ce blé montera au moins à soixante-dix mille francs. Vous prendrez, Monsieur, sur ce total, la quantité qu'il vous plaira, et au prix que vous voudrez. Je n'ai aucune condition à vous proposer, et c'est à vous à les régler toutes. Je ne réserverai pour mes besoins, pour ceux des pauvres, qu'il ne m'est pas permis d'abandonner, et pour les gens qui sont accoutumés à aborder chez moi en passant, que ce que vous voudrez bien me laisser. Je serai content, pourvu que je fasse mon devoir vers le Roi, et que vous soyez persuadé du zèle avec lequel je serai le reste de ma vie, etc. »

L'affaire fut vite conclue, et le blé des magasins de Fénelon passa entre les mains de l'intendant de Flandre ; mais le payement fut lent à venir, s'il vint jamais. Deux ans après, rien n'était encore payé, et le duc de Chevreuse, qui s'occupait de l'affaire, n'obtint, au lieu d'argent, que des assignations qui ne furent sans doute pas acquittées. Du reste, Fénelon, comme il le disait lui-même, ne demandait rien : il laissait le ministre fixer le prix nominal auquel il achetait le blé, sans intervenir, et le défaut de payement ne l'empêcha pas de livrer de nouveau son blé en 1710. L'année suivante, 1711, il crut un moment en être dépouillé par l'armée ennemie. Les alliés étaient en vue de Cambrai et coupaient les communications avec le Câteau-Cambrésis, petite ville où se trouvaient les magasins de l'archevêché, et qui était alors toute pleine des récoltes des pays environnants. Marlborough voulut d'abord y mettre un poste de soldats chargés de préserver la ville; mais voyant bientôt qu'il serait forcé par le besoin de faire ouvrir les greniers pour y prendre la nourriture des troupes, il fit charger toute la provision sur des chariots qu'une escorte conduisit aussitôt jusqu'aux portes de Cambrai et même jusque sur la place d'armes de la ville où se trouvait le quartier général de l'armée française. Une fois là, les blés furent livrés par leur propriétaire à la garnison de la place, après que la part des pauvres eut été réservée. Le fait est raconté dans les Mémoires du fameux capitaine comme parfaitement avéré. Il est unique dans l'histoire, et après cela on peut en croire Saint-Simon quand, après avoir raconté la charité de Fénelon, il ajoute : « Il est incroyable jusqu'à tel point son nom et sa réputation furent portés par cette conduite. Le Roi, qui ne la pouvait ignorer, et à qui tant d'applaudissements déplaisaient, et à madame de Maintenon encore davantage, ne put s'empêcher de lui faire dire plusieurs fois qu'il lui savait gré des secours qu'il donnait à ses troupes. »

De toute part, en effet, Fénelon recevait les témoignages de l'admiration que causait cette infatigable charité; mais à tous il répondait simplement que ce qu'il avait, il le tenait du Roi, et que ce n'était que son devoir que d'employer au service de celui qui les lui avait confiés, les revenus de l'archevêché. Les égards que lui témoignèrent les généraux alliés ne lui semblaient précieux que parce qu'ils lui permettaient de rendre service aux armées du Roi, et il refusa de se faire escorter officiellement par des soldats ennemis pour faire sa tournée annuelle, préférant courir le risque de tomber parmi des maraudeurs, si le hasard le voulait. On connaissait si bien son dévouement aux intérêts de la France, que les ministres avaient constamment recours à lui pour lui demander des renseignements sur les endroits où ils pourraient trouver des vivres destinés aux troupes, ou bien pour faire surveiller leurs agents. Aussi est-il en rapport constant, pour les affaires, avec M. de Bernières, intendant de Flandre, qu'il estimait fort et qu'il avait même comme ami particulier, pendant qu'il surveille M. de Bergeik, agent du roi d'Espagne dont il se défie comme faisant toujours bon marché des intérêts français. Recevant des informations de bien des côtés, il ne se fait pas faute d'avertir le ministre des fraudes des munitionnaires, qui profitaient de la guerre pour s'enrichir aux dépens du Trésor royal. Enfin, il est impossible de déployer un zèle plus ardent et plus efficace pour ce qu'on appelait alors le « service du Roi », c'est-à-dire le bien de l'État. Voici, par exemple, la fin d'une lettre rédigée en partie par l'abbé de Beaumont, en partie par Fénelon lui-même, qui nous fait prendre sur le vif cette activité désintéressée pour le bien public [1] ; elle est adressée au duc de Chevreuse :

« 13 décembre 1708.

« M. de Cambrai me charge, Monsieur, d'ouvrir sa lettre, pour y ajouter une réflexion qu'il n'est pas libre de se donner l'honneur de vous écrire lui-même. On a donné l'entreprise des fourrages à un nommé Castille, qui est un Juif, à ce qu'on dit. Il étoit établi dans les Pays-Bas espagnols, où il a encore toute sa parenté, sous le nom de laquelle il sert, à ce

---

[1] *Corr. gén.*, I, 527.

qu'on assure, les ennemis pour de semblables entreprises. Ainsi il est également l'entrepreneur des deux puissances ennemies ; mais toutes ses anciennes liaisons sont avec nos ennemis, et il n'en a pris avec nous que pour gagner. Un tel homme doit toujours être un peu suspect, et il n'est pas de la prudence de s'y livrer absolument pour une affaire aussi capitale que celle d'avoir de bonne heure des magasins de fourrages assez grands pour pouvoir assembler notre armée aussitôt que les ennemis pourront assembler la leur, et pour la faire subsister au sec aussi longtemps qu'eux. La conservation d'Arras et de Cambrai dépend absolument de ces magasins ; car, si les ennemis étoient une fois postés devant ces places, il est certain qu'ils les prendroient tout à loisir, sans qu'on pût les déposter, comme ils ont pris toutes les autres places où on leur a donné le temps d'arriver les premiers. Les ennemis ont de grands avantages sur nous pour faire des magasins de fourrages ; car ils ont beaucoup de rivières qui leur en apportent, au lieu qu'il faut que tout nous vienne par charroi, ce qui demande une peine et une dépense infinie, et surtout beaucoup de temps. Il faut donc s'y prendre de très-bonne heure. Si Castille vouloit nous jouer, il n'a qu'à faire travailler lentement à ces sortes de magasins sous divers prétextes ; et il n'en manquera pas, s'il veut, quand il n'y auroit que l'extrême difficulté de trouver des chariots dans ces pays-ci, et de les faire rouler dans des chemins aussi absolument rompus.

. . . .

« Il me paroît (ici Fénelon reprend la plume) qu'il ne faut ni faire trouver trop de difficultés à Castille, ni l'appuyer trop fortement. Si on lui donne trop d'appui, ce Juif ne manquera pas d'en abuser ; il vexera tous les paysans pour des charrois, disant qu'il ne peut exécuter assez promptement son entreprise sans cette facilité ; il fera cette vexation pour épargner son argent. Il ruinera toutes les voitures de la frontière ; ce qui sera une perte sans ressource pour le service du Roi même, les rivières nous manquant pour tous les transports de provisions. D'un autre côté, si on ne le soutient pas un peu pour la prompte exécution de ses entreprises, les choses ne pourront pas être prêtes, quand les ennemis, qui ont pour eux les rivières, viendront peut-être tout à coup, dès le 15 avril, investir Cambrai ou Arras.

« Au nom de Dieu, parlez, pressez, importunez ; faites sentir la conséquence infinie de garder ce tempérament qui n'est pas facile. Si on manquoit par malheur d'argent pour de si pressans besoins, j'offre ma vaisselle d'argent avec tout ce que j'ai de blé et d'autres effets. Je voudrois servir de mon argent et de mon sang, et non faire ma cour. »

Il ne faudrait pas croire cependant que même au milieu de tous ces détails matériels dont il s'occupait en véritable administrateur, Fénelon oubliât que les intérêts des habitants de son diocèse devaient passer avant toute autre préoccupation. Il n'était pas de ceux qui se croient permis d'oublier leurs devoirs premiers, pour s'occuper des affaires générales dont ils ne sont pas chargés. Dans cette période d'invasion, toujours funeste à une population sous tous les rapports aussi bien moraux que matériels, il ne négligea rien de ce qui pouvait aider ces bons Flamands qui se montraient beaucoup meilleurs Français qu'on n'aurait pu croire ; avant tout, il chercha à préserver la foi chez les religieuses populations de la Flandre qui était envahie par les troupes alliées, la plupart protestantes et fort animées contre les catholiques. Inquiet des troubles que les pasteurs protestants pouvaient causer dans son diocèse, et trouvant singulier que les troupes de l'Empereur servissent de missionnaires contre la religion de leur souverain, il écrivit sans aucune hésitation au prince Eugène de Savoie, qui commandait l'armée de la maison d'Autriche, une lettre pleine de dignité et de noblesse, pour le prier d'aviser à cet état de choses.

Voici la lettre, qui est curieuse : « 1708. — Quoique je n'aie point l'honneur d'être connu de vous, j'espère que vous aurez la bonté d'agréer la liberté que je prends de vous demander votre protection pour les églises de mon diocèse ou dans le voisinage de Tournai. Je ne suis point surpris de ce que les Allemands, les Anglais et les Hollandais, qui ne sont point catholiques, prennent des lieux convenables pour exercer librement leur religion dans le pays où ils font la guerre, mais j'ose dire, Monsieur, qu'ils n'ont aucun besoin de rendre cet exercice public et ouvert pour y attirer les catholiques. Il y a toujours en chaque pays des esprits légers et crédules que le torrent de la nouveauté entraîne et qui sont facilement séduits. Cette séduction des esprits faibles ne pourrait que troubler un pays qui a toujours été jaloux de conserver l'ancienne religion. Elle a toujours été fortement soutenue et protégée sous la domination de la maison d'Autriche, et j'ai peine à croire que ceux qui gouvernent pour les alliés voulussent autoriser une innovation qui alarmerait l'Église catholique. Faites-moi, s'il vous plaît, Monsieur, l'honneur de me permettre de vous exposer un exemple assez récent qui pourrait servir à persuader ceux qui ont besoin d'être persuadés. Après la fin de la dernière guerre et immédiatement avant celle-ci, les troupes de Hollande qui étaient en garnison à Mons et dans les autres villes des Pays-Pays espagnols, avaient un lieu un peu écarté pour leur prêche, où ils exerçaient librement leur religion, sans l'ouvrir à aucun des catholiques qui peuvent être séduits. Il me paraît, Monsieur, que ce tempérament dont on se contentait alors serait encore suffisant pour satisfaire les autres religions sans blesser la nôtre. J'espère que si cet expédient, déjà éprouvé par les mêmes nations dans les mêmes pays, est examiné, on le trouvera digne de la sagesse et de la modération de ceux qui l'ont autorisé. Ce qui me donne le plus d'espérance est la protection d'un prince qui aime sincèrement la vraie religion, dont la maison a souvent soutenu la catholicité avec tant de zèle, et dont l'Europe entière estime les grandes qualités. »

On voit, par cette lettre, avec quelle fermeté Fénelon savait défendre la religion au milieu des crises que traversait le pays. Il savait aussi plaider la cause des intérêts temporels de ses ouailles avec un zèle non moins grand, et lui qui n'avait jamais rien demandé pour lui-même depuis son départ de la cour, il n'hésite pas à se faire solliciteur pour les habitants de son diocèse. Il va même, en 1709, jusqu'à adresser une véritable supplique en leur nom à M. Voisin, depuis chancelier de France, et qui venait de remplacer M. de Chamillard au ministère de la guerre. Le lecteur verra peut-être avec intérêt cette pièce, qui révèle dans toute sa profondeur la misère de ces malheureuses provinces : « Je ne puis m'empêcher de faire ce que notre ville et notre pays désolés me pressent d'exécuter. Il s'agit de vous supplier instamment d'avoir la bonté de nous procurer les secours que vous nous avez promis de la part du Roi. Ce pays et cette ville n'ont, pour cette année, d'autre ressource que celle de l'avoine, le blé ayant absolument manqué. Vous jugez bien, Monsieur, que les armées qui sont à nos portes, et qui ne peuvent subsister que par les derrières, enlèvent une grande partie de l'avoine qui est encore sur la campagne. Il en périt beaucoup plus par le dégât et par le ravage que par les fourrages réglés; il en faudra beaucoup pour les chevaux pendant tout l'hiver, si on laisse de la cavalerie sur cette frontière. Il ne s'agit plus du froment, qui est monté jusqu'à un prix énorme où les familles les plus honnêtes même ne peuvent plus en acheter : sa rareté est extrême. L'orge nous manque entièrement, le peu d'avoine qui nous restera peut-être ne saurait suffire aux hommes et aux chevaux, il faudra que les peuples périssent, et l'on doit craindre une contagion qui passera bientôt d'ici jusqu'à Paris, dont nous ne sommes éloignés que de trente et une lieues par le droit chemin; de plus, vous comprenez, Monsieur, mieux que personne, que si les peuples ne peuvent ni semer ni vivre, vos troupes ne pourront point subsister sur cette frontière sans habitants qui leur fournissent les choses nécessaires. Vous voyez bien aussi que l'année prochaine la guerre deviendrait impossible à soutenir dans un pays détruit. Le pays où nous sommes, Monsieur, est tout auprès de cette dernière extrémité; nous ne pouvons plus nourrir nos pauvres, et les riches mêmes tombent en pauvreté. Vous m'avez fait l'honneur de m'écrire que le Roi aurait la bonté de faire venir en ce pays beaucoup de grains de mars, c'est-à-dire d'orge et d'avoine; c'est l'unique moyen de sauver une frontière si voisine de Paris et si importante à la France; je croirais manquer à Dieu et au Roi si je ne vous représentais pas fidèlement notre état. Nous attendons tout de la compassion de Sa Majesté pour des peuples qui ne lui montrent pas moins de fidélité et d'affection que les sujets de l'ancien royaume. Enfin, nous sommes persuadés que vous serez favorable à un pays que vous avez gouverné avec tant de sagesse et de désintéressement, et qui a tant de confiance en votre bonté. »

Et cependant rien, ni les troubles de la guerre, ni l'exercice de son ministère pastoral, n'arrêtait le travail constant de cet inépuisable génie, comme on eût dit au dix-septième siècle. Au sortir de l'hôpital où il avait consolé les blessés et assisté à leur pansement, il rentrait dans ce petit cabinet, meublé en serge, qui attenait à sa grande chambre de parade, pour travailler à ses mandements ou à ses écrits contre les jansénistes. Aussi chaque jour sa parole était-elle reçue avec plus de respect et de déférence, et l'autorité de son nom allait-elle toujours croissant.

L'histoire de la conversion au catholicisme d'un jeune Anglais qui vint à Cambrai, uniquement attiré par le renom de Fénelon, est une preuve incontestable du prestige qu'exerçait son nom, tandis qu'elle forme un des plus curieux épisodes de sa vie. Le héros nous en a conservé lui-même le récit, et comme le fait eut lieu en 1710, pendant les tristes années de la guerre qui nous occupent, nous ne croyons pas pouvoir mieux faire, pour donner une idée exacte de ce qu'était alors la situation de Fénelon, et de la prodigieuse souplesse de son esprit, que d'en raconter les principaux détails. Le récit en lui-même est intéressant, étrange même pour le temps, et mérite d'être rappelé.

André Michel, chevalier de Ramsay, né en 1686, d'une famille noble restée fidèle aux Stuarts, avait été élevé dans la religion protestante à une époque où la controverse religieuse était ardente et absorbait encore toute l'attention des esprits distingués. Cœur droit et intelligence ouverte, le jeune Ramsay apporta dans les études religieuses une grande bonne foi et un ardent désir de trouver la vérité. Les études historiques auxquelles il se livra sur la Réforme en Allemagne et en Angleterre ne tardèrent pas à le convaincre du néant de cette Réforme prétendue qui avait brisé tous les liens de l'ancienne unité; il se dégoûta de l'anglicanisme fondé par Henri VIII et rétabli par Élisabeth; ces singuliers apôtres lui ouvrirent les yeux sur l'autorité de leur entreprise. Après avoir consulté les théologiens les plus célèbres d'Angleterre, il renonça définitivement aux opinions dans lesquelles il avait été élevé; mais bien loin d'en être devenu plus soumis à l'autorité, le jeune homme tourna au mépris de toute autorité, il devint sceptique et dédaigneux. Toujours poursuivi cependant par le besoin de la foi, il passa la mer, parcourut l'Allemagne comme il avait parcouru l'Angleterre, consultant partout les ministres les plus renommés et se faisant instruire des diverses opinions des grandes écoles d'Allemagne. Ce singulier voyage à la poursuite du vrai ne fit que le rendre plus perplexe et plus incliné à mettre toutes les religions sur le même rang. Il passa par les plus pénibles incertitudes, errant pour ainsi dire au milieu des opinions diverses, penchant tantôt vers l'absence de toute doctrine révélée, tantôt vers la nécessité pour l'esprit humain d'avoir une religion définie. A la longue pourtant, il finit par arriver à l'idée du besoin d'une révélation divine et d'une Église ayant autorité pour la maintenir. Séduit par la rigueur apparente du calvinisme et son austère indépendance, notre jeune écolier à la recherche de la vérité s'en fut en Hollande écouter les leçons du célèbre ministre français Poiret, réfugié en ce pays. Chose étrange, ce fut en conversant avec lui qu'il devint presque catholique; il vit que les calvinistes étaient obligés d'admettre l'autorité des Livres saints et de la révélation pour les quelques points de foi qu'ils avaient conservés, qu'ils usaient arbitrairement de cette autorité divine pour affirmer certaines doctrines, tout en rejetant sans raison les dogmes que l'Église impose au nom de cette même révélation qu'ils admettaient en partie. Convaincu du manque de base rationnelle et historique de cette forme du protestantisme, Ramsay était bien près de la foi catholique; mais il lui restait encore trop d'incertitudes, trop de difficultés pour qu'il pût croire avoir enfin trouvé la vérité qu'il cherchait avec tant de conscience. C'était en 1709 qu'il se rendit en Hollande. Dans les pays voisins de la frontière de France, le nom de l'archevêque de Cambrai était dans toutes les bouches. Chacun vantait sa bonté, son inépuisable bienfaisance et sa science théologique, qui ne le distrayaient pas des devoirs de sa charge; les jansénistes, fort nombreux dans ces pays, louaient sa douceur envers leurs amis de Flandre, tout en le représentant comme un terrible adversaire, tandis que les protestants réfugiés parlaient avec reconnaissance des ménagements qu'il avait pour eux.

Ramsay fut ému par une réputation aussi chrétienne; il prit le parti d'aller trouver Fénelon et de lui exposer avec franchise la douloureuse perplexité de son âme. Il partit donc pour Cambrai vers la fin de 1709; il fut reçu, dit-il lui-même, « avec cette bonté paternelle et insinuante qui gagne d'abord les cœurs ». N'ayant que peu de temps à donner à ce visiteur d'un nouveau genre au milieu des tristes circonstances où son diocèse se trouvait alors, et qui amenaient chaque jour une nouvelle occupation, le prélat lui offrit de loger dans son palais, afin de pouvoir profiter des moindres instants pour causer des sujets qui le préoccupaient. Il nous a laissé lui-même, dans son *Histoire de Fénelon,* un récit abrégé des longues conversations qu'il eut avec lui sur le déisme pur, le christianisme et le catholicisme. Pendant six mois, l'évêque et le disciple discutèrent ensemble les plus grands sujets dont puisse s'occuper la pensée de l'homme. Les entretiens sur la vérité de la religion publiés dans les œuvres de Fénelon en sont le résumé. Dans ces quelques pages, qui sont comme l'esquisse d'une réfutation du déisme pur, on retrouve toute la force d'esprit et toute la pénétration de l'auteur du *Traité de l'existence de Dieu,* avec une largeur dans les idées et dans la rapide exposition de la doctrine qui rappelle la grande manière de Bossuet. Celui à qui s'adressaient ces belles exhortations ne se rendit pas toute de suite : il passa par plus d'une incertitude, il alla même jusqu'à douter de la sincérité de son maître, et dans l'angoisse de son cœur il eut le courage de s'ouvrir à Fénelon de son incertitude sur la sincérité des paroles qu'il lui entendait proférer. La scène dut être curieuse et touchante. Voici comment Ramsay la raconte lui-même [1] : « Dans le temps de cette agitation extrême, j'eus une tentation violente de le quitter. Je commençai à soupçonner sa droiture! Il n'y avait qu'un seul moyen de surmonter mes peines, c'était de lui en faire confidence. Quels combats ne souffris-je point avant que de pouvoir me

---

[1] *Vie de Fénelon,* par Ramsay. 1723, II, **723**.

résoudre à cette simplicité! Il fallait cependant passer par là. Je lui demandai donc une audience secrète. Il me l'accorda; je me mis à genoux devant lui et lui parlai ainsi : — Pardonnez, Monseigneur, à l'excès de mes peines. Votre candeur m'est suspecte, et je ne saurais plus vous écouter avec docilité. Si l'Église est infaillible, vous avez condamné la doctrine du pur amour en condamnant votre livre des *Maximes;* si vous n'avez pas condamné cette doctrine, votre soumission était feinte. Je me vois dans la dure nécessité de vous regarder comme ennemi ou de la charité ou de la vérité. A peine eus-je prononcé ces paroles que je fondis en larmes. Il me releva, m'embrassa avec tendresse et me parla ainsi : — L'Église n'a point condamné le pur amour en condamnant mon livre. Cette doctrine est enseignée dans toutes les écoles catholiques. Mais les termes dont je m'étais servi pour l'expliquer n'étaient pas propres à un ouvrage dogmatique. Mon livre ne vaut rien. Je n'en fais aucun cas. C'était l'avorton de mon esprit et nullement le fruit de l'onction de mon cœur. Je ne veux pas que vous le lisiez. » Enfin, après de longues discussions, toujours acceptées par Fénelon avec une patience inaltérable, il finit par convaincre son adversaire, qui se convertit au catholicisme. Cette conversion fut durable et sincère, et fit du jeune homme de vingt-quatre ans qui s'était fatigué à chercher la vérité, un croyant soumis et zélé, qui s'efforça à son tour de répandre la vérité. Homme distingué et écrivain de mérite, M. de Ramsay devint plus tard précepteur des enfants du prétendant connu sous le nom de Jacques III, puis rentra dans sa patrie, où, malgré son changement de religion, il fut reçu docteur de l'Université d'Oxford. C'est ainsi que Fénelon réussit à vaincre les préjugés d'un gentilhomme anglais, en 1710, à l'époque où les passions anticatholiques de l'Angleterre étaient à leur apogée. Mais s'il en fit un catholique, il sut en même temps s'en faire un ami dévoué et le plus passionné des admirateurs. Pénétré d'une reconnaissance profonde pour son maître, M. de Ramsay se prit pour Fénelon de la plus vive affection et lui voua une sorte de culte. Il ne quitta Cambrai qu'à la mort de l'archevêque et se consacra ensuite à sa mémoire. C'est à lui que l'on doit la première *Vie de Fénelon*, et il travailla activement à la première édition de ses œuvres.

Telle fut l'histoire du chevalier de Ramsay. Cette espèce de voyage à travers l'Europe à la poursuite de la vérité est singulier pour le temps, où le doute religieux n'était pas encore à la mode et n'osait pas s'étaler au grand jour. Maintenant, hélas! ils ne sont pas rares, les jeunes gens qui perdent leur foi avec leur enfance; mais, combien sont-ils, ceux qui se mettent en route pour trouver la vérité n'importe où et à quelque prix que ce soit? Si le récit de la laborieuse conversion du chevalier de Ramsay tombe, par le hasard qui conduit parfois les livres comme les hommes, sous les yeux de ceux qui se trouveraient dans le même état d'esprit que lui, qu'ils suivent son exemple, qu'ils cherchent avec sincérité, et ils trouveront aussi, sans aucun doute, à leur heure, leur Fénelon qui leur ouvrira les portes du sanctuaire de la vérité.

Pendant qu'il parvenait ainsi, avec un succès qui fit alors beaucoup de bruit, à ramener à l'Église ce néophyte si sincère et si ardent, Fénelon reçut la visite d'un personnage bien autrement considérable. Jacques III, roi sans trône, servant en simple officier dans les troupes françaises, s'arrêta quelques jours à Cambrai pour voir l'archevêque et lui demander des conseils. Le fils du malheureux Jacques II était doué d'une nature généreuse et fière : il ne se résignait pas à la perte du trône de ses pères. Déjà, à deux reprises, il avait risqué sa vie en descendant en Angleterre, et si la fortune, un moment favorable, n'avait pas couronné ses entreprises, il y avait fait preuve de courage et d'énergie. Se croyant toujours destiné à recouvrer le trône d'Angleterre, au moins à la mort de sa cousine, la reine Anne, le fils de Jacques II, qui voyageait sous le nom du chevalier de Saint-Georges, ne négligeait rien pour se préparer à la tâche difficile que les circonstances pouvaient lui imposer d'un jour à l'autre, et qu'il brûlait, comme un prince véritablement digne de ce nom, d'avoir à accomplir. Instruit par les malheurs de son père, le jeune roi d'Angleterre, car tout le monde en France lui donnait ce nom, ne rêvait ni pouvoir absolu, ni conversion forcée de l'Angleterre au catholicisme ; il savait que sa situation serait singulièrement difficile, et qu'il lui faudrait une prudence extrême pour détruire les préjugés et les rancunes de ceux qui pouvaient devenir ses sujets. Il vint à Cambrai, non-seulement pour voir un homme illustre, mais encore pour s'éclairer et recevoir ses avis.

Pendant plusieurs jours, le prince dépossédé eut avec l'archevêque de longues conversations sur les matières les plus élevées du gouvernement. M. de Ramsay, qui assista à ces entretiens, nous a conservé, dans sa *Vie de Fénelon,* quelques fragments de ces conversations qui durent être si curieuses, et, plus tard, il a écrit un ouvrage intitulé : *Essai sur le gouvernement civil,* qui est comme le résumé des idées que l'archevêque communiqua à son royal interlocuteur.

Avec une singulière puissance d'esprit, Fénelon sait sortir des idées reçues alors sans contestation en France, et comprendre sans peine les ressorts compliqués du gouvernement anglais. « Il lui fit voir, dit M. de Ramsay, les avantages qu'il pouvait tirer de la forme du gouvernement de son pays et des égards qu'il devait avoir pour son sénat. Ce tribunal, dit-il, ne peut rien sans vous, n'êtes-vous pas assez puissant? vous ne pouvez rien sans lui, n'êtes-vous pas heureux d'être libre pour faire tout le bien que vous voudriez, et d'avoir les mains liées quand vous voulez faire le mal? Tout prince sage doit souhaiter de n'être que l'exécuteur des lois et d'avoir un conseil suprême qui modère son autorité[1]. » Malgré la forme un peu déclamatoire de ces paroles, et qui sent l'approche du dix-huitième siècle, elles révèlent une hauteur de vues peu commune alors, dans la manière d'envisager les redoutables questions du gouvernement des peuples. On a souvent aussi cité les paroles de prudente modération que Fénelon sut donner au Prétendant sur les questions religieuses où il lui conseilla d'accorder à tous la tolérance civile, non en approuvant tout comme indifférent, mais en souffrant avec patience tout ce que Dieu souffre, et en tâchant de ramener les hommes par une douce persuasion. Ce sont ces avis si sages, donnés à un prince catholique qui cherchait à recouvrer le gouvernement d'une nation ardemment protestante, qui ont servi de prétexte aux philosophes du siècle dernier, pour le représenter comme un esprit indifférent au fond aux doctrines religieuses, et plus philosophe que chrétien. Cette prétention ne peut plus se soutenir depuis la publication de la correspondance de Fénelon; nul n'osera répéter maintenant que l'auteur des *Lettres spirituelles* ne fut pas aussi convaincu, dans le fond de son âme, de la vérité entière de la religion catholique, qu'il lui paraissait soumis à l'extérieur.

Ce qui est vrai, et ce qui a pu donner lieu à cette misérable équivoque, c'est que Fénelon avait deviné que l'ancien ordre politique touchait à son terme, et que, prévoyant, par une sorte d'intuition, le nouvel état de choses qu'allait amener le mouvement des esprits, il eût voulu, sinon le prévenir, du moins le modérer par le changement graduel des institutions. Il n'entre nullement dans notre sujet d'analyser les conseils qu'il crut devoir donner à son royal auditeur. Nous renvoyons ceux de nos lecteurs qui auraient la curiosité d'entrer dans plus de détails, à l'*Essai sur le gouvernement civil* que Ramsay a rédigé d'après ses souvenirs. Cet essai est

---

[1] *Vie de Fénelon,* 240.

remarquable surtout par la hauteur où l'écrivain sait se placer au-dessus de toutes les formes de gouvernement pour les juger avec impartialité ; il y a là une largeur dans les idées qui est bien celle de l'esprit de Fénelon, et cette indépendance de jugement qu'il avait puisée dans les études théologiques, qui donnent à la pensée une force et une justesse inimitables, bien loin de la resserrer ou de l'enchaîner. Nos lecteurs nous sauront gré cependant de mettre sous leurs yeux le fragment suivant, où, s'élevant, dans son entretien avec le chevalier de Saint-Georges, du système particulier de l'Angleterre à des idées plus générales et plus universelles sur les différents modes de gouvernement, Fénelon énonçait dans le plus beau langage et avec une singulière hardiesse pour le temps cette vérité de l'infirmité des gouvernements humains et de la tolérance mutuelle que les souverains et les peuples devraient avoir les uns pour les autres : « Le despotisme tyrannique des souverains est un attentat sur les droits de la fraternité humaine ; c'est renverser les droits de la fraternité humaine dont ils ne doivent être que les conservateurs. Le despotisme de la multitude est une puissance folle et aveugle qui se tourne contre elle-même ; un peuple gâté par une liberté excessive est le plus insupportable de tous les tyrans. La sagesse de tout gouvernement, quel qu'il soit, consiste à trouver le juste milieu entre ces deux extrémités affreuses, dans une liberté modérée par la seule autorité des lois. Mais les hommes, aveugles et ennemis d'eux-mêmes, ne sauraient se borner à ce juste milieu. Triste état de la nature humaine ! Les souverains, jaloux de leur autorité, veulent toujours l'étendre ; les peuples, passionnés pour leur liberté, veulent toujours l'augmenter. Il vaut mieux cependant souffrir pour l'amour de l'ordre les maux inévitables dans tous les États, même les plus réglés, que de secouer le joug de toute autorité en se livrant sans cesse aux fureurs de la multitude qui agit sans règle et sans loi. Quand l'autorité souveraine est donc une fois fixée par les lois fondamentales dans un seul, dans peu, dans plusieurs, il faut en supporter les abus, si l'on ne peut y remédier par des voies compatibles avec l'ordre. Toutes ces sortes de gouvernements sont nécessairement imparfaites, puisqu'on ne peut confier l'autorité suprême qu'à des hommes, et toutes ces sortes de gouvernements sont bonnes quand ceux qui gouvernent suivent la grande loi du bien public. Dans la théorie, certaines formes paraissent meilleures que d'autres; mais dans la pratique, la faiblesse ou la corruption des hommes, sujets aux mêmes passions, exposent tous les États à des inconvénients à peu près égaux. Deux ou trois hommes entraînent presque toujours le monarque ou le sénat. On ne trouvera donc pas le bonheur de la société humaine en changeant et en bouleversant les formes déjà établies, mais en inspirant aux souverains que la sûreté de leur empire dépend du bonheur de leurs sujets, et aux peuples, que leur solide et vrai bonheur demande la subordination. La liberté sans ordre est un libertinage qui attire le despotisme; l'ordre sans la liberté est un esclavage qui se perd dans l'anarchie. D'un côté, on doit apprendre aux princes que le pouvoir sans bornes est une frénésie qui ruine leur propre autorité. Quand les souverains s'accoutument à ne connaître d'autres lois que leurs volontés absolues, ils sapent les fondements de leur puissance. Il viendra une révolution soudaine et violente qui, loin de modérer simplement leur autorité excessive, l'abattra sans ressource.

« D'un autre côté, on doit enseigner aux peuples que les souverains étant exposés aux haines, aux jalousies, aux bévues involontaires qui ont des conséquences affreuses, mais imprévues, il faut plaindre les rois et les excuser. Les hommes, à la vérité, sont malheureux d'avoir à être gouvernés par un roi, qui n'est qu'un homme semblable à eux, car il faudrait des dieux pour redresser les hommes; mais les rois ne sont pas moins infortunés, n'étant qu'hommes, c'est-à-dire faibles et imparfaits, d'avoir à gouverner cette multitude d'hommes trompeurs.

« C'est par ces maximes, qui conviennent également à tous les États, en conservant la subordination des rangs, qu'on peut concilier la liberté du peuple avec l'obéissance due aux souverains, rendre les hommes tout ensemble bons citoyens et fidèles sujets, soumis sans être esclaves, libres sans être effrénés. Le pur amour de l'ordre est la source de toutes les vertus politiques, aussi bien que de toutes les vertus divines. »

Après être resté quelques jours à Cambrai pour écouter Fénelon, le jeune prince, qui dut puiser dans ces conversations une sagesse qu'il n'eut jamais l'occasion de déployer, retourna à Saint-Germain, charmé de ce qu'il avait vu et entendu. Pendant ce temps, l'archevêque écrivait au duc de Bourgogne une lettre toute pleine d'éloges du roi d'Angleterre, éloges que le jugement plus froid de l'histoire a ratifiés, du moins en partie, qui nous semblent être surtout des conseils déguisés pour le cher petit prince [1] :

« J'ai vu plusieurs fois assez librement le roi d'Angleterre, et je crois, Monseigneur, devoir vous dire la bonne opinion que j'en ai. Il paroît sensé, doux, égal en tout. Il paroît entendre bien les vérités qu'on lui dit. On voit en lui le goût de la vertu, et des principes de religion sur lesquels il veut régler sa conduite. Il se possède, et il agit tranquillement comme un homme sans humeur, sans fantaisie, sans inégalité, sans imagination dominante, qui consulte sans cesse la raison, et qui lui cède en tout. Il se donne aux hommes par devoir, et est plein d'égards pour chacun d'eux. On ne le voit ni las de s'assujettir, ni impatient de se débarrasser pour être seul et tout à soi, ni distrait, ni renfermé en soi-même au milieu du public : il est tout entier à

---

[1] *Corr. gén.*, I, **297**.

ce qu'il fait. Il est plein de dignité, sans hauteur ; il proportionne ses attentions et ses discours au rang et au mérite. Il montre la gaieté douce et modérée d'un homme mûr. Il paroît qu'il ne joue que par raison, pour se délasser, selon le besoin, ou pour faire plaisir aux gens qui l'environnent. Il paroît tout aux hommes, sans se livrer à aucun. D'ailleurs, cette complaisance n'est suspecte ni de foiblesse ni de légèreté : on le trouve ferme, décisif, précis ; il prend aisément son parti pour les choses hardies qui doivent lui coûter. Je le vis partir de Cambrai, après des accès de fièvre qui l'avoient extrêmement abattu, pour retourner à l'armée, sur des bruits de bataille qui étoient fort incertains. Aucun de ceux qui étoient autour de lui n'auroit osé lui proposer de retarder son départ, et d'attendre d'autres nouvelles plus positives. Si peu qu'il eût laissé voir d'irrésolution, chacun n'auroit pas manqué de lui dire qu'il falloit encore attendre un jour, et il auroit perdu l'occasion d'une bataille où il a montré un grand courage, qui lui attire une haute réputation jusqu'en Angleterre. En un mot, le roi d'Angleterre se prête et s'accommode aux hommes ; il a une raison et une vertu toute d'usage ; sa fermeté, son égalité, sa manière de se posséder et de ménager les autres, son sérieux doux et complaisant, sa gaieté, sans aucun jeu qui descende trop bas, préviennent tout le public en sa faveur. »

Il est singulier que le prétendant au trône d'Angleterre se trouve justement avoir toutes les qualités qui manquaient au duc de Bourgogne. Fénelon savait bien qu'en excitant l'admiration de son élève pour un prince malheureux, c'était l'exciter en même temps à imiter ses qualités. Il est touchant de voir avec quel soin il profite des moindres occasions pour lui donner d'utiles leçons : il dit la vérité en face, il la dit encore de mille façons détournées ; rien ne lui semble de trop pour secouer cette nature timorée qui, à force de craindre de mal agir, finissait par n'agir plus assez.

La visite du chevalier de Saint-Georges à Cambrai peint à merveille la situation tout exceptionnelle de Fénelon, et l'action qu'il exerçait du fond de son exil. Peu à peu aussi, la rigueur des ordres du Roi s'était adoucie, et tacitement, sans aucune abrogation officielle, les anciennes défenses d'aller à Cambrai étaient tombées comme d'elles-mêmes. On ne se détournait plus de Cambrai pour aller à l'armée; au contraire, les généraux et les officiers s'y arrêtaient ouvertement. Le marquis de Puységur, plus tard maréchal, cet homme de bien dont Saint-Simon nous a laissé un beau portrait, allait constamment faire des séjours chez le prélat; il servait même d'intermédiaire entre Fénelon et ses amis de Versailles, sans beaucoup cacher ses bons offices. En 1710, les envoyés que Louis XIV fit partir pour les Pays-Bas afin d'offrir une paix dont on ne voulait plus, s'arrêtèrent à Cambrai et logèrent au palais de l'archevêque. Si le maréchal d'Huxelles fut réservé, le second plénipotentiaire, l'abbé de Polignac, parla à Fénelon des affaires publiques avec une entière liberté, et leur compagnon, le médecin Helvétius, qu'on est tout surpris de voir figurer dans une ambassade, ne lui cacha ni son découragement ni ses craintes.

Fénelon, de son côté, reprenait une certaine liberté de mouvement, bien qu'il ne pût s'éloigner sans autorisation de son diocèse; il se rendait à Chaulnes[1] sans être inquiété, et les séjours qu'il fit dans ce lieu durant les dernières années de sa vie furent les plus heureux moments de cette laborieuse existence[2] : « Chaulnes, écrivait-il à la fin de 1709, après y avoir fait un court séjour, Chaulnes et la compagnie que j'y ai vue me revient souvent au cœur. Je dirais : Heureux qui passe sa vie avec de telles personnes! s'il ne valait mieux dire :

---

[1] Château du duc de Chevreuse, situé en Picardie, assez voisin de Cambrai, et dont le Roi transféra plus tard la duché-pairie au vidame d'Amiens, second fils du duc.
[2] *Corr. gén.*, I, 318.

Heureux qui demeure là où il se trouve content du pain quotidien avec toutes les croix quotidiennes! Je suis même persuadé que la croix quotidienne est le principal pain quotidien. » Ses visites, si ardemment désirées, se renouvelèrent assez fréquemment durant les dernières années de Fénelon. Elles resserrèrent encore les liens qui l'unissaient à la famille de Luynes. Ses lettres deviennent toujours plus tendres et plus intimes, mais elles se ressentent aussi du changement graduel de la situation de Fénelon. Sachant qu'il sera peut-être écouté, il élève la voix et fait entendre des conseils de prudence, des avis sur la conduite à tenir, qui deviennent chaque jour plus hardis et plus fermes. Ce n'est pas seulement à ses amis qu'il ose écrire avec liberté, c'est encore aux ministres Chamillard et Voisin, avec qui les affaires des blés l'ont mis en rapport, qu'il adresse des lettres pleines de liberté dans l'expression de sa pensée; c'est au Père Le Tellier, confesseur du Roi, qu'il donne presque avec autorité des conseils sur la polémique avec les jansénistes. On sent partout, à la franchise du langage, à la hardiesse des idées, que celui qui écrit a conscience du respect qui entoure son nom et qui accueillera ses paroles. L'archevêque se sent justifié de tous les faux jugements qu'a pu faire porter sur lui sa querelle du quiétisme. A force de patience, après dix ans de l'exercice le plus complet et le plus dévoué de son ministère, après dix ans de la retraite la plus digne et la plus fière, Fénelon se croit en droit, et avec raison, de dire effacées toutes les suites de son malheureux procès.

Oserons-nous le dire? pendant que Fénelon arrivait ainsi à reconquérir le terrain perdu, il nous semble que sa nature morale, son homme intérieur, comme il eût dit, grandit et se développe; ses lettres de direction se ressentent de ce changement graduel, elles deviennent plus fortes et plus simples. L'abandon à la volonté divine, pratique et actuel, que ses douloureuses épreuves lui ont rendu nécessaire, ôte peu à peu à son genre de mysticité cette subtilité, cette recherche plus intellectuelle que spirituelle, au sens religieux du mot, qui est parfois visible dans ses premières œuvres. Pour nous servir de ses propres expressions, il a vécu de pure foi, traversé les ténèbres de l'épreuve, et il en sort tout aussi partisan de cet abandon à Dieu qui fait le fond de la vie chrétienne, mais tenant moins exclusivement, peut-être sans bien s'en rendre compte, à cette passivité complète qu'il prêchait autrefois à ses admirateurs. Nous ne voudrions pas dire cependant que Fénelon eût réussi à bannir de son âme toute ambition terrestre à cette époque de sa vie : il tenait encore plus au monde qu'il n'en avait conscience. Le court moment d'illusion et d'espoir qui suivit la mort du Grand Dauphin et rapprocha du trône le duc de Bourgogne, allait lui révéler sur lui-même bien des désirs et des attaches qu'il ne soupçonnait pas.

Avant de lui permettre encore une fois de se reprendre aux espérances humaines, la Providence vint le frapper à l'endroit le plus sensible, en lui enlevant subitement l'un des plus chers amis de son choix, l'abbé de Langeron, qui, bien plus jeune, aurait dû lui survivre. Nous avons dit, dans la peinture de l'intérieur de Fénelon, quelle place tenait M. de Langeron, et combien l'archevêque l'aimait. Depuis son renvoi de la cour, qui eut lieu en même temps que celui de son ami, il ne l'avait pas quitté. C'était, nous l'avons dit, pour ce dernier un compagnon de toute la vie ; ils avaient toujours été côte à côte, ensemble ils avaient été envoyés prêcher les protestants en Poitou, ensemble ils avaient travaillé avec ardeur à l'éducation du duc de Bourgogne, et le soir de la vie les retrouvait encore ensemble à Cambrai.

Au mois de novembre 1710, l'abbé de Langeron tomba subitement très-gravement malade. On peut juger de l'émotion profonde de Fénelon par ces lignes qu'il écrivit à son neveu [1] :

[1] *Corr. gén.*, II, 131.

« J'ai le cœur percé de douleur, mon très-cher neveu ; notre pauvre abbé de Langeron est à l'extrémité. On va lui donner de l'émétique comme dernière ressource qui donne fort peu d'espérance. La volonté de Dieu est toujours infiniment aimable, lors même qu'elle écrase. » Suit une recommandation anxieuse de retirer de l'appartement habité par l'abbé à Paris les papiers compromettants. Pendant les quelques jours que le malade passa encore entre la vie et la mort, son ami ne quitta point son chevet, suivant avec anxiété les progrès du mal. Enfin, le 12 novembre, M. de Langeron expira entre les bras de Fénelon avec la paix qui adoucit la mort du chrétien. C'était un lien de trente-quatre ans dans la bonne comme dans la mauvaise fortune qui venait de se briser. Fénelon ne cacha pas sa douleur, il ne chercha pas cette indifférente quiétude qu'on lui avait tant reprochée, et qui est si contraire au vrai christianisme. Il souffrit cette cruelle épreuve avec cette résignation profonde qui, sans enlever rien à l'aiguillon de la douleur, apprend à s'abandonner sans murmure à la main miséricordieuse de Celui qui sait guérir toutes les plaies. Fénelon écrivait deux jours après la mort de l'abbé de Langeron au vidame d'Amiens, dont il dirigeait toujours la conscience[1] : « J'ai perdu la plus grande douceur de ma vie, et le principal secours que Dieu m'avait donné pour le service de l'Église. Jugez, mon cher Monsieur, de ma douleur. Mais il faut aimer la volonté de Dieu. Rien n'était plus vrai et plus aimable que la vertu du défunt. Rien ne montre plus de grâce que sa mort. » Dans toutes les lettres de Fénelon, datées de ces derniers mois de 1710, on voit, par un mot, par une phrase, toute la vivacité de sa douleur. « J'ai le cœur bien malade[2] », dit-il à son neveu. Quelque temps après, il écrit les lignes suivantes à la Sœur Charlotte de Saint-Cyprien, celle-là même à qui il avait adressé, douze ans auparavant,

---

[1] *Corr. gén.*, I, 422.
[2] *Corr. gén.*, II, 136.

une lettre sur le mysticisme, restée célèbre parce que Bossuet l'avait approuvée :

« A Cambrai, 17 janvier 1711.

« Je n'ai point, ma très-honorée Sœur, la force que vous m'attribuez. J'ai ressenti la perte irréparable que j'ai faite avec un abattement qui montre un cœur très-foible. Maintenant mon imagination est un peu apaisée, et il ne me reste qu'une amertume et une espèce de langueur intérieure. Mais l'adoucissement de ma peine ne m'humilie pas moins que ma douleur. Tout ce que j'ai éprouvé dans ces deux états n'est qu'imagination et qu'amour-propre. J'avoue que je me suis pleuré en pleurant un ami qui faisoit la douceur de ma vie, et dont la privation se fait sentir à tout moment. Je me console, comme je me suis affligé, par lassitude de la douleur, et par besoin de soulagement. L'imagination, qu'un coup si imprévu avoit saisie et troublée, s'y accoutume et se calme. Hélas! tout est vain en nous, excepté la mort à nous-mêmes que la grâce y opère. »

Quel sentiment de profonde tristesse respire dans cette page tout empreinte d'une mélancolie chrétienne! Et ce cri : « Hélas! tout est vain en nous », n'est-il pas comme un aveu échappé à ce cœur resté si sensible en face de cet idéal de perfection, à peine entrevu ici-bas, toujours poursuivi et jamais atteint?...

CHAPITRE V

Correspondances sur l'état de la France. — Désirs de la paix. — Conseils politiques. — L'évêque de Tournai et les Hollandais. — Nouvelles polémiques contre les jansénistes. — Lettres aux amis de Versailles et à Fanfan. — Le chevalier Destouches. — L'examen de conscience d'un roi. — Mort de Monseigneur, 1710-1711.

« Vous connaissez l'épuisement et l'indisposition des peuples. Dieu veuille qu'on y pense ! » La pensée qu'exprime cette vive exclamation, tirée d'une lettre de 1709, revient à tout moment sous la plume de Fénelon. Les dernières années du règne de Louis XIV sont peut-être, en effet, une des époques les plus sombres qu'ait traversées la monarchie. Aux désastres militaires étaient venues se joindre la disette et là dépopulation. Les impôts pesant trop lourdement sur une population appauvrie étaient impuissants à remplir le trésor public que les frais de la guerre épuisait. Le fameux hiver de 1709, un des plus rigoureux que l'on ait vus, fut comme le point culminant de la misère publique. C'est alors que l'on vit, à ce que racontent certains chroniqueurs, les valets de la cour mendier publiquement leur pain dans Versailles pendant que les coureurs ennemis s'aventuraient jusqu'à Saint-Germain pour tenter l'enlèvement du Dauphin. Louis XIV, après avoir connu le comble des prospérités humaines, en était arrivé à connaître les plus dures extrémités par lesquelles un roi, en possession de son trône, puisse passer. L'histoire a admiré, avec justice, le courage et la hauteur d'âme qu'il sut montrer dans ces jours d'épreuve, et lui a su gré de n'avoir pas désespéré de la France. Mais comme rien ne s'oublie plus vite que les calamités passées, on n'a pas assez insisté sur le triste état du pays à cette époque. La grande figure du Roi faisant tête aux revers de la fortune avec une noblesse incomparable a attiré tous les regards, et la postérité, indulgente pour la gloire, même pour la gloire de l'infortune, lui a pardonné, trop facilement peut-être, et n'a pas voulu voir en lui la cause des désastres qui éclairent d'une si triste lueur la fin de ce long règne.

Devant d'aussi grandes calamités, le petit nombre d'hommes qui avaient su garder l'indépendance de leur esprit, ceux que le prestige du pouvoir absolu, entouré de tant de grandeur, n'avait pas éblouis, voyaient avec un effroi trop bien justifié les plaies peut-être inguérissables qui s'étaient formées peu à peu dans ce grand corps de la monarchie française. Fénelon était de cette race d'esprits supérieurs qui savent juger les hommes et les résultats de leurs actions, non pour le plaisir vulgaire de dénigrer et de rabaisser, mais dans l'intérêt commun et pour travailler au bien de tous. Nous avons déjà montré à plusieurs reprises, surtout en racontant les soins qu'il prodigua aux blessés et aux troupes en général, combien était vif en lui cet amour du bien public, cet amour désintéressé du pays pour le pays qui fait souffrir des maux généraux comme des siens propres. Afin de faire mieux connaître le citoyen, nous allions dire le patriote, chez Fénelon, il nous faut entrer dans quelques détails. C'est un des côtés les plus originaux de cette nature si originale : c'est par là que l'archevêque de Cambrai est le plus distinct de la génération qui l'entoure ; il a su garder entière l'indépendance de son âme : le prestige de la première couronne du monde ne le fascine pas : il regarde en face et juge de haut.

Cette fois encore, la meilleure manière de faire entrer plus avant dans la connaissance de son caractère nous a paru être de le laisser parler lui-même. En remettant sous les yeux de ceux qui lisent ces pages quelques extraits de sa correspondance pendant les années 1709 et 1710, Fénelon se révélera lui-même à nous, avec toutes les angoisses de son patriotisme et les idées qui naissent en lui pour porter remède aux maux de l'État. Le 5 décembre 1709, il écrit au duc de Chevreuse ces lignes où se peint avec vivacité l'état de son âme à la vue de toutes les misères dont il est témoin [1] : « Je profite, mon bon duc, avec beaucoup de joie, d'une occasion sûre, pour vous dire que toute cette frontière est consternée. Les troupes y manquent d'argent, et on est chaque jour au dernier morceau de pain. Ceux qui sont chargés des affaires paraissent eux-mêmes rebutés, et dans un véritable accablement. Les soldats languissent et meurent ; les corps entiers dépérissent, et ils n'ont pas même l'espérance de se remettre. Vous savez que je n'aime point à me mêler des affaires qui sont au-dessus de moi : mais celles-ci deviennent si violemment les nôtres, qu'il nous est permis, ce me semble, de craindre que les ennemis ne nous envahissent la campagne prochaine. Je ne sais si je me trompe ; mais il me semble que je n'ai aucune peur pour ma personne, ni pour mon intérêt particulier ; mais j'aime la France, et je suis attaché, comme je le dois être, au Roi et à la maison royale. Voyez ce que vous pourrez dire à MM. de Beauvilliers, Desmarets et Voysin. »

La paix, tel est le cri du cœur de Fénelon. Il engage ses amis à tout faire pour arriver à ce but tant désiré de la paix ; il va même jusqu'à leur conseiller de s'offrir pour la dure mission de négociateur, si cela pouvait être utile au bien de la chose. « Il faut s'oublier, dit-il au duc de Chevreuse, et aller tête baissée au bien, la vanité n'est pas à craindre en telle occasion. » Il aurait voulu qu'on laissât de côté les pro-

---

[1] *Corr. gén.*, I, 317.

cédés si lents de la diplomatie afin d'obtenir au moins une suspension d'armes[1]. « Pour la paix, je conviens qu'un préliminaire qui laisseroit toutes les grandes questions incertaines seroit trop à craindre; mais on pourroit régler tous les articles considérables, en sorte que ce prétendu préliminaire décideroit à fond de presque tout, et qu'il ne laisseroit à régler dans un congrès que certains intérêts des alliés, sans qu'on pût, sous le prétexte de ces mêmes articles, revenir aux principaux, qui seroient finis. Il semble que les parties pourraient entrer dans cet expédient pour accélérer une suspension d'armes, supposé qu'elles fussent à peu près d'accord sur les points fondamentaux. Cependant il faudroit se préparer sans relâche à la guerre, comme si on n'espéroit nullement la paix. Quand vous parviendrez, en poussant tout à bout, à faire encore une campagne, vous y hasarderez beaucoup; et que deviendrez-vous après l'avoir faite? Je crains qu'on ne se flatte, et qu'il n'arrive de grands mécomptes. »

Quelque temps après, il revient sur les souffrances et les misères qu'il a sous les yeux : « Les troupes et les peuples souffrent beaucoup sur cette frontière. On y meurt fréquemment. Dieu sait ce qu'il veut faire de nous. »

Au commencement de 1710, le bruit courut que la paix était conclue; aussitôt Fénelon songe à toutes les mesures qu'il y aurait à prendre pour relever les affaires[2] : « Si la paix se fait, il importe beaucoup de faire un bon plan pour la réforme des troupes. D'un autre côté, il faut voir à l'épuisement de l'État et au pressant besoin de le soulager: il faut songer à notre frontière qui sera presque ouverte, aux places d'otage qui l'ouvriront aux suites de la guerre d'Espagne, si elle continue; au besoin de ne pas laisser tomber le corps militaire, de soutenir la noblesse ruinée au service; enfin au danger de voir la ligue des protestants vouloir l'empire et

[1] *Corr. gén.*, I, 322.
[2] *Corr. gén.*, I, 335.

dominer dans l'Europe si la maison d'Autriche vient à tomber. »

Malheureusement la paix était si loin d'être faite qu'on ne pouvait même plus s'entendre sur les préliminaires, tant les alliés mettaient de hauteur à exiger les conditions les plus exorbitantes. Il ne fut pas possible d'obtenir seulement un armistice. La hauteur des ennemis était telle qu'ils exigeaient, pour suspendre seulement les hostilités, la remise de quatre places fortes entre leurs mains comme garantie de la sincérité royale.

Déjà convaincu depuis longtemps de la nécessité de terminer une lutte qui épuisait la France, qu'un nouvel échec pouvait livrer tout entière à l'invasion, Louis XIV s'était en vain résigné aux plus rudes sacrifices pourvu qu'ils fussent honorables, et jusqu'alors, ceux qu'on lui demandait étaient inacceptables. A plusieurs reprises il avait fait des tentatives pour arriver à conclure la paix, s'humiliant jusqu'à faire offrir aux alliés l'abandon de l'Espagne et la cession de toutes les places conquises en Flandre, sauf Lille. Ces offres avaient été repoussées avec hauteur. En vain Torcy s'était rendu lui-même déguisé à la Haye, pour discuter les propositions des alliés qui avaient l'insolence de demander le concours actif de la France, pour enlever la couronne d'Espagne à Philippe V. Il ne put rien obtenir, et la guerre recommença. La sanglante défaite de Malplaquet fut le grand fait d'armes de la campagne de 1709. Le courage héroïque des Français, les pertes considérables qu'ils infligèrent à leurs adversaires prouvèrent à l'Europe que, malgré ses malheurs, la France était encore debout. De nouveau, le Roi offrit la paix. Le maréchal d'Huxelles et l'abbé de Polignac furent envoyés en Hollande (1710) et négocièrent pendant quatre mois à Gertruydemberg. Les plus dures humiliations furent imposées aux négociateurs, qui avaient ordre d'aller jusqu'aux dernières limites dans les concessions. Tout fut inutile : les alliés imposaient à Louis XIV l'obligation de détrôner lui-même son petit-fils. On connaît sa belle réponse : « Puisqu'il faut faire la guerre, j'aime mieux la faire à mes ennemis qu'à mes enfants. »

Fénelon, qui était tenu par ses correspondants de Versailles au courant de ces négociations, en suivait les péripéties avec la plus anxieuse émotion. Malgré son désir de voir mettre un terme à une guerre désastreuse, désir qui l'emporte parfois trop loin, il ne peut s'empêcher d'écrire sur le bruit de ces exigences inouïes [1] : « Les ennemis ne veulent pas se fier à nous et se mettre en risque de recommencer avec des désavantages infinis après que leur ligue sera désunie. Je n'ai rien à dire contre cette défiance. Mais n'avons-nous pas autant à craindre de notre côté? Nous ne saurions leur donner quatre places d'otage en Flandre sans ouvrir notre frontière jusqu'aux portes de Paris qui est très-voisin. Ce serait encore pis si les ennemis choisissaient les quatre places. » Au mois de mars, les négociateurs envoyés par la France en Hollande s'arrêtèrent à Cambrai et y virent l'archevêque [2] : « M. le maréchal d'Huxelles, écrit-il au sujet de cette visite, qui ne fut céans qu'un demi-quart d'heure devant tout le monde, me dit qu'il ne voyait point les mesures bien prises pour la paix; qu'il y craignait un grand mécompte; que ses pouvoirs étaient bornés, et qu'il courait risque de me revoir bientôt. M. l'abbé de Polignac me parla avec un peu plus d'espérance, mais beaucoup de crainte. Helvétius [3], qui m'est venu voir en passant, m'a dit, sous un grand secret, que je vous conjure de garder inviolablement, que la difficulté de la paix paraît insurmontable; que les ennemis veulent la

---

[1] *Corr. gén.*, I, 340.
[2] *Corr. gén.*, I, 350.
[3] Père du médecin de la reine Marie Leczinska, médecin lui-même fort célèbre, envoyé par la Cour en Hollande, son pays d'origine, afin d'y tenter une négociation clandestine.

paix de très-bonne foi, mais avec l'évacuation de l'Espagne ; que les Hollandais, ayant fait le pas d'envoyer des passe-ports à nos plénipotentiaires, ont sans doute quelque expédient à proposer ; que le Roi est disposé à accepter tout, plutôt que de continuer la guerre, et qu'ainsi il croit la paix, malgré la difficulté de trouver un bon tempérament..... Je vous avoue, mon bon duc, que je pense précisément comme vous, en faveur de toute paix qui sera une paix réelle. C'est le dedans, c'est le centre, qui en rend le besoin plus pressant que la frontière même. » Puis, revenant sur la nécessité d'un armistice, il ajoute ces paroles, qui semblent exagérées dans le lointain du passé, mais qui n'étaient cependant que trop vraies à ce moment : « De plus, les ennemis supérieurs peuvent vous battre et entrer en France, après quoi le Roi n'oserait demeurer à Versailles, et s'il s'en allait, tout le royaume serait sans ressource. On peut dire, sans avoir peur, que nous sommes à cette extrémité..... Il ne faut point se flatter ; vous n'avez aucune ressource d'aucun côté. Versailles est ce que vous savez mieux que moi. Tous les corps du royaume sont épuisés, aigris et au désespoir ; le gouvernement est haï et méprisé. Toutes nos places sont dégarnies presque de tout, et tomberaient comme d'elles-mêmes en cas de malheur. Les troupes meurent de faim : elles n'ont pas la force de marcher. » Malgré son ardent désir de la paix, Fénelon avait un sentiment trop vif de la dignité nationale pour conseiller à ses amis de la cour de l'acheter au prix des conditions déshonorantes que les alliés voulaient imposer à la France. Il était d'avis de tout faire, excepté ce qu'on ne pouvait faire avec honneur[1]. « Je crois, mon bon duc, écrivait-il quelques jours après, qu'il faut, dans l'extrémité affreuse où l'on assure que sont les choses, acheter très-chèrement deux choses : l'une est la dispense

---

[1] *Corresp. gén.*, I, 356.

d'attaquer le Roi Catholique; l'autre est un armistice pour éviter les accidents d'une campagne qui pourrait renverser l'État. Je ne voudrais ni faire la guerre au Roi Catholique à aucune condition, à moins qu'il ne nous la fît, ni hasarder la France en hasardant une campagne. » Au milieu de toutes ces tristes agitations, avec les ennemis aux portes de Cambrai, un siége ou une cession en perspective, le courage de l'archevêque ne se dément pas un instant. Pendant qu'il se multiplie auprès des pauvres et des blessés, il redouble d'activité pour envoyer aux ducs de Beauvilliers et de Chevreuse les informations de tout genre qu'il peut recueillir sur l'état de la France. Il fait passer successivement deux mémoires raisonnés, sur la légitimité de Philippe V au trône d'Espagne, et la nécessité de lui faire abdiquer le trône, pour le bien de la France. Ces pièces seraient curieuses à étudier pour se rendre compte des idées de Fénelon sur le droit public et sur le droit des gens; bien que nous n'ayons nulle qualité pour les juger à ce point de vue et que les conclusions nous en paraissent très-contestables, il règne dans ces mémoires une liberté dans les appréciations qui est bien l'empreinte d'un esprit supérieur. L'auteur y a un souci des intérêts des peuples « qui ne sont point une dot comme un pré ou une vigne dont on puisse tranférer la propriété », « qu'on ne peut se passer comme des biens », qui est rare encore à cette époque. La véhémence de son désir pour la paix l'entraîne évidemment trop loin lorsqu'il va jusqu'à dire que Louis XIV aurait le droit d'user de menaces envers son petit-fils pour le forcer à déposer sa couronne; mais pour juger avec équité de telles pensées, il ne faut pas oublier que si Louis XIV avait refusé de faire lui-même la guerre à son petit-fils, il avait offert aux alliés l'abandon complet de l'Espagne en concluant une paix dont elle serait exclue, et qu'il avait été même jusqu'à offrir un million par mois de subside pour payer les frais de la lutte, que la coalition continuerait seule pour obliger Philippe V à abandonner le trône d'Espagne. Si le roi de France, encore à Versailles, au milieu des restes de sa puissance, avait cru pouvoir s'abaisser jusque-là, il n'est pas étonnant que l'archevêque, vivant au milieu de l'invasion, ait été entraîné au delà d'une juste appréciation de l'état des choses, et qui ne pardonnerait cet excès dans la pensée à celui qui savait tracer en quelques lignes ce saisissant tableau des misères où la guerre réduisait une partie de la France? « Pour moi, dit-il, si je prenais la liberté de juger de l'état de la France par les morceaux du gouvernement que j'entrevois sur cette frontière, je conclurais qu'on ne vit plus que par miracles, que c'est une vieille machine délâbrée qui va encore de l'ancien branle qu'on lui a donné et qui achèvera de se briser au premier choc.......

« Le prêt (c'est-à-dire la paye) manque souvent aux soldats, le pain même leur a manqué souvent plusieurs jours : il est presque tout d'avoine, mal cuit et plein d'ordures. Ces soldats, mal nourris, se battraient mal, suivant les apparences. On les entend murmurer et dire des choses qui doivent alarmer pour une occasion. Les officiers subalternes souffrent à proportion encore plus que les soldats. La plupart, après avoir épuisé tout le crédit de leurs familles, mangent le mauvais pain de munition et boivent l'eau du camp. Il y en a un très-grand nombre qui n'ont pas eu de quoi revenir de leurs provinces; beaucoup d'autres languissent à Paris où ils demandent inutilement un secours au ministre de la guerre; les autres sont à l'armée dans un état de découragement et de désespoir qui fait tout craindre.

« Le général de notre armée ne saurait empêcher le désordre des troupes. Peut-on punir des soldats qu'on fait mourir de faim et qui ne pillent que pour ne pas tomber en défaillance? Veut-on qu'ils soient hors d'état de combattre? Les peuples craignent autant les troupes qui doivent les défendre que celles des ennemis qui veulent les attaquer. Les peuples ne vivent plus en hommes; et il n'est plus permis de compter sur leur patience, tant elle est mise à une épreuve outrée. Ceux qui ont perdu leurs blés de mars n'ont plus aucune ressource. Les autres un peu plus reculés sont à la veille de les perdre. Comme ils n'ont plus rien à espérer, ils n'ont plus rien à craindre [1]. » Fénelon finissait la lettre qui accompagnait le mémoire par ces courtes paroles qui durent paraître plus éloquentes encore à celui qui les reçut [2] : « On m'écrit de Tournai que les ennemis paraissent songer au siége de Cambrai, après celui de Douai. S'ils prenaient Cambrai, ils n'auraient point la Somme à passer pour entrer en France. Ils passeront au mont Saint-Martin; de là vers Compiègne et jusqu'à Pontoise, sans trouver un ruisseau. » On serait presque tenté de taxer Fénelon d'exagération en l'entendant parler ainsi de la prise complète du centre de la France par les alliés, si l'histoire n'était pas là pour attester la vérité de ses paroles. Tous les Mémoires du temps, et ceux de Torcy les premiers, sont unanimes à attester le péril extrême où se trouva alors le pays. Une nouvelle défaite, et tout était perdu; il fallut un concours inouï, presque miraculeux de circonstances, pour dissiper cet orage qui semblait devoir tout détruire. Les ennemis avançaient toujours, et Cambrai pouvait être pris d'un jour à l'autre. L'événement semblait même si prochain que Fénelon écrit au duc de Chevreuse [3] : « Si les ennemis prenaient Cambrai, je me retirerais au Quesnoy, à Landrecies et puis à Avesnes. J'irais de place en place jusqu'à la dernière de la domination du Roi. Je ne prêterais aucun serment lorsque le Roi n'aurait plus aucune place dans mon diocèse : alors je ne m'en irois jamais volontairement, et je me laisserois mettre en prison

---

[1] FÉNELON, OEuvres complètes, XXII, 501.
[2] Corr. gén., I, 370.
[3] Corr. gén., I, 375.

plutôt que de quitter mon troupeau. Alors j'écrirais à la cour demander ce que le Roi voudrait de moi dans une telle extrémité. Si le Roi ne désirait rien de moi, je demeurerais en souffrance sans prêter aucun serment jusqu'à ce que Cambrai eût été cédé aux ennemis pas un traité de paix. Si, au contraire, le Roi désirait que je quittasse, je quitterais cent mille livres de rente sans condition et sans rien demander. »

Plus les négociations traînaient en longueur, plus vif devenait chez Fénelon le désir de la paix. Perdant même par la vue des misères actuelles étalées sous ses yeux la juste appréciation des affaires, il va jusqu'à redouter un succès militaire qui ne ferait que redonner de vaines espérances à la France, qu'il compare à un lion terrassé, mais la gueule ouverte, expirant, et prêt à tout déchirer. Ici le désir de voir finir la guerre entraîne Fénelon trop loin, et lui fait perdre cette modération dans le jugement qui l'abandonne si rarement. La suite des événements donna raison à la ténacité de Louis XIV, et la paix appuyée plus tard sur la victoire de Denain fut tout autre que celle que l'on eût pu obtenir en 1710.

Les efforts sincères du Roi pour arriver même à un armistice ayant été sans effet, chacun se disposa à rentrer en lice, et la guerre recommença au printemps[1]. « Il faut faire métier de Fabius, sauver la campagne par la perte d'une seconde place, et ne pas perdre un moment pour faire la paix », écrivait Fénelon avant la reprise des hostilités. Ce fut, en effet, ce qui arriva. Villars, à peine remis de la blessure qu'il avait reçue à Malplaquet, sut si bien couvrir la frontière ouverte aux alliés que ceux-ci durent se borner à prendre quelques places fortes, sans avancer beaucoup. C'était déjà un succès, et du temps gagné.

---

[1] *Corresp. gén.*, I, 382.

Lorsqu'il vit les négociations ajournées, et la guerre prête à recommencer avec tout son cortége de maux, l'âme de Fénelon se remplit d'une telle douleur, qu'il n'y put tenir et qu'il s'épancha sans réserve dans une grande lettre au duc de Chevreuse, qui est comme une sorte de confession politique, arrachée par l'imminence du péril où il voyait la France. Cette lettre, citée en partie par le cardinal de Beausset, dans son *Histoire de Fénelon,* et publiée plus tard en entier, n'a pas, suivant nous, la réputation qu'elle mérite, et est digne d'une attention particulière, tant pour la hardiesse et l'originalité des idées que la force et l'énergie du style. D'une main émue, mais impitoyable, Fénelon montre à nu les plaies de l'État, et trace un sombre tableau de l'avenir. Puis il expose avec une éloquence passionnée la conduite qui lui semble pouvoir seule être tenue, pour remédier à tant de maux. Avec un coup d'œil perçant et sûr, il a compris que le pouvoir monarchique, en absorbant tout en lui-même, commence à devenir étranger au corps de la nation, que les peuples vont chaque jour se désintéressant davantage du gouvernement, ce qui le met à la merci d'un événement. Ce mal qui ira toujours s'aggravant, si bien que sous Louis XV le pays restera indifférent aux échecs militaires de la guerre de Sept ans, comme s'ils n'atteignaient que le Roi et non la France, commençait déjà à exister d'une façon latente; mais il fallait une singulière perspicacité pour en démêler l'existence sous l'action en apparence si forte du pouvoir absolu. Fénelon propose hardiment d'avoir recours aux anciens usages du royaume, de consulter les notables, sinon de réunir les états généraux, pour réveiller le sentiment national, unir fortement le peuple au Roi, et faire de la guerre leur œuvre commune. Le remède peut sembler chimérique, et l'expérience de la Révolution française semble donner tort aux idées de Fénelon. Et cependant, à cette époque où la monarchie était à l'apogée de sa puissance, où les classes intermédiaires de la société, ce qu'on appelait le tiers état, étaient encore toutes dévouées au Roi, et avaient besoin de lui pour achever de s'affranchir de leur ancienne subordination aux classes aristocratiques, à ce moment, dis-je, dans une crise aussi violente, le conseil donné au Roi, d'associer solennellement ses peuples au sort de son pouvoir et aux dangers de la France, partait d'un cœur généreux, et d'un esprit qui voyait loin. En faisant ainsi, dans les malheurs du pays, appel à toutes les forces vives de la France, en sortant de la nuée où il aimait à se renfermer, pour se rapprocher de ses sujets, peut-être Louis XIV eût-il resserré pour longtemps les liens qui les unissaient à la monarchie et qui commençaient à se relâcher. L'extrémité du péril d'une part, et la puissance encore incontestée du pouvoir royal de l'autre, eussent été des freins d'une singulière puissance pour arrêter les passions que les libertés politiques les plus restreintes développent toujours. Peut-être eût-on pu faire alors avec moins de danger cet apprentissage du gouvernement des assemblées, que quatre-vingts ans après la France fit au prix de tant de malheurs.

Après ces quelques remarques que nous avons cru nécessaires pour placer cette lettre dans son vrai jour, nous allons mettre sous les yeux du lecteur de nombreux extraits de cette pièce si remarquable. Elle mérite, quel que soit le jugement qu'on en porte, d'être classée parmi les documents qui font autorité sur une époque. On pourra la trouver injuste et passionnée, chimérique et déraisonnable, mais nul ne contestera du moins qu'elle ne soit sortie d'un cœur animé par les plus nobles passions; un véritable amour du bien de l'État et une sincère douleur des malheurs du pays[1] :

« Je ne crois point qu'on doive se flatter de l'espérance de rétablir le crédit, sur la rupture hautaine que les enne-

[1] *Corr. gén.*, I, 387.

mis ont faite de la négociation. Cette rupture paroîtra injuste à beaucoup de gens pour les deux premiers mois; mais quand on verra le Roi accabler les peuples, rechercher les aises, ne payer point ce qu'il doit, continuer ses dépenses superflues, hasarder la France sans la consulter, et ruiner le royaume pour faire mal la guerre, le public recommencera à crier plus haut que jamais; et il n'est presque pas possible qu'il n'arrive à la longue quelque soulèvement. Il est impossible que le Roi paye ses dettes. Il est impossible que les peuples payent le Roi, si les choses sont au point d'extrémité qu'on nous représente. La France est comme une place assiégée : le refus d'une capitulation irrite la garnison et le peuple; on fait un nouvel effort pour quatre ou cinq jours, après quoi le peuple et la garnison affamés crient qu'il faut se rendre, et accepter les plus honteuses conditions. Tout est fait prisonnier de guerre : ce sont les *Fourches Caudines.*

« Je ne vois aucune solide ressource que celle que vous ne ferez point entrer dans la tête du Roi. Notre mal vient de ce que cette guerre n'a été jusqu'ici que l'affaire du Roi, qui est ruiné et décrédité. Il faudroit en faire l'affaire véritable de tout le corps de la nation. Elle ne l'est que trop devenue; car la paix étant rompue, le corps de la nation se voit dans un péril prochain d'être subjugué. De ce côté-là, vous avez un intérêt clair et sensible à mettre devant les yeux de tous les Français; mais, pour le faire, il faut au moins leur parler, et les mettre au fait. Mais, d'un autre côté, la persuasion est difficile; car il s'agit de persuader à toute la nation qu'il faut prendre de l'argent partout où il en reste, et que chacun doit s'exécuter rigoureusement, pour empêcher l'invasion prochaine du royaume. Pour réussir dans un point si difficile, il faudroit que le Roi mît le corps de la nation en part du plan général des affaires, afin qu'elle s'exécutât volontairement de la manière la plus rigoureuse et la plus extrême sur ses propres résolutions. Mais, pour parvenir à ce point, il faudroit que le Roi entrât en matière avec un certain nombre de notables des diverses conditions et des divers pays. Il faudroit prendre leurs conseils, et leur faire chercher en détail les moyens les moins durs de soutenir la cause commune. Il faudroit qu'il se répandît, dans toute notre nation, une persuasion intime et constante, que c'est la nation entière elle-même qui soutient, pour son propre intérêt, le poids de cette guerre; comme on persuade aux Anglais et aux Hollandais que c'est par leur choix et pour leurs intérêts qu'ils la font. Il faudroit que chacun crût que, supposé même qu'elle ait été entreprise mal à propos, le Roi a fait dans la suite tout ce qui dépendoit de lui pour la finir, et pour débarrasser le royaume; mais qu'on ne peut plus reculer, et qu'il s'agit de rien moins que d'empêcher une totale invasion. En un mot, je voudrois qu'on laissât aux hommes les plus sages et les plus considérables de la nation à chercher les ressources nécessaires pour sauver la nation même. Ils ne seroient peut-être pas d'abord au fait : aussi seroit-ce pour les y mettre que je voudrois les faire entrer dans cet examen. Alors chacun diroit en soi-même : Il n'est plus question du passé; il s'agit de l'avenir. C'est la nation qui doit se sauver elle-même; c'est à elle à trouver des fonds, et à prendre des sommes d'argent partout où il y en a, pour le salut commun. Il seroit même nécessaire que tout le monde sût à quoi l'on destineroit les fonds préparés, en sorte que chacun fût convaincu que rien n'en seroit employé aux dépenses de la cour.

« J'avoue qu'un tel changement pourrait émouvoir trop les esprits, et les faire passer tout à coup d'une absolue dépendance à un dangereux excès de liberté. C'est par la crainte de cet inconvénient que je ne propose point d'assembler les états généraux, qui, sans cette raison, seroient très-nécessaires, et qu'il seroit capital de rétablir; mais comme la trace en est presque perdue, et que le pas à faire est très-glissant dans la conjoncture présente, j'y craindrois de la confusion. Je me bornerois donc d'abord à des notables, que le Roi consulteroit l'un après l'autre. Je voudrois consulter les principaux évêques et seigneurs, les plus célèbres magistrats, les plus puissants et les plus expérimentés marchands, les plus riches financiers même, non-seulement pour en tirer des lumières, mais encore pour les rendre responsables du gouvernement, et pour faire sentir au royaume entier que les plus sages têtes qu'on peut y trouver ont part à ce qu'on fait pour la cause publique. Il est capital de relever ainsi la réputation du gouvernement méprisé et haï.

« Il faudroit que le Roi mît en main non suspecte les fonds qui dépendent de lui, pour payer aux particuliers pauvres leurs rentes sur l'Hôtel de ville en entier, et aux riches la moitié de leurs rentes, en attendant une discussion plus exacte. En déposant en main sûre et publique les fonds destinés à ce paiement du total des petites rentes et de la moitié des grosses, le Roi demeureroit libéré; on ne pourroit plus crier contre lui. Ces fonds seroient, par exemple, les aides, entrées de Paris, etc. Le Roi prendroit un fonds modique pour la subsistance de sa maison. Les gens inutiles à la cour, qui ne pourroient pas y être payés sur ce fonds modique, s'en iroient vivre chez eux, et tout le monde verroit à quoi le Roi se seroit réduit. Il resteroit à régler le fonds de la guerre; c'est sur quoi la nation auroit à s'exécuter elle-même, sans rien imputer au Roi. On soulageroit ceux qui sont au dernier degré d'épuisement, et on demanderoit, tant aux financiers qu'aux usuriers, de quoi sauver la France qu'ils ont ruinée. Ce seroit le moyen de faire une taxe d'aisés, avec justice, sûreté et bienséance. Le Roi a eu le malheur d'ôter l'argent des mains de toutes les bonnes familles. Ce seroit rétablir l'ordre, et tourner tout le corps de la nation, par son propre intérêt, pour le Roi contre les gens qui l'ont ruiné et décrédité. Alors ce seroit la nation qui chercheroit les fonds, et qui les paieroit volontairement pour son propre salut, afin de soutenir la guerre. Chacun sauroit qu'il n'y auroit plus aucun péril que la cour détournât les fonds et manquât de parole. Pendant que le despotisme est dans l'abondance, il agit avec plus de promptitude et d'efficacité qu'aucun gouvernement modéré; mais quand il tombe dans l'épuisement, sans crédit, il tombe tout à coup sans ressource. Il n'agissoit que par pure autorité; le ressort manque : il ne peut plus qu'achever de faire mourir de faim une populace à demi morte; encore même doit-il en craindre le désespoir. Quand le despotisme est notoirement obéré et banqueroutier, comment voulez-vous que les âmes vénales qu'il a engraissées du sang du peuple se ruinent pour le soutenir? c'est vouloir que les hommes intéressés soient sans intérêt.

« C'est notre gouvernement méprisé au dedans de la France qui donne tant de hauteur à nos ennemis. Si les ennemis voyoient ce gouvernement redressé, et la nation entière unie au Roi pour se soutenir dans cette guerre, ils craindroient que nous ne pussions durer, et tirer l'affaire en longueur; alors ils nous accorderoient une moins mauvaise composition. Mais ils veulent nous réduire à leur merci, pendant qu'ils nous voient dans un désordre et un affoiblissement sans ressource.

« Vous me direz que le Roi est incapable de recourir à de tels moyens, que personne n'est à portée de les lui proposer, et qu'il n'est pas même en état de consulter, de questionner, de ménager les divers esprits, de comparer leurs divers projets, et de décider sur les différents avis. A cela je réponds qu'il est bien triste que l'émétique étant l'unique remède qui reste pour sauver le malade, le malade n'ait la force ni de le prendre, ni d'en soutenir l'opération. Si le Roi est trop éloigné d'accepter cette ressource, il est trop éloigné du salut de l'État; s'il est incapable du dernier moyen de soutenir la guerre, sans espérance d'obtenir la paix, que reste-t-il à attendre de lui? Si la ruine prochaine de sa couronne ne lui fait pas encore ouvrir les yeux, et ne lui fait pas prendre à la hâte des partis proportionnés à ce péril, pour changer ce qui a besoin de changement, tout n'est-il pas désespéré? Comment peut-on dire que le Roi voit la main de Dieu, et met l'humiliation à profit, si une hauteur démesurée lui fait rejeter l'unique ressource qui lui reste, quand il est déjà sur le bord de l'abîme? La conduite que je propose n'auroit rien de bas ni de foible : au contraire, ce seroit se rapprocher courageusement de l'ordre, de la justice et de la véritable grandeur. Quand y viendra-t-on, si on s'obstine à n'y venir pas dans cette conjoncture, où chaque moment peut nous perdre?... »

Mais tout en donnant, pour l'acquit de sa conscience, ces avis que l'on peut apprécier différemment, Fénelon savait bien qu'il parlait en vain, et que jamais le Roi ne consentirait à avoir recours à autre chose qu'à sa suprême autorité. Passant alors à l'examen de la conduite particulière de Louis XIV, et comme emporté par une inspiration subite, il change de ton : sa pensée s'élève, le prêtre, l'envoyé de Celui qui est le juge des rois comme des peuples, se réveille en lui, et sa voix prend des accents presque menaçants quand il parle de cette véritable conversion du cœur qui ne consiste pas dans des œuvres extérieures, mais dans l'humilité et le mépris de soi-même. Toute cette partie est admirable de chaleur et de force; si la postérité n'a pas entièrement ratifié la sévérité de ces jugements, c'est qu'elle juge avec une impartialité froide, dont les contemporains, même les meilleurs, sont incapables. Dans ces pages si remarquables de Fénelon, on voit déborder en bouillonnant, comme d'un vase trop plein, tous les sentiments d'indignation longtemps contenus dans son âme contre l'orgueil démesuré d'un homme que personne n'osait regarder en face, et qui, jusque dans la conversion même sincère, rougissait si peu de ses fautes passées, que chaque jour le voyait distribuer quelque faveur nouvelle pour les fruits de ses plus honteuses passions. Ces accents émus et dont la hardiesse chrétienne était d'un autre âge, devaient causer un singulier étonnement à ceux qui les entendaient retentir dans ce palais de Versailles tout plein encore de la gloire du grand Roi.

« Vous me direz que Dieu soutiendra la France : mais je vous demande où en est la promesse. Avez-vous quelque garant pour des miracles? Il vous en faut sans doute, pour vous soutenir comme en l'air; les méritez-vous dans un temps où votre ruine prochaine et totale ne peut vous corriger, où vous êtes encore dur, hautain, fastueux, incommunicable, insensible, et toujours prêt à vous flatter? Dieu s'apaisera-t-il en vous voyant humilié sans humilité, confondu par vos propres fautes, sans vouloir les avouer, et prêt à recommencer, si vous pouviez respirer deux ans? Dieu se contentera-t-il d'une dévotion qui consiste à dorer une chapelle, à dire un chapelet, à écouter une musique, à se scandaliser facilement, et à chasser quelque janséniste? Non-seulement il s'agit de finir la guerre au dehors, mais il s'agit encore de rendre au dedans du pain aux peuples moribonds, de rétablir l'agriculture et le commerce, de réformer le luxe qui gangrène toutes les mœurs de la nation, de se ressouvenir de la vraie forme du royaume, et de tempérer le despotisme, cause de tous nos maux. On applaudit à la dévotion du Roi, parce qu'il ne s'irrite point contre la Providence qui l'humilie. On se contente qu'il croie n'avoir commis aucune faute importante, et qu'il se regarde comme un saint roi que Dieu éprouve, ou tout au plus comme un roi qui a péché, comme David, par la fragilité de la chair dans sa jeunesse. Mais lui dit-on qu'il faut qu'il reconnoisse que c'est par le renversement de tout ordre qu'il s'est jeté dans l'abîme d'où il semble que rien ne puisse le tirer? J'avoue qu'il ne faut pas lui dire durement ces vérités; mais il faudroit l'y mener peu à peu, et ne le croire en état ni d'apaiser Dieu, ni de redresser ses affaires, que quand son cœur sera redressé. Tout le reste n'est proportionné ni à ses fautes, ni à nos malheurs, ni aux remèdes qui peuvent encore nous sauver. J'espère que Dieu sauvera la France, parce que Dieu aura pitié de la maison de saint Louis, et que, dans la conjoncture présente, la France est un grand appui de la catholicité. Mais, après tout, ne nous flattons pas : Dieu n'a besoin de personne; il saura bien soutenir son Église sans ce bras de chair. D'ailleurs, je vous avoue que je craindrois autant pour nous les succès que les adversités. Eh! quel moyen y auroit-il de nous souffrir, si nous sortions de cette guerre sans une humiliation complète et finale? Qu'est-ce qui pourroit nous corriger, après avoir été incurables par l'usage des plus violens remèdes? Nous paroîtrions abandonnés de Dieu dans la voie de notre propre cœur, si Dieu permettoit que nous résistassions à une si horrible tempête. Nous ne verrions plus alors que des torrens de louanges du clergé même. Je puis me tromper, et je le suppose sans peine; mais il me semble qu'il nous faut ou un changement de cœur par grâce, ou une humiliation qui ne laisse nulle ressource flatteuse à notre orgueil.

« Vous me direz que le changement du cœur ne venant point, il faudroit donc une chute totale. Je vous réponds que Dieu connoît ce que j'ignore, soit pour donner un cœur nouveau, soit pour accabler sans détruire. Il voit dans les trésors de sa providence le juste milieu, que ma foible raison ne me découvre pas. J'adore ce qu'il fera, sans le pénétrer; j'attends sa décision. Il sait avec quelle tendresse j'aime ma patrie, avec quelle reconnoissance et quel attachement respectueux je donnerois ma vie pour la personne du Roi, avec quel zèle et quelle affection je suis attaché à la maison royale, et surtout à Mgr le duc de Bourgogne; mais je ne puis vous cacher mon cœur : c'est par cette affection vive, tendre et constante que je souhaite que nos maux extrêmes nous préparent une vraie guérison, et que cette violente crise ne soit pas sans fruit.

« Vous jugez bien que cette lettre est commune pour vous, mon bon duc, et pour M. le duc de Beauvilliers. J'espère même que vous en insinuerez doucement à Mgr le duc de Bourgogne tout ce que vous croirez utile et incapable de le blesser ; mais cette lettre ne doit pas, si je ne me trompe, lui être montrée : il ne convient pas de lui ouvrir, jusqu'à ce point, les yeux sur le Roi et sur le gouvernement : il suffit de lui montrer ce qui est nécessaire pour le mettre en état de parler avec force ; il faut que Dieu lui mette peu à peu le reste dans le cœur ; il faut que les hommes laissent à Dieu à achever les derniers traits, et que la grâce les adoucisse par ses onctions.

« Pardonnez, mon bon duc, toutes mes imprudences ; je vous les donne pour ce qu'elles valent. Si j'aimois moins la France, le Roi, la maison royale, je ne parlerois pas ainsi. D'ailleurs, je sais à qui je parle. Vous savez aussi avec quels sentimens je vous suis dévoué à jamais et sans nulle réserve. »

Nous ne savons si à la lecture de ces pages si vivantes, qui semblent comme un cri arraché par une poignante douleur, on aura partagé nos sentiments. Mais il nous paraît impossible de ne pas éprouver une vive admiration pour cet homme de cœur qui savait, du fond de sa retraite, envoyer de si fières paroles. Il est peu probable que de tels avis aient été portés jusqu'aux oreilles du Roi, mais c'était là que MM. de Beauvilliers et de Chevreuse puisaient le fond de leurs opinions dans le conseil. Par ce canal, la voix de Fénelon se faisait entendre au maître lui-même, et ce fut sans nul doute par les conseils des amis de l'archevêque que Louis XIV consentit enfin à sortir quelque peu de son immobile dignité, à parler plus souvent, avec cette grandeur royale dont il avait le secret, des malheurs de la France, à essayer enfin de relever les courages abattus en se mettant personnellement en avant. Les conversations publiques avec le maréchal de Villars que la postérité a enregistrées avec admiration, la circulaire, également publique, adressée aux gouverneurs de province et aux communautés de villes pour expliquer ses motifs pour continuer la guerre et qui se terminait par ces belles paroles où l'on entend comme un écho de la lettre de Fénelon : « Je suis persuadé que mes peuples s'opposeraient eux-mêmes à recevoir la paix à des conditions également contraires à la justice et à l'honneur du nom français », tous ces nobles efforts du Roi pour réveiller le sentiment national furent peut-être les effets de la mâle énergie de l'archevêque exilé.

Nous n'avons nullement le dessein de faire le récit des campagnes qui terminèrent la guerre de la succession d'Espagne : si nous nous sommes un peu étendu sur celle de 1710, c'est uniquement pour montrer quels furent les sentiments de Fénelon dans ces tristes circonstances. Cette campagne fut, comme nous l'avons dit, presque insignifiante en Flandre, grâce à l'habileté du maréchal de Villars et aux sourdes divisions des généraux alliés qui s'emparèrent de quelques places fortes, Bouchain et autres, sans essayer aucune action décisive. Mais la fin de cette année 1710 vit se passer une suite d'événements tout à fait imprévus, qui aidèrent la France à sortir comme par miracle de la situation désespérée où elle se trouvait. Rappelons-les, en quelques mots seulement, à la mémoire du lecteur.

En Espagne, les coups de la fortune s'étaient succédé avec une rapidité foudroyante. Philippe V, battu à Almenara et à Saragosse, s'était retiré à Valladolid, dépossédé de la presque totalité de ses États, et l'archiduc était entré triomphalement à Madrid. Louis XIV envoya alors Vendôme avec quelques troupes au secours de son petit-fils. Dans cette guerre plus aventureuse, Vendôme déploya cette fois avec bonheur une hardiesse qui lui avait été si fatale deux ans plus tôt, l'archiduc fut chassé à son tour de Madrid, et la bataille de Villaviciosa vint anéantir ses espérances, pendant qu'elle rendait l'Espagne à Philippe V. En moins de six mois, le prince passa avec une tranquillité qui ne manquait pas de grandeur par toutes les extrémités de la fortune. Ce retour inespéré de la victoire fut froidement accueilli en France, où l'on crut que la paix deviendrait plus difficile encore à conclure[1]. « Ce qui arrive en Espagne, écrit Fénelon, paraît excellent pour le roi d'Espagne, mais la suite nous montrera s'il est bon pour nous. » Cette même année qui ramenait le roi d'Espagne dans sa capitale voyait en même temps disparaître du pouvoir en Angleterre les ennemis acharnés de la France, et s'ouvrir en secret les négociations qui devaient aboutir à la paix d'Utrecht. Une révolution parlementaire qui, suivant les bruits du temps, fut d'abord une révolution de palais, avait changé le ministère anglais, et appelé aux affaires le parti aristocratique, les torys, qui, plus modérés que leurs adversaires libéraux les whigs, ardents ennemis de la France, ne cachèrent pas leurs désirs de paix. Marlborough resta bien à la tête de l'armée soldée par l'Angleterre; mais disgracié en fait par le renvoi du ministère de son gendre et de ses amis, sa situation devint critique, et il n'osa plus rien risquer. Pour achever son triomphe, le ministère tory résolut d'entrer directement en négociation avec la France. De ce jour la coalition des alliés était moralement dissoute, et la France sortait, pour ainsi parler, des portes de la mort, par un de ces coups du sort que la Providence amène à l'heure qu'il lui plaît, en déjouant toutes les prévisions humaines. Il faut lire dans les Mémoires de Torcy le récit

---

[1] *Corr. gén.*, I, 434.

de l'émotion qu'il éprouva lorsqu'un agent inférieur vint lui faire les propositions du nouveau cabinet anglais[1] : « Interroger, dit-il, un ministre de Sa Majesté s'il voulait la paix, c'était demander à un malade attaqué d'une longue et dangereuse maladie, s'il voulait guérir. » Nous ne savons pas si Fénelon fut tenu au courant de ces négociations secrètes par ses correspondants de Versailles, cela n'est guère probable. Les lettres n'étaient pas assez sûres pour qu'on confiât au papier des choses si importantes. Lorsqu'il alla au commencement d'octobre passer quelques jours à Chaulnes, comme il le faisait habituellement depuis que le Roi l'avait tacitement autorisé, rien n'était encore commencé, et toutes les négociations ostensibles étaient rompues. Il resta donc probablement tout l'hiver de 1711 sans rien savoir des espérances que cette reprise de rapports avec l'Angleterre faisait naître. Mais un autre événement également imprévu qui survint dès le début de cette nouvelle année, dut ranimer toutes espérances de paix. L'empereur Joseph Ier mourut subitement en avril 1711, sans laisser de fils, et l'archiduc Charles, celui-là même qui prétendait à la couronne d'Espagne, hérita de toutes les possessions de son frère. C'était un changement de scène complet : désormais laisser l'Empereur monter sur le trône d'Espagne, c'était faire au profit de l'Autriche ce que la coalition avait voulu à tout prix interdire à la France, c'était refaire la monarchie de Charles-Quint. Tout venait donc en aide au parti de la paix, et l'on pouvait espérer voir le pays sortir par une sorte de miracle providentiel de sa situation désespérée. Mais le résultat devait tarder encore, tant les passions réciproques étaient vives, et une victoire était nécessaire pour triompher des mille obstacles qui s'opposaient à une pacification générale.

Durant ces mêmes années 1709 et 1710, l'archevêque de

---

[1] *Mémoires de Torcy*. Coll. Petitot, t. LXVIII, p. 18.

Cambrai prit une part active dans une affaire très-délicate qui lui fournit l'occasion de défendre vivement les intérêts de la France. Il nous faut dire quelques mots de cet incident qui n'eût pas laissé de traces dans l'histoire si le nom de Fénelon, en s'y trouvant mêlé, ne l'eût empêché de tomber dans l'oubli. En 1709, les alliés s'emparèrent de la ville de Tournai, alors possession du roi de France. L'évêque de cette ville, René-François de Beauvau, se trouvait là lorsque les troupes ennemies firent leur entrée, et il refusa au prince Eugène de chanter un *Te Deum* pour célébrer cette victoire des ennemis de la France. Avec une grande délicatesse, le prince Eugène se rendit aux motifs qui dictaient le refus de l'évêque, et le laissa exercer paisiblement ses fonctions. Mais peu après la place fut remise aux Hollandais, qui ne gardèrent pas les mêmes ménagements. Excités par les jansénistes de Hollande, ils abreuvèrent le prélat de dégoûts et finirent par lui imposer comme doyen du chapitre de Tournai, au mépris de toutes les lois de l'Église, un ancien secrétaire du fameux Antoine Arnauld, nommé van Ernest, l'un des chefs du parti janséniste en Flandre. Le chapitre refusa de le recevoir, M. de Beauvau quitta Tournai : les États lui enjoignirent d'y revenir, saisirent ses revenus et prétendirent confier l'exercice de la juridiction spirituelle à l'intrus que le chapitre refusait de reconnaître. Les chanoines protestèrent, et au milieu de tous les maux d'une occupation étrangère, le diocèse de Tournai eut encore à souffrir de la plus triste anarchie religieuse. Fénelon fit, comme archevêque métropolitain de Tournai, tous ses efforts pour ramener la paix, et il eut à ce propos, avec les différentes parties, une correspondance animée qui est curieuse parce qu'elle nous peint avec vivacité un côté bien oublié des mœurs du temps. Avant tout, Fénelon envoie un grand mémoire au Père Le Tellier, pour démontrer la nécessité absolue de renvoyer M. de Tournai dans son diocèse et de faire cesser une absence qu'on ne comprenait pas. M. de Beauvau, qui n'avait guère envie de quitter la cour pour affronter l'ennui d'une lutte obscure et ingrate contre celui qui voulait usurper son siége, prétextait toujours que s'il restait à Paris, c'était uniquement pour ne pas prêter de serment de fidélité aux ennemis. L'âme généreuse de Fénelon ne comprend rien à cette prudence, et il écrit avec une franchise qui ne devait plaire qu'à moitié :

« Oserai-je[1] proposer ma pensée, avec un zèle très-sincère, et avec une entière défiance de mes foibles lumières, dans une occasion si pressante pour notre province ecclésiastique? Il me semble que rien ne seroit ni plus utile à la religion, ni plus digne pour la piété du Roi, ni plus convenable à un prélat du mérite de M. l'évêque de Tournai, que son prompt retour dans son église. Sa seule présence peut prévenir le schisme, réprimer la contagion, et ramener l'ordre.

« Si les ennemis ne songent point, comme on l'assure, à exiger le serment de ce prélat, il n'auroit en arrivant qu'à exercer librement toutes ses fonctions jusques à la paix. Il seroit comblé d'honneur et de bénédiction, pour avoir évité un schisme dans son Église par sa prudence et par sa charité pastorale.

« Si au contraire les ennemis vouloient exiger de lui le serment, il seroit en plein droit de le refuser, tout au moins jusqu'à une cession dans un traité de paix. Au moins ce prélat se seroit présenté à sa résidence; il paraîtroit avoir fait tous ses efforts pour prendre soin de son troupeau, et pour éviter le schisme dont son Église est menacée : tous ceux qui murmurent maintenant ne pourroient plus s'empêcher d'être édifiés de son zèle épiscopal.

« Si les ennemis prenoient le parti violent de le chasser de son siége, tous les peuples seroient alors pour lui; on le révé-

___
[1] *Corr. gén.*, V, 277.

seroit comme un pasteur apostolique; sa souffrance et son amour pour son Église lui attireroient les bénédictions, la tendresse, la confiance et l'admiration des peuples. Cet accroissement de son autorité seroit très-utile pour remédier au schisme et à la séduction. »

Dans un autre mémoire, destiné à démontrer à l'évêque de Tournai la nécessité de son retour, nous remarquons ces paroles tout empreintes de la dignité épicopale, et qui montrent bien la finesse avec laquelle l'esprit délicat de Fénelon savait saisir les moindres nuances et comprendre que la dignité d'un évêque n'est pas la même que celle d'un simple gentilhomme[1] : « Des laïques pleins d'honneur, de bon sens et de zèle pour le Roi, peuvent croire que M. l'évêque de Tournai ne doit pas revenir parce qu'ils ne sont sensibles qu'aux motifs d'attachement et de reconnaissance pour Sa Majesté; mais il est facile de prouver par le projet de conduite que je propose qu'on peut accorder les sentiments de la reconnaissance la plus vive et de l'attachement le plus inviolable avec les règles canoniques, que le devoir de l'évêque ne nuit en rien à celui du sujet, et qu'en faisant tout pour le Roi, il ne peut manquer ni à Dieu ni à l'Église. » Ces avis ne plaisaient guère à M. de Beauvau, qui n'avait nulle envie d'affronter l'orage; mais le Roi les jugea bons, et il ordonna au prélat de retourner à Tournai. Une fois arrivé en Flandre, l'évêque ne put entrer dans sa ville épiscopale, dont les Hollandais persistèrent à lui fermer les portes, tout en continuant à faire exercer la juridiction spirituelle par le chanoine Ernest, qu'ils appuyaient par la force. Fénelon s'interposa en vain, écrivit lettres sur lettres au nonce de Bruxelles, envoya des remontrances sévères aux magistrats de Tournai : il ne put rien obtenir. Pendant ce temps, M. de Beauvau, dont le zèle était beaucoup plus froid,

---

[1] *Corr. gén.*, V, 288.

quitta Cambrai où il s'était d'abord arrêté, et se retira à Valenciennes pour attendre que l'on mît fin à cette épineuse affaire, en le transférant sur un autre siége.

C'était, on le voit, un caractère bien différent de celui de Fénelon, et ses démarches timides et hésitantes font un singulier contraste avec l'inflexible fermeté, on pourrait même dire la ténacité de l'archevêque. Fénelon le connaissait depuis longtemps, et l'avait jugé avec une spirituelle finesse. Plus d'un an auparavant, il faisait de lui ce portrait dont la Bruyère n'eût pas désavoué l'ironie fine et enveloppée[1] : « Pour M. de Tournai, il ne fait presque rien, il n'étudie jamais. Il a de la douceur, de l'insinuation, du savoir-faire, beaucoup de politique et d'envie de parvenir. Je le crois honnête homme suivant le monde, je crois même qu'il a une sincère religion; mais il n'est ni assez instruit, ni assez touché pour discerner le jansénisme et le combattre avec zèle. D'ailleurs il considère que les temps peuvent changer, que le parti peut se relever sous le règne de Monseigneur, que M. de Noailles est dans une grande place avec un grand parti. Il attend beaucoup de protection de madame la princesse de Conti, favorable au jansénisme; son goût n'est pas pour les Jésuites, quoiqu'il ait pour eux des ménagements infinis. » On juge ce que devait être un pareil caractère, fait pour administrer un diocèse paisible, dans des circonstances aussi difficiles. C'est en vain que Fénelon essaye de lui souffler un peu de son zèle et de son énergie dans la défense des droits de l'Église. Mais il a peu de confiance dans le succès de ses efforts, et il écrit au duc de Chevreuse[2] :

« Il faudroit qu'on lui écrivît des lettres consolantes; car il regrette infiniment une place haute et tranquille qu'il va perdre, dit-il (c'est Toulouse), et il ne voit ici que traverses,

---

[1] *Corr. gén.*, I, 320.
[2] *Corr. gén.*, I, 449.

embarras, contradictions et piéges. Il n'est point propre aux combats de doctrine ; il les craint, et n'en veut point tâter. On ne sauroit même lui arracher aucun mot contre le parti janséniste. Je m'imagine que c'est par considération pour madame la princesse de Conti, et pour quelques autres amis accrédités. Ce qui lui plairoit seroit la vie douce du Languedoc, avec un peu de négociation, où il faille de la dextérité et de la souplesse, sans affaires violentes, ni discussion de doctrine.

« A vous parler sans aucun ménagement, ce prélat me paroît meilleur que beaucoup d'autres qu'on met dans les premiers rangs. Il est d'un nom distingué; son extérieur est poli, doux et agréable; il a du sens, de la dextérité et du talent pour mener les esprits: il se possède avec une égalité peu commune; il ne lui échappe rien de dur ni d'excessif; il est très-politique et très-réservé, avec des manières très-mesurées et très-insinuantes. Je crois qu'il a de l'honneur et de la religion, avec beaucoup d'ambition et de goût du monde. J'aimerois beaucoup mieux un homme plus touché, moins vif sur la fortune, plus ecclésiastique, plus nourri de bons principes, plus capable d'approfondir, plus instruit de la théologie, et plus zélé pour la saine doctrine contre les novateurs. Mais où trouve-ton de tels hommes? Les apôtres et les hommes apostoliques sont bien rares. Il faut, malgré nous, revenir à juger des hommes par comparaison. Or, un sage et honnête mondain, qui paroit doux, modéré, égal, et de bonne volonté pour satisfaire aux règles, est une merveille, dès qu'on le compare avec la multitude de ces hommes qui vont tête baissée, et sans sauver nulle apparence, à la fortune et au plaisir. »

M. de Beauvau resta trois mois à Valenciennes à attendre qu'on lui ouvrit les portes de Tournai. Il voulut un moment faire intervenir auprès des alliés le cardinal de Bouillon, ce singulier personnage qui s'était fait enlever par les ennemis du lieu d'exil où le Roi l'avait relégué. Fénelon, dont les anciennes relations avec le cardinal avaient déjà été incriminées à la cour, refusa d'entrer dans cette négociation, et l'évêque de Tournai reçut enfin la permission de retourner à Versailles, dont il profita avec un empressement non dissimulé. Les pauvres chanoines, qui, à leurs risques et périls, avaient résisté avec courage aux prétentions des Hollandais, trouvèrent sans doute qu'on les abandonnait un peu vite. Ils restaient exposés à toutes les vexations des ennemis : dans leur anxiété, ils s'adressèrent à Fénelon pour avoir aide et conseil. Il leur répondit dans un mémoire plein de ménagements. En voici quelques passages qui nous semblent caractéristiques par le mélange de fermeté et de bon sens pratique qui s'y montre, ainsi que la mesure avec laquelle est traitée la difficile question des devoirs envers la puissance temporelle et ceux de la puissance spirituelle [1]. « Je ne suis nullement étonné, dit-il, de ce qu'on vous menace, on espère que le chapitre aura peur et reculera ; mais si votre cœur demeure soumis, respectueux, modeste, zélé pour l'obéissance à l'égard du temporel, et s'il se retranche à suivre humblement le bref du Pape qui est devenu public, que pourra-t-on lui faire ? On n'emprisonnera point à la fois tant de chanoines... Je ne vois rien qui doive vous faire changer de conduite ; c'est la même liberté de votre Église à conserver à l'égard d'une puissance souveraine qui n'est pas dans notre communion, quoique vous deviez d'ailleurs lui être parfaitement soumis pour tout ce qui regarde le temporel. C'est la même nécessité de ne participer point à la réception des intrus. C'est la même obligation de suivre le bref du Pape, qui vous défend, sous peine d'excommunication, de les recevoir. Pourquoi changeriez-vous ? Une protestation secrète n'aurait point la même force qu'un refus humble, respec-

[1] *Corr. gén.*, V, 323.

tueux et constant de recevoir les intrus [1]... Je ne voudrais cependant pas exiger de tous les vicaires généraux une résistance ouverte, dont tous ne sont peut-être pas capables. Je voudrais que tous prissent un parti uniforme, que tous puissent soutenir jusqu'au bout, de peur qu'un parti trop difficile à soutenir ne causât une division qui ruinerait tout... Il faut que les plus forts s'accommodent à ceux qui le sont un peu moins. L'épreuve est longue et rude. Il est facile de croire de loin qu'on la surmonterait, mais je crois sans peine que j'y succomberais sans un grand secours de la grâce. » Les chanoines de Tournai furent dignes de ces avis à la fois si fermes et si mesurés, et se montrèrent bons Français, malgré leur récente annexion : ils surent si bien se refuser à toutes les exigences des Hollandais sans leur donner aucune prise, qu'ils atteignirent assez paisiblement la paix d'Utrecht. A ce moment, la ville dut repasser sous la domination de l'Autriche. Tout alors devint facile, M. de Beauvau fut nommé à l'archevêché de Toulouse, et ne remit plus les pieds en Flandre ; un successeur agréé par la cour de Vienne lui fut donné, et aucun des protégés de la Hollande ne fut jamais reçu dans le chapitre de Tournai.

Ces affaires religieuses, où Fénelon prend une part si active, nous ramènent naturellement aux luttes contre les jansénistes, qu'il continuait, malgré toutes ses occupations, malgré la guerre et ses dangers, à soutenir avec une verve intarissable.

Les jansénistes, en effet, profitant des embarras sans nombre du pouvoir, relevaient la tête, et les dernières années de Louis XIV furent encore assombries par les luttes qu'il dut soutenir contre ces adversaires d'un autre genre, dont rien ne pouvait vaincre l'obstination. Nous avons déjà montré quelle fut l'attitude ferme et modérée de l'arche-

[1] *Corr. gén.*, V, 325.

véque de Cambrai lors de la fameuse affaire du « cas de conscience ». Il nous faut raconter ici en quelques pages sa conduite pendant les démélés du cardinal de Noailles avec la cour.

En 1710, pendant que le péril public était à son comble, la lutte des jansénistes contre la cour devint plus vive que jamais. Cette fois, le principal sujet des discussions fut le trop fameux livre du Père Quesnel, qui occupait déjà depuis quelques années l'attention publique. Ce fougueux janséniste, qui avait quitté la France pour ne pas signer le formulaire exigé par le pape Clément IX, était devenu le chef du parti, depuis la mort du célèbre Arnauld. Le cardinal de Noailles, encore évêque de Châlons, avait approuvé, sans trop y regarder, le livre des *Réflexions morales* qui fit sa réputation. Les adversaires du cardinal n'eurent garde de laisser dans l'oubli cette approbation d'un livre composé par le chef d'une secte que l'archevêque prétendait toujours condamner, et ils s'amusèrent à le mettre en contradiction avec lui-même. Le livre ayant été censuré à Rome, la cour voulut obliger le cardinal à retirer son approbation ; il s'y refusa avec obstination et devint ainsi, malgré lui, un des principaux personnages du débat.

Le Roi répondait à cette recrudescence des polémiques religieuses par des coups d'autorité contre les partisans du jansénisme, dont la violence ne faisait que gagner des partisans à ceux qu'on traitait si rudement. Fénelon, que nous avons déjà vu rompre le silence sur ces questions quelques années auparavant, ne se crut pas permis de rester indifférent à ces nouveaux débats ; il prit vaillamment sa part dans ces luttes de plume où il porta toute la supériorité ordinaire de son talent. Il a exprimé d'ailleurs lui-même, dans un beau passage d'une ordonnance restée alors manuscrite, l'obligation où il croyait être de s'engager personnellement dans la polémique : « Si nous étions assez lâches pour nous taire par respect humain, dans un si pressant besoin de réveiller l'indignation publique, pour mettre en sûreté la vertu et la pudeur, les pierres mêmes crieraient... Plus la séduction est grande, plus nous élèverons notre voix pour ne laisser point la vertu sans témoignage... Plutôt mourir que de cesser jamais de parler jusqu'au dernier soupir. Malheur à nous si nous nous taisons ! Le silence souillerait nos lèvres. Celui qui sonde les cœurs et qui lit au fond des consciences sait combien nous avons désiré de laisser à d'autres plus éclairés et plus autorisés que nous la défense du sacré dépôt, combien nous sommes éloignés de toute passion et de toute vue humaine : en parlant nous attendons tout, non de nos forces qui ne sont que faiblesse, mais des promesses faites à l'Église [1]. »

Mais ce zèle ardent pour la défense de la vérité ne l'empêchait pas d'être strictement fidèle à la ligne de conduite qu'il s'était tracée lors de son célèbre mandement contre le *Cas de conscience;* il évite avec soin toute attaque personnelle. C'est une guerre de doctrines, suivant lui, qu'il faut faire, et non une guerre de personnes : il faut attaquer le jansénisme de front, ne souffrir aucune équivoque sans poursuivre dans leur repos ceux qui peuvent être égarés de bonne foi. Ces idées, qui sont les mêmes en 1710 qu'en 1703, il ne cesse de les répéter dans les lettres qu'il envoie aux deux ducs à Versailles, et dans les Mémoires qu'il fait passer au Père Le Tellier. Il ne tient pas à lui que la cour, au lieu d'être tantôt faible, tantôt violente, ne prenne une attitude différente qui eût pu, sinon apaiser les esprits, au moins les empêcher de s'exciter encore davantage. Il écrit à ce sujet au confesseur du Roi [2] : « La cour est pleine de gens favorables à ce parti, qui en insinuent les maximes aux

---

[1] *OEuvres complètes*, XVI, 547.
[2] *Corr. gén.*, III, 241.

princes, s'ils y trouvent quelque ouverture. La plupart des femmes dévotes et spirituelles remuent tous les ressorts imaginables pour servir ce parti. On doit tout craindre du chancelier et de quelques ministres, du procureur général, de quantité de magistrats en crédit, et d'un nombre incroyable d'honnêtes gens prévenus. Le soulèvement du public sur la translation des Filles de Port-Royal en est une preuve sensible. Le parti a contre lui le Roi et le Pape. Tous les actes de Rome et des évêques le foudroient, et néanmoins il ne fait que croître tous les jours. . . . .

« La plupart des coups que l'on donne ne vont point jusqu'à la racine du mal. Il faudroit décréditer ouvertement ceux dont le crédit cause la contagion ; il faudroit changer les écoles et les sources des études ; il faudroit trouver des sujets sûrs et solides pour les plus hautes places du clergé, qui servissent à ramener le reste. »

La translation des Filles de Port-Royal à laquelle Fénelon fait ici allusion n'est pas autre chose que la fameuse dispersion du monastère à main armée qui fit alors tant de bruit. Fatigué des éternelles discussions que les querelles de doctrines continuaient à provoquer dans l'Église de France, le Roi crut y mettre un terme en détruisant le couvent célèbre, berceau et foyer toujours vivant de la secte nouvelle. Nous n'avons pas à faire le récit de cette exécution violente qui émut au plus haut point la cour et la ville, et fit des victimes de celles qui n'étaient jusque-là que des religieuses rebelles, se mêlant de théologie malgré le Pape. Ce n'était pas ainsi que l'archevêque entendait la lutte contre le jansénisme [1]. « Un coup d'autorité comme celui qu'on vient de faire à Port-Royal, écrit-il de nouveau, ne peut qu'exciter la compassion publique pour ces Filles et l'indignation contre leurs persécuteurs. »

---

[1] *Corr. gén.*, I, 304.

Fénelon était le premier à mettre en pratique les conseils qu'il ne se lassait pas de donner. Ses écrits publiés, ou simplement manuscrits, contre les jansénistes durant ces années 1709, 1710 et 1711, sont en très-grand nombre. Nous n'entreprendrons pas d'en faire l'analyse. Cette étude demanderait à elle seule un travail à part, et ce genre d'ouvrages essentiellement passagers n'a plus maintenant d'autre intérêt que de faire connaître le mouvement des idées religieuses à cette époque. Aussi nous bornerons-nous à indiquer ceux de ses ouvrages qui firent alors le plus de bruit, c'est-à-dire ses lettres au Père Quesnel. Arrêté en 1703 à Bruxelles par ordre du roi d'Espagne, le fougueux défenseur de la doctrine avait réussi à s'échapper et à gagner la Hollande, où il erra quelque temps sans asile, puis finit par se retirer auprès d'un évêque hérétique, déposé par le Pape, qui vivait à Amsterdam. De là, il put continuer à écrire, pour défendre ses opinions : il y composait une foule d'ouvrages qu'il faisait ensuite passer en France. Il attaqua vivement plusieurs écrits de Fénelon, qui lui répondit avec une courtoisie et une modération dont il se montra ému, et il s'établit entre les deux adversaires, si opposés en tout, des relations qui devaient être presque bienveillantes, si nous en croyons la lettre que Fénelon lui écrivit alors, et qu'on a souvent citée comme une preuve de ce que peut la charité du cœur, même dans la lutte la plus vive[1] : « Je commence ma réponse en vous remerciant de tout mon cœur de vos honnêtetés. Quoique je n'aie jamais eu occasion de vous voir, ni d'entrer en aucun commerce de lettres avec vous, je ne puis oublier le désir que vous eûtes, il y a quelques années, de me venir voir à Cambrai. Plût à Dieu que vous fussiez encore prêt à y venir! je recevrois cette marque de confiance avec la plus religieuse fidélité et avec

---

[1] *Corr. gén.*, IV, 349.

les plus sincères ménagements. Je ne vous parlerois même des questions sur lesquelles nos sentiments sont si opposés, que quand vous le voudriez ; et j'espérerois de vous démontrer, par les textes évidents de saint Augustin, combien ceux qui croient être ses disciples sont opposés à sa véritable doctrine.

« Si nous ne pouvions pas nous accorder sur les points contestés, au moins tâcherions-nous de donner l'exemple d'une douce et paisible dispute qui n'altéreroit en rien la charité. »

Non content de soutenir ainsi personnellement la lutte contre les jansénistes, Fénelon travaillait encore à rétablir dans les esprits les anciennes idées sur l'autorité doctrinale de l'Église et le pouvoir du Saint-Siége, qu'on s'efforçait à dessein d'affaiblir. Il rédigea avec son ardeur infatigable divers mémoires sur ces importants sujets, dont les uns parurent de son vivant, les autres servirent de thèmes aux défenseurs des décisions du Pape. Cette persistance dans la lutte lui valut un retour d'animosité de la part de ses anciens adversaires, dont une partie penchait pour les nouvelles doctrines : on renouvelait sans cesse les accusations du quiétisme, et l'on accusait le champion de la cause romaine d'être livré aux Jésuites dans un intérêt personnel. L'archevêque ne l'ignorait pas ; l'écho de ces attaques lui arrivait au milieu de la considération générale qui l'entourait, mais il n'en était guère ému. Il écrivit à ce sujet à un janséniste qui le consultait sur ces matières délicates, et lui rapportait les bruits qui couraient sur son compte [1] : « Le parti dira, tant qu'il lui plaira, que je me livre aux Jésuites par politique. C'est ce qu'ils ne manquent jamais de dire de tous ceux qui ne favorisent pas leur doctrine. Ils veulent que personne ne puisse parler autrement qu'eux, qu'en trahissant sa conscience, pour

[1] *Corresp. gén.*, III, 288.

plaire à une Société qui a du crédit. Mais les personnes équitables verront sans peine combien je suis éloigné de rechercher les Jésuites par politique. Je suis véritablement ami de ceux-ci, comme il convient que je le sois ; je leur fais plaisir en ce qui dépend de moi, comme je tâche, d'un autre côté, d'en faire aux gens qui sont prévenus contre eux. Ma disposition est de vouloir obliger tout le monde, autant que mon ministère me le permet. Mais les Jésuites ne gouvernent rien dans mon diocèse ; ils n'ont part à aucune affaire. »

Dans une instruction pastorale publiée plus tard, l'archevêque de Cambrai revient encore avec verve sur la singulière passion du public contre la célèbre compagnie, passion que les jansénistes attisaient de leur mieux. On pourrait croire les lignes suivantes écrites de nos jours, tant elles semblent répondre à la disposition de voir partout les Jésuites, disposition à laquelle obéissent encore aujourd'hui même des gens d'esprit [1] : «La passion va si loin que la haine des Jésuites devient une raison décisive pour aimer le jansénisme malgré l'Église qui le foudroie. Si les Jésuites devenaient jansénistes, leur perversion convertirait bientôt un grand nombre de leurs ennemis. On ne veut voir que les seuls Jésuites dans tout ce qui s'est fait sans eux. Écoutez le parti. Les Jésuites ont fait les censures des facultés de théologie dont ils sont exclus. Ils ont présidé aux assemblées pour régler les délibérations de l'Église de France. Ils ont conduit la plume de tous les évêques dans leurs mandements. Ils ont donné des leçons à tous les papes pour composer leurs brefs; ils ont dicté les constitutions du Saint-Siége. L'Église entière, devenue imbécile malgré la promesse de son époux, n'est plus que l'organe de cette compagnie pélagienne. »

Une chose cependant lui causait une répugnance extrême, c'était d'entrer directement en lutte avec le cardinal de

---

[1] *Instr. past. sur le système de Jansénius*, XV, 120.

Noailles sur le terrain doctrinal, où celui-ci s'engageait de plus en plus. Plus le cardinal avait été ardent à poursuivre le livre des *Maximes,* plus il répugnait à l'âme élevée et délicate de Fénelon d'attaquer son ancien adversaire. Il n'intervint jamais directement dans aucune des nombreuses affaires où M. de Noailles montra tant de faiblesse envers les jansénistes, et tant d'obstination à ne pas se prononcer contre eux. Il ne prit aucune part ni à la querelle du cardinal de Noailles avec les évêques de Luçon et de la Rochelle, qui fit alors tant de bruit, ni à ses dissentiments avec les Jésuites, auxquels il avait retiré les pouvoirs ecclésiastiques. Dans toutes ses lettres ou mémoires sur le jansénisme, il ménage visiblement le cardinal. Le Roi ayant chargé le duc de Bourgogne, devenu alors Dauphin, d'accommoder cette épineuse affaire, Fénelon fait dire au duc de Beauvilliers, toujours le plus intime conseiller du prince, qu'il doit chercher à adoucir les choses [1] : « Je vous prie, écrit-il au duc de Chevreuse, de dire au bon duc qu'il me paraît qu'il doit faire des pas dans la conjoncture présente vers son pasteur pour lui marquer vénération, bonne volonté, sans entrer dans la matière. Si le pasteur le presse d'y entrer, il peut lui faire les objections de ses parties, et lui demander éclaircissement. Il faut de la douceur, du ménagement, et enfin de la sincérité pour éviter de la flatterie, sans aller jusqu'à dire des vérités qui blesseraient sans fruit. Voilà ma pensée. »

Fénelon voulut cependant une fois sortir de cette réserve pleine de mesure, dans une circonstance qui donna lieu à une série de lettres au Père Le Tellier, où il y a de si intéressants passages que nous ne pouvons omettre d'en faire mention. Le cardinal de Noailles avait laissé paraître sans le désapprouver un traité de théologie qui reproduisait sous

---

[1] *Corr. gén.*, I, 464.

une forme adoucie toute la doctrine de Jansénius. L'auteur était un prêtre nommé Habert. Fénelon, à qui l'on avait signalé le livre, avait d'abord pensé à le dénoncer lui-même dans un mandement. Puis il y avait renoncé, disant à ses amis que le cardinal et le parti janséniste ne manqueraient pas de dire qu'il n'agissait que par ressentiment. Mais l'éveil avait été donné, et par ses soins le livre avait été vivement attaqué. Irrité, le cardinal de Noailles se décida à parler et approuva cette fois ouvertement l'ouvrage incriminé. L'affaire eut un grand retentissement, et les jansénistes triomphèrent d'avoir ainsi gravement compromis l'archevêque de Paris pour leur cause. Fénelon, que cette mesure du cardinal atteignait directement, demanda à la cour la permission de publier un mandement doctrinal contre la nouvelle théologie. A Versailles, on espérait toujours tout arranger par des accommodements qui ne finissaient rien, et l'on conseilla à l'archevêque de Cambrai d'attendre. Mais cette fois l'évêque, qui croyait la doctrine en péril, ne se laissa pas facilement fermer la bouche, et il demanda avec instance l'autorisation de publier son travail déjà imprimé. Il écrit à ce sujet au confesseur du Roi une lettre d'une éloquence si fière qu'on croirait entendre un de ces grands évêques du cinquième siècle qui savaient parler aux derniers empereurs romains un si ferme langage. Après avoir exposé tout le danger de la doctrine contenue dans le livre en question, et montré avec liberté toutes les conséquences qui résulteraient d'un silence qui aurait tout l'air d'une approbation, il continue ainsi [1] : « Je connois le grand péril où la pure doctrine va se trouver. Je suis évêque, et l'un des défenseurs du sacré dépôt; j'écris depuis quelques années contre le jansénisme : puis-je me taire par politique, et abandonner la cause de l'Église? Ne

---

[1] *Corr. gén.*, III, 318.

serois-je pas coupable devant Dieu et devant les hommes si je laissois la vérité sans témoignage, dans une telle oppression?

« J'avoue que le public croira facilement que je suis moins occupé de l'intérêt de la vérité que d'un ressentiment secret contre M. le cardinal de Noailles, et que c'est lui que je veux attaquer dans le livre de M. Habert. J'avoue qu'on verra une scandaleuse scène si je condamne le livre que M. le cardinal de Noailles aura approuvé. Mais dois-je, par la crainte de ce scandale, abandonner la foi que M. Habert corrompt? Dois-je craindre les discours des critiques plus que les jugements de Dieu?

« Je vous le déclare, mon Révérend Père, pour prévenir un si grand mal : je laisserai penser et dire tout ce qu'on voudra; j'irai tout droit à la vérité attaquée, pour la soutenir; je sacrifirai repos, réputation et vie même, dans un état de vieillesse et d'infirmité, pour soutenir la bonne cause jusques à mon dernier soupir. Plus l'autorité qui protégera le livre contagieux est grande, plus j'élèverai ma voix pour la faire entendre à l'Église entière. »

Deux mois après, le Roi lui faisant toujours dire d'attendre et lui retirant la permission accordée un instant à ses pressantes sollicitations, Fénelon écrit encore, après avoir averti que le mandement imprimé et au moment d'être publié pourra paraître malgré lui [1] : « Le Roi m'ordonne de me taire : mais Dieu, dans l'Écriture, m'ordonne de parler. Le dépôt de la foi est confié solidairement à tous les évêques en commun. Ceux qui ne parlent pas pour défendre la maison du Seigneur sont appelés par le Saint-Esprit des chiens muets... Nous ne sommes évêques que pour veiller et que pour crier contre ceux qui altèrent le dépôt... J'avoue que le scandale sera grand si on voit une guerre d'écrits entre les évêques; mais qui est-ce qui l'a prévu? Qui

[1] *Corr. gén.*, III, 339.

est-ce qui l'a craint? Qui est-ce qui a demandé avec instance qu'on l'évitât, ce scandale? J'ose dire que c'est moi. Il est enfin arrivé : il n'est plus temps de l'éviter. »
Ces paroles, toutes brûlantes d'un feu intérieur, sont dignes d'être mieux connues. A chaque moment on rencontre dans sa correspondance des traits semblables que l'ennui qui s'attache maintenant à de vieilles et stériles querelles, heureusement oubliées, entraîne avec elles dans l'obscurité du passé. On ne saura jamais tout ce que Fénelon a prodigué d'ardeur et de talent dans cette lutte ingrate contre un parti que rien ne pouvait dissoudre. Malgré son ardent désir de publier le mandement dont nous venons de parler, Fénelon dut déférer aux ordres réitérés de la cour et en supprimer l'édition déjà imprimée. C'était le forcer à veiller à ses propres intérêts, car M. de Noailles eût vivement désiré reprendre la lutte directe contre l'auteur du livre des *Maximes*. Deux ans plus tard, toutes les négociations avec la cour ayant échoué, et enhardi par la soudaine disparition du duc de Bourgogne, le cardinal voulut réveiller les anciennes discussions en attaquant presque directement Fénelon dans un mémoire véhément, remis au Roi. Ainsi poursuivi dans sa retraite, Fénelon ne rompit pas le silence; il n'écrivit qu'un court mémoire destiné à être montré au Roi, où nous retrouvons toute sa verve [1] : « Ce cardinal dit qu'il y a *d'autres erreurs*, et même celle des *quiétistes*, que les Jésuites *négligent* et *favorisent*, pendant qu'ils sont si animés contre le jansénisme.

« Tout le monde comprend d'abord le but de ce discours. Il voudrait tenter une diversion et donner le change : mais qui le prendra?

« Faut-il parler à mon avantage? J'en suis honteux; mais il m'y contraint. D'un côté, on voit ma docilité sans bornes

---

[1] *Corresp. gén.*, IV, 16.

pour le Pape, et l'empressement avec lequel je prévins d'abord tous les évêques de France pour condamner mon livre; de l'autre, on voit les évasions de ce cardinal, qui refuse au Roi d'exécuter sa parole, et de condamner, à l'exemple du Pape, le livre contagieux du chef des jansénistes, réfugié en Hollande pour écrire contre l'Église.

« D'un côté, je demeure environ quatorze ans depuis la condamnation de mon livre, n'interrompant le silence le plus profond et le plus paisible que pour établir l'autorité infaillible de l'Église dans la condamnation des textes. De l'autre côté, ce cardinal soutient qu'il ne faut pas attendre, dans de telles condamnations, *une évidence certaine*. Autant que j'ai de zèle pour élever l'autorité de l'Église, qui condamne les textes, autant a-t-il d'art pour l'étudier et pour l'anéantir dans la pratique.

« Encore une fois, je proteste devant Dieu que je ne veux jamais excuser ni directement ni indirectement les expressions de mon livre condamné; mais, pour mes sentiments personnels, j'ose espérer que le Vicaire de Jésus-Christ ne dédaignera pas de répondre de leur pureté.

« Si le Pape vouloit néanmoins, pour une plus grande précaution, me faire encore expliquer plus à fond toute l'étendue de mes pensées sur la vie intérieure, je répondrois d'abord à toutes les questions avec tant d'exactitude, de précision et d'ingénuité, qu'il ne pourroit pas douter un moment de ce que j'ai au fond du cœur. J'irois de moi-même au-devant des moindres difficultés. Plus il pousseroit loin les questions, plus il me feroit plaisir. Je ne craindrois, dans cet éclaircissement, que de n'être pas assez connu jusque dans les derniers replis de ma conscience. Je ne chercherois qu'à être détrompé et corrigé, si par hasard je me trompe en quelque point, contre mon intention. J'ose dire qu'on ne trouveroit en moi que la franchise et la docilité d'un enfant. Plût à Dieu que M. le cardinal de Noailles fût prêt à se livrer de même sans réserve à l'examen et à la correction du chef de l'Église sur le jansénisme, par lequel il peut avoir été surpris et ébloui! »

Le procédé de faire revivre l'affaire du quiétisme pour donner le change sur le jansénisme manquait de délicatesse de la part du cardinal de Noailles. Cette affaire, qui n'avait fait que trop de bruit, était heureusement terminée de part et d'autre; le silence s'était fait sur ces difficiles matières. Mais Fénelon, qui avait lui-même mis fin à toute discussion douze ans auparavant, laissa tomber l'accusation sans autre réponse, et, grâce à cette prudente modération, la tentative de réveiller les anciennes querelles n'aboutit pas ; l'archevêque sut, dans cette occasion, sacrifier sa défense personnelle à l'intérêt commun, et supporta sans se plaindre, sans essayer même de se justifier, l'amertume de voir sa sincérité publiquement mise en doute. C'était la meilleure manière de la mettre au-dessus de tous les soupçons.

Nous ne serions pas complet si nous nous bornions à montrer à découvert le citoyen et l'évêque chez Fénelon dans les crises que traversèrent alors l'Église et la France. Ce ne sont que des côtés de cette nature si abondante dont le trait le plus frappant est peut-être l'inépuisable fécondité, et la patience tenace sur tous les sujets qui lui tiennent au cœur. On vient de lire les pages si animées que lui dictait l'amour du bien public, on a vu ses travaux sans cesse renaissants pour la défense de la foi; il semble, à l'entendre parler avec cette véhémence continue, qu'il s'absorbe tout entier dans ces grand intérêts, et que le reste disparaît à ses yeux. Loin de là, le patriote si ardent au soulagement de l'État et des peuples, le polémiste si habile, si passionné, ne remplace pas un moment le directeur des âmes, ni l'ami tendre et fidèle. Cette rare abondance, cette faculté de mener de front les occupations les plus diverses, frappe surtout lorsqu'on lit la correspondance de Fénelon par ordre de date et non par ordre de matière. A côté d'une lettre toute politique, en voici une toute religieuse qui semble sortie de la plume d'un écrivain mystique perdu dans la contemplation des vérités éternelles. Puis, le lendemain, ce sont des conseils domestiques, des avis pour un mariage, donnés avec la prudence la plus consommée. Comme notre unique but est de peindre Fénelon par lui-même pendant les années qu'il passa à Cambrai, le lecteur nous permettra bien de revenir à l'homme intérieur, à l'homme privé, au directeur, en citant de nouveau quelques extraits de ses lettres qui, sans avoir d'intérêt général, font ressortir plus vivement cette singulière souplesse du talent de Fénelon qui sait toucher toutes les cordes d'une main toujours ferme et sûre. Ce n'est pas, nous le croyons du moins, revenir sur ce que nous avons indiqué au début de cet ouvrage. Les longues années qui se sont écoulées depuis son départ, maintenant si éloigné, de la cour et de la scène du monde, n'ont éteint en aucune façon les facultés brillantes de son esprit; l'ennui et la monotonie de la vie de province n'ont rien ôté au mouvement de son intelligence. C'est, du reste, pour l'archevêque de Cambrai, le moment de la maturité complète : il a soixante ans, l'âge où l'on récolte, où l'esprit d'un homme qui a mené la vie sobre et pure du chrétien donne les fruits les plus abondants.

La correspondance spirituelle de Fénelon est plus nombreuse que jamais pendant ces années, où cependant la guerre l'environnait. Ses lettres au vidame d'Amiens, à la duchesse de Mortemart, alternent presque avec les lettres politiques. La forme, comme le fond, va toujours en se simplifiant; le bel esprit disparaît presque entièrement pour laisser parler seulement le pasteur des âmes qui est animé d'un sincère désir de les élever à une piété forte. Et cependant on y retrouve toujours cette grâce et ce charme pénétrant qui les distinguent de la plupart des écrits de ce genre. C'est toujours l'auteur de *Télémaque* qui écrit, mais vieilli et devenu plus grave par l'expérience de la vie. Ainsi, peu de jours après la lettre que nous avons citée sur l'état de la France, qui est pleine d'une énergie si sombre, il écrit au vidame ces lignes charmantes [1] :

« A Cambrai, 13 septembre 1710.

« Je suis ravi, Monsieur, de vous savoir à Chaulnes, quoique cette marche nous ôte toute espérance pour Cambrai. J'avoue que vous êtes infiniment mieux dans votre château enchanté; mais je crois que vous serez fort mal partout où vous écrirez, dicterez, échaufferez votre tête et vos reins, et veillerez irrégulièrement, comme vous le faites souvent. Si madame la vidame s'approche de notre frontière, j'aurai un grand désir d'avoir l'honneur de la voir; mais je ne veux pas être indiscret, et je me bornerai à votre décision.

« Pour vos exercices de piété, je ne vois que deux choses : l'une est de souffrir en paix l'ennui, la sécheresse et la distraction quand Dieu l'envoie; alors elle fait plus de bien que toutes les lumières, les goûts et les sentiments de ferveur; l'autre est de ne se procurer jamais par infidélité cette espèce de distraction.

« Il faut se donner quelques amusements pour se délasser l'esprit; mais il faut se les donner par pure complaisance, dans le besoin, comme on fait jouer un enfant. Il faut un amusement sans passion : il n'y a que la passion qui dissipe, qui dessèche et qui indispose pour la présence de Dieu. Prenez sobrement les affaires; embrassez-les avec ordre, sans vous noyer dans les détails, et coupant court avec une décision précise et tranchante sur chaque article. »

Quelque temps après, il écrit à la duchesse douairière de Mortemart, belle-mère de la fille de M. de Beauvilliers, dans une lettre toute pleine d'une piété ardente, ces lignes sur

---

[1] *Corresp. gén.*, I, 399.

l'indulgence envers les défauts des autres, qui devraient servir de règle, dans leurs rapports avec le prochain, à tous ceux qui se croient avancés dans leur perfectionnement moral[1] : « Il faut voir un défaut avec patience, et n'en rien dire au dehors jusqu'à ce que Dieu commence à le reprocher au dedans. Il faut même faire comme Dieu, qui adoucit ce reproche, en sorte que la personne croit que c'est moins Dieu qu'elle-même qui s'accuse et qui sent ce qui blesse l'amour. Toute autre conduite où l'on reprend avec impatience, parce qu'on est choqué de ce qui est défectueux, est une critique humaine, et non une correction de grâce. C'est par imperfection qu'on reprend les imparfaits. C'est un amour-propre subtil et pénétrant, qui ne pardonne rien à l'amour-propre d'autrui. Plus il est amour-propre, plus il est sévère censeur. Il n'y a rien de si choquant que les travers d'un amour-propre à un autre amour-propre délicat et hautain. Les passions d'autrui paroissent infiniment ridicules et insupportables à quiconque est livré aux siennes. Au contraire, l'amour de Dieu est plein d'égards, de supports, de ménagements et de condescendances. Il se proportionne, il attend; il ne fait jamais deux pas à la fois. Moins on s'aime, plus on s'accommode des imperfections de l'amour-propre d'autrui, pour les guérir patiemment. On ne fait jamais aucune incision sans mettre beaucoup d'onction sur la plaie : on ne purge le malade qu'en le nourrissant; on ne hasarde aucune opération que quand la nature indique elle-même qu'elle y prépare. On attendra des années pour placer un avis salutaire. On attend que la Providence en donne l'occasion au dehors, et que la grâce en donne l'ouverture au dedans du cœur. Si vous voulez cueillir le fruit avant qu'il soit mûr, vous l'arrachez à pure perte. »

Fénelon sait avec un art infini prendre tous les tons et

---

[1] *Corr. gén.*, I, 403.

passer sans effort de la douceur la plus pénétrante à une gravité forte que ne désavoueraient pas des auteurs plus sévères. « Il faut être immobile sous les croix, dit-il encore à madame de Mortemart, les garder autant de temps que Dieu les donne, sans impatience pour les secouer et les porter avec petitesse, joignant à la pesanteur des croix la honte de les porter mal. Les croix ne seraient plus les croix, si l'amour-propre avait le soutien flatteur de les porter avec courage... »

La correspondance avec madame de Montberon dont nous avons déjà parlé, ne fut également interrompue par aucun événement, ni par la guerre, ni par la maladie. A mesure que les années passent, elle devient plus active; il semble que, sentant la vie prête à lui échapper, Fénelon veuille donner à celle qui s'était mise sous sa direction tout le secours dont il est capable pour marcher avec courage et assurance dans la voie droite qui mène au port. Afin de ne pas laisser trop dans l'ombre ce côté de la figure que nous étudions, voici une des nombreuses lettres que ce directeur modèle adressait, au milieu des troubles causés par le passage constant des armées, à cette pénitente agitée qui devait parfois mettre sa patience à une rude épreuve. On y verra Fénelon tout entier, même avec cette pente à la subtilité et à l'analyse morale dont il ne parvint jamais à se défaire entièrement [1].

« A Vaucelles, mercredi 6 mai 1703.

« Je ne saurais être plus longtemps absent sans vous demander de vos nouvelles. Je souhaite que vous ne puissiez pas m'en dire, faute d'en savoir. Il y a une illusion très-subtile dans vos peines, car vous vous paraissez à vous-même tout occupée de ce qui est dû à Dieu, et de sa pure gloire;

---

[1] *Corresp. gén.*, VI, 411.

mais dans le fond, c'est de vous dont vous êtes en peine. Vous voulez bien que Dieu soit glorifié, mais vous voulez qu'il le soit par votre perfection, et par là vous rentrez dans toutes les délicatesses de votre amour-propre. Ce n'est qu'un détour raffiné, pour rentrer, sous un plus beau prétexte, en vous-même. Le vrai usage à faire de toutes les imperfections qui vous paraissent en vous, est de ne les justifier ni condamner (car ce jugement ramènerait tous vos scrupules), mais de les abandonner à Dieu, conformant votre cœur au sien sur ces choses que vous ne pouvez éclaircir, et demeurant en paix, parce que la paix est d'ordre de Dieu, en quelque état qu'on puisse être. Il y a en effet une paix de confiance que les pécheurs mêmes doivent avoir dans la pénitence de leurs péchés. Leur douleur est paisible et mêlée de consolation. Souvenez-vous de cette bonne parole qui vous a touchée : *Le Seigneur n'est point dans le trouble.*

« Si vous ne pouvez pas me mander des nouvelles de votre intérieur, mandez-m'en de votre santé. N'en avez-vous point de M. le comte de Montberon ? »

Un autre côté bien original du caractère de Fénelon qui va toujours se marquant davantage, c'est son goût, son besoin constant d'amitié. Plus il avance dans la vie, plus il vieillit, plus, à l'encontre de ce qui arrive, dit-on, chez la plupart des hommes, son cœur devient chaud et aimant pour les chers amis qu'il connaît si bien, tout en les voyant si peu. C'est bien là un des signes auxquels on reconnaît infailliblement l'élévation du cœur. Celui que les glaces de l'âge, pas plus que les inévitables désenchantements de la vie, ne rendent ni moins tendre, ni moins prodigue de son affection, qui, en cessant par la force de l'expérience de se fier pleinement aux hommes, ne cesse pas de les aimer, celui-là est un de ces êtres rares à qui la Providence a donné cette élévation intérieure qui fait dominer la vie au lieu d'être dominé par elle. Et si à cette hauteur d'âme naturelle vient se joindre ce sentiment profond et fort que le vulgaire ignore ou blasphème, et qu'on nomme la charité chrétienne; si en aimant les autres on les aime pour Dieu et pour eux-mêmes, alors le cœur humain atteint dans une certaine mesure à cette perfection de l'amitié pure et désintéressée, qui est un des plus beaux dons que Dieu ait faits aux hommes. Sans prétendre que Fénelon tienne ici une place à part ou qu'il ait donné des exemples singuliers et uniques, il faut cependant revenir constamment en parlant de lui à ses amis et à l'amitié. Ses amis sont comme une portion de lui-même, jamais il ne les oublie, jamais il ne les néglige; s'il les domine, s'il est leur conseiller toujours écouté, c'est qu'il se donne tout entier, sans réserve et sans retour sur lui-même. Le petit troupeau, comme dit Saint-Simon, a le plus fidèle et le plus soigneux des bergers : rien de ce qui les touche ne le laisse froid, ils sont toujours sûrs de trouver en lui un conseiller prudent et, ce qui vaut mieux, la vérité dite avec tendresse et compassion, mais sans réticence ni faiblesse. Peut-on rien lire de plus sensé, de plus soucieux des intérêts vrais de son ami, que cette lettre au duc de Chevreuse au sujet du mariage projeté de son petit-fils avec mademoiselle de Bourbon-Soissons, fille d'un fils légitimé du dernier comte de Soissons [1] :

« A Cambrai, 11 janvier 1710.

« Votre exposé, mon bon duc, ne me permet pas d'hésiter. J'avoue que je désirerois une autre naissance; mais elle est des meilleures en ce genre : le côté maternel est excellent. J'avoue aussi qu'il eût été fort à souhaiter qu'on eût pu différer de quelques années; mais vous pouvez mourir, et il y a une différence infinie entre le jeune homme établi

[1] *Corresp. génér.*, I, 327.

par vous, et tout accoutumé sous vos yeux à une certaine règle dans son mariage avec une femme que madame de Chevreuse aura formée, ou bien de le laisser, si vous veniez à lui manquer, sans établissement, livré à lui-même dans l'âge le plus dangereux, au hasard de prendre de mauvais partis, et avec apparence qu'il se marieroit moins bien quand il n'auroit plus votre appui. Ce que je crois, par rapport à une si grande jeunesse de part et d'autre, est qu'il convient de gagner du temps le plus que vous pourrez. Si la paix vient, je voudrais faire voyager le jeune homme deux ans en Italie et en Allemagne, pour lui faire voir en détail les mœurs et la forme du gouvernement de chaque pays. Au reste, je suppose, mon bon duc, que vous avez examiné en toute rigueur les biens dont il s'agit. Vous êtes plus capable que personne de faire cet examen, quand vous voudrez approfondir en toute rigueur. Mais je crains votre bonté et votre confiance pour les hommes : vous pénétrez plus qu'un autre; mais vous ne vous défiez pas assez. Ainsi je vous conjure de faire examiner à fond cette affaire par des gens pratiques, qui soient plus soupçonneux et plus difficiles que vous. Dans un tel cas, il faut craindre d'être trompé, et mettre tout au pis aller; les avis des chicaneurs ne sont pas inutiles. J'avoue que j'aurois grand regret à ce mariage, si, après l'avoir fait si prématurément avec une personne d'une naissance hors des règles par son père, il se trouvoit quelque mécompte dans le bien. Prenez-y donc bien garde, mon bon duc ; car, si le cas arrive, je m'en prendrai à vous, et je vous en ferai les plus durs reproches. Au nom de Dieu, ne vous fiez pas à vous-même, et faites travailler des gens qui aient peur de leur ombre. »

Le mariage s'étant fait, et débutant sous d'heureux auspices, Fénelon, qui se sent un peu grand-père pour les enfants du duc de Chevreuse, reprend la plume, et au milieu d'une lettre toute pleine des affaires du jansénisme et de la difficulté de faire la paix avec les ennemis, il écrit ces lignes charmantes [1] :

« Je suis charmé de tout ce que vous me mandez de votre petit joli mariage, qui est encore tout neuf. Dieu, bénissez ces enfants! Je ne vois rien de meilleur que de les observer sans gêne, de les occuper gaiement, de les instruire chacun de son côté, de régler leur société aux heures publiques des repas et des conversations de la famille. Si la paix vient, vous pourrez faire voyager M. le duc de Luynes; mais il faudroit trouver un homme bien sensé, qui lui fît remarquer tout ce que les pays étrangers ont de bon et de mauvais, pour en faire une juste comparaison avec nos mœurs et notre gouvernement. Il est honteux de voir combien les personnes de la plus haute condition de France ignorent les pays étrangers où ils ont néanmoins voyagé, et à quel point ils ignorent, de plus, notre propre gouvernement et l'état de notre nation. Pour la jeune duchesse, je crois que madame de Chevreuse doit la traiter fort doucement, ne se presser point de la reprendre sur ses défauts, parce qu'il faut d'abord les voir dans leur étendue, et lui laisser la liberté de les montrer : ensuite viendra peu à peu la correction. Autrement on lui fermeroit le cœur; elle se cacheroit, et on ne verroit ses défauts qu'à demi. Il faut gagner sa confiance, lui faire sentir de l'amitié, lui faire plaisir dans les choses qui ne lui nuisent pas, la bien instruire sans la prêcher, et après l'instruction, s'attacher aux bons exemples, jusqu'à ce qu'elle donne ouverture pour lui parler de la piété : alors le faire sobrement, mais avec cordialité, et la laisser toujours dans le désir d'en entendre plus qu'on ne lui en aura dit. Il faut tâcher de lui trouver des compagnies de jeunes personnes sages et d'un esprit réglé, qui lui plaisent, qui l'amusent et qui l'accoutument à se divertir, sans aller cher-

---

[1] *Corr. gén.*, I, 351.

cher et sans regretter de plus grands plaisirs. Il est extrêmement à désirer qu'il n'y ait jamais ni jalousie ni froideur secrète entre les deux familles qui se forment dans la vôtre. M. le vidame est bon, vrai et noble ; madame la vidame me paroît de même. Les intérêts sont réglés ; il ne peut y avoir de délicatesse que par rapport aux traitemens que vous ferez aux deux familles, et aux procédés journaliers qu'elles auront entre elles. C'est pourquoi vous devez veiller en bon père de famille, de concert avec madame la duchesse de Chevreuse ; un rien blesse les cœurs et cause des ombrages : l'union ne se rétablit pas facilement dès qu'elle est altérée. »

Remarquons en passant le trait sur la funeste indifférence des grands seigneurs pour les affaires publiques et le gouvernement en général devenue trop commune, un peu par la faute du Roi qui n'aimait pas à s'entourer de grands personnages.

Nous retrouvons la même tendresse active dans les lettres de plus en plus intimes de Fénelon avec son neveu de prédilection, celui qu'il avait élevé lui-même à Cambrai. Nous avons déjà cité quelques extraits de cette partie de sa correspondance en parlant de l'intérieur de l'archevêque de Cambrai. Le cher neveu, le petit Fanfan d'autrefois, ne pouvait pas se plaindre d'un oncle aussi tendre et aussi soigneux. Blessé grièvement au combat de Landrecies, le marquis de Fénelon eut beaucoup de peine à se remettre de cette blessure à la jambe qui le laissa boiteux pour le reste de ses jours. Ce furent alors de la part de Fénelon des soins sans nombre pour cette pauvre jambe malade. Après l'avoir fait soigner de son mieux à Cambrai même, puis à Paris, par les plus grands médecins du temps, après l'avoir envoyé à Baréges essayer les eaux, ce qui était alors une véritable expédition, il fallut bien le laisser retourner à l'armée mal guéri et traînant la jambe. Heureusement les troupes étaient toujours cantonnées dans les Flandres, et l'oncle attentif put continuer à veiller de près sur la santé du paladin blessé, comme il l'appelait en riant. Il lui envoie mille petits billets pleins de bons conseils, de tendresse et de gaieté, et il va souvent le voir au camp malgré le mauvais état des routes et leur peu de sécurité [1].

« A Cambrai, mardi 30 août, à onze heures avant midi, 1712.

« Puisque tu crois, Fanfan, que je ferai plaisir, j'irai demain voir M. le maréchal de Villars, et dîner avec lui. Je ne mènerai point tes deux frères à ce dîner, et il faudra qu'ils cherchent pitance ailleurs dans le camp. Mais si M. l'abbé de Laval, à qui j'offrirai de le mener, vient avec nous, je le ferai dîner chez M. le maréchal : tes frères ne mourront pas de faim. Je crains un peu la longueur du chemin à cause du détour pour passer le Sanzé au bac. Il faut que je revienne le soir au gîte. Tu peux dire à M. le maréchal l'impatience d'avoir l'honneur de le voir, qui me fait aller, moi poltron, à la guerre. S'il ne dînoit pas chez lui demain, je mangerois un morceau de pain donné par aumône chez quelque ami du camp ; après quoi je reviendrois souper ici sans embarras.

« Tu comprends bien que j'aurai une sensible joie de te revoir et de t'embrasser tendrement. Bonjour, petit Fanfan. Mille choses à notre cher invalide M. le chevalier des Touches. Que Dieu soit avec toi ! Il ne faut pas oublier que demain est le bout de l'an de ta blessure : c'est un jour de grâce singulière pour toi; fais-en la fête solennelle au fond de ton cœur. A demain, à demain. Je suis ravi de te voir un si bon jour. Ne manque pas de te trouver chez M. le maréchal, ou chez M. le chevalier des Touches, afin que nous ayons un moment de liberté. »

[1] *Corr. gén.*, II, 153.

Mais à la fin de l'année le régiment du marquis retourne à Paris, et il dut s'éloigner de Cambrai et de son oncle, qui lui envoie comme adieu cette courte lettre, vraiment belle par le tour comme par le fond [1] :

« A Cambrai, 6 décembre 1712.

« Bonjour, Fanfan ; je souhaite qu'en t'éloignant de Cambrai, tu ne sois point éloigné de notre commun centre, et que notre absence n'ait point diminué en toi la présence de Dieu. L'enfant ne peut pas teter toujours, ni même être sans cesse tenu par des lisières : on le sèvre, on l'accoutume à marcher seul. Tu ne m'auras pas toujours. Il faut que Dieu te fasse cent fois plus d'impression que moi, vile et indigne créature. Fais ton devoir parmi tes officiers avec exactitude, sans minutie, patiemment et sans dureté. On déshonore la justice quand on n'y joint pas la douceur, les égards et la condescendance : c'est faire mal le bien. Je veux que tu te fasses aimer ; mais Dieu seul peut te rendre aimable, car tu ne l'es point par ton naturel roide et âpre. Il faut que la main de Dieu te manie pour te rendre souple et pliant; il faut qu'il te rende docile, attentif à la pensée d'autrui, défiant de la tienne, et petit comme un enfant : tout le reste est sottise, enflure et vanité. »

Une nouvelle figure cependant avait fait son apparition dans le cercle intime de Fénelon, et elle est si différente des autres, qu'elle mérite bien une mention à part. L'hospitalité que le prélat exerça si largement envers les officiers et les soldats lui amena un jour un personnage fort original, qui lui plut, malgré le contraste absolu qui existait entre eux, peut-être même à cause de ce contraste. Le chevalier Destouches [2], militaire distingué, et en même temps homme d'es-

[1] *Corr. gén.*, II, 166.
[2] Fénelon écrit des Touches, mais à tort, et avec cette indifférence pour l'orthographe des noms propres qui était générale autrefois.

prit et d'instruction, commandait en chef l'artillerie des armées de Flandre en 1711. Malade des suites de la fatigue de ces rudes campagnes, il vint se faire soigner au palais de l'archevêque, où on le reçut fort bien. Il fut logé dans une des « cellules grises » préparées pour les malades, et comme Fénelon le lui reprochait plus tard, il y gronda à cœur joie pendant trois mois « médecins, chirurgiens et religieuses hospitalières ». D'une remarquable promptitude d'intelligence, gai et animé, cultivant les lettres avec aisance et facilité, lié avec tous les littérateurs de Paris, et surtout avec Houdard de la Motte, qu'il mit plus tard en rapport avec Fénelon, M. Destouches fut vite admis dans le petit cercle intime de l'archevêque, malgré les défauts qui auraient dû l'en faire bannir. Car l'aimable chevalier avait une conduite plus que légère, un esprit plus que libre ; il était à la fois gourmand et gourmet ; c'était un homme de la Régence avant la lettre, si on nous passe l'expression. Il fut, si la chronique est véridique, le père du fameux d'Alembert. Malgré toutes ses bonnes raisons de ne pas l'admettre dans sa société, où il fait un singulier effet, Fénelon, qui ne pouvait résister à la bonne grâce et à l'esprit, goûtait extrêmement le chevalier, qui l'amusait par ses saillies et ses hardiesses ; il se disait, pour se justifier à ses propres yeux, qu'il le ramènerait au bien, mais, au fond, il n'en croyait rien, car le chevalier lui échappait toujours. Ce pécheur incorrigible finit cependant par lui inspirer une véritable affection ; le « cher bonhomme », comme il l'appelle en plaisantant, devint un véritable ami par un de ces rapprochements piquants que le sort se plaît parfois à établir entre les esprits les plus différents. Fénelon n'y comprenait rien lui-même, et il lui dit aimablement à ce sujet : « Pourquoi ce grave archevêque aime-t-il tant un homme aussi profane ? Voilà un grand scandale, je l'avoue, mais le moyen de m'en corriger ? » Cette singulière liaison nous montre Fénelon sous un jour nouveau, social et tout littéraire, qui n'est pas le moins curieux. Les lettres vives et charmantes qu'il écrit sans cesse au chevalier sont parmi les plus aimables qui soient sorties de sa plume. On y devine quelle jouissance c'était pour lui d'avoir retrouvé ainsi par hasard un de ces hommes d'esprit animé, au courant de tout, qui savait causer avec cette verve toute parisienne, dont il avait eu tant de peine à perdre le goût. Voici quelques-uns de ces billets, écrits au courant de la plume, de la ville de Cambrai au camp des Français. Fénelon taquine souvent son cher bonhomme, celui qu'il appelle le plus aimable des hommes : avec lui il redevient jeune. C'est surtout la gourmandise du chevalier, qui compromettait sa santé, à laquelle il fait une guerre sans trêve ni merci [1] : « *Cœna brevis, mens hilaris :* vous faites bien le second point, et mal le premier. Chirac a raison, votre estomac est faible et querelleux ; vos sueurs le convainquent d'intempérance. Je n'oserai dire le mot français, mais le mot latin est *helluari*. Je crains votre impénitence, sérieusement vous mourrez par vos appétits gloutons : voilà une étrange mort. *Si mens non læva fuisset,* vous croiriez Chirac, qui est très-habile, et vous dîneriez, *opipare*, pour être le soir, *parvoque beatus*. En vérité, vous me faites peur, pitié, douleur et dépit. Oh ! si je vous tenais ! *Quos ego !* Je serai ravi d'avoir le recueil et surtout le discours de M. de la Motte, pour qui je suis fort prévenu. Jugez combien je suis attendri de vos soins ; mais faut-il qu'un si aimable homme soit si ennemi de lui-même, et meure de trop manger ! Madame d'Oisy part, je la charge de mille injures pour vous.

« Depuis deux jours, nous sommes au désert ; il ne reste que M. le maréchal de Montesquiou qui habitera encore un peu notre Thébaïde. N'allez pas croire que l'ennui vient avec le repos. Tant pis pour ceux qui languissent dès qu'ils ne sont

---

[1] *Lettres inéd.*, p. 31.

plus au sabbat. Nous savons, Dieu merci, nous occuper doucement loin de votre beau monde, je ne vous l'envie point. Dites seulement à M. de La Vallière que j'aime en lui jusqu'à son indifférence, pourvu que j'en sois préservé. » Avec le chevalier qui avait fait si vite sa place dans la petite société, on cause de tout, on plaisante sans crainte d'être mal compris. Ainsi, M. Destouches, qui goûtait fort sa position de vieux garçon, dont il n'eût à aucun prix sacrifié la liberté, demande un jour à Fénelon pourquoi l'on se marie, et là-dessus le grave archevêque lui répond avec sa gaieté charmante[1] : « A quel propos demandez-vous pourquoi l'on se marie ? Tout homme est *Pâris* qui ne peut souffrir son bonheur ; le genre humain languit dans le repos et dans la liberté, et veut un peu de fièvre chaude. L'homme dont vous parlez était heureux par sa douceur et par les commodités de son état ; mais ce qu'il trouve est très-avantageux dans le genre de bonheur que vous ne lui enviez pas. Ne serez-vous pas Pâris à votre tour ? Oh ! que vous seriez un plaisant objet avec une femme à vos côtés, qui vous dominerait ! Je crois que vous seriez très-*uxorius*. J'en rirais bien. » C'est ainsi que l'aimable chevalier apportait dans l'austère palais de l'archevêque un mouvement, un entrain d'esprit dont Fénelon ne put jamais perdre le goût. Ceux qui avaient longtemps vécu à la cour et à Paris ne pouvaient s'habituer à la vie terne et languissante de la province, et Fénelon est tout à fait Français et de son temps, par son goût incorrigible pour la conversation, cette conversation brillante et animée qui fut une des gloires et une des faiblesses persistantes de notre nation, et qui reste, malgré tout, un trait ineffaçable de son caractère. C'est le secret du charme que le chevalier Destouches, nature droite et élevée, malgré ses défauts, exerçait sur Fénelon. Avec lui il retrouvait comme un écho de ces spirituels

---

[1] *Lettres inéd.*, 37

entretiens du passé, où, entre Racine et La Bruyère, le jeune abbé de Fénelon avait su tenir sa place. Aussi lui écrit-il presque avec tendresse [1] : « On vous aime céans avec passion; c'est une maladie contagieuse qui gagne de plus en plus, et dont je ne veux guérir personne, moi qui en suis plus tourmenté que les autres. Je ne veux point vous revoir avec la troupe dorée parmi les horreurs de la guerre ; c'est dans une profonde paix que je voudrais vous posséder seul. On ne dit point, ce me semble, que les passe-ports soient arrivés en France, c'est ce qui m'inquiète. Portez-vous bien à la lettre : *Cura ut valeas;* vous ne sauriez jamais me faire un plus grand plaisir. Contraignez-vous un peu à l'heure de l'assaut de votre appétit. »

Une affection cependant, entre toutes, continuait à dominer sans partage dans le cœur de l'archevêque; tous les sentiments de son âme se réunissaient en un centre unique : on a déjà nommé le duc de Bourgogne, le cher Petit Prince. En suivant le jeune prince avec un dévouement passionné, Fénelon donnait satisfaction à tous les mouvements divers qui l'agitaient intérieurement. N'était-il pas, en effet, cet héritier de la couronne de saint Louis, qui devait donner à la France ce bonheur qu'on rêvait à Cambrai? Sans se l'avouer peut-être, Fénelon s'aimait encore lui-même dans son œuvre. Car, il faut le dire, si le désir du bien public et celui du bonheur de son ancien élève étaient les motifs dominants de cette affection, peut-être un secret désir d'arriver lui-même à l'autorité, une ambition à demi inconsciente de dépenser autrement qu'en théorie les facultés qu'il sentait en lui pour le gouvernement, n'y étaient-ils pas étrangers !

Il n'y a aucune lettre adressée au duc de Bourgogne dans la correspondance de Fénelon depuis la triste campagne d'Oudenarde en 1709. Il n'est pas vraisemblable que cet échange

---

[1] *Lettres inéd.*, 40.

de lettres que nous avons vu si fréquent ait subitement cessé, à moins que la prudence n'ait imposé à Fénelon de rompre tout commerce avec le prince. En tout cas, les lettres, s'il y en eut, ont été détruites. Mais Fénelon n'en continua pas moins à lui faire passer, par le canal ordinaire, les avis et parfois les remontrances, toujours avec la même franchise.

Une fois le premier moment de son retour à la cour passé, le duc de Bourgogne, que la force des choses avait, pour ainsi dire, poussé hors de lui-même, reprit vite son attitude ordinaire, et rentra dans sa gaucherie timide. Fénelon ne le laisse pas tranquille; avec une persévérance que rien ne décourage, et qui devait avoir son heure de succès, il revient sans cesse à la charge, et il essaye tous les jours à nouveau de le faire sortir de sa réserve habituelle et de le rendre plus viril, fût-ce au prix de sa propre influence. Le 10 mars 1710, il écrit à son ami ces lignes qui devaient sans doute passer sous les yeux du prince[1] : « Je prie Dieu, mon bon duc, que tout, tant pour l'Église que pour l'État, aille mieux que je ne l'ose espérer. N'oubliez pas le P. P. (*duc de Bourgogne*), qu'il faut soutenir, redresser, élargir. Jamais jeune prince n'a eu, avant de régner, tant de fortes leçons. Il n'a qu'à remarquer ce qui se passe sous ses yeux pour apprendre à fond ce qu'il doit faire et éviter un jour ; mais il le fera fort mal alors, s'il ne commence dès à présent à le pratiquer, en se corrigeant, en prenant beaucoup sur lui, en s'accommodant aux hommes pour les connaître, pour les ménager, pour savoir les mettre en œuvre, et pour acquérir sur eux une autorité d'estime et de confiance. »

Ainsi pressé et aiguillonné, le jeune homme essaye de secouer sa torpeur, il fait effort sur lui-même et se montre davantage; aussitôt Fénelon en est informé ; mais il ne croit pas à ce changement, il est incrédule, il connaît trop bien

---

[1] *Corr. gén.*, I, 355.

le caractère du prince pour croire qu'autre chose qu'une forte secousse puisse lui faire montrer au dehors ses qualités naturelles[1]. « Je suis ravi, dit-il, de ce que vous êtes content du P. P. (*duc de Bourgogne*) ; pour moi, je ne le serai point jusqu'à ce que je le saurai libre, ferme, et en possession de parler avec une force douce et respectueuse. Dites-lui : *Dabo vobis os, et sapientiam, cui non poterunt resistere;* autrement il demeurera coi, comme un homme qui a encore dans un âge de maturité une faiblesse puérile. » Fénelon revient surtout avec persistance sur ce singulier défaut de perdre son temps en bagatelles, qui semble avoir été presque invincible chez le jeune prince, dont l'esprit rêveur s'absorbait dans des amusements d'enfants. « Le P. P. raisonne trop et fait trop peu. Ses occupations les plus solides se bornent à des spéculations vagues et à des résolutions stériles... Les amusements puérils rapetissent l'esprit, affaiblissent le cœur, avilissent l'homme et sont contraires à l'ordre de Dieu[2]. » C'est, comme on peut le voir, toujours la même sévérité, la même hardiesse que deux ans auparavant. Là ne se borne pas la sollicitude du prélat. Non content de donner de vagues avis, il continue son rôle de conseiller, sincère jusqu'à la rudesse, en donnant de la manière la plus franche des avertissements, même sur les matières les plus délicates. Ainsi instruit que, malgré les années qui passaient, malgré les avis qu'on lui avait donnés, le duc de Bourgogne continuait à se rendre ridicule par l'étalage public qu'il faisait de sa passion pour sa femme, Fénelon n'hésite pas à traiter de nouveau ce point difficile, et il le fait avec une sûreté, une légèreté de main qui n'appartient qu'à un homme qui est passé maître dans l'art de manier la langue[3] : « Ne vous contentez pas des belles maximes en spéculation, et des bons propos de

---

[1] *Corr. gén.*, I, 382.
[2] *Corr. gén.*, I, 494.
[3] *Corr. gén.*, I, 430.

P. P. (*duc de Bourgogne*). Il se paye et s'éblouit lui-même de ces bons propos vagues. On dit qu'il est toujours également facile, foible, rempli de puérilités, trop attaché à la table, trop renfermé. On ajoute qu'il demeure content de sa vie obscure, dans l'avilissement et dans le mépris public. On dit que madame la duchesse de Bourgogne fait fort bien pour le soutenir, mais qu'il est honteux qu'il ait besoin d'être soutenu par elle, et qu'au lieu d'être attaché à elle par raison, par estime, par vertu, et par fidélité à la religion, il paroît l'être par passion, par faiblesse et par entêtement ; en sorte qu'il fait mal ce qui est bien en soi. Voilà ce que j'entends dire à diverses gens. Je ne sais ce qui en est, et je souhaite de tout mon cœur que tout ceci soit faux : mais je crois devoir vous le confier en secret. N'en parlez que selon le besoin, et peu à peu. Au nom de Dieu, voyez le P. P. le plus souvent que vous le pourrez, pour l'enhardir insensiblement. Le soin que le bon D. (*duc de Beauvilliers*) a de le cultiver ne vous dispense nullement d'ajouter vos soins aux siens. Si vous agissez de concert, vous pourrez tour à tour insinuer tout ce que vous verrez de convenable. On s'use moins en se relayant pour dire la vérité. Il ne faut pas que la lettre de la loi qui tue ne fasse que reprendre : il faut que l'onction de la grâce adoucisse, fortifie et anime celui qui en a besoin. »

C'est également vers cette époque, alors que les conseils plus pratiques n'eussent point été de saison avec un petit-fils de roi, dont le père vivait encore, que Fénelon composa ce morceau célèbre intitulé : *Examen de conscience d'un roi*, que le prince relisait souvent, mais dont la garde était confiée au duc de Beauvilliers, dans la crainte d'une indiscrétion. Cette pièce, un peu déclamatoire dans la forme, comme le genre le comportait, est une sorte de discours au duc de Bourgogne devenu roi, où l'auteur fait passer sous ses yeux une série de remontrances sous forme d'examen sur le gouvernement. Les allusions critiques à la manière de gouverner de Louis XIV y fourmillent, ce qui explique les précautions prises pour le soustraire à ses regards. Si le *Télémaque* avait blessé au vif l'orgueil royal, que n'eût point fait ce discours où le blâme le plus sévère est parfois ouvertement exprimé sur l'état de la cour et les procédés de gouvernement, où la conduite même du Roi est jugée avec une liberté qui ne se déguise pas toujours sous les dehors du respect!

Dans cet ouvrage, fort court du reste, Fénelon passe en revue, dans une rapide énumération, tous les devoirs du chef d'une monarchie chrétienne, et indique les écueils du pouvoir souverain. On y retrouve à chaque moment l'élévation de pensées et cette préoccupation constante du bien public qui n'abandonnent jamais son auteur. Le style en est ferme et empreint d'une gravité soutenue qui convient à cette espèce de harangue, morceau littéraire d'un genre essentiellement factice. Le but principal de l'auteur est visiblement d'inspirer à son royal lecteur un sentiment profond de la grandeur de la tâche qu'il aurait à remplir et de l'écrasante responsabilité qu'elle lui ferait encourir. C'est ainsi que Fénelon dit au futur souverain, dans un passage qui n'est pas sans éloquence : « Avez-vous étudié la vraie forme du gouvernement de votre royaume? Il ne suffit pas de savoir les lois qui règlent la propriété des terres et autres biens entre les particuliers : il s'agit de celles que vous devez garder entre votre nation et vous, entre vous et vos voisins... Avez-vous étudié les lois fondamentales et les coutumes qui ont force de loi pour le gouvernement général de votre nation particulière? Avez-vous cherché, sans vous flatter, quelles sont les bornes de votre autorité? Savez-vous par quelles formes le royaume s'est gouverné sous les diverses races ; ce qu'étaient les anciens Parlements et les états généraux qui leur ont succédé?... Croyez-vous que Dieu souffre que vous régniez, si vous régnez sans être instruit de ce qui doit borner et régler votre puissance? »

Toute la pièce est sur ce ton de gravité forte, où la hardiesse des pensées est tempérée par la gravité un peu majestueuse peut-être du ton. A côté de si hautes leçons, on pourrait relever, et les adversaires de Fénelon n'ont pas manqué de le faire, bien des idées chimériques sur l'efficacité du gouvernement dans la réforme des vices des particuliers. Parfois on serait tenté de rappeler au conseiller, si sage qu'il soit, qu'il n'a jamais dépendu du bon plaisir d'un roi de créer par un coup de baguette cette monarchie chrétienne « limitée par les lois, simple, austère, sans luxe, sans faste, juste envers tous, pacifique, économe, soigneuse des mœurs et de la vertu, enfin cet idéal chrétien qui n'a jamais reçu qu'une très-imparfaite exécution dans ce bas monde ». Notons en passant une recommandation de remettre en liberté les forçats dont la peine était expirée, qui montre combien l'usage de prolonger arbitrairement leur peine, pour l'utilité du service des galères, était encore habituel. Quelques critiques que le morceau puisse encourir, et elles ne lui ont pas été épargnées, on ne peut nier qu'il n'y règne une élévation remarquable, et que rarement conseiller ne fit entendre la vérité aux oreilles délicates d'un prince avec une pareille liberté. Le Roi qui serait semblable au portrait que Fénelon trace dans son *Examen* serait bien le Roi « qui est fait pour les sujets, et non les sujets pour lui », que Fénelon a entrevu dans ses rêves. Est-il étonnant que la mort ayant déchiré le mystère qui enveloppait le maître et l'élève, la postérité se soit plu depuis lors à les regarder d'un œil ému et reconnaissant?

Tel était Fénelon à soixante ans, à cet âge de pleine maturité où le déclin physique ne fait que commencer et où les horizons de la vie s'abaissent insensiblement. Plus actif, plus ardent que jamais, il voyait venir la vieillesse sans effroi comme sans regret, et plus l'espace à parcourir se rétrécissait, plus il s'efforçait de dépenser utilement les facultés de tout genre que Dieu lui avait données à faire fructifier. La vie ne semblait plus avoir rien à lui offrir, son rôle semblait fini, et ses secrets désirs d'action paraissaient condamnés à ne jamais pouvoir se réaliser. Le vieux roi mort, son fils monterait sur le trône, et ce fils était plus prévenu encore contre l'archevêque de Cambrai que Louis XIV lui-même ; il fallait donc se résigner à ne jamais sortir de l'état de demi-suspicion où il vivait depuis treize années, et si un jour le duc de Bourgogne devait le justifier en faisant juger du maître par l'élève, ce jour, il ne devait jamais le voir luire, suivant les prévisions humaines. C'était là de tristes pensées qui venaient sans doute l'assaillir, lorsqu'il réfléchissait sur sa destinée, malgré ses efforts pour les offrir en sacrifice à ce pur amour qu'il aspirait toujours à posséder, lorsque subitement, au mois d'avril 1711, Fénelon apprend comme toute la France, coup sur coup, la nouvelle de la maladie, puis de la mort de « Monseigneur », à l'âge de quarante-quatre ans. C'était le coup de théâtre le plus inattendu, la péripétie la plus émouvante qui pût venir troubler la vie de l'archevêque de Cambrai. D'un jour à l'autre tout changeait de face. Quelques années, quelques mois peut-être, et le duc de Bourgogne serait maître de ce pouvoir royal auquel il se préparait avec tant de soin sous l'œil de Fénelon. Toutes les barrières tombaient comme par miracle. L'illusion fut trop vive, elle marqua trop profondément dans l'existence de Fénelon pour ne pas essayer de peindre avec quelques détails cette nouvelle phase, qui fut aussi courte qu'imprévue. A cette dernière lueur du soleil trompeur des espérances humaines, nous pénétrerons plus avant dans la connaissance de cet homme, qui semble avoir été destiné à toujours toucher au but sans pouvoir l'atteindre, et à voir toujours ses espérances se changer en amères déceptions.

CHAPITRE VI

Le duc de Bourgogne Dauphin. — Espérances de Fénelon et de ses amis. Conseils et avis. — Les « Tables de Chaulnes ». — Espérances de paix. — Visiteurs à Cambrai. — Le Père Quirini. — Mort du Dauphin.

1711-1712.

Le 14 avril 1711, après une courte maladie dont l'effet fut foudroyant, le fils unique de Louis XIV, « Monseigneur », comme son père l'avait fait appeler, disparaissait de cette scène de la cour où il avait joué un rôle si pâle et si effacé. Cette mort inattendue fut un véritable coup de théâtre qui bouleversa toutes les intrigues et renversa tous les rôles. La fameuse cabale de Monseigneur disparaissait comme par enchantement, et le duc de Bourgogne passait au premier rang. Saint-Simon a laissé dans quelques pages immortelles, que tout le monde a présentes à la mémoire, la peinture du singulier aspect du palais de Versailles durant ces heures d'émotion et d'attente. Il fait revivre sous nos yeux, avec toute l'énergie de son pinceau, cette cour de Louis XIV arrivé au terme de la vie, où chacun ne songe qu'à s'assurer d'une faveur qu'un rien peut faire évanouir. On croit entendre avec lui, et ces fréquents mouchers, et ces soupirs à demi étouffés destinés à feindre une douleur que personne n'éprouve. Jamais la puissance de l'écrivain n'a été plus grande, jamais les contrastes si douloureux du sérieux qui accompagne toujours la mort et des passions humaines qui ne meurent pas, n'ont été peints avec une plus sanglante ironie.

Il n'y avait pas de Saint-Simon dans l'archevêché de Cambrai lorsque la nouvelle de la mort du Dauphin y arriva : nul ne nous a conservé le récit des émotions poignantes qui durent naître dans le cœur de Fénelon à ce coup du sort si imprévu, dirons-nous si inespéré? Et cependant il est facile de se représenter le tumulte de pensées diverses qui s'élevèrent dans cet esprit facile à émouvoir, lorsqu'il apprit que tout avait changé à la cour. Cette mort amenait, en effet, aussi une révolution complète dans la position de Fénelon, et un avenir inattendu s'ouvrait tout à coup pour lui. Le pauvre prince qui venait de mourir ainsi à la force de l'âge, au moment où il semblait appelé à monter sur le trône, était, comme nous l'avons dit, plus hostile encore à l'archevêque de Cambrai que Louis XIV lui-même. Aimant peu son fils, dont il redoutait la supériorité et dont il ne comprenait en rien le caractère, il avait reporté sur celui qui avait formé ce fils toute la colère dont sa nature paresseuse et indolente était capable. Soigneusement entretenue par ses familiers, Vendôme et autres pareils, cette aversion eût à jamais empêché le duc de Bourgogne de rien obtenir de lui pour son ami, et Fénelon le savait mieux que personne. Mais le duc de Bourgogne devenu Dauphin et héritier direct de la couronne, tout prenait une autre face. C'était, dans un très-court délai, la santé du Roi déclinant visiblement, le pouvoir souverain entre les mains de celui qui aimait à garder toujours le surnom de Petit Prince pour son cher archevêque. Quelle secousse pour une âme aussi passionnée, qui depuis tant d'années renfermait tout son feu intérieur en elle-même, dans la persuasion que l'avenir lui était fermé! Quel renversement subit! Quel coup du sort! Tous les anciens rêves d'ambition, toutes les anciennes espérances si longtemps comprimés durent s'élever de nouveau en lui avec force et sortir pour ainsi dire de leur tombeau. Mais un véritable amour du bien public, toutes les pages de ce récit en témoignent, brûlait dans le cœur du chrétien et de l'évêque. Aussi peut-on affirmer que s'il fut profondément ému par un événement qui pouvait avoir pour lui de si grandes conséquences, ce fut d'une émotion toute patriotique et toute française. C'est ce qui ressort bien clairement de la lettre si connue que Fénelon écrit quelques jours après la mort du Dauphin, non pas au duc de Bourgogne lui-même, mais à une des personnes qui l'approchaient, afin qu'elle passât sous ses yeux. Cette lettre d'une gravité forte a l'air de la plus parfaite sincérité, et s'il n'y a nulle affectation d'une douleur qu'il ne pouvait ressentir, il n'y a en revanche aucune allusion à sa propre personne, ni même à son affection pour le jeune prince[1] :

« Avril 1711.

« Dieu vient de frapper un grand coup ; mais sa main est souvent miséricordieuse jusque dans ses coups les plus rigoureux. Nous avons prié dès le premier jour, nous prions encore. La mort est une grâce, en ce qu'elle est la fin de toutes les tentations. Elle épargne la plus redoutable tentation d'ici-bas quand elle enlève un prince avant qu'il règne : *properavit educere illum de medio iniquitatum*. Ce spectacle affligeant est donné au monde pour montrer aux hommes éblouis combien les princes, qui sont si grands en apparence, sont petits en réalité. Heureux ceux qui, comme saint Louis, n'ont jamais fait aucun usage de l'autorité pour flatter leur amour-propre, et qui l'ont regardée comme un dépôt qui leur est confié pour le seul bien des peuples ! Je prie Celui de qui vient toute sagesse et toute force de fonder la vraie grandeur de N... sur une petitesse de pure grâce. La vanité enfle, mais elle ne donne aucun accroissement réel. Au contraire, quiconque ne veut être rien par soi trouve tout en Dieu à l'infini, en s'anéantissant. Il est temps de se faire aimer, craindre, estimer. Il faut de plus en plus tâcher de plaire au

[1] *Corr. gén.*, I, 452.

Roi, de s'insinuer, de lui faire sentir un attachement sans bornes, de le ménager, et de le soulager par des assiduités et des complaisances convenables. Il faut devenir le conseil de Sa Majesté, le père des peuples, la consolation des affligés, la ressource des pauvres, l'appui de la nation, le défenseur de l'Église, l'ennemi de toute nouveauté. Il faut écarter les flatteurs, s'en défier, distinguer le mérite, le chercher, le prévenir, apprendre à le mettre en œuvre; écouter tout, ne croire rien sans preuve, et se rendre supérieur à tous, puisqu'on se trouve au-dessus de tous. Celui qui fit passer David de la houlette au sceptre de roi donnera *une bouche et une sagesse à laquelle personne ne pourra résister.* Pourvu qu'on soit simple, petit, recueilli, défiant de soi-même, confiant en Dieu seul. Il faut vouloir être le père et non le maître. Il ne faut pas que tous soient à un seul, mais un seul doit être à tous pour faire leur bonheur. »

Tout avait changé de face cependant à la cour, et s'il fallut quelque temps pour que Fénelon s'en aperçût à Cambrai, ses amis de Versailles, les deux ducs de Beauvilliers et de Chevreuse, ses autres lui-même, virent leur situation se transformer en un clin d'œil, et devinrent pour un temps les plus importants personnages de la cour. Saint-Simon, qui était leur ami, et qu'ils avaient rapproché du prince dont il était fort goûté, peint admirablement cette espèce de métamorphose subite qui s'opéra dans la position du petit groupe dévoué au duc de Bourgogne[1]. « On peut imaginer quels furent les sentiments du duc de Beauvilliers, le seul homme peut-être pour lequel Monseigneur (le premier Dauphin) avait conçu une véritable aversion, jusqu'à n'avoir pu la dissimuler, laquelle était sans cesse bien soigneusement fomentée. En échange, Beauvilliers voyait l'élévation inespérée d'un pupille qui se faisait un plaisir secret de l'être encore, et un

---

[1] Saint-Simon, édition Chéruel, IX, 287.

honneur public de le montrer, sans que rien eût pu le faire changer là-dessus.

« A travers la candeur et la piété la plus pure, un reste d'humanité, inséparable de l'homme, faisait goûter à celui-ci un élargissement de cœur et d'esprit imprévu, un aise pour les desseins utiles qui désormais se remplissaient comme d'eux-mêmes, une sorte de dictature enfin, d'autant plus savoureuse qu'elle était plus rare et plus pleine, moins étendue et moins contredite, et qui, par lui, se répandait sur les siens, et sur ceux de son choix. Persécuté au milieu de la plus éclatante fortune, et, comme on l'a vu ici en plus d'un endroit, poussé quelquefois jusqu'au dernier bord du précipice, il se trouvait tout d'un coup fondé sur le plus ferme rocher, et peut-être ne regarda-t-il pas sans quelque complaisance ces mêmes vagues de la violence desquelles il avait pensé être emporté quelquefois, ne pouvoir plus que se briser à ses pieds. Son âme, toutefois, parut toujours dans la même assiette : même sagesse, même modération, même attention, même douceur, même politesse, même tranquillité, sans le moindre élan d'élévation, de distraction, d'empressement. Une autre cause plus digne de lui le comblait d'allégresse. Sûr du fond du nouveau Dauphin, il prévit son triomphe et sur les cœurs et sur les esprits, dès qu'il serait affranchi et en sa place ; et ce fut sur quoi il s'abandonna secrètement à sa sensibilité.

« Chevreuse, un avec lui dans tous les temps de leur vie, s'éjouit avec lui de la même joie, et y en trouva les mêmes motifs ; et leurs familles s'applaudirent d'un consolidement de fortune et d'état qui ne tarda pas à paraître. Mais celui de tous à qui cet événement devint le plus sensible fut Fénelon, archevêque de Cambrai. Quelle préparation ! Quelle approche d'un triomphe sûr et complet ! Quel puissant rayon de lumière vint à percer tout à coup une demeure de ténèbres !

« Confiné depuis douze ans dans son diocèse, ce prélat y vieillissait sous le poids inutile de ses espérances, et voyait les années s'écouler dans une égalité qui ne pouvait que le désespérer. Toujours odieux au Roi, à qui personne n'osait prononcer son nom, plus odieux encore à madame de Maintenon, parce qu'elle l'avait perdu, plus en butte que nul autre à la terrible cabale qui disposait de Monseigneur, il n'avait de ressource qu'en l'inaltérable amitié de son pupille, devenu lui-même victime de cette cabale, et qui, selon le cours ordinaire de la nature, devait l'être plus longtemps pour que son précepteur pût se flatter d'y survivre, ni par conséquent de sortir de son état de mort au monde. En un clin d'œil, ce pupille devient Dauphin; en un autre, il parvient à une sorte d'avant-règne [1]...

« Dans ce grand changement de scène, il ne parut d'abord que deux personnages en posture d'en profiter : le duc de Beauvilliers, et par lui le duc de Chevreuse, et un troisième, en éloignement, l'archevêque de Cambrai. Tout rit aux deux premiers tout à coup, tout s'empressa autour d'eux, et chacun avait été leurs amis de tous les temps. Mais en eux les courtisans n'eurent pas affaire à ces champignons de nouveaux ministres, tirés un moment de la poussière, et placés au timon de l'État, ignorants également et d'affaires et de cour, également enorgueillis et enivrés, incapables de résister, rarement même de se défier de ces sortes de souplesses, et qui ont la fatuité d'attribuer à leur mérite ce qui n'est prostitué qu'à la faveur. Ceux-ci, sans rien changer à la modestie de leur extérieur ni à l'arrangement de leur vie, ne pensèrent qu'à se dérober, le plus qu'il leur fut possible, aux bassesses entassées à leurs pieds. »

C'était donc pour Fénelon la perspective d'un retour triomphant à la cour, et d'une autorité sans rivale qui se

---

[1] SAINT-SIMON, édition Chéruel, IX, 297.

levait tout à coup pour lui. C'était passer des « ténèbres » au jour le plus brillant. Il ne semble pas que cet avenir qui paraissait si prochain lui ait causé un moment d'éblouissement. Sa sollicitude pour le nouveau Dauphin devint, s'il se peut, plus active et plus vigilante que par le passé. Les conseils qui viennent de Cambrai sont plus fermes que jamais, parfois même presque rudes : Fénelon sent que le moment est venu où le prince doit se montrer, et au risque d'ébranler son propre crédit, il le pousse, sans trêve ni merci, à agir, à décider par lui-même, à sortir des minuties de la dévotion pour montrer au monde un chrétien ferme au cœur large et simple [1] : « Le P. P. (*duc de Bourgogne*) doit prendre sur lui plus que jamais pour paraître ouvert, prévenant, accessible et sociable. Il faut qu'il détrompe le public sur les scrupules qu'on lui impute, qu'il soit régulier en son particulier, et qu'il ne fasse point craindre à la cour une réforme sévère, dont le monde n'est pas capable, et qu'il ne faudroit même mener qu'insensiblement, si elle étoit possible. Nous allons prier sans cesse pour lui. Je demande pour lui un cœur large comme la mer. Il ne sauroit trop s'appliquer à plaire au Roi, à lui éviter les moindres ombrages, à lui faire sentir une dépendance de confiance et de tendresse, à le soulager dans le travail, et à lui parler avec une force douce et respectueuse qui croisse peu à peu. Il ne doit dire que ce qu'on peut porter. Il faut avoir préparé le cœur, avant que de dire les vérités pénibles auxquelles on n'est pas accoutumé. Au reste, point de puérilités, ni de minuties en dévotion. On apprend plus pour gouverner en étudiant les hommes qu'en étudiant les livres. »

Et quelques jours après, ayant reçu des rapports favorables sur l'attitude prise par le jeune prince, il écrit encore avec une sorte d'incrédulité qui venait de sa parfaite con-

---

[1] *Corr. gén.*, I, 456.

naissance du caractère timoré de celui qu'il avait vu grandir sous ses yeux[1] : « J'entends dire que M. le Dauphin fait beaucoup mieux. Il a dans sa place et dans son naturel de grands piéges et de grandes ressources. La religion, qui lui attire des critiques, est le seul appui solide pour le soutenir. Quand il la prendra par le fond, sans scrupule sur les minuties, elle le comblera de consolation et de gloire. Au nom de Dieu, qu'il ne se laisse gouverner ni par vous, ni par moi, ni par aucune personne du monde. Que la vérité et la justice bien examinées décident et gouvernent tout dans son cœur. Il doit consulter, écouter, se défier de soi, prier Dieu; ensuite il doit être ferme comme un rocher selon sa conscience. Il faut que ceux qui ont tort craignent sa fermeté, et qu'ils n'espèrent de le fléchir qu'autant qu'ils se corrigeront. Il doit être auprès du Roi complaisant, assidu, commode, soulageant, respectueux, soumis, plein de zèle et de tendresse, mais libre, courageux, et ferme à proportion du besoin de l'Église et de l'État. »

Certes on ne pouvait donner de plus virils avis à un héritier du trône, et Fénelon, à ce moment où il pouvait se croire appelé à gouverner un jour par le prince, ne le ménage pas plus qu'autrefois. Malgré ses craintes, il apprit bientôt que le Dauphin, dégagé de la gêne que lui inspirait la défiance non dissimulée de son père, se montrait tout autre et charmait la cour par sa bonne grâce. Aidé par sa femme qui a laissé dans l'histoire comme la trace du charme qu'elle exerçait autour d'elle, le jeune héritier du trône sortit enfin de sa réserve ordinaire, et tout le monde fut étonné de voir un homme d'une vertu si rigoureuse, qu'on s'était plu à représenter comme enfoui dans une dévotion morose, déployer envers tous un mélange de dignité et de bienveillance, et tenir son rang sans hauteur ni faste. Ce fut pour la cour attristée de

---

[1] *Corr. gén.*, I, 471.

Louis XIV un spectacle auquel elle n'était plus habituée que la vue de ce couple jeune et charmant. C'était l'avenir de la France dont les fleurs vives et brillantes venaient éclairer de leur éclat la triste et sombre vieillesse du grand Roi. Aussi les gens de bien suivaient-ils d'un œil ému toutes les démarches du jeune prince. Saint-Simon ne se lasse pas de le dépeindre dans cette espèce de transformation; jamais sa plume n'est plus abondante, et si le culte qu'il a voué au duc de Bourgogne le porte à embellir un peu la vérité, il n'en traduit pas moins fidèlement l'impression produite par la bonne attitude du Dauphin et les espérances qu'elle faisait naître. Après avoir dit comment par son respect attentif il avait su gagner le Roi et madame de Maintenon, Saint-Simon continue dans un langage qui devient presque épique [1] : « Plus au large par un si grand pas de fait, le nouveau Dauphin s'enhardit avec le monde qu'il redoutait du vivant de Monseigneur, parce que, quelque grand qu'il fût, il en essuyait des brocards applaudis. C'est ce qui lui donnait cette timidité qui le renfermait dans son cabinet, parce que ce n'était que là qu'il se trouvait à l'abri et à son aise, c'est ce qui le faisait paraître sauvage, ce qui le faisait craindre pour l'avenir, tandis qu'en butte à son père, peut-être alors au Roi lui-même, contraint d'ailleurs par sa vertu, exposé à une cabale audacieuse, intéressée à l'être, et à ses dépendances qui formaient le gros et le fort de la cour, gens avec qui il avait continuellement à vivre : enfin en butte au monde en général, comme monde, il menait une vie d'autant plus obscure qu'elle était plus nécessairement éclairée et d'autant plus cruelle qu'il n'en envisageait point de fin.

« Le Roi revenu pleinement à lui, l'insolente cabale tout à fait dissipée par la mort d'un père presque ennemi, dont il prenait la place, le monde en respect, en attention, en em-

---

[1] Saint-Simon, éd. Chéruel, IX, 300.

pressement, les personnages les plus opposés en air de servitude, le gros même de la cour en soumission et en crainte, l'enjoué et le frivole, partie non médiocre d'une grande cour, à ses pieds, par sa jeune et brillante épouse; certain d'ailleurs de ses démarches par madame de Maintenon, on voit ce prince timide, sauvage, concerté, cette vertu précise, ce savoir déplacé, cet homme engoncé, étranger dans sa maison, contraint en tout, on le voit, dis-je, se montrer par degrés, se déployer peu à peu, se donner au monde avec mesure, y être libre, majestueux, gai, agréable, tenir le salon de Marly dans des temps coupés, présider au cercle assemblé autour de lui comme la divinité du temple, qui sent et qui reçoit avec bonté les hommages des mortels auxquels il est accoutumé.

« La soif de faire sa cour eut, en plusieurs, moins de part à l'empressement de l'environner dès qu'il paraissait, que de l'entendre et d'y puiser une instruction délicieuse par l'agrément et la douceur d'une éloquence naturelle qui n'avait rien de recherché, et plus que cela, la consolation si nécessaire et si désirée de servir un maître futur si capable de l'être par son fond, et par l'usage qu'il montrait qu'il saurait en faire... La joie publique faisait qu'on ne s'en pouvait taire, et qu'on se demandait les uns aux autres si c'était bien là le même homme, ou si ce qu'on voyait était songe ou réalité..... »

Quel rêve n'était-ce pas, en effet, pour ceux qui étaient ardemment préoccupés du bien de l'État, que l'avénement au trône d'un jeune Roi exclusivement occupé de ces mêmes idées ! On comprend même que la joie leur montât un peu à la tête et que leurs espérances s'exaltassent au-dessus de la vérité. Fénelon, vers qui allait l'expression de toutes les espérances, restait le plus froid de la petite société qui s'enivrait ainsi d'espoir. Il connaît mieux que ses amis la nature hésitante du Petit Prince, il l'exhorte sans cesse à ne pas retomber dans son indolence naturelle. Le Roi vint cependant donner à son petit-fils une marque de confiance éclatante qui dut rassurer Fénelon sur la conduite du nouveau Dauphin. Louis XIV l'associa officiellement au gouvernement. Les ministres durent aller travailler chez lui, et lui rendre compte des affaires que le Roi lui aurait confiées. Cette nouveauté, si contraire au soin avec lequel le Roi avait gardé jusqu'alors la direction exclusive de toutes les affaires sans y admettre qui que ce fût, fit un prodigieux mouvement à la cour. Ce fut un coup de foudre pour les ministres, dit encore Saint-Simon, qui ne manque pas d'exprimer toute sa haine pour ces ministres bourgeois que le Roi mettait à la tête des affaires. « Quelle chute, dit-il, pour de tels hommes que d'avoir à compter avec un prince qui n'avait plus rien entre lui et le trône, qui était capable, laborieux, éclairé [1]!... Ils n'eurent donc d'autre parti à prendre que de ployer les épaules à leur tour, ces épaules roidies à la consistance du fer. » Voyant ainsi le prince appelé par le Roi lui-même à se mêler du soin des affaires publiques, l'archevêque et ses amis comprirent qu'il était temps de former davantage ses idées sur le gouvernement, et d'attirer son attention sur les réformes de tout genre que réclamait le triste état de la France. Mais le sujet était si vaste, si complexe, qu'il eût été impossible de le traiter par écrit : ce travail fut donc remis à l'époque où Fénelon se rendrait à Chaulnes pour y voir le duc de Chevreuse. Là on pourrait causer sans témoin et à cœur ouvert, et chacun aurait jusqu'à cette époque le temps de réfléchir mûrement aux différents points à traiter. Il fallait surtout éviter à tout prix de réveiller les anciens soupçons du Roi contre l'archevêque. Tout fut ajourné à la première visite à Chaulnes. Il écrit au duc de Chevreuse à ce sujet [2] : « Les conversations que je

[1] Saint-Simon, éd. Chéruel, IX, 305-6.
[2] *Corr. gén.*, I, 456.

voudrais avoir avec vous sur l'autorité spirituelle, sur la temporelle et sur Rome, peuvent être facilement retardées jusqu'à une occasion naturelle. Quand vous pourrez, sans dérangement d'affaires et sans inconvénient politique, venir à Chaulnes, nous démélerons plus de questions en une semaine que je ne pourrais le faire par de très-longs mémoires qui me coûteraient plusieurs mois de travail. Je me bornerai à Chaulnes de mettre dans une espèce de table, comme un agenda, le résultat de chaque conversation. Cette table vous rappellerait toutes les maximes arrêtées entre nous, et les maximes arrêtées entre nous vous mettraient en état de donner la clef des tables. Comme vous viendrez peut-être à Chaulnes vers la fin de la campagne, comme vous le fîtes l'année dernière, je suis tenté en ce cas de n'y point aller maintenant, quoique M. le vidame m'en presse, pour n'y point aller deux fois. J'ai toujours désiré, autant que je le devais, de ménager M. le vidame par rapport à mon état de disgrâce; mais j'avoue que je le désire à présent beaucoup plus qu'autrefois, pour ne courir pas risque de lui attirer quelque exclusion ou désagrément. » Quelque temps après, Fénelon écrit encore [1] : « Je n'irai point présentement à Chaulnes dans l'espérance de vous y aller voir au mois d'octobre. Ne forcez rien, je vous prie, pour y venir alors. Je m'imagine que les ombrages croissent en ce temps-ci, et que vous devez prendre garde à toutes vos démarches. En attendant le voyage de Chaulnes, si vous devez le faire, préparez par des espèces de tables toutes vos questions. » Toutes ces précautions étaient nécessaires, car la foule des gens de cour, avec cet instinct naturel de se tourner vers tout pouvoir naissant, qui est un des traits communs de la nature humaine, avait oublié comme par enchantement toutes les anciennes préventions contre le chimérique M. de Cambrai,

---

[1] *Corr. gén.*, I, 471.

et c'était à qui irait se rappeler à son souvenir en se rendant à l'armée [1]. « Le printemps, qui est la saison de l'assemblée des armées, fit apercevoir bien distinctement à Cambrai le changement qui était arrivé à la cour. Cambrai devint la seule route de toutes ces différentes parties de la Flandre. Tout ce qui y servait de gens de la cour, d'officiers généraux, et même d'officiers moins connus, y passèrent tous, et s'y arrêtèrent le plus qu'il leur fut possible. L'archevêque y eut une telle cour, et si empressée, qu'à travers sa joie, il en fut peiné dans la crainte du retentissement et du mauvais effet qu'il en craignait du côté du Roi. On peut juger avec quelle affabilité, quelle modestie, quel discernement il reçut tant d'hommages, et le bon gré que se surent les raffinés qui de longue main l'avaient vu et ménagé dans leurs voyages en Flandre.

« Cela fit grand bruit, en effet, mais le prélat se conduisit si dextrement que ni le Roi, ni madame de Maintenon ne témoignèrent rien de ce concours qu'ils voulurent apparemment ignorer. »

L'empressement fut si grand, et il fut si fort remarqué que les amis de Versailles en furent très-inquiets et redoutèrent un fâcheux contre-coup à Versailles [2]. « A votre égard, mon très-cher archevêque, lui écrit M. de Chevreuse en septembre 1711, l'accablement de tous les officiers qui apparemment ne s'éloigneront pas de vous pendant le reste de la campagne, pourra-t-il vous permettre le voyage projeté? Ne le saura-t-on pas, et pouvez-vous éviter qu'il devienne public? C'est vous (que vous ne regardez point) que nous devons néanmoins regarder en cela, non-seulement à cause de vous, mais pour ne point mettre obstacle *à l'ordre inconnu de Dieu!* » Cette fin trahit toutes les espérances qui nais-

---

[1] Saint-Simon, éd. Chéruel, IX, 298.
[2] *Corr. gén.*, I, 498.

saient presque à leur insu dans le cœur de la petite société dont la fortune semblait couronner les vœux.

Quels étaient les sentiments qui s'agitaient au fond du cœur de Fénelon dans ce singulier retour de fortune qui devait être si bref? C'est ce qu'il est difficile d'analyser exactement, car cette âme mobile échappe par son élévation même à une appréciation équitable ; mais à le juger d'après ce court portrait de lui-même que nous avons cité à une autre occasion, et où il se montre à la fois détaché de tout et séduit encore par le monde, il devait y avoir en lui de singuliers contrastes à cette heure solennelle où pour la dernière fois Dieu semblait encore lui permettre « le long espoir et les vastes pensées ». Échappant par la forte piété dont il est rempli, par l'expérience de la vie et le dégoût du monde aux joies vulgaires d'une ambition personnelle qui se croit au moment d'être satisfaite, puis se reprenant malgré lui à ce monde qu'il voudrait haïr, par le désir passionné du bien public, par son affection pour le Dauphin, enfin par ce besoin de déployer toutes ces facultés que Dieu a mises dans le cœur de l'homme pour l'aider à triompher de lui-même et des difficultés de la vie, Fénelon devait se comprendre moins que personne ; et c'est bien sincèrement qu'il écrit ces paroles : « Quand je m'examine, je crois rêver ; je me vois comme une image dans un songe. Je ne trouve en moi rien de réel ni pour l'intérieur, ni pour l'extérieur. . . . . . . »

Singulière et attachante figure où l'homme est resté si vivant, si entier, avec tous ses contrastes, sous le chrétien fervent.

Enfin, au mois d'octobre, le duc de Chevreuse, fidèle au rendez-vous, vint à Chaulnes voir son fils le vidame d'Amiens, devenu depuis peu duc de Chaulnes. Fénelon se rendit de son côté dans le même lieu, et les deux amis purent causer librement de ce qui leur tenait tant à cœur. Le résultat de leurs entretiens fut les tables de gouvernement dressées par Fénelon, et que ses biographes ont appelé les « Tables de Chaulnes ». C'est une espèce de répertoire abrégé de toutes les réformes de gouvernement; une sorte de plan de conduite d'un roi qui devait être proposé au Dauphin, et livré à ses méditations.

Les « Tables de Chaulnes » sont très-curieuses à étudier si l'on veut se rendre un compte exact des idées de l'archevêque de Cambrai sur l'état de la France et les réformes nécessaires. Elles forment tout un programme de gouvernement, et ne ressemblent que de fort loin à ce singulier système des conseils que le duc de Saint-Simon fit adopter un moment par le Régent et qui échoua misérablement. Ces Tables sont comme le résumé tracé à grands traits de tout ce que Fénelon pensait sur cette matière singulièrement vaste du gouvernement des peuples. Elles sont l'œuvre de Fénelon et du duc de Chevreuse seuls, et leur but unique était d'être soumises au jeune Dauphin afin de fournir matière à ses réflexions. Il serait trop long d'en faire une analyse complète et détaillée; mais ces esquisses, car on ne peut leur donner un autre nom, jettent une vive lumière sur le caractère du prélat, qu'il ne faut pas négliger. Rien ne fait mieux connaître la nature de son esprit et la teneur de ses pensées sur toutes choses que ces courtes notes jetées à la hâte sur le papier avec une brièveté qui leur donne un air étrange : on dirait une conversation animée dont l'écho vibre encore.

Ces Tables sont au nombre de huit, d'un intérêt fort inégal. La première est intitulée : « Projet pour le présent. » Il n'y a là que de courtes indications sur la nécessité de conclure la paix à tout prix dans le plus bref délai. Fénelon ne savait pas, ou savait vaguement que la paix était secrètement conclue avec l'Angleterre. Nous avons déjà eu l'occasion de parler de l'ardent désir de voir finir la guerre qui l'animait, et nous aurons à y revenir encore plus loin. La seconde partie de cette courte table intitulée : « Guerre à soutenir, » contient quelques phrases singulièrement expressives; ainsi ces quelques mots remarquables : « à toute extrémité, bataille au hasard d'être battu, pris, tué avec gloire », et ceci sur le conseil de guerre à la cour qui « doit être composé de maréchaux de France et autres gens expérimentés qui sachent ce qu'un secrétaire d'État ne peut savoir, qui parlent librement sur les inconvénients et les abus, qui forment des plans de campagne de concert avec le général chargé de l'exécution, qui donnent leur avis pendant la campagne, qui n'empêchent pourtant pas le général de décider sans attendre leurs avis, parce qu'il est capital de profiter des moments ». Ce court projet n'est du reste que la partie la moins importante du travail.

La seconde partie, intitulée : « Réforme après la paix », comprend sept chapitres sous les titres suivants : 1° Ordre du militaire; 2° Ordre de dépense de la cour; 3° Administration intérieure du royaume; 4° De la noblesse; 5° De l'Église; 6° De la justice; 7° Du commerce. On voit par cette seule énumération quelle vaste étendue Fénelon donne à ses projets. D'un trait net et ferme, il indique en quatre mots tout un plan de réforme sur lequel l'esprit du jeune prince pourra s'exercer, sans lui imposer, du reste, aucune entrave. Pour donner au lecteur une idée complète de ces plans, qu'on appellerait plus exactement des cadres d'idées, nous citerons en entier celui qui regarde l'armée, qui est, du reste, un des plus intéressants en ce qu'il témoigne le plus de l'activité de pensée de son auteur. Les idées lui viennent en foule sur tous les sujets, même sur ceux qui devraient lui être le plus étrangers.

ÉTAT MILITAIRE.

« *Corps militaire.* — Réduit à cent cinquante mille hommes. Jamais de guerre générale contre l'Europe; rien à démêler avec les Anglais; facilité de paix avec les Hollandais; on aura facilement les uns contre les autres, alliance facile avec la moitié de l'Europe.

« *Peu de places*. — Les ouvrages et les garnisons ruinent; elles tombent dès qu'on manque d'argent, dès qu'il vient une guerre civile; la supériorité d'armée qui est facile fait tout.

« *Médiocre nombre de régiments*. — Mais grands et bien disciplinés, sans aucune vénalité sous aucun prétexte; jamais donnés à des jeunes gens sans expérience, avec beaucoup de bons officiers, bon traitement des soldats pour la solde, pour les vivres, pour les hôpitaux; élite d'hommes, bons appointements aux colonels, aux capitaines, ancienneté d'officier comptée pour rien si elle est seule; ne point laisser vieillir dans le service ceux qu'on voit sans talents; avancer les hommes d'un talent distingué.

« *Projet de réforme*. — Écouter MM. les maréchaux d'Harcourt, de Tallard et M. de Puységur.

« *Fortifications*. — Par les soldats, par les paysans voisins; bornées à de médiocres garnisons.

« *Milices pour tout le royaume*. — Enrôlements très-libres, avec certitude de congé après cinq ans.

« Jamais aucune amnistie; au lieu de l'hôtel des Invalides, petite pension à chaque invalide dans son village. »

Quelle singulière souplesse d'esprit ne fallait-il pas à un vieil archevêque, nourri dans les études théologiques et littéraires, pour pouvoir seulement indiquer aussi en quelques traits toute une organisation militaire nouvelle qui ressemble par quelques côtés à celle des États militaires modernes! C'est presque une découverte pour le temps que d'avoir compris que la « supériorité d'armée », c'est-à-dire le nombre, allait devenir chaque jour d'une importance plus grande dans les guerres futures. Remarquons aussi les principes de politique extérieure jetés comme en passant, et qui font voir qu'il avait parfaitement compris la nécessité pour la France de maintenir l'équilibre des puissances continentales en les empêchant de s'unir trop intimement les unes aux autres. Cette phrase, « rien à démêler avec les Anglais », montre que Fénelon eût aussi bien su que plus tard le cardinal Dubois imiter l'exemple de Mazarin, et s'appuyer sur l'Angleterre afin d'achever la dissolution des anciennes coalitions contre la France.

L'ordre de dépense de la cour n'est qu'un plan d'économie et de simplicité pour la maison du Roi, où se retrouve l'auteur de *Télémaque*, et cet esprit trop enclin au désir d'une perfection idéale qui ne tient pas assez compte de l'état de la société ni de la nécessité de tolérer bien des abus. Ainsi cette note : « Lois somptuaires comme chez les Romains », et celle-ci : « Exclusion (de la cour) de toutes les femmes inutiles », prêtent trop évidemment à la critique pour qu'il soit nécessaire de s'y arrêter. Il faut remarquer cependant dans cette table ces deux titres : « Cessation de tous les doubles emplois », et « faire résider chacun dans sa fonction », qui, s'ils eussent été mis en pratique, auraient tué dans son germe un des griefs les plus reprochés à l'ancienne monarchie.

De la cour et de l'économie que le nouveau Roi devrait s'efforcer d'y faire régner, Fénelon passe à l'administration générale du royaume, et ici ses vues deviennent vraiment originales et presque profondes. C'est aussi la partie des projets qui soulèvera le plus de critiques et qui paraîtra la plus chimérique à bien des esprits. Il commence par demander pour toute la France l'établissement de ce qu'on appelait alors des assiettes, c'est-à-dire d'une petite assemblée « de chaque diocèse comme en Languedoc, où l'évêque avec les seigneurs du pays et le tiers état, qui règle la levée des impôts suivant le cadastre, et qui est subordonnée aux états de la province ». Ces petites assemblées, qui eussent été des espèces de conseils généraux composés des principaux personnages du pays, auraient rendu un peu de vie et une certaine importance à la noblesse de province, et l'eussent empêchée de vivre de plus en plus à l'écart, de s'isoler des populations. Passant ensuite au gouvernement de la province, Fénelon voudrait qu'on établît dans toutes les provinces de France des « états particuliers comme en Languedoc : on n'y est pas moins soumis qu'ailleurs, on y est moins épuisé ». Ces états, composés des députés des trois états de chaque diocèse, auraient le pouvoir « de policer, corriger, destiner les fonds, etc. Écouter les représentations des députés des assiettes ; mesurer les impôts sur la richesse naturelle du pays et du commerce qui y fleurit. » De tous les projets ébauchés par Fénelon, celui-là est, suivant nous, le plus original, et celui qui eût eu dans la pratique les conséquences les plus importantes. Si, à cette époque, la France entière eût pu jouir du bienfait des assemblées provinciales (l'état infiniment plus prospère des provinces dites à états justifie pleinement le mot bienfait), la condition du pays eût été profondément modifiée; la centralisation excessive de la monarchie eût eu un contre-poids sans que l'unité nationale, devenue forte et indestructible grâce à cette même monarchie, en eût été en rien diminuée. Plus vivantes, mieux administrées, les provinces n'eussent pas pris l'habitude de regarder toujours vers Versailles ou Paris pour y prendre le mot d'ordre; les mœurs publiques se seraient habituées graduellement à l'exercice d'une plus grande liberté par ses franchises locales; il eût été plus aisé de parvenir et de se faire un nom dans sa province, et le pouvoir royal eût gagné en solidité ce qu'il eût perdu en autorité apparente. C'était de la part de Fénelon une vue profonde dont il ne soupçonnait peut-être pas la hardiesse, et que lui inspirait surtout le désir de soulager les peuples.

Quant aux impôts, Fénelon n'est point moins hardi ni

moins radical : il demande la suppression de la gabelle, des grosses fermes, de la capitation et de la dîme royale. Les états des provinces eussent été chargés de voter, de lever les impôts, et d'en établir l'assiette. C'était supprimer les fermiers des impôts et les agents du fisc, dont les attributions si diverses étaient aussi compliquées que coûteuses. Aux états serait revenu le droit d'imposer la gabelle du sel, s'il était nécessaire. En résumé, c'était charger les états de faire les finances de la France, afin d'en ôter la lourde et toujours odieuse tâche au pouvoir central. Il est douteux que la pratique ait permis même d'essayer l'exécution de telles réformes.

Enfin Fénelon demande aussi que l'on augmente le nombre des gouvernements, afin que leurs gouverneurs puissent veiller de plus près à leur administration : la résidence dans leur gouvernement eût été obligatoire. Les intendants eussent été supprimés et remplacés par des inspecteurs royaux, *missi dominici*, qui étaient une imitation de ceux de Charlemagne.

Après les diocèses et les provinces, Fénelon arrive au gouvernement central, et avec une hardiesse qui est presque de la témérité pour l'époque, il demande l'établissement ou plutôt le rétablissement des états généraux, peu nombreux il est vrai, puisqu'il réclame seulement trois députés par diocèse, l'évêque, un membre élu par la noblesse et un membre élu du tiers état. C'était, suivant sa pensée bien souvent exprimée ailleurs, le retour *à l'ancien ordre de choses;* mais comme en fait il n'y avait pas eu de convocation des états généraux depuis près d'un siècle, c'était presque une révolution. Voici le rôle que Fénelon assigne à cette Assemblée :

« *Supériorité des états généraux sur ceux des provinces.* — Correction des choses faites par les états des provinces sur les plaintes et preuves.

« Révision générale des comptes des états particuliers pour fonds et charges ordinaires.

« Délibération pour les fonds à lever par rapport aux charges extraordinaires.

« Entreprise de guerre contre les voisins, de navigation pour le commerce, de correction des abus naissants.

« *Autorité des états généraux.* — Pour s'assembler tous les trois ans en telle ville fixe, à moins que le Roi n'en propose quelque autre.

« Pour continuer les délibérations aussi longtemps qu'ils le jugeront nécessaire.

« *Par voie de représentation.* — Pour étendre leurs délibérations sur toutes les matières de justice, de police, de finance, de guerre, d'alliances et négociations de paix, d'agriculture, de commerce.

« Pour examiner le dénombrement du peuple fait en chaque assiette, revu par les états particuliers et rapporté aux états généraux avec la description de chaque famille qui se ruine par sa faute, qui augmente par son travail, qui a tant et doit tant.

« Pour punir les seigneurs violents.

« Pour ne laisser aucune terre inculte, réprimer l'abus des grands parcs nouveaux, fixer le nombre d'arpents s'il n'y a labour, l'abus des capitaineries dans les grands pays de chasses à cause de l'abondance des bêtes fauves, lièvres, qui gâtent les grains, vignes et prés.

« Pour abolir tous priviléges, toutes lettres d'État abusives, tout commerce d'argent sans marchandise, excepté les banquiers nécessaires. »

En lisant ces lignes, on ne peut s'empêcher d'être étonné de la hardiesse d'esprit de celui qui les écrivait en 1711 pour servir d'instructions au petit-fils de Louis XIV. Ce qu'il propose n'est autre chose qu'un changement complet dans le fond comme dans la forme de la monarchie ; bien qu'il n'accorde en principe qu'un droit de représentation aux états, une fois établie et reconnue, cette assemblée fût promptement devenue une véritable assemblée délibérante. Il est à peu près certain que le Dauphin, s'il eût régné, eût suivi le conseil d'associer ses peuples à son gouvernement, et qu'il eût tenté l'aventure que son arrière-petit-fils se vit forcé d'essayer, quatre-vingts ans plus tard, et où périt l'ancien ordre de choses. En 1711, la France n'était pas encore révolutionnaire, la foi religieuse était vivante, le Roi revêtu encore de tout son prestige. Il n'y avait eu ni Louis XV ni les philosophes, tout était debout. L'entreprise qui échoua si tragiquement à la fin du siècle eût-elle pu réussir à ses débuts? C'est ce que l'on ne peut dire exactement. Ce qui est certain, c'est que Fénelon et ses amis avaient vu juste quand ils étaient si persuadés du besoin d'une réforme pour remettre le pouvoir sur une base plus solide : les poutres du vieil édifice construit par tant de générations de grands hommes commençaient à fléchir sous le poids trop lourd qu'on leur faisait porter. C'est un honneur pour Fénelon d'avoir su voir sitôt le mal, et d'avoir proposé avec tant de liberté les remèdes qu'il croyait efficaces, et qui l'eussent peut-être été à cette époque. L'effet le plus heureux, suivant nous, eût été d'empêcher la monarchie de s'immobiliser comme elle acheva de le faire durant le dix-huitième siècle. Jusqu'à Louis XIV, les rois avaient vécu de la vie commune, se mêlant à tout, voyageant sans cesse d'un bout du pays à l'autre, recevant les impressions de leur temps; depuis ce monarque, la cour resta immobile à Versailles, et le Roi, enfermé dans sa grandeur, devint étranger à la vie de son peuple. Mais les peuples ne s'arrêtent pas, et la France continua à marcher sans que le pouvoir s'en aperçût. Ce fut le grand malheur social de notre pays au siècle dernier : un jour vint où l'ancien édifice parut à tous, au Roi comme aux autres, vieux et hors de mode. Chacun se mit à l'abattre à cœur-joie pour en rebâtir un nouveau. Malheureusement, ces genres de bâtiments sont l'œuvre du temps, et quand tout fut par terre, on ne put rien rebâtir de solide. Si, au lieu d'être isolé dans son pouvoir, le Roi eût dû, à des époques fixes, s'entendre avec ses états et recevoir par eux les impressions du dehors, on eût pu faire en commun les changements et les réparations nécessaires à l'antique édifice social, avec lenteur et par degrés, économiquement, en propriétaires consciencieux qui se servent des bons matériaux du passé pour élever les nouveaux bâtiments qui conviennent mieux aux mœurs et aux idées nouvelles.

Le Mémoire qui vient ensuite et qui a pour titre : « De la noblesse », causera peut-être un autre genre d'étonnement et sera vivement critiqué par quelques esprits. Au premier abord, il semble empreint d'un esprit de caste exclusif, et l'on y retrouve le gentilhomme fier de sa race et qui ne veut pas ouvrir l'entrée de sa classe aux parvenus. En y regardant de plus près, on y voit cependant assez nettement se dégager la pensée de Fénelon, qui, pour n'être pas étranger aux préjugés nobiliaires, savait voir plus haut, et dans les distinctions sociales autre chose que de puériles satisfactions de vanité. Ce qu'il voudrait faire, c'est une véritable aristocratie vivante, ayant rang dans l'État, sorte de corps intermédiaire avec des traditions fixes, qui appuie le trône tout en restant indépendante du Roi. Ce rêve, car jamais rien de pareil n'avait existé en France, porte Fénelon à faire une suite de demandes dont l'exécution eût été aussi irréalisable que blessante pour l'amour-propre des classes élevées. Il demande qu'une recherche exacte des véritables nobles soit faite dans les provinces, et qu'on examine avec soin les preuves apportées par tous ceux qui se prétendaient nobles, souvent afin d'échapper à ceux des impôts qui n'atteignaient pas les privilégiés. Ensuite, et dans le but évident que nous venons d'indiquer, il demande qu'on substitue à jamais un bien territorial dans chaque famille noble, que toute mésalliance soit défendue aux deux sexes, que tout anoblissement soit défendu, sauf dans le cas de services signalés rendus à l'État. Enfin il voudrait que cent enfants de haute noblesse fussent choisis pour former les pages du Roi. Tous ces vœux et d'autres encore qui ne tendent qu'à donner une existence réelle à la noblesse, eussent été sans doute vains, inapplicables, et n'eussent servi qu'à vexer ceux qu'ils auraient humiliés dans leurs prétentions nobiliaires, sans faire autre chose qu'une caste fermée ne se renouvelant par aucune des forces vives du pays, et condamnée par cela seul à périr dans une stérile médiocrité. Mais pour les juger avec équité, il faut se reporter au temps de Fénelon et aux idées dans lesquelles on élevait alors les membres de la noblesse. A côté de ces désirs d'une application impossible, que la seule obligation de les mettre en pratique eût démontrée avec évidence, on trouve plusieurs autres projets qui étonnent par la liberté d'esprit dont ils témoignent, ainsi : « liberté pour les nobles de commercer en gros sans déroger, liberté d'entrer dans la magistrature, *et les priviléges purement honorifiques* » ; et si pour les fonctions publiques ou les dignités ecclésiastiques il préfère les nobles aux roturiers, ce n'est jamais qu'à « mérite égal », et non par le seul avantage de la naissance. Il faut aussi indiquer un article très-sévère sur la bâtardise, qui souvent n'entraînait pas la perte de la noblesse : « La bâtardise, la déshonorer pour réprimer vice et scandale. — Oter aux enfants bâtards des rois le rang de prince, ils ne l'avaient point. — Oter à tous les autres le rang de gentilhomme, le nom et les armes. » On sent dans cette sévérité, qui n'était malheureusement pas assez dans les mœurs, l'indignation contenue que causait aux cœurs honnêtes l'élévation inouïe des enfants légitimés du Roi. En résumé, cette table sur la noblesse, pour n'être pas exempte des préjugés d'un homme de cour, n'en est pas moins curieuse et remarquable par ces deux idées qui ont guidé son auteur. Il veut faire un corps aristocratique réel, et en même temps ôter par une règle inflexible et égale pour tous aux distinctions de rang ce qu'elles avaient de blessant pour la vanité. En les rendant tout à fait indépendantes de la personne, et en les attachant uniquement au titre ou à la fonction, on eût pu espérer diminuer beaucoup ce qu'elles pouvaient avoir de blessant pour l'amour-propre des autres ; tandis qu'en abolissant tous les *privilégiés* et en rendant les *priviléges purement honorifiques,* il faisait rentrer les nobles dans le droit commun et les fondait pour ainsi dire dans le corps de la nation. Malgré sa perspicacité, Fénelon jugeait mal cependant sur ce point le caractère français, qui devenait de plus en plus égalitaire, et qui n'eût supporté qu'avec une sourde impatience tout retour, même apparent, à un ordre de choses qui n'était plus dans les mœurs.

La table suivante, sur « l'Église », est la plus longue et la plus développée. C'était évidemment une de celles auxquelles il tenait le plus, et les idées qu'il y exprime eussent excité à cette époque les plus vives controverses. Et cependant, si nous ne nous trompons, c'est celle qui nous paraît la moins remarquable, peut-être parce que la plupart des opinions que Fénelon défend dans ces notes sur les deux puissances spirituelle et temporelle, sont maintenant admises à peu près généralement, et ont perdu leur originalité. Les principes posés par Fénelon sont ceux qu'enseigne la théologie : ils sont nettement et simplement indiqués. Il se prononce pour l'indépendance des deux pouvoirs dans leur domaine respectif, et pour la nécessité non moins absolue d'un mutuel concours du prince pour la défense de la foi, et de l'Église pour affirmer l'État. Tout en réclamant pour l'Église une indépendance à l'égard du pouvoir civil qui eût fait jeter des cris d'indignation aux parlements du royaume, il n'est pas moins net sur la nécessité d'obéir au pouvoir royal dans tout ce qui regarde le gouvernement civil. Avec cette fermeté qu'on lui connaît, Fénelon demande qu'on poursuive la réforme ou la suppression des monastères peu édifiants, et qu'on réduise autant que possible les exemptions de chapitres ou de couvents indépendants de l'évêque. Nous ne nous étendrons pas sur cette partie du travail de Fénelon qui traite de ces matières toujours singulièrement délicates; elle nous paraît, en résumé, témoigner d'une grande sûreté dans les vues. Certes les défenseurs des principes gallicans l'eussent condamnée comme ultramontaine; mais à la considérer avec un esprit dégagé de préjugés, on y retrouve toute la liberté d'esprit et toute la mesure dans l'application des principes absolus qui s'unissent si singulièrement chez l'archevêque de Cambrai.

Passant ensuite à la « Justice », le réformateur de Chaulnes s'y élève avec force contre la vénalité des charges, et voudrait que les maîtres des requêtes fussent non « des gens sans mérite introduits pour de l'argent, mais choisis gratis dans tous les tribunaux de France ». De même dans les parlements, « les enfants dignes des juges intègres succéderaient gratis, et des gages honnêtes leur seraient attribués sur les fonds publics ». Puis il demande que le nombre de charges soit diminué, que toutes les justices particulières, seigneuriales ou autres, soient supprimées et réunies à la justice des bailliages; que l'autorité du chancelier devienne réelle au lieu d'être nominale, qu'on nomme un conseil de procédure pour corriger et revoir les coutumes, abréger les procédures, et que l'on fasse un bon code. Sa pensée se résume dans cette courte note : « Peu de juges, peu de lois. » La table se termine par ces mots qui ont trait à une des plaies de l'ancienne administration : « Nulle survivance de charges, de gouvernements. » On voit que là encore les idées de Fénelon sont en avance sur son temps.

La table sur le « Commerce », qui est est la dernière, présente le même mélange singulier de pensées neuves, à côté d'autres empreintes de chimères ou des préjugés du temps. Il y a dans ces courtes indications une profondeur de vues sur le commerce et la liberté nécessaire à sa prospérité qu'on est loin de s'attendre à trouver sous la plume d'un lettré qui ne s'est jamais occupé de ces matières qu'en théorie, et qui exalte toujours l'agriculture dans ses écrits. Nous citerons encore ce passage en entier, parce qu'il nous paraît très-curieux par les idées pratiques et presque divinatoires qui s'y trouvent sur la liberté du commerce, à côté de vœux parfaitement chimériques sur la suppression du luxe et de l'usure.

DU COMMERCE.

« *Liberté*. — Grand commerce de denrées bonnes et abondantes en France, ou des ouvrages faits par les bons ouvriers.

« Commerce d'argent par usure, hors des banquiers nécessaires, sévèrement réprouvé.

« Espèce de censure pour autoriser gain de vraie mercature, non gain d'usure, savoir les moyens dont chacun s'enrichit.

« Délibérer dans les états généraux et particuliers s'il faut abandonner les droits d'entrée et de sortie du royaume.

« La France assez riche si elle vend bien ses blés, huiles, vins, toiles.

« Ce qu'elle achètera des Anglais et Hollandais sont épiceries et curiosités nullement comparables. Laisser liberté.

« Règle constante et uniforme pour ne vexer ni chicaner jamais les étrangers, pour leur faciliter achat à prix modéré.

« Laisser aux Hollandais profit de leur austère frugalité et travail, du péril d'avoir peu de matelots dans leurs bâtiments, de leur bonne police pour s'unir dans le commerce, de l'abondance de leurs bâtiments pour le fret.

« Bureaux de commerçants que les états généraux et particuliers, aussi bien que le conseil du Roi, consulteront sur toutes les dispositions générales.

« Espèce de mont-de-piété pour ceux qui voudront commercer, et qui n'ont de quoi avancer.

« Manufactures à établir pour faire mieux que les étrangers, sous exclusion de leurs ouvrages.

« Arts à faire fleurir pour débiter, non au Roi jusqu'à ce qu'il ait payé ses dettes, mais aux étrangers et riches Français.

« Lois somptuaires pour chaque condition. On ruine les nobles pour enrichir les marchands par le luxe ; on corrompt par ce luxe toute la nation dans ses mœurs. Le luxe est plus pernicieux que le profit des modes n'est utile. »

N'est-il pas curieux de voir Fénelon demander, il y a près de deux siècles, les traités de commerce, en disant que les états généraux délibéreront s'il faut abandonner les droits d'entrée et de sortie du royaume? N'est-il pas plus curieux encore de le voir se ranger d'avance parmi les partisans du libre échange, qui n'était pas encore inventé, en disant, avant tous les économistes, « que la France est assez riche si elle vend bien ses blés, huiles, vins, toiles » ; ce qui est presque le principe fondamental que posent les partisans de la liberté absolue, lorsqu'ils disent que chaque nation a sa richesse particulière qu'elle doit développer exclusivement? Si les lois somptuaires et le conseil d'usure eussent été aussi vexatoires qu'inapplicables, quelle sûreté de vues dans cette exhortation à ne jamais vexer les étrangers, pour attirer leur argent en France ! Et cette espèce de mont-de-piété pour ceux qui voudraient commercer, et qui n'auraient pas les fonds nécessaires, qu'est-ce autre chose sinon les banques de prêt à l'industrie, au commerce, à l'agriculture, qui se sont fondées en si grand nombre dans ce siècle, et qui ont donné de si grands résultats?... On est vraiment étonné de voir à Fénelon, dans un travail purement spéculatif, tant d'idées originales qui témoignent, et de la merveilleuse souplesse de son esprit, et de la persévérance avec laquelle, dans la solitude de sa disgrâce, il s'occupait des intérêts publics.

Les deux dernières tables sont des additions dont l'une concerne la marine et l'autre le séjour des étrangers en France. Aveuglé par son désir de paix, Fénelon ne s'est pas rendu compte de l'importance de la puissance maritime de notre pays, et il demande que la marine demeure dans des conditions médiocres, la France ne pouvant plus lutter contre les puissances exclusivement maritimes. Ici, le clairvoyant esprit est en défaut; mais il reprend sa revanche lorsqu'à l'addition de la table de la justice, il demande que l'on facilite l'établissement des étrangers en France afin de repeupler le pays, et surtout d'y attirer le commerce des autres nations.

Telles sont, en résumé, ces tables de Chaulnes que le duc de Chevreuse rapporta au nouveau Dauphin en novembre 1711, pour les livrer à ses méditations. On pourra les critiquer de mille manières, les taxer de chimère ou d'utopie, mais nul ne saurait contester l'esprit ardent, généreux, réellement épris du bien public, qui s'y découvre à chaque ligne. On sent que la main qui traça ces lignes a souvent tremblé d'une émotion toute patriotique en esquissant ainsi à grands traits ces plans de réforme destinés à améliorer le sort de la France. De cette foule d'indications souvent confuses, se dégagent cependant quelques idées générales qui ont évidemment servi de guide à Fénelon dans tout son travail. L'idée qui domine tous ses plans nous semble être, pour nous servir d'un mot extrêmement moderne, une idée de décentralisation : rendre aux provinces la vie qu'elles perdaient peu à peu, en les laissant s'administrer elles-mêmes, et diminuer d'autant la tâche déjà surhumaine du pouvoir central ; puis, donner d'une part à la monarchie, non un contrôle dans les états généraux, mais une sorte de conseil permanent et indépendant, propre à faire savoir la vérité au Roi ; de l'autre, refaire une noblesse réelle et vivante comme soutien efficace du trône, et non comme un vain ornement, et étayer ainsi le vieil édifice monarchique ; rendre à l'Église son indépendance spirituelle, sans affranchir ses membres de l'obéissance qu'ils doivent à l'État ; simplifier les formalités de la justice et la rendre plus expéditive, faire tomber graduellement les mille barrières qui entravaient le commerce et l'agriculture ; tels sont les rêves de Fénelon dans sa solitude de Cambrai. Si l'on peut y relever bien des idées fausses, si l'on peut dire, comme un spirituel écrivain, que la monarchie idéale de Fénelon repose sur la « vertu », base, hélas ! singulièrement fragile parmi les hommes, il serait injuste de ne pas rendre hommage à un patriotisme si sincère et à des vues si élevées.

Les grands projets de réforme, conçus dans le silence, par ceux que les esprits médiocres se plaisent à appeler des rêveurs, ne restent point stériles ; ce sont de mystérieuses semences que le vent de Dieu disperse sur la terre ; elles y dorment longtemps, puis vient un jour où elles germent et deviennent de grands arbres qui remplacent ceux que le temps a déracinés. Les plans de réforme de Fénelon entoureront toujours son nom d'une auréole particulière ; on le joindra à celui de Vauban et des autres soi-disant utopistes qui, au milieu d'une société en apparence si brillante et si solidement assise, avaient deviné les plaies profondes que cachaient ces dehors trompeurs, et cherché à les guérir, qui, comme le disait le duc de Bourgogne, ont beaucoup « pensé aux maux du pauvre peuple », et rêvé aux moyens de les diminuer. C'est un titre de gloire pour Fénelon d'avoir été de cette famille de grands esprits, et la postérité, qui ne se trompe pas toujours, l'a bien jugé, lorsqu'elle l'a placé d'instinct parmi ceux qui ont aimé les hommes d'un amour ardent et sincère.

Le prince à qui était destiné ces mystérieux projets de réforme était digne d'entendre un pareil langage. Son cœur était à la hauteur de celui de l'archevêque, et se consumait dans le secret de l'amour du bien public. Nul doute que durant les jours si courts où il se croyait appelé à régner, il n'ait étudié et médité les Tables de Chaulnes. Il en causait souvent avec ses amis particuliers, dans leurs entretiens intimes. Le duc de Saint-Simon, qui, lui aussi, aimait à sa manière sincèrement l'État, eut avec le prince plusieurs longues conversations où il lui exposa ses vues particulières, et où le nouveau Dauphin lui découvrit à son tour les siennes avec une confiance pleine d'abandon. Il nous a laissé le récit animé de ces conférences mystérieuses dont les « projets du duc de Bourgogne[1] » sont évidemment le résumé. Ces « projets », qui ont été publiés il y a quelques années, avec une introduction si intéressante et si pleine de remarques nouvelles, sont, en effet, tout porte à le croire, l'œuvre personnelle de Saint-Simon, qui rédigea, sans doute sous le nom du duc de Bourgogne, peut-être pour lui être montré, le résumé de ses entretiens avec le prince, où il lui prête beaucoup de ses propres idées. Il ne rentre pas dans notre sujet de faire une analyse complète de ce curieux document et de le comparer aux « Tables de Chaulnes ». Nous ne faisons pas l'histoire politique du temps ni celle du duc de Bourgogne, nous renvoyons ceux que le sujet intéresserait aux remarquables pages tracées

---

[1] *Projets de gouvernement du duc de Bourgogne,* publié par P. G. MESNARD, Hachette, 1860.

par l'éditeur des projets où tout est dit avec une mesure parfaite, dans ce style d'une simplicité et d'un charme tout français, dont si peu d'écrivains ont su garder le secret. Il nous faut dire seulement, en quelques mots, qu'ils diffèrent en bien des points des Tables, et qu'on y reconnaît partout les idées particulières de celui qui les rédigea. Le gallicanisme très-marqué de l'écrivain, et l'idée de faire une sorte de gouvernement purement aristocratique, avec une noblesse ayant des priviléges et des attributions définis, et non plus seulement, comme Fénelon le demande, des priviléges purement honorifiques, sont bien évidemment le propre du fougueux duc et pair. Les fameux conseils essayés par le Régent pour amuser le public sont proposés là comme principal mode de gouvernement. On les trouve bien déjà indiqués dans les Tables de Chaulnes, mais seulement en passant, sans y attacher d'importance et probablement comme des espèces de commissions consultatives. Le vrai conseil pour Fénelon, c'est l'assemblée des états, tandis que Saint-Simon, qui les propose bien aussi parce qu'il savait les idées arrêtées du duc de Bourgogne sur ce point, réduit leur rôle à un simple droit de plainte ou de remontrance. Les plans de Fénelon, bien que plus simples en apparence, étaient plus hardis et menaient plus loin.

La comparaison pourrait être continuée, et, suivant nous, elle serait tout à l'honneur de Fénelon, qui prend les choses de plus haut et voit mieux la complexité de l'état social. Mais pourquoi s'arrêter plus longtemps sur des plans qui sont restés à l'état de lettre morte? Une réflexion se présente cependant à notre esprit en terminant ces pages où nous avons remis sous les yeux du lecteur ces rêves patriotiques sortis du cœur de Fénelon : qu'ils sont loin de la vérité, ceux qui répètent, peut-être avec sincérité, ces vieilles accusations contre la foi chrétienne, comme éteignant chez les croyants les vifs sentiments d'amour du bien public et de la patrie ! Nul peut-être parmi ceux qui s'occupèrent dans le passé du soulagement des classes inférieures et des réformes de gouvernement, ne le fit avec un cœur plus désintéressé que l'archevêque-duc de Cambrai, qui eût semblé, par sa naissance et sa position même, le plus étranger à cet ordre d'idées, et avoir un plus grand intérêt que personne au maintien rigoureux de tout ce qui existait. Au contraire, la profondeur du sentiment chrétien ne fit que rendre en lui plus vifs et plus purs les sentiments du citoyen, la lumière de l'Évangile l'éclaira sur les vices de cette société qui se vantait d'être encore toute chrétienne, plus que n'eussent pu faire ni la philosophie ni l'amour de l'égalité ; elle lui apprit à ne mépriser personne, ni grand ni petit, et à chercher le bonheur de tous. C'est l'ardeur de sa foi qui le fait sortir du cercle des idées de son temps et de sa classe ; si dans ses rêves de réforme il a su porter si loin ses vues et comprendre les réformes sociales avec tant de largeur, si ce qu'il a désiré eût été, non pas une restauration de ce qui était déjà le passé, mais une sorte de renouvellement social, c'est à la sincérité de ses convictions religieuses et à la sainteté de son âme qu'il le dut. Non, il faut le redire sans cesse à notre époque de doute et d'incertitude, la religion n'éteint en l'homme aucun de ses sentiments élevés et généreux; elle est, au contraire, le seul flambeau à la lumière duquel les sociétés puissent s'avancer vers le progrès : ailleurs, il n'y a que confusion et ténèbres.

Ce fut au mois de novembre 1711 que Fénelon et le duc de Chevreuse, qu'il ne faut pas oublier, car lui aussi est un rare exemple de dévouement et d'intelligence, rédigèrent ensemble les Tables de Chaulnes. Mais l'archevêque ne se crut pas quitte envers le Dauphin et ses amis de Versailles ; après leur avoir ainsi fourni ample matière aux réflexions solitaires et aux conversations intimes, la correspondance reprit aussi active, aussi intéressante que jamais. Les négociations avec l'Angleterre avaient continué pendant toute la durée de la campagne de Flandre, et elles allaient bientôt aboutir à une paix particulière qui fut tenue d'abord secrète. Fénelon ne cesse de désirer avec ardeur cet heureux moment[1] : « Il ne faut point vouloir une paix impossible, écrivait-il, mais presque toute paix possible est désirable. » La campagne de 1711 n'amena aucune affaire décisive ; le maréchal de Villars sut gagner du temps avec beaucoup de prudence, mais ne put sauver la place de Bouchain, dont Marlborough s'empara. C'était la route de Paris tout à fait ouverte aux ennemis. Aussi l'habile temporisation de Villars, qui sauva pourtant l'armée, grâce à laquelle fut remportée la victoire de Denain l'année suivante, fut-elle l'objet des plus vives critiques. Fénelon, qui n'aimait pas Villars, et qui a tracé de lui un portrait d'une sévérité excessive, dont nous allons parler tout à l'heure, écrit cependant pour le justifier à la cour une lettre que nous citerons presque en entier, tant elle peint vivement l'état de la France à ce moment critique[2] :

« A Cambrai, 19 septembre 1711.

« Voici une occasion de dire tout, mon bon duc : j'en profite avec beaucoup de joie.

« Je sais que M. Voysin écrit à M. le maréchal de Villars des lettres trop fortes pour le piquer, et pour l'engager à des actions hasardeuses : c'est faire un grand mal, si je ne me trompe, que d'écrire ainsi.

« Ces lettres troublent le maréchal, et ne sont propres qu'à le rendre inaccessible aux bons conseils des gens du métier qui voient les choses sur les lieux.

« S'il donnoit une bataille, il la donneroit mal ; il cour-

---

[1] *Corr. gén.*, 1, 467.
[2] *Corr. gén.*, I, 505.

roit risque de choisir mal son terrain, et de ne faire pas une bonne disposition.

« Il voudra, sur de tels reproches, chercher les ennemis, et se donner une vaine apparence de hardiesse pour entreprendre sur eux : c'est ainsi qu'on fit à Malplaquet. Le papillon se brûle à la chandelle. On ne veut que paroître chercher le combat, et on le trouve avec désavantage.

« Il n'y a aucun officier général qui se confie au maréchal : ils ne comptent ni sur son savoir pour donner des ordres précis, ni sur ses ressources dans les cas imprévus, ni sur sa sincérité pour rendre justice à chacun d'eux : ils croient tous qu'il rejette tous les mauvais événements et toutes ses propres fautes, pour se disculper aux dépens de ceux qu'il a chargés de quelque commission. Ainsi personne n'oseroit prendre rien sur soi avec lui pour faire réussir l'affaire générale, de peur de se perdre. Rien ne rend une bataille si difficile à gagner, qu'une telle disposition des esprits, surtout dans une armée immense, où le général ne peut pas voir tout, et où tout dépend des officiers généraux.

. . . .

« La plupart des places qui nous restent sont dépourvues. Après la perte d'une bataille et une déroute, tout tomberoit comme un château de cartes. Il ne s'agit point de ces pertes de petites batailles du temps passé : c'étoit une armée de vingt mille hommes qui en perdoit cinq ou six; le royaume étoit alors plein de noblesse guerrière et affectionnée, de peuples riches, nombreux et zélés. Au contraire, vous n'auriez plus d'armée, ni de ressource pour en rétablir, si une déroute vous arrivoit. L'ennemi entreroit en France avec cent mille hommes qui en feroient la conquête et le pillage : ce seroit une invasion de Barbares. Paris est à trente-cinq lieues de l'armée ennemie : cette ville est devenue elle seule tout le royaume; en la prenant, les ennemis prendroient toutes les richesses de toutes les provinces. Ils tireroient par violence tout l'argent des financiers, que le Roi ne peut en tirer par crédit. Tout le dedans du royaume est épuisé, au désespoir, et plein de religionnaires qui lèveroient alors la tête.

« On dira que c'est déshonorer les armes du Roi avec toute notre nation, que c'est décourager les troupes, et donner aux ennemis l'audace de tout entreprendre, avec sûreté de le faire impunément, que de laisser voir à toute l'Europe qu'on aime mieux se laisser prendre pied à pied toutes ses places, que de se défendre courageusement. On ajoutera qu'après ces places prises il viendra enfin bientôt un dernier jour où il faudra donner, au delà de la Somme, cette même bataille qu'on n'ose maintenant donner avec plus d'honneur et d'avantage sur les bords de l'Escaut ; faute de quoi les ennemis iront droit à Paris. J'avoue que cette objection est forte ; mais je crois qu'on peut, en disputant le terrain, éviter cette bataille décisive, couvrir les places qui nous restent, et lasser les ennemis. Mais cette manière de faire le *cunctateur*, qui vaut absolument mieux qu'une bataille très-hasardeuse pour l'État, demande de bonnes têtes et des mesures difficiles. »

Les traits ne sont pas exagérés ; on parlait tout bas à la cour du départ du Roi pour Chambord. Une nouvelle défaite des Français, et le parti de la paix en Angleterre eût été réduit à l'impuissance, les négociations rompues, et la France se serait vue livrée à la merci des puissances coalisées. Dans un pareil état des affaires, les désirs ardents de Fénelon pour la paix sont faciles à comprendre, persuadé avec raison, l'événement l'a bien montré, qu'une fois remise de ses blessures, la France n'aurait pas de peine à reprendre son rang en Europe ; il craignait, peut-être avec exagération, de voir se prolonger une lutte où l'on pouvait tout perdre. L'avenir vint heureusement donner tort à ces craintes, mais c'était un avenir sur lequel personne n'avait le droit de compter et sur lequel en réalité personne alors ne comptait. Les jugements de Fénelon sur Villars, qui tenait, pour ainsi dire, le sort de la France entre ses mains, sont curieux. Le caractère arrogant du maréchal ne pouvait être du goût de l'archevêque, qui aimait en tout la mesure et l'affectait même parfois un peu. Aussi le traite-t-il sévèrement, tout en reconnaissant que c'est le seul homme à qui le Roi puisse confier le commandement [1] : « M. le maréchal de Villars, écrit-il en septembre 1711, est plein de bonne volonté et de courage, il prend beaucoup de peine. Je crois qu'il fait tout ce qu'il peut faire, mais le fardeau est prodigieux. » A la fin de la campagne, il envoie au duc de Chevreuse un Mémoire sur la situation des affaires, où se trouve un portrait du même général tracé de main de maître. Quelque réserve que l'on puisse faire sur cette appréciation, il est curieux de voir l'auteur du *Télémaque* tracer un portrait aussi vivant du futur vainqueur de Denain [2]. « M. le maréchal de Villars a de l'ouverture d'esprit, de la facilité pour comprendre certaines choses, avec une sorte de talent pour parler noblement, quand sa vivacité ne le mène pas trop loin ; il a de la valeur et de la bonne volonté, il n'est point méchant, il est sans façon et commode dans la société ; mais il est léger, vain, sans application suivie, et sa tête n'est pas assez forte pour conduire une si grande guerre. Il fait des fautes, et quand il se trouve pressé, il rejette, dit-on, sur les gens qui ont exécuté ses ordres, le tort qu'il a lui seul.

« M. le maréchal de Villars fait beaucoup plus de fautes en paroles qu'en actions ; il est vain, il paraît mépriser les lieutenants généraux, il ne les écoute pas ; il fait entendre qu'ils ont toujours peur et qu'ils ne savent rien, il se croit invincible quand il a le moindre avantage, et il devient doux comme un mouton dès qu'il se trouve embarrassé.

[1] *Corr. gén.*, I, 503.
[2] *OEuvres compl.*, XXII.

« Il ne sait pas même discerner et conduire les hommes, il est trop léger, inégal et sans conseil; il ne connaît ni la cour, ni l'armée, il n'a que des lueurs d'esprit, il fait presque toujours trop ou trop peu, il ne se possède pas assez. Une guerre difficile où la France est en péril demanderait une plus forte tête; mais où est-elle? Si le maréchal de Villars demeure à la tête de l'armée, *il est capital de le modérer en secret et de l'autoriser en public; il faut lui donner un conseil et lui faire honneur de tout au dehors.* »

Le Mémoire d'où est tiré ce portrait du maréchal de Villars se termine par une nouvelle exhortation à la paix, pleine d'éloquence et de mouvement. Les vœux de Fénelon semblèrent bien près de se réaliser, quand les Hollandais, pressés par les Anglais, qui déclaraient au grand jour leurs négociations avec la cour de Versailles, consentirent enfin à leur tour à entrer en pourparlers et donnèrent des passe-ports aux plénipotentiaires français. Le congrès d'Utrecht ne tarda pas à s'ouvrir. Mais les conférences pouvaient durer longtemps, entravées comme elles l'étaient par les efforts contraires du prince Eugène de Savoie et du duc de Marlborough, furieux, l'un de voir la France échapper à une ruine complète, l'autre de voir sa disgrâce consommée par une paix qui le rendrait inutile. Aussi Fénelon, qui ne cesse pas un moment de prendre un intérêt toujours plus vif aux affaires, et de transmettre à Versailles tous les renseignements qu'il peut recueillir, a-t-il compris qu'à tout prix il faut que la campagne prochaine soit décisive. Rien ne doit être négligé pour que l'armée soit en bon état. Dès le mois de janvier de cette année 1712, qui lui réservait le plus grand chagrin de sa vie, il écrit à son ami [1] :

« A Cambrai, 11 janvier 1712.

« Je vous importunerai peut-être, mon bon duc, par mes

[1] *Corr. gén.*, I, 538.

longues et fréquentes lettres : mais n'importe ; il faut bien que vous me supportiez un peu.

« 1° Je continue à vous dire que, si on ne prend pas des mesures plus efficaces que l'on n'a fait jusqu'à présent, cette frontière ne sera point approvisionnée au mois d'avril. La lenteur par charrois est incroyable : presque toutes les voitures du pays sont ruinées. Si on achève de les ruiner, il n'y aura plus de quoi continuer la guerre sur cette frontière. Si on ne les ruine pas, on manquera de tout. Les ennemis ont les rivières et les chaussées derrière eux. Le désordre qu'on leur a causé sera bientôt réparé du côté de la Scarpe. L'autre côté sera plus difficile et plus tardif ; mais ils travailleront dès le mois de mars. Il ne faudroit point se flatter dans des choses où l'on risque tout. On demande l'impossible aux paysans ; et comme on n'en tirera qu'une partie, on se trouvera en mécompte.

« 2° Il est capital de confier l'armée à un général de bonne tête, qui ait l'estime et la confiance de tous les bons officiers. On court risque d'ouvrir la France aux ennemis en un seul jour, faute de bien peser ceci. J'ai plus de liaison avec M. le maréchal de Villars qu'avec les autres, par toutes les avances qu'il a faites vers moi ; mais je songe au besoin de l'État. Vous savez tout.

« 3° J'ai vu nos plénipotentiaires, et j'ai compris, sur leurs discours, que la paix est encore bien en l'air. Je ne puis m'empêcher de vous dire qu'on ne sauroit jamais l'acheter trop cher, si on ne peut pas l'obtenir, comme on l'espère. Le dedans la demande encore plus que le dehors. »

On voit que l'archevêque de Cambrai ne se laissait pas enivrer par les fumées d'une faveur renaissante, puisqu'il continuait à augurer si tristement du sort de la campagne au milieu de cette cour de visiteurs dont parle Saint-Simon. L'hiver de 1711 à 1712 fut, en effet, bien différent à Cambrai de ceux qui l'avaient précédé, et les scènes du printemps précédent se renouvelèrent avec encore plus d'éclat. Le palais, déjà tout rempli de blessés, ne désemplit pas de courtisans empressés, qui se souvenaient tout à coup d'avoir connu Fénelon à Versailles, et cherchaient à se rappeler au souvenir de celui qui pouvait, d'un jour à l'autre, devenir l'arbitre du pouvoir. Tacitement, les anciennes défenses étaient levées, et bien que nul n'eût encore osé prononcer son nom devant le Roi, on allait à Cambrai ouvertement et sans se cacher. Mais le maître de ce palais épiscopal, dont les portes étaient si grandes ouvertes, savait trop son monde pour se laisser prendre à ce singulier retour de fortune. Il avait appris à ses dépens, quinze ans auparavant, ce que valent ces belles amitiés de cour, et rien ne fut changé dans sa vie ni dans son attitude.

Ce devait être un spectacle aussi curieux qu'instructif pour l'observateur que la vue de ce palais dont on connait l'austère splendeur, rempli d'officiers blessés, de gentilshommes, d'ecclésiastiques de tout rang, et au milieu de cette foule si bizarrement assemblée, la grande figure si frappante de Fénelon avec cette grâce parfaite, qui savait si bien se proportionner à chacun. Attiré par la curiosité de voir cet homme dont la célébrité allait toujours grandissant, un Italien dont le nom devait à son tour avoir son illustration au dix-huitième siècle, le Père Quirini, depuis cardinal, se rendit à Cambrai au commencement de 1712. Il nous a laissé dans son Journal, écrit en latin, un court récit de son séjour dans cette ville. Voici comment il raconte l'accueil qu'il y reçut, et la vie qu'il y mena. Disons d'abord que le Père Quirini était un jeune Bénédictin qui voyageait en France pour s'instruire. Après avoir visité Paris, vu la cour, il fit une tournée dans les Flandres, et arriva à Cambrai par ce chemin indirect : « La ville de Cambrai fut le terme de mon voyage en Flandre. Et certes, je ne dirai que la vérité en avouant que c'était vers ce lieu que me portaient tous mes désirs, dans cette contrée que j'avais déjà visitée. Étant descendu dans un monastère bénédictin, appelé l'abbaye du Saint-Sépulcre, je pus voir fréquemment l'archevêque Fénelon, qui m'attira chez lui avec une extrême bienveillance, quoique à cette époque son palais fût rempli des généraux des troupes françaises, que les soins de tout genre qu'il s'occupait avec ardeur de faire donner à tous, ne lui laissassent guère de loisir. Ma mémoire est encore toute pleine des conversations et des discussions que j'eus avec ce grand prélat, que j'écoutais parler avec une ardente curiosité; la nature et la portée de nos entretiens est encore, à l'heure qu'il est, attestée à mes yeux par un grand nombre de ses lettres, qui sont le trésor le plus précieux que je puisse conserver, car chaque mot y témoigne de l'ardeur que ce grand esprit déployait à défendre la cause de la vraie doctrine catholique contre les erreurs des jansénistes. Il m'écrivit quelques-unes de ces lettres pendant mon séjour à Paris, d'autres lorsque je traversai la France en m'en retournant en Italie, et notre correspondance continua lorsque j'y fus enfin revenu [1]. »

Fénelon exerça sur son hôte cette sorte de charme tout-puissant auquel on ne savait pas résister, et s'en fit un ami dévoué. Le Père Quirini quitta Cambrai profondément touché, comme il l'écrivait à Fénelon, « des honnêtetés dont il a plu à votre générosité de me combler et des confidentes conversations qui m'ont fait connaître en vous le plus beau et le plus grand talent de la France ». Et de ce moment il s'établit entre le prélat et lui une correspondance suivie qui dura tant que l'archevêque vécut. Le Père Quirini s'acquit plus tard une grande réputation comme savant, et une estime universelle par la pureté de sa vie et la douceur de son commerce. Passionné pour la science, il parcourut l'Europe entière, visitant tout, s'informant de tout, liant partout où il passait des

---

[1] *Commentaire historique du cardinal Quirini*, I, v, 83.

relations avec les gens distingués et les littérateurs de profession. Il s'établit ensuite à Rome, où il mourut cardinal. C'est à lui à qui Voltaire adressa une de ses fameuses épîtres. Mais il n'oublia jamais sa visite à Cambrai, tant avait été vive l'impression qu'avait produite sur lui cette entrevue avec Fénelon.

C'est ainsi que dans une foule d'occupations diverses, menées de front avec un calme et une sérénité parfaite, soutenu par un rayon d'espérance qui semblait providentiel, saisissant déjà peut-être par la pensée un avenir qui n'est jamais à nous, Fénelon passa cet hiver de 1711 à 1712, dernière période de bonheur et d'illusions, dans cette existence si traversée. Déjà le printemps approchait, la campagne allait s'ouvrir en même temps que le congrès d'Utrecht. Tout dépendait du sort qu'auraient les armes de la France : une victoire eût été un argument décisif, et fait conclure la paix. La petite société qui entourait le nouveau Dauphin se demandait avec anxiété si le prince allait être envoyé pour commander les troupes et quel serait le général chargé de le conseiller. Ils ne savaient que désirer : rester inactif à Versailles, c'était bien terne, bien peu fait pour gagner les esprits; aller à l'armée, c'était risquer de revoir les tristes scènes de 1708. Leur trouble était réel, et ils ne savaient trop au juste que désirer. De loin, Fénelon n'était pas moins anxieux, lorsque dans les premiers jours de février, il reçoit tout à coup la nouvelle que la jeune Dauphine vient d'être frappée d'un mal subit et étrange qui la met à toute extrémité, et que son mari est plongé dans un désespoir tel, qu'il a l'air comme frappé de la foudre. Le 12, la princesse mourait dans toute la force de la jeunesse, emportée par une maladie que l'on croit avoir été une fièvre pernicieuse. Toute la joie, toute l'énergie vitale du duc de Bourgogne s'en alla avec cette jeune femme dont l'histoire a conservé le souvenir, comme une des plus gracieuses apparitions du passé.

Elle était tout pour son époux, sa mort le frappait au cœur. Il tomba aussitôt malade, et se sentit perdu. Fénelon, en recevant à la fois la nouvelle de la mort de la Dauphine et de la maladie de son mari, comprit que tout était à redouter, et que chez un être aussi passionné et aussi contenu, la douleur ne serait pas longue à faire son œuvre. Le 15 février, il écrit à son vieil ami, M. Dupuy[1] :

« 15 février 1712.

« Ce qui m'afflige plus, c'est la maladie de M. le Dauphin. Il y a déjà quelque temps que je crains pour lui un sort funeste. Si Dieu n'est plus en fureur contre la France, il reviendra ; mais si la fureur de Dieu n'est point apaisée, il y a tout à craindre pour sa vie. Mandez-moi la suite de sa maladie ; vous savez combien je m'y intéresse. Hélas ! hélas ! Seigneur, regardez-nous en pitié. On devrait prier pour lui partout. »

« 16 février.

« Je commence à espérer que M. le Dauphin ne mourra point, et que son affliction lui servira comme d'un éperon ; c'est un obstacle qui lui a été arraché. Il y a un peu à craindre qu'il n'en trouve d'autres dans son chemin. Il faut espérer que Dieu remédiera à tout, puisque tout coopère au bien de ceux qui l'aiment. J'ai eu facilité de prier pour lui, ce que je n'avois pas eu au commencement. Il me reste au fond du cœur un reste d'appréhension, que Dieu ne soit pas apaisé contre la France. Il y a longtemps qu'il frappe, comme dit le Prophète, et sa fureur n'est point apaisée. »

Mais Fénelon était une nature trop ardente et trop énergique pour se laisser abattre ; il ne pouvait comprendre qu'on se laissât vaincre par le chagrin, et il se reprenait toujours à espérer. Le 18 février, jour où le prince rendait le dernier

---

[1] *Corr. gén.*, III, 487.

soupir, il écrivait au duc de Chevreuse[1] : « On ne peut être plus touché que je ne le suis de la perte que le P. P. vient de faire, et de la vraie douleur qu'on dit qu'il en ressent. Je suis fort alarmé pour sa santé, elle est faible et délicate, rien n'est plus précieux pour l'Église et pour l'État, et pour tous les gens de bien... Vous connaissez son tempérament, il est très-vif et un peu mélancolique. Je crains qu'il ne soit saisi d'une douleur profonde qui tourne sa piété en dégoût, en noirceur et en scrupule. Il faut profiter de ce qui est arrivé de triste pour le tourner vers une piété simple, courageuse, et d'usage pour sa place. Dieu a ses desseins, il faut les suivre... J'espère qu'au bout de quelques jours, sa santé se rétablira et que Dieu lui donnera, malgré sa juste douleur, la force de rentrer dans les besoins pressants de l'État. » Et Fénelon finissait sa lettre par une longue exhortation de piété au Dauphin, pour le consoler et le fortifier. Or, ce même jour, peut-être à l'heure où son fidèle précepteur traçait ces lignes, le duc de Bourgogne mourait, à vingt-neuf ans, six jours après sa femme. Il faut lire dans Saint-Simon le récit de cette mort si imprévue, qui vint frapper d'un douloureux étonnement la cour et la France entière. La mort, l'implacable mort, enlevait ainsi dans sa fleur le jeune homme devenu le dernier appui de ce grand Roi qui penchait aussi vers la tombe. Avec lui disparaissaient sans retour toutes les belles espérances que faisait naître le prochain avénement d'un prince aussi vertueux, et tout occupé du bien. C'était là un de ces coups terribles que la Providence se plaît parfois à frapper pour rappeler aux hommes, même les meilleurs, qu'à elle seule appartient l'avenir, et que l'heure présente même n'est pas à nous. La désolation fut générale dans toutes les classes de la société. La main de Dieu semblait s'appesantir sur le

---

[1] *Corr. gén.*, I, 545.

vieux Roi, qui voyait en moins d'un an disparaître son fils et son petit-fils, alors que dans l'état critique des affaires une régence devenait presque un péril public.

Il est inutile d'essayer de dépeindre la douleur du petit groupe qui entourait le Dauphin. Ce fut un effondrement subit de toutes leurs espérances et un déchirement sans pareil. Car, il faut le dire à leur honneur, une sincère affection, et non pas seulement la raison politique, les attachait à celui qui venait de leur être enlevé. A plus de cent cinquante ans de distance, les pages où Saint-Simon peint sa propre consternation et le désespoir des ducs de Chevreuse et de Beauvilliers sont encore émouvantes, tant leur éloquence est sincère. Les deux ducs furent brisés, et du jour où ils virent mourir leur cher Prince, eux aussi furent frappés à mort.

Que dire maintenant de ce qu'éprouva celui dont nous avons entrepris de raconter les dernières années ? Quand on lui apprit la fatale nouvelle, il laissa échapper ces seuls mots : « Tous mes liens sont rompus..... rien ne m'attache plus à la terre. » Et pendant plusieurs jours il demeura dans un état de dégoût et d'anéantissement tel, qu'on craignit de le voir succomber à sa douleur. Perdre ainsi, au moment où il s'y attendait le moins, celui à qui il avait, depuis près de vingt-cinq ans, de loin aussi bien que de près, consacré tous ses soins, celui en qui il avait déposé les trésors de son âme et de son cœur, c'était perdre la meilleure partie de lui-même, c'était mourir par avance. Et ceci à l'heure même où ses rêves d'activité et de travail pour le bien semblaient à la veille de se réaliser. Tous les soins, toutes les peines devenues inutiles et vaines ! Une fois de plus tout disparaissait pour Fénelon : la terre lui manquait sous les pieds, tout s'écroulait, son œuvre s'évanouissait avant d'avoir vu le jour ! Ce fut, comme il le dit, le coup qui acheva de le faire mourir à lui-même, qui mit le sceau à cette œuvre du détachement chrétien à laquelle il travaillait si sincèrement depuis tant d'années, mais que la main de Dieu seule peut porter à sa perfection. Seize années auparavant, en apprenant la condamnation du livre des *Maximes des Saints,* l'archevêque avait cru sans doute boire jusqu'à la lie la coupe de l'épreuve et de l'humiliation ; mais aujourd'hui Dieu lui demandait un sacrifice bien autrement douloureux et lui enlevait comme la meilleure partie de lui-même. Dans cette dernière épreuve, Fénelon est le même qu'il y a seize ans, aussi maître de ses sentiments, aussi tranquille dans la soumission. Il y a même, si j'ose le dire, un progrès visible : on voit que ces années de travail et d'efforts ont élevé encore cette nature déjà si haute. Il est plus simple, plus naturel; il a moins de retour sur lui-même dans sa douleur, sans que cette sensibilité si vive, qui est comme le trait distinctif de sa nature, se soit émoussée en rien. L'âme est peu à peu montée plus haut, dans une région sereine où la douleur atteint encore, mais ne triomphe plus de celui qu'elle touche.

Après quelques jours de silence et d'anéantissement, Fénelon reprend la plume et écrit à son ami, le duc de Chevreuse, cette belle lettre où se retrouve déjà toute l'indomptable énergie de son âme. Nous en citons la plus grande partie, bien qu'elle soit en grande partie politique ; rien ne fait, à notre sens, plus d'honneur à Fénelon que cet oubli de sa propre douleur pour ne penser qu'au malheur de l'État. Il avait personnellement tout perdu, mais la France, elle aussi, avait fait une perte irréparable, et c'est à elle seule qu'il pense [1] :

« A Cambrai, 27 février 1712.

« Hélas! mon bon duc, Dieu nous a ôté toute notre espérance pour l'Église et pour l'État. Il a formé ce jeune

---

[1] *Corr. gén.,* I, 550.

prince ; il l'a orné ; il l'a préparé pour les plus grands biens : il l'a montré au monde, et aussitôt il l'a détruit. Je suis saisi d'horreur, et malade de saisissement sans maladie. En pleurant le prince mort qui me déchire le cœur, je suis alarmé pour les vivants. Ma tendresse m'alarme pour vous et pour le bon (*duc de Beauvilliers*). De plus, je crains pour le Roi ; sa conservation est infiniment importante.

« De plus, le Roi est malheureusement trop âgé pour pouvoir compter qu'il verra son successeur en âge de gouverner d'abord après lui. Quand même on seroit assez heureux pour éviter une minorité selon la loi, c'est-à-dire au-dessous de quatorze ans, il serait impossible d'éviter une minorité réelle, où un enfant ne fait que prêter son nom au plus fort. Il n'y a aucun remède entièrement sûr contre les dangers de cet état des affaires. Mais si la prudence humaine peut faire quelque chose d'utile, c'est de profiter dès demain à la hâte de tous les moments pour établir un gouvernement et une éducation du jeune prince, qui se trouve déjà affermi, si par malheur le Roi vient à nous manquer. Son honneur, sa gloire, son amour pour la maison royale et pour ses peuples, enfin sa conscience exigent rigoureusement de lui qu'il prenne toutes les sûretés que la sagesse humaine peut prendre à cet égard. Ce seroit exposer au plus horrible péril l'État et l'Église même, que de n'être pas occupé de cette affaire capitale par préférence à toutes les autres. C'est là-dessus qu'il faut tâcher de persuader, par les instruments convenables, madame de Maintenon et tous les ministres, pour les réunir, afin qu'ils fassent les derniers efforts auprès du Roi. »

Mais si le courage de Fénelon était grand, et son amour du pays toujours aussi vivace, l'épreuve était terrible, et parfois il succombait sous le fardeau. Quelques jours après cette lettre d'une si forte énergie morale, il écrit au duc de Chaulnes ces lignes où vibre encore comme l'accent de cette voix qui remuait les cœurs [1] : « Je ne puis, mon bon et cher duc, résister à la volonté de Dieu qui nous écrase. Il sait ce que je souffre ; mais enfin, c'est sa main qui frappe, et nous le méritons. Il n'y a qu'à se détacher du monde et de soi-même, il n'y a qu'à s'abandonner sans réserve aux desseins de Dieu. Nous en nourrissons notre amour-propre quand ils flattent nos désirs : mais quand ils n'ont rien que de dur et de détruisant, notre amour-propre hypocrite, et déguisé en dévotion, se révolte contre la croix, et il dit comme saint Pierre le disait de la passion de Jésus-Christ : « Cela ne vous « arrivera point. » O mon bon et cher duc, mourons de bonne foi ! »

Au chevalier Destouches, à cet ami nouveau des derniers jours qui avait su gagner une si grande place dans son cœur, il écrit encore ces courtes lignes, si contenues, mais qui en disent tant sur l'état de son âme [2] : « Je souffre, Dieu le sait, mais je ne suis point tombé malade, et c'est beaucoup pour moi. Votre cœur qui se fait sentir au mien, le soulage. J'aurais été vivement peiné de vous voir ici ; songez à votre mauvaise santé ; il me semble que tout ce que j'aime va mourir. L'abbé de Beaumont n'est point parti ; il n'a pas voulu me quitter dans cette triste occasion. De plus, nous supposons qu'il ne s'agit plus de l'affaire pour laquelle je vous avais promis qu'il partirait tout au plus tôt. Songez sérieusement aux remèdes et au régime nécessaire pour vous guérir à fond. Vous m'êtes plus cher, Monsieur, que je ne saurais l'exprimer. »

Si une chose put adoucir la douleur de Fénelon, ce fut le récit des derniers moments du jeune prince. Les contemporains gardèrent, en effet, le souvenir de l'admirable spectacle qu'offrit à la cour de Louis XIV cette agonie d'un

---

[1] *Corr. gén.*, I, 552.
[2] *Lettres et opuscules inédits*, p. 51.

homme frappé au milieu de la jeunesse et de toute la force
de la vie, mourant sans un regret, joyeux même de la joie
du chrétien. L'impression produite par cette mort si douce
et si courageuse fut assez profonde pour qu'elle restât con-
tre-signée dans tous les Mémoires du temps. Ce dut être une
scene à la fois déchirante et pleine de grandeur que celle
où l'on vit, au milieu des splendeurs de Versailles, cette mort
de l'héritier du trône, à vingt-neuf ans, devenant par la foi
chrétienne, l'espérance du bonheur céleste, le dédain de la
vie, la reconnaissance sincere envers Dieu pour la délivrance
d'une charge aussi écrasante que celle de régner, devenant,
dis-je, comme un jour de triomphe pour celui qui échappait
pour ainsi dire à la vie. Ce coup, qui réduisait tant d'espérances
à néant, montra comme dans un lumineux éclair, et la fragilité
des choses humaines, et la force invincible de ces croyances
devant lesquelles la mort elle-même est forcée de s'avouer
vaincue. Cette heure suprême dut être aussi la grande récompense de Fénelon, malgré toute son amertume : il avait
travaillé à faire du duc de Bourgogne un prince accompli,
désireux du bien, et capable de l'accomplir ; la mort montra
son œuvre au grand jour, en l'enlevant à la terre [1] : « Dieu
pense tout autrement que les hommes. Il détruit ce qu'il
semblait avoir formé tout expres pour sa gloire. Il nous
punit, nous le méritons. » Ces paroles, d'une simplicité
antique, que l'archevêque écrit à madame de Lambert, terminent dignement cette phase de la vie de Fénelon ; il en sortit
debout encore, mais frappé à mort. La pensée de la perte
irréparable qu'il avait faite le remplissait toujours d'une émotion maladive ; il l'écartait autant que possible de son esprit.
C'est ce qu'il écrit au Pere Martineau, confesseur du Dauphin, qui s'occupa aussitôt de réunir les faits pouvant servir
à la biographie du prince. Voici cette lettre, où respire un

[1] *Corr. gén.*, III, 498.

sentiment si profond ; elle est curieuse aussi par ce singulier usage, alors général, de citer des vers latins jusque dans les pages remplies d'une émotion vraie [1] : « Je vous avouerai franchement ma foiblesse, mon Révérend Père; je ne me sens point maintenant capable de faire la recherche des faits que vous voudriez recueillir. Je ne saurois assez louer votre zèle et la bonté de votre cœur : mais le courage me manque pour exécuter un travail dont je désire passionnément l'exécution. Le malheur qui nous afflige a fait une si forte impression sur moi, que ma santé en souffre beaucoup. Tout ce qui réveille ma peine me met dans une espèce d'émotion fiévreuse. Il faut attendre que le repos et la vue de Dieu calment mon imagination; cependant il faut s'humilier de cette foiblesse. M. le duc de Beauvilliers peut vous aider beaucoup plus que moi; ses conseils seront bons, tant sur la recherche des faits, que sur leur choix et sur la manière de les mettre en œuvre. Vous jugez bien qu'il y a de grandes observations à faire là-dessus.

> Periculosæ plenum opus aleæ
> Tractas.

« Vous connoissez le monde et sa maligne critique. »

Malgré sa volonté de ne pas plier sous l'orage, Fénelon ne put être complétement le maître de cette nature physique, qu'il menait si rudement depuis tant d'années. Il y a des jours où le corps se venge, et vient à bout des plus robustes courages. Sa santé eut une courte défaillance, et le bruit se répandit qu'il était fort malade. Ce fut un effroi parmi ses amis, qu'il rassure ainsi lui-même, par quelques lignes aimables adressées au chevalier devenu le confident de toutes ses peines [2] : « Mon mal a été, Monsieur, beaucoup moins considérable qu'on ne vous l'a mandé; mais un très-médiocre mal était grand pour moi. On n'a jamais vu des malheurs sem-

---

[1] *Corr. gén.*, III, 511.
[2] *Lettres et opuscules inédits*, p. 54.

blables aux nôtres; Dieu veuille conserver le Roi, et rassurer tous les bons Français. Vous ne devez pas avoir de peine à croire que je vous aime; eh! qu'aimerais-je si je ne vous aimais pas? »

La mort du duc de Bourgogne eût mis fin à ce rôle ingrat de conseiller secret que Fénelon jouait depuis si longtemps auprès des amis de Versailles, s'il eût été vraiment un ambitieux, comme on s'est plu à le dire : tout était fini et mort pour lui. Mais il aimait sincèrement son pays, et il ne se croyait jamais quitte envers lui. Aussi, navré de douleur, succombant presque à la faiblesse physique, et ayant comme un avant-goût de la mort, Fénelon ne se désintéresse pas un moment du sort de la France, ni des affaires de l'Église. Au contraire, il semble que le péril imminent que la perte du prince fait courir à l'État exalte son patriotisme. La correspondance avec Versailles reste aussi active que par le passé : l'avenir, cet avenir qui n'était plus rien pour lui, l'occupe plus que jamais; il prévoit toutes les difficultés qu'amènera une régence devenue nécessaire, et son esprit actif cherche les moyens de les conjurer. On a pu voir, dans la première lettre écrite après la mort du Dauphin, Fénelon oublier presque sa propre douleur pour ne penser qu'aux fatales conséquences de l'événement, ou plutôt sa douleur est de celles qui ne s'expriment pas par des paroles, mais sont si profondes qu'elles deviennent comme partie de nous-mêmes. C'est dans ces moments d'agonie intérieure, qui sont aussi des heures de suprême sincérité, que le fond du cœur apparaît à nu. Tous les voiles se déchirent sous la rude étreinte du malheur, et l'homme apparaît tel qu'il est, débarrassé pour un moment de toute l'enveloppe factice dont l'éducation et les mœurs l'entourent. Le vase est brisé, et le parfum qu'il contient se répand au dehors.

Il nous reste à parler de Fénelon dans cette dernière période qui précéda immédiatement sa mort, et où il nous apparaîtra plus ardent, plus actif encore que lorsque la fortune semblait l'appeler aux plus hautes destinées.

Le lecteur nous pardonnera peut-être les quelques réflexions qui sont venues naturellement sous notre plume. En nous rappelant cette mort du duc de Bourgogne qui semble être un de ces coups mystérieux que la Providence frappe parfois pour forcer l'attention des hommes, l'émotion qui a rempli le cœur des contemporains nous a gagné, il nous a semblé voir partir avec lui cette fortune de la France, qui jusque-là lui avait été si fidèle, et nous nous sommes souvenu de ces paroles que Fénelon écrivait dans une lettre à son neveu, et qui sont comme un aveu de sa douleur[1] : « Les hommes, dit-il, travaillent par leur éducation à former un sujet plein de courage, et orné de connaissances; ensuite Dieu vient détruire ce château de cartes. Il renverse ce courage humain, il démonte cette vaine sagesse, il découvre le faible de cette force, il obscurcit, il avilit, il dérange tout. Son ouvrage est d'anéantir le nôtre, et de souffler sur le nôtre pour l'anéantir. Il nous réduit à croire avec foi qu'il est tout, et que nous ne sommes rien. »

[1] *Corr. gén.*, II, 201.

CHAPITRE VII

Ténacité et persévérance de Fénelon. — Nouveaux mémoires sur le gouvernement. — Les *Lettres sur la Religion*. — Fénelon et Saint-Simon. — La bulle *Unigenitus*. — Le maréchal de Munich. — Mort du duc de Chevreuse et du duc de Beauvilliers. — Fin des relations de Fénelon avec la cour.

1712-1714.

« Je donnerais ma vie non-seulement pour l'État, mais encore pour les enfants de notre très-cher prince, qui est encore plus avant dans mon cœur que pendant sa vie. Vous aurez la bonté d'examiner tout ce qui m'a passé par la tête[1]. » Fénelon écrivait ces lignes trois semaines après la mort du duc de Bourgogne, en envoyant l'abbé de Beaumont au duc de Chevreuse pour causer avec lui sur l'état des affaires. Le moment était critique, en effet, pour le pays, qui semblait irrémédiablement voué aux dangers d'une régence, avec une guerre désastreuse à terminer. La couronne devait passer de la tête vieillissante de Louis XIV sur celle d'un enfant de cinq ans, et la France se demandait avec anxiété quel serait, en réalité, le prince entre les mains de qui le pouvoir allait tomber. Le duc de Berri, qui, lui aussi, n'avait plus que peu de jours à vivre, passait avec raison pour un homme sans capacité, déréglé, et entièrement soumis à sa femme, cette fille du duc d'Orléans dont les désordres commençaient à s'étaler au grand jour; quant au

[1] *Corr. gén.*, I, 553.

prince, qui devait être le Régent, les accusations les plus étranges circulaient sur son compte : on l'accusait presque ouvertement d'avoir fait empoisonner le Dauphin. L'indolence du prince était si grande, qu'il cherchait à peine à se laver de ces atroces insinuations. Une insouciance si extraordinaire en pareille occurrence donnait de la consistance aux bruits sinistres qui circulaient, bruits que le temps à lui seul devait dissiper entierement. Ainsi ceux qui regardaient avec une anxiété patriotique le sombre avenir de la France, ne voyaient rien, ni personne pour calmer leur inquiétude. Fénelon, qui était, nous l'avons dit, plus alarmé que tout autre, ne se décourage pas un moment. L'abbé de Beaumont profita d'un des fréquents séjours qu'il faisait à Paris pour voir M. de Chevreuse et lui conseiller, de la part du prélat, de tenter un rapprochement avec madame de Maintenon. C'était la premiere fois depuis qu'il avait quitté la cour que pareille pensée venait à l'esprit de l'archevêque. Tant qu'un pareil conseil eût pu sembler intéressé, tant que madame de Maintenon eût pu croire que Fénelon cherchait à rentrer en grâce, jamais l'idée même d'une pareille démarche ne s'était présentée à son esprit : il était resté dans un silence et une réserve absolus envers cette amie d'un jour, sans se plaindre et sans faire aucune avance.

Mais tout était changé, il ne pouvait plus être question de rien pour la personne de Fénelon, et madame de Maintenon pouvait beaucoup pour déterminer le Roi à prendre de sages dispositions en vue de la future régence du royaume. Aussi Fénelon crut-il que le moment était venu d'essayer un rapprochement qui pourrait être utile au bien public, en faisant arriver la vérité jusqu'aux oreilles du souverain. La marquise, sans se brouiller complétement avec la petite société Chevreuse et Beauvilliers, s'était graduellement éloignée de ses anciens amis, peut-être par un secret embarras de sa conduite envers Fénelon. La mort de la duchesse de Bourgogne, à laquelle elle s'était réellement attachée, la laissait très-isolée au milieu de cette cour, où elle semblait presque régner. Elle se sentait sans appui réel et sans conseil, à l'heure où son influence allait devenir sans contre-poids, où le Roi, attristé et vieilli, s'appuyait uniquement sur elle pour dissiper son incurable ennui. Il y avait donc lieu pour les gens de bien qui avaient tout perdu avec le duc de Bourgogne, d'essayer de faire usage de l'influence de madame de Maintenon pour décider le Roi à prendre les mesures propres à faire tomber le pouvoir en bonnes mains, s'il venait à disparaître. Aussi Fénelon n'hésita-t-il pas à conseiller à ses amis à tenter un rapprochement. Mais cette démarche fut, si nous ne nous trompons, comme la preuve visible de son renoncement absolu à toute ambition personnelle[1]. « Je croirois que le bon (duc *de Beauvilliers*) feroit bien d'aller voir madame de Maintenon, et de lui parler à cœur ouvert, indépendamment du refroidissement passé. Il pourroit lui faire entendre qu'il ne s'agit d'aucun intérêt, ni direct ni indirect, mais de la sûreté de l'État, du repos et de la conservation du Roi, de sa gloire et de sa conscience, puisqu'il doit, autant qu'il le peut, pourvoir à l'avenir. Ensuite il pourroit lui dire toutes ses principales vues, et puis concerter avec elle ce qu'il diroit au Roi.

« Je ne propose point ceci sur l'espérance qu'elle soit l'instrument de Dieu pour faire de grands biens. Je ne crains que trop qu'elle sera occupée des jalousies, des délicatesses, des ombrages, des aversions, des répits, et des finesses de femme. Je ne crains que trop qu'elle n'entrera que dans des partis foibles, superficiels, flatteurs pour endormir le Roi et pour éblouir le public, sans aucune proportion avec les pressans besoins de l'État. Mais enfin Dieu se plaît à se servir de tout. Il faut au moins tâcher d'apaiser madame de Maintenon,

---

[1] *Corr. gén.*, I, 553.

afin qu'elle n'empêche pas les résolutions les plus nécessaires. Le bon (duc *de Beauvilliers*) lui doit même ces égards dans cette conjoncture unique, après toutes les choses qu'elle a faites autrefois pour son avancement. »

Le duc de Beauvilliers suivit ce conseil : il eut avec madame de Maintenon de sérieux entretiens et la trouva toute disposée à renouer leurs anciennes relations d'amitié. Le duc ayant témoigné quelques inquiétudes sur les papiers du dernier Dauphin où se trouvaient des lettres et des mémoires de Fénelon, madame de Maintenon le rassura par le petit billet suivant, dont la spirituelle sécheresse garantit l'authenticité : « Pour vous mettre l'esprit en repos, Monsieur, j'ai tiré des copies de tous vos écrits, et je vous renvoie tout sans exception. On vous aurait gardé le secret, mais il est des occasions qui découvrent tout. Nous venons d'en faire une triste expérience. Je voulais vous renvoyer tout ce qui s'y est trouvé de vous et de M. de Cambrai; mais le Roi a voulu brûler lui-même. Je vous avoue que j'y ai eu grand regret, car jamais on ne peut écrire rien de si beau ni de si bon, et si le prince que nous pleurons a eu quelques défauts, ce n'est pas pour avoir reçu des conseils trop timides, ni qu'on l'ait trop flatté. On peut dire que ceux qui vont droit ne sont jamais confus. »

Les voies étant donc ouvertes, il s'agissait de faire passer au Roi des avis pratiques. Pour arriver à ce but, Fénelon reprend, avec une infatigable persévérance et une singulière souplesse d'esprit, le rôle de conseiller officieux qu'il jouait depuis tant d'années auprès du duc de Bourgogne, et se remet à l'œuvre sans défaillir. Il reprend la plume, cette plume qui avait écrit les tables de Chaulnes pour le cher petit prince, et rédige trois nouveaux mémoires destinés à fournir les idées que les deux ducs devaient essayer de faire arriver jusqu'au Roi. Une année entière ne s'était pas écoulée depuis le jour où, plein d'espoir dans un avenir qui paraissait si assuré, il avait de même envoyé à Versailles les plans de gouvernement qui devaient être proposés aux réflexions d'un prince jeune que le doigt de Dieu semblait avoir prédestiné. Quelle amère douleur Fénelon ne dut-il pas éprouver quand il se mit ainsi à écrire encore une fois des avis que son élève ne lirait plus! Mais si son cœur saigna en traçant ces lignes qui lui rappelaient à chaque lettre l'immensité de sa perte, sa main ne trembla pas, et l'on retrouve dans ce nouveau travail toute la fermeté de son intelligence.

Ce fut le 15 mars 1712 que Fénelon envoya à ses amis de Versailles trois mémoires, intitulés : 1° *le Roi;* 2° *Projet d'un conseil de régence;* 3° *Éducation du jeune prince.* Nous allons faire une rapide analyse de ces projets, les derniers que Fénelon ait rédigés; ils nous paraissent intéressants, parce qu'ils peignent vivement la situation de la France à ce moment critique.

Le premier mémoire sur le *Roi* débute par le singulier article suivant, qui montre bien à quel point les morts imprévues et foudroyantes qui se succédaient dans la famille royale troublaient les meilleures têtes et faisaient croire à des crimes, là où le simple bon sens eût dû en écarter l'idée : « Je crois qu'il est très-important de redoubler sans éclat et sans affectation toutes les précautions pour sa nourriture (du Roi), et aussi du jeune prince qui reste. » Une fois le tribut aux idées du jour payé par cette étrange recommandation, Fénelon renouvelle ses exhortations pour une prompte conclusion de la paix rendue plus nécessaire encore par la perspective d'une longue minorité. « Il (le Roi) ne doit point s'exposer à laisser un petit enfant avec tout le royaume dans un si prochain péril. On peut lui représenter, dit-il encore, l'extrémité où l'on se trouverait s'il tombait dans un état de langueur où il ne pourrait rien décider, et où nul ministre n'oserait rien prendre sur soi. » Puis, passant aux réformes nécessaires après la paix, Fénelon poursuit par ces quelques articles, où il insiste sur la nécessité d'établir un conseil de régence entrant immédiatement en fonction, afin d'établir son autorité par avance si le Roi venait à mourir : « Il faut lui montrer combien il importe qu'il rétablisse au plus tôt quelque ordre dans les finances, sans quoi on ne peut espérer aucune respiration des peuples avec les troubles d'une minorité ; pendant une régence, un prince qui voudrait troubler l'État aurait un moyen facile d'y réussir. Si le conseil de régence paye les dettes, il ne saurait soulager les peuples, et les peuples accablés ne continueront point à porter ce joug accablant quand ils verront un prince qui leur offrira sa protection contre ce conseil ; si, au contraire, le conseil retranche ou suspend le payement des dettes pour soulager les peuples, les rentiers qui sont en si grand nombre et si appuyés feront un parti redoutable contre le conseil qui les aura maltraités.

« Si M. le duc de Berri, livré à son épouse et à son beau-père, se trouvait, à la mort du Roi, à portée de gouverner sans qu'il y eût un conseil de régence déjà en actuelle possession, et déjà affermi dans l'exercice de l'autorité, les peuples et les troupes, accoutumés à n'obéir qu'aux ordres d'un seul maître, ne s'accoutumeraient pas facilement à préférer les décisions d'un conseil sans expérience, et peut-être fort divisé, aux volontés d'un fils et d'un petit-fils de France, réunis ensemble avec un grand parti... »

Enfin Fénelon termine par ces belles paroles sur la nécessité de dire au Roi la vérité tout entière, qui s'adressaient directement à madame de Maintenon :

« Ce n'est point en épargnant chaque jour au Roi la vue de quelques détails épineux et affligeants qu'on travaille solidement à le soulager et à le conserver ; les épines renaîtront sous ses pas à toutes les heures ; il ne peut se soulager qu'en s'exécutant d'abord à toute rigueur. C'est une prompte paix, c'est l'ordre mis dans les finances, c'est la réforme des troupes faite avec règle, c'est l'établissement d'un bon conseil autorisé et mis en possession tout au plus tôt, qui peuvent mettre le Roi en repos pour durer longtemps, et le royaume en état de se soutenir malgré tant de périls. On devra tout à madame de M*** (Maintenon) si elle y dispose le Roi.

« Je ne crois pas que madame de M*** (Maintenon) agisse par grâce, ni même avec une certaine force de prudence élevée; mais que sait-on sur ce que Dieu veut faire? Il se sert quelquefois des plus faibles instruments, au moins pour empêcher certains malheurs. Il faut tâcher d'apaiser madame de M*** et lui dire la vérité; Dieu fera sa volonté sur tout. »

Le second mémoire, sur le *Conseil de régence*, est le plus caractéristique et celui qui fait le plus d'honneur à la perspicacité politique de son auteur. Pour le juger équitablement, il faut se reporter par la pensée au moment où il a été écrit. Fénelon le composait en 1712, avant la bataille de Denain, alors que le congrès d'Utrecht venait à peine de s'ouvrir et que, suivant les apparences, un temps fort long devait s'écouler avant que les conférences pussent amener la conclusion d'un traité définitif. Le Roi, vieux et malade, pouvait mourir d'un jour à l'autre, et le pouvoir tomber entre les mains du duc de Berri, dont l'incapacité et la violence étaient notoires. En réalité, le duc d'Orléans, maître absolu de l'esprit de sa fille, la duchesse de Berry, eût été le seul chef de l'État. Or, nous avons dit les accusations qui circulaient sur son compte : on l'accusait presque ouvertement d'être l'auteur des morts si nombreuses et si rapides dans la famille royale, dont chacune le rapprochait du trône. Dans cet état de choses, tous les bons esprits eussent voulu que le Roi établît lui-même un conseil de régence véritable qui eût été autre chose qu'un simulacre d'autorité. C'était le seul moyen de donner un guide au duc de Berry, qui était si manifestement au-dessous de la tâche qui pouvait lui incomber d'un moment à l'autre. Fénelon demande donc avec instance que le Roi établisse lui-même un conseil de régence. Il commence par constater dans son mémoire la difficulté de « former ce conseil, qui, nombreux, ne sera que désordre et corruption; restreint, sera facilement renversé par les envieux ». Cependant, comme il est impossible d'en exclure « les gens de la faveur présente », il vaut mieux le faire nombreux afin d'y faire un contre-poids de gens droits et fermes. Puis Fénelon se demande si l'on doit y faire entrer « celui qui est soupçonné de la plus noire scélératesse », et il n'ose conseiller de rendre ainsi le prince « le maître de tout ce qui se trouverait entre lui et l'autorité suprême ». Ce trait est remarquable, parce qu'il montre à quel point la réputation du duc d'Orléans était compromise à ce moment, puisque Fénelon, qui ne lui avait jamais été hostile, qui lui avait même rendu de bons offices par ses amis lors des premières difficultés du prince avec le Roi, qui allait bientôt entrer en rapports directs avec lui, n'ose cependant pas se prononcer sur une aussi atroce imputation, et demande que l'on garde une prudente réserve à son égard. Pour adoucir cette exclusion, il voudrait que le duc de Berri n'eût que la présidence du conseil et une voix simple, que tous les princes du sang, tous les princes étrangers, tous les seigneurs ayant rang de prince fussent exclus du conseil. Quant aux légitimés, Fénelon n'en parle seulement pas, tant il était loin de penser qu'il pût en être question pour un conseil de gouvernement. Le conseil lui-même serait composé de prélats, de seigneurs, des ministres et des secrétaires d'État pour les expéditions. Puis Fénelon termine par ces articles que nous citons en entier :

« Il faudrait que le Roi autorisât au plus tôt ce conseil de régence dans une assemblée de notables qui est conforme au gouvernement de la nation.

« De plus, il faudrait que le Roi, dans son lit de justice, le fit enregistrer au parlement de Paris, semblable enregist$_r$

ment dans tous les autres parlements, cours souveraines, bailliages.

« Le Roi, dans l'assemblée des notables, pourrait faire prêter serment à tous les notables pour maintenir ce conseil, et aux conseillers de ce conseil pour gouverner avec zele; M. le duc de Berri même prêterait ce serment.

« Il serait infiniment à désirer que le Roi mît dès à présent ce conseil en fonction, il n'en serait pas moins le maître de tout. Il accoutumerait toute la nation à se soumettre à ce conseil; il éprouverait chaque conseiller, il les unirait, les redresserait et affermirait son œuvre; s'il faut le lendemain de sa mort commencer une chose qui est devenue si extraordinaire, elle sera d'abord renversée. Depuis longtemps la nation n'est plus accoutumée qu'à la volonté absolue d'un seul maître; tout le monde courra au seul nom de M. le duc de Berri.

« Si l'on ne peut point persuader au Roi une chose si nécessaire, il faudrait au moins à toute extrémité que Sa Majesté assemblât ce conseil cinq ou six fois l'année, qu'il consultât de plus en particulier chacun des conseillers, et qu'il les mît dans le secret des affaires, afin qu'ils ne fussent pas tout à fait neufs au jour du besoin.

« Il ne faut pas perdre un moment pour établir ce conseil. L'étonnement du spectacle, le cri public, la crainte d'un dernier malheur peuvent ébranler; mais si, sous prétexte de n'affliger pas le Roi, on attend qu'il rentre dans son train ordinaire, on n'obtiendra rien.

« De plus, il n'y a aucun jour où nous ne soyons menacés, ou d'une mort soudaine et naturelle, ou d'un funeste accident, suite du coup que le public s'imagine venir de N***[1].

« Chaque jour on doit craindre un affaiblissement de tête

---

[1] Allusions aux accusations qui circulaient sur le compte du duc d'Orléans.

plus dangereux que la mort même de Sa Majesté; alors tout se trouverait tout à coup, et sans remède, dans la plus horrible confusion.

« Sa Majesté ne peut, ni en honneur ni en conscience, se mettre en péril de laisser le royaume et le jeune prince, son héritier, sans aucune ressource pour le gouvernement de la France, pour l'éducation et la sûreté de l'enfant.

« J'avoue que l'établissement de ce conseil nous fait craindre de terribles inconvénients; mais, dans l'état présent, on ne peut plus rien faire que de très-imparfait, et il serait encore pis de ne faire rien; on ne peut point se contenter de précautions ordinaires et médiocres. »

Avec cette sûreté de coup d'œil qui s'allie si étrangement chez Fénelon à une certaine chimère dans l'esprit, il a compris que tout ce que le Roi réglerait seulement par écrit resterait à l'état de lettre morte, et il propose hardiment d'avoir recours aux notables pour donner autorité au conseil de régence, et surtout de le mettre en activité de son vivant. Certes, c'eût été le seul moyen d'en faire un réel, et qui eût eu une chance de durée; mais si Fénelon voyait juste à son point de vue, il se trompait étrangement en croyant que jamais Louis XIV consentirait à imposer une barrière quelconque à son autorité. Jusqu'à son dernier soupir, il la garda seul, et sans la partager avec personne; il crut même, trompé par l'illusion du pouvoir absolu, que sa volonté serait encore souveraine après lui. C'était donc une hardiesse singulière à l'archevêque de venir ainsi proposer au Roi de mettre lui-même en fonction le conseil qui eût gouverné après lui : personne n'eut sans doute le courage de lui faire cette proposition. Mais une fois la nécessité de faire un conseil de régence admise, c'était la seule façon de l'établir. Mis en exercice par le souverain vivant encore, reconnu par les notables, enregistré par le Parlement, ce conseil eut été un vrai gouvernement en état de se défendre. Tout le reste, testament, ordonnance, édit, ne pouvait être que lettre morte ou papier noirci, qu'on n'aurait pas seulement besoin de violence pour réduire à néant; seule une institution déjà vivante eût pu résister. Le sort réservé au testament de Louis XIV, qui ne reçut même pas un commencement d'exécution, prouva bien la justesse des vues de Fénelon. Toutes les précautions indiquées par ce dernier n'eussent pas été de trop pour faire respecter les volontés du Roi : elles n'eussent probablement pas suffi.

Il faut remarquer aussi la persistance de Fénelon à réclamer tantôt les notables, tantôt les états généraux « comme étant conformes à l'ordre de la nation ». Ce n'est pas là une idée de liberté politique, comme on l'a entendu plus tard, car il reste toujours partisan décidé de l'autorité prépondérante du Roi; mais en demandant le retour à ces antiques usages, depuis si longtemps tombés en désuétude, Fénelon voudrait rendre plus intime l'union de la France avec son gouvernement. Il revient constamment sur cette pensée des notables à assembler, comme s'il eût eu un pressentiment vague de la rupture qui commence à se faire entre la nation et ceux qui la gouvernent. Il voudrait, comme nous l'avons déjà fait remarquer à propos des tables de Chaulnes, resserrer les liens et empêcher le divorce qui s'opère insensiblement entre les classes de la société. Sans peut-être bien s'en rendre compte lui-même, il a comme une intuition du péril réel que le pouvoir absolu du Roi et le nivellement de toutes les parties du corps social sous un unique maître font courir au gouvernement royal, et il saisit toutes les occasions de conseiller les mesures qui pourraient rapprocher le pouvoir de la nation et fortifier la monarchie par le contact vivant de ses peuples. C'est cette perspicacité et cette ténacité à demander un appel aux forces vives du pays qui sont la marque distinctive, comme la griffe de tous les projets politiques de Fénelon. Il comprenait qu'un aussi grand arbre que la royauté française ne pouvait être solide qu'en étendant ses racines jusqu'aux couches profondes du sol. Cela seul donne le droit à ce rare esprit d'être rangé parmi les hommes supérieurs qui surent juger leur temps et les institutions de leur pays avec impartialité et profondeur. Hélas! alors comme aujourd'hui, le sort de tels hommes est de se consumer en désirs stériles, et de prêcher dans le désert.

Le troisième mémoire, intitulé : *Éducation du jeune prince,* ne contient que des conseils sur la manière d'élever l'héritier du trône et sur l'entourage qu'il convient de lui donner. Là encore, Fénelon eût mérité d'être écouté, et peut-être la France eût-elle connu un Louis XV tout autre si ses conseils eussent été suivis. Il recommande surtout que le gouverneur soit « non-seulement propre à former le jeune prince, mais encore autorisé et ferme à soutenir en cas de minorité une si précieuse éducation contre les cabales ». Il propose plusieurs évêques comme précepteurs, parmi lesquels Fleury n'est pas nommé, et demande que toute sa maison soit choisie avec le plus grand soin. On retrouve l'adversaire des jansénistes dans cette courte recommandation sur les gens qui approchent du prince, « aucun douteux sur la doctrine ». Aux yeux de l'ancien précepteur du duc de Bourgogne, l'éducation du futur roi de France était chose d'une telle importance qu'il fallait à tout prix la soustraire à l'influence de celui qui exercerait le pouvoir après la mort du Roi, et la rendre pour ainsi dire inviolable. « Le Roi, dit-il, pourrait mettre dans l'acte de régence la forme de l'éducation. Ainsi l'éducation serait enregistrée et autorisée par la même solennité qui autoriserait le conseil de régence pour la minorité future. Sa Majesté pourrait même faire promettre au prince qui doit naturellement être le chef de la régence qu'il ne troublera pour aucune raison ce projet d'éducation ainsi autorisée. » Ces soins extrêmes de l'éducation du prince destiné par la Providence à porter si jeune le poids du gouvernement sont bien dignes de celui qui avait formé le duc de Bourgogne, et l'avenir ne montra que trop combien il importait d'entourer l'enfant royal d'âmes élevées et de caractères fermes. En confiant à l'évêque de Fréjus d'une part, et au maréchal de Villeroi de l'autre, le soin de faire de son arrière-petit-fils un roi digne de ce nom, Louis XIV montra une fois de plus combien l'âge et l'exercice du pouvoir avaient éteint en lui cette perspicacité dans l'appréciation des caractères, et cet art de mettre chacun à la place où il pouvait rendre le plus de services, qui l'avaient si fort distingué dans sa jeunesse.

A ces trois mémoires politiques en était joint un quatrième, tout de circonstance; il est intitulé : *Recherches de...* (la fin manque), et traite des calomnies répandues sur le compte du duc d'Orléans auxquelles nous avons déjà fait allusion. Fénelon n'était ni un esprit crédule, ni une de ces âmes vulgaires qui se plaisent à croire le mal; nous avons dit qu'il était en relation avec ce prince, dont il goûtait l'esprit; il ne croyait donc pas aux calomnies répandues sur le compte du duc d'Orléans. Mais le bruit public était si fort, et le prince mettait si peu de soin à se justifier, que Fénelon lui-même était presque ébranlé, tant on a de peine à se défendre de la contagion de l'opinion. Ces accusations, purement imaginaires, tombèrent du reste d'elles-mêmes, et furent aussi vite oubliées qu'elles avaient été légèrement reçues. Fénelon et ses amis s'employèrent de leur mieux à les dissiper, et le duc d'Orléans leur en sut bon gré ; et cependant ce mémoire dont nous parlons est une discussion complète sur le plus ou moins d'opportunité de rechercher la vérité de ces terribles accusations contre un prince dont « l'irréligion, le mépris de toute diffamation, l'abandon à une si étrange personne (la duchesse de Berry), semblent rendre croyable tout ce que l'on a le plus de peine à croire».

Ce mémoire, sur lequel nous ne nous étendrons pas davantage, jette une vive lumière sur l'état des esprits dans cette crise de la monarchie, et aussi sur l'état des mœurs. Pour que de pareils soupçons pussent seulement être discutés, il fallait que, sous les brillants dehors qui la recouvraient, la société fût encore bien rude. Il n'y avait pas, du reste, bien longtemps que les fameux procès de la Voisin et de la Brinvilliers avaient révélé une si étrange série d'empoisonnements payés par les plus grands seigneurs, et les esprits en étaient restés frappés.

Louis XIV eut la sagesse de laisser tomber les accusations que les ennemis du futur Régent se plaisaient à multiplier; peut-être même le mémoire de Fénelon qui précisait nettement ces calomnies, et montrait les conséquences que pourrait avoir seulement leur discussion, contribua-t-il à faire cesser ces bruits, qui ne pouvaient se soutenir que par insinuation. Formuler avec précision l'accusation, c'était en démontrer l'inanité et la faire tomber dans le discrédit.

Tels furent les nouveaux mémoires politiques que Fénelon envoya au duc de Chevreuse en mars 1712. Le plus remarquable est, comme nous l'avons dit, celui sur le « conseil de régence ». Nous ne savons pas bien ce qu'il advint de ces mémoires. Le duc de Chevreuse rentra, on l'a vu, en rapports avec madame de Maintenon, qui eut aussi plusieurs conférences avec le duc de Beauvilliers. Ce dernier écrivait à Fénelon qu'elle lui paraissait très-bien intentionnée, « mais timide, méfiante, craignant toujours d'agir et d'encourir une responsabilité ». Madame de Maintenon n'avait pas un de ces esprits supérieurs dont les femmes sont parfois douées, et qui les font agir dans les crises politiques avec énergie et promptitude; tout son art consistait à écouter le Roi, à insinuer des demi-mesures, et à ménager une influence plus apparente que réelle. La négociation entamée avec elle par les amis de Fénelon ne dura guère, du reste. La mort emporta bientôt les deux intermédiaires, et les projets de Fénelon sur la régence eurent le même sort que les tables de Chaulnes, et restèrent à l'état de lettre morte. On sait comment Louis XIV crut pouvoir disposer de l'autorité après sa mort, aussi bien durant sa vie, et l'étrange conseil de régence qu'il établit par son testament, d'où il excluait le duc d'Orléans pour y faire entrer les légitimés, qu'il croyait avoir eu le droit d'appeler à la succession à la couronne. Vaines précautions qu'un souffle emporta, Fénelon n'était plus là pour voir se réaliser ses prévisions sur l'inutilité de ces prescriptions arbitraires : « S'il faut le lendemain de la mort du Roi, écrivait-il dans ses projets, commencer une chose si extraordinaire, elle sera d'abord renversée. Depuis longtemps, la nation n'est plus accoutumée qu'à la volonté d'un seul maître, tout le monde courra au seul M. le duc de Berri. » Le duc de Berri mort, tout le monde courut au seul duc d'Orléans.

N'y a-t-il pas quelque chose de touchant dans cette persévérance, cette espèce de ténacité à désirer le bien public qui n'abandonna Fénelon qu'avec la vie? Il savait mieux que personne qu'il n'y avait plus d'avenir pour lui ; si son chagrin, si sa piété ne l'eussent pas éclairé, l'âge s'en serait chargé. La mort du duc de Bourgogne l'avait frappé dans la partie la plus sensible de son être; sa santé, toujours frêle, déclinait visiblement, et cependant il prend un intérêt aussi vif, aussi ardent que jamais à ce bien de l'État qui a été, après la religion, la seule passion de sa vie. Malgré les déboires, malgré les déceptions sans cesse renaissantes, cette âme si vraiment citoyenne ne se refroidit pas un moment, et l'amour de son pays est aussi fort en lui alors que ses jours sont comptés, qu'à cette heure d'illusion où il se croyait si près de pouvoir consacrer ses forces à le servir. C'est là ce qui met Fénelon à un rang spécial parmi ses contemporains, et ce qui, suivant nous, n'a pas été assez remarqué par ses biographes. Beaucoup même se plaisent à y voir la marque d'une ambition inquiète et inassouvie. Les jugements de Saint-Simon sur Fénelon sont pour beaucoup dans cette fausse interprétation de son caractère. Il insinue toujours que l'intérêt guidait seul l'archevêque de Cambrai dans ce goût pour la politique, et que le pouvoir fut, jusqu'à la fin, le but de ses efforts. Il se vante même, comme d'un acte de générosité, d'avoir essayé d'amener un rapprochement entre le duc d'Orléans et le prélat, qui eût été, dit-il, certainement appelé aux affaires sur sa recommandation lorsque le prince fut devenu maître de l'État. Et l'illustre écrivain ajoute qu'il eut d'autant plus de mérite à cette tentative, qu'il redoutait fort l'ambition de M. de Cambrai. C'est là encore une des illusions qui sont si habituelles à cet esprit que la passion aveuglait souvent. Si Fénelon consentit par son entremise à entrer en rapport avec le duc d'Orléans, ce n'était certes pas l'ambition qui le guidait, mais bien ces sentiments de patriotisme dont nous venons de parler. Le duc de Saint-Simon avait tort de craindre, comme il l'avoue naïvement, l'influence que le grand esprit de Fénelon pourrait prendre sur le prince. L'heure de l'ambition était à jamais passée pour lui, et, de plus, la nature des deux personnes était trop différente pour pouvoir s'accorder longtemps. Le duc d'Orléans était trop spirituel pour ne pas estimer à sa valeur un homme tel que l'archevêque de Cambrai; mais il était aussi trop mobile, trop changeant, trop sceptique pour subir l'influence d'une âme aussi ardente et aussi entière que celle de l'archevêque; tout le charme enchanteur de ce commerce, que les contemporains ont tant célébré, n'eût pas suffi à le retenir. Ne croyant à rien, ni à personne, pas plus en lui-même qu'en autrui, comprenant tout, même le bien, incapable de s'imposer une contrainte ou une gêne, le prince que Saint-Simon craignait tant de voir subir l'influence de Fénelon ne devait se laisser prendre que par le singulier mélange d'astuce et de bassesse, et cet art pour cacher la domination sous le manteau de l'obséquiosité, que l'abbé Dubois possédait à un si haut degré, et qui lui valurent un empire presque absolu sur son ancien élève devenu le « Régent ». Fénelon, avec la grandeur de ses vues, l'ardeur de sa foi et l'austérité de sa vie, était trop au-dessus du duc d'Orléans pour pouvoir jamais être pour lui autre chose qu'un curieux objet d'observation ; il eût pu le consulter, parce qu'il savait qu'un homme d'esprit est toujours bon à écouter, mais il ne se serait jamais attaché à lui; une trop grande différence morale les séparait, pour que même l'esprit et l'intelligence pussent la combler. Le singulier rapprochement, qui ne pouvait avoir aucune suite, auquel Saint-Simon se vante d'avoir travaillé, eut cependant un résultat : ce fut cette série de lettres sur la religion que l'archevêque écrivit pour le prince et qu'on a publiées dès la fin du siècle dernier, en les joignant à d'autres lettres traitant des mêmes sujets. Les trois premières lettres de ce recueil ont été certainement adressées au duc d'Orléans, et rédigées dans ces années 1712 et 1713 où le prélat était indirectement en rapport avec lui.

En effet, le duc d'Orléans, qui avait toutes les curiosités, avait aussi celle de la vérité; sceptique plus par corruption de mœurs que par raisonnement, il souffrait de son scepticisme. Il profita donc de l'occasion pour consulter Fénelon sur ces grands sujets qui font le désespoir des incrédules, Dieu et l'immortalité de l'âme. L'auteur du *Traité de l'existence de Dieu* passait avec raison pour un philosophe de premier ordre, et ce fut à lui, et non à l'archevêque de Cambrai, que le duc confia ses doutes. C'est à cet appel, qui dut toucher profondément Fénelon, que sont dues les trois premières *Lettres sur la religion*, et peut-être celles qui suivent, où l'on retrouve tout le charme de style habituel à Fénelon, avec plus de simplicité et de force dans la pensée.

Le duc d'Orléans n'admettait comme démontrée que l'existence même d'un premier être, sans aller plus loin, sans admettre la nécessité d'un culte religieux. Fénelon examine donc successivement ces trois grandes questions, le culte religieux, l'immortalité de l'âme et le libre arbitre. Ces lettres sont célèbres, il ne rentre pas dans notre cadre d'en faire une analyse littéraire ou philosophique pour laquelle nous n'aurions, du reste, aucune qualité ; mais nous ne pouvions les passer sous silence. Les raisons morales et philosophiques sur la nécessité du culte comme dû au Dieu créateur, et nécessaire à l'homme créé, à des créatures faibles et bornées, les fondements rationnels et religieux de la croyance à l'immortalité de l'âme, et ceux non moins solides, mais plus difficiles à déterminer, de notre libre arbitre, y sont exposés dans cette langue merveilleuse, à la fois claire et abondante, dont il semble que Fénelon ait eu seul le secret. Il s'élève parfois jusqu'à des mouvements d'une véritable éloquence, que ce genre d'écrit ne semble pas comporter au premier abord. Ainsi répondant à l'objection tirée de la distance qui sépare Dieu de l'homme et semble rendre inutile ou indigne le culte de créatures bornées et dépendantes envers l'être infini, Fénelon dit ces belles paroles qu'il y a toujours profit à relire[1] : « Quand il s'agit de savoir ce qui convient ou ce qui ne convient pas à l'Être infini, il ne faut pas vouloir le pénétrer par notre faible et courte raison. Nous sentons nous-mêmes que Dieu ne peut pas avoir eu, en nous créant, une fin plus noble et plus haute que celle de se faire connaître et aimer par nous. Cette action de connaître et aimer Dieu est la plus parfaite opération qu'il puisse tirer de sa créature, et qu'il puisse se proposer comme la fin de son ouvrage. Si Dieu ne pouvait tirer du néant aucune créature qu'à condition d'en tirer quelque opération aussi parfaite que la divinité, il ne pourrait jamais tirer du néant aucune créature, car il n'y en a aucune

---

[1] *OEuvres complètes*, I, 330.

qui puisse produire aucune opération aussi parfaite que Dieu. L'opération la plus parfaite et la plus noble que la nature bornée et imparfaite du genre humain puisse produire, est la connaissance et l'amour de Dieu. Ce que Dieu tire de l'homme ne peut être qu'imparfait comme l'homme lui-même ; mais Dieu en tire ce que l'homme peut produire de plus parfait, et il suffit, pour l'accomplissement de l'ordre, que Dieu tire de sa créature ce qu'il en peut tirer de meilleur dans les bornes où il la fixe ; alors il est content de son ouvrage ; sa puissance a fait ce que sa sagesse demande. »
Plus loin, après avoir traité de l'immortalité de l'âme et dit que cette immortalité, toute réelle qu'elle est, n'est pourtant qu'un don de Dieu, qui pourrait anéantir esprit et matière par une parole s'il le trouvait bon, Fénelon ajoute ces réflexions pleines d'un souffle de foi et d'amour pour la religion révélée par les Écritures, qu'on croirait écrites en nos jours d'incrédulité, tant elles s'appliquent aux controverses modernes[1] :
« Mais nous produisons un livre qui porte toutes les marques de divinité, puisque c'est lui qui nous a appris à connaître et à aimer souverainement le vrai Dieu. C'est dans ce livre que Dieu parle si bien en Dieu, quand il dit : Je suis celui qui est. Nul autre livre n'a peint Dieu d'une manière digne de lui. Ce livre que nous avons en main, après avoir montré Dieu tel qu'il est, nous enseigne le seul culte digne de lui. Il ne s'agit point de l'apaiser par le sang des victimes ; il faut l'aimer plus que soi-même, il faut renoncer pour lui et préférer sa volonté à la nôtre, il faut que son amour opère en nous toutes les vertus, et n'y souffre aucun vice. C'est ce renversement total du cœur de l'homme que l'homme n'aurait jamais pu imaginer, il n'aurait jamais inventé une telle religion, qui ne lui laisse pas même sa pensée et sa volonté ; lors même qu'on lui propose cette religion avec la plus su-

---

[1] *OEuvres complètes*, I, 345.

prême autorité, son esprit ne peut la concevoir, sa volonté se révolte, et tout son fond est irrité. Il ne faut pas s'en étonner, puisqu'il s'agit de démontrer tout l'homme, de dégrader ce *Moi* qui lui est si cher, de briser cette idole, de former un homme nouveau, et de mettre Dieu à la place de ce *Moi*. Toutes les fois que l'homme inventera une religion, il la fera bien différente ; l'amour-propre la dictera, il la fera toute pour lui, celle-ci ne lui laisse rien. Celle-ci est néanmoins si juste que ce qui nous souleve le plus contre elle est précisément ce qui doit le plus convaincre de sa vérité. Dieu tout, à qui tout est dû, et la créature rien, à qui rien ne doit demeurer qu'en Dieu et pour Dieu. Toute religion qui ne va pas jusque-là est indigne de Dieu, ne redresse point l'homme, et porte un caractère de fausseté tout manifeste. Il n'y a sur la terre qu'un seul livre original, qui fasse consister la religion à aimer Dieu plus que soi, et à se renoncer pour lui. Les autres qui répetent cette grande vérité l'ont tirée de celui-ci. Le livre qui a fait ainsi connaître au monde la grandeur de Dieu, la misere de l'homme et un culte fondé sur l'amour, ne peut être que divin. Ou il n'y a aucune religion, ou celle-là est la seule véritable. Ce livre a fait tout ce qu'il a dit : il a changé la face du monde, il a peuplé les déserts de solitaires qui ont été des anges dans des corps mortels, il a fait fleurir jusque dans le monde le plus impie et le plus corrompu les vertus les plus pénibles et les plus aimables. Un tel livre doit être cru comme s'il était descendu du ciel sur la terre ; c'est ce livre où Dieu nous déclare une vérité déjà si vraisemblable par elle-même. Le même Dieu tout bon et tout-puissant, qui pourrait seul nous ôter la vie éternelle, nous la promet ; c'est par l'attente de cette vie sans fin qu'il a appris à tant de martyrs à mépriser la vie courte, fragile et misérable des corps. N'est-il pas naturel que Dieu qui éprouve dans cette courte vie chaque homme pour le vice et pour la vertu, et qui laisse souvent les impies achever leur cours dans la prospérité, pendant que les justes vivent et meurent dans le mépris et dans la douleur, réserve à une autre vie le châtiment des uns et la récompense des autres, c'est ce que ce livre divin nous enseigne... Merveilleuse et consolante conformité entre les oracles de l'Écriture et la vérité que nous portons empreinte au fond de nous-mêmes. »

Nous ne savons quel effet ces paroles produisirent sur celui à qui elles étaient adressées; le duc d'Orléans avait trop d'esprit pour ne pas en sentir toute la beauté et l'élévation ; mais son cœur était trop corrompu pour que sa raison pût atteindre à la vérité et y adhérer. C'est la punition de ceux qui ont secoué le joug de la foi et de la raison, d'arriver à un état de doute incurable : à force de jouer avec les idées et de mettre tout en question, la faculté de percevoir le vrai disparaît, et l'esprit ne saisit plus que des fantômes qui lui échappent sans cesse.

Cette correspondance avec le premier prince du sang sur de pareils sujets, et pour répondre à de pareilles questions, est bien significative sur l'état des esprits à cette époque. Pour qu'un homme du rang du duc d'Orléans osa ainsi avouer au plus illustre prélat du royaume ce qu'on appelait alors son libertinage, et étaler sans embarras les doutes ou plutôt les négations de son esprit, il fallait que l'opinion publique fût singulièrement changée. Trente ans auparavant, un pareil fait n'eût pas été possible, tant le scandale eût été grand. Cela seul témoigne que le dix-septième siecle est fini, et que le dix-huitième siecle va bientôt éclater au grand jour. Quelles ne devaient pas être aussi les pensées de Fénelon, qui avait vu finir toutes les grandes lumieres du siecle précédent, quand il se voyait obligé de rédiger ces éloquents plaidoyers en faveur de la religion pour convaincre un homme qui allait bientôt, chacun le prévoyait, présider aux destinées du pays, et tenir dans ses mains le sort de l'Église de France!... Quelle amertume ne dut pas pénétrer le cœur de cet évêque, si pénétré de sa foi, lorsqu'il dut prendre la plume pour plaider la cause de la vérité et de la religion devant celui-là même qui allait être chargé de les défendre ! La douleur de la perte du duc de Bourgogne dut en devenir plus vive encore. Aux tristesses de l'heure présente, aux regrets, aux espérances évanouies, venaient se joindre les plus tristes appréhensions pour l'avenir, et plus d'une fois le cœur dut lui manquer pendant qu'il s'efforçait de convaincre un Fils de France de l'existence de Dieu et de l'immortalité de l'âme.

Les Lettres de Fénelon sur la religion étaient écrites au courant de la plume, au milieu de ces occupations sans cesse renaissantes que nous avons décrites, et de cette foule d'officiers malades ou blessés dont le palais de Cambrai ne désemplissait pas. La guerre qui, malgré les négociations d'Utrecht, était toujours menée avec un grand acharnement de la part des Impériaux, continuait à désoler la Flandre, et ce pays, théâtre depuis tant d'années des dévastations qui suivent inévitablement les armées, ne cessait de réclamer la paix. Témoin toujours plus attristé des maux qui ruinaient ces contrées autrefois si florissantes, Fénelon n'avait pas de patience pour voir arriver la paix : « Je regardais, dit-il au chevalier Destouches, cette reine Anne comme Minerve qui tient le rameau d'olivier. Mais si elle tarde encore un peu, notre pays sera ravagé pour dix ans. »

En juin 1712, il écrit encore à M. de Chevreuse[1] : « Le besoin de la paix est incroyable sur cette frontière. Notre armée est grande, et notre cavalerie, qui était presque ruinée en entrant en campagne, s'est assez bien rétablie. Mais les ennemis, quoique médiocrement supérieurs, feront bien des choses si la guerre dure. Il n'y a ni autorité, ni règle chez nous. Dieu veuille nous donner du repos, et nous le fasse

[1] *Corr. gén.*, I, 563.

bien employer. Mille remercîments, mon bon duc, pour les bontés avec lesquelles vous ne vous êtes point lassé de travailler à mon affaire des blés. Dieu vous le rende à vous et aux vôtres. Je cours risque d'être ruiné pour le reste de mes jours, parce que les ennemis sont au Câteau. Mais je ne m'en soucie guère, Dieu est riche, et cela suffit. »

Cette année 1712 qui s'ouvrit pour la France sous de si tristes auspices, vit cependant changer sa fortune, et la victoire de Denain vint effacer tant de désastres. Ce fut comme un dernier rayon de gloire accordé par la Providence pour éclairer le déclin du grand Roi. N'ayant plus devant lui que les Impériaux et les Hollandais, Villars sut ramener la victoire sous nos drapeaux, et une fois encore Louis XIV put faire chanter un de ces *Te Deum* dont les voûtes de Notre-Dame avaient perdu l'habitude. Cette journée fameuse fut un de ces coups de théâtre dont la Providence ménage parfois la surprise aux nations qu'elle ne veut pas perdre, et l'argument le plus propre à faire aboutir les négociations d'Utrecht. Désormais, la paix était assurée, ce n'était plus qu'une question de temps. La France avait prouvé qu'elle n'était pas morte, et « le lion blessé faisait reculer les chasseurs ». La campagne s'acheva brillamment par une suite de siéges heureux. Denain, Marchiennes, Douai, Bouchain, Le Quesnoy, furent repris, et, à son tour, le prince Eugène dut songer à la retraite. Ce fut une belle série d'opérations militaires où le chevalier Destouches, commissaire général de l'artillerie, eut sa part de gloire par la façon brillante avec laquelle il mena les opérations de son arme, toujours prépondérantes dans les siéges. Il eut ainsi l'occasion de faire quelques courtes apparitions à Cambrai, qui charmaient toute la maison de l'archevêque [1]. « Je ne désire point un siége, lui écrit Fénelon au début du siége de Douai,

---

[1] *Lettres inéd.*, 62.

car je suis un prêtre pacifique et ennemi de l'effusion du sang; mais je désire une occasion de vous embrasser. Venez donc voir vos bombes et nous par occasion. Votre santé m'alarme toujours; les fatigues de la guerre, et plus encore celles de la table, sont terribles pour vous. Je commencerais à goûter ici le repos et la liberté que je désirerais;

Sed vacuum Tibur placet, aut imbelle Tarentum.

Mais Cambrai n'est nullement *imbellis;* les bruits des caissons nous étourdissent nuit et jour. Je crains qu'avant de finir cette guerre, on ne fasse casser bien des têtes; j'aurais grand regret à celles qui sont bien faites; le nombre n'en est pas fort grand. Bonsoir, Monsieur; vivez, dormez la nuit et peu le jour, mangez modérément, digérez sans peine, et aimez ceux qui vous aiment tendrement. »

Mais le chevalier fut blessé à son tour à la cuisse, et dut interrompre ses courses militaires, ce qui le désolait. Condamné au repos, il ne put suivre les travaux du siége que de son lit. Le sage ami de Cambrai l'exhorte ainsi à la patience[1] : « Je ne serai point en repos sur votre santé, mon cher malade, que je ne sache votre cuisse hors de tout péril d'escarre et d'incision. Au reste, êtes-vous sage de vous peiner sur ce que vous ne pouvez pas aller courir à vos batteries comme un jeune apprenti qui cherche un commencement de réputation? N'est-ce pas assez que vous demeuriez au siége malgré votre blessure, et que vous donniez tous vos ordres? Quand on a tant d'empressements affectés pour le péril, je conclus qu'on ne l'aime guere, et qu'on veut cacher sa faiblesse sous un air de bravade. La véritable valeur est plus simple et plus tranquille. Ceci soit dit pour vous seul; car je veux bien vous épargner dans l'espérance de votre correction. Oh! qu'il me tarde, mon bonhomme, de vous savoir bien guéri, et qu'ensuite il me tardera de vous embrasser à

---

[1] *Lettres inéd.,* 64.

mon aise! Soyez bien sage, si vous le pouvez. Notre maréchal (Villars) m'a écrit une belle lettre que j'ai été sur le point de lui renvoyer pour me la faire mettre au net par M. de Hauteral. Son écriture serait à étudier pour en faire un chiffre. Il dicte éloquemment; mais il griffonne des caractères semblables aux hiéroglyphes de l'ancienne Égypte. Bonjour. Je prie M. Le Moine de me mander de vos nouvelles. »

Malgré sa blessure, dont la guérison ne fut pas longue, le chevalier eut le bonheur de voir reprendre Douai et les autres places de la Flandre française. Ces opérations heureuses délivrèrent enfin ce pays des charges écrasantes d'une invasion qui le ruinait depuis si longtemps. Aussi la joie fut-elle grande dans toute la contrée. Dans son désir de voir enfin arriver cette paix tant désirée, Fénelon pousse ses amis de Versailles à conseiller de faire de grands sacrifices pour en hâter la conclusion [1] : « Dans l'état présent, dit-il, elle sera très-douce par comparaison à celle qu'on était réduit à désirer, il y a huit mois, sans pouvoir l'obtenir. » Il va même trop loin quand il conseille de céder largement sans hésiter, et le désir de voir enfin cesser les misères qu'il avait depuis si longtemps sous les yeux l'emporte évidemment hors des bornes de la vérité. Il fallut cependant encore près de deux ans, et deux brillantes campagnes de Villars, pour amener la fin de la guerre. Les négociateurs et les généraux continuèrent à s'arrêter à Cambrai chez l'archevêque, qui suivait avec anxiété les négociations. Le 10 décembre 1713, il écrit au chevalier [2] : « Nous avons vu passer ici ces derniers jours M. le maréchal de Montesquiou, gras, vermeil, frais, rajeuni, jovial. Son confrère (le maréchal de Villars) brille comme les étoiles du firmament. Faire la guerre et puis la

---

[1] *Corr. gén.*, I, 572.
[2] *Lettres inéd.*, 99.

paix, joindre le rameau d'olivier avec le laurier qui le couronne, en voilà beaucoup. »

Enfin, la paix fut conclue à Utrecht, et en faisant reconnaître Philippe V comme roi d'Espagne, elle laissait, en définitive, l'avantage à la France. Malgré les sacrifices qu'il dut faire, Louis XIV maintenait encore son royaume à la tête des puissances européennes. En peu d'années les plaies de cette longue guerre se fermèrent, et la postérité put oublier que la perte définitive de la France avait tenu au gain d'une bataille.

La journée de Denain, qui avait ainsi changé l'issue de la guerre, avait rempli le palais de Cambrai de nouveaux blessés et de nouveaux prisonniers, qui y furent reçus avec la même hospitalité que par le passé. Parmi les derniers venus qu'amena la victoire du maréchal de Villars, se trouvait un jeune homme destiné à jouer un rôle éclatant sur la scène du monde, et qui devait éprouver toutes les extrémités de la vie humaine. C'était Christophe, depuis comte de Munich, qui débutait alors dans la carrière. Engagé au service des alliés, il apprenait à l'école du prince Eugène ce métier des armes où il devait plus tard exceller lui-même. Le jeune Munich, alors âgé de vingt-sept ans, fut grièvement blessé et fait prisonnier à Denain. On l'interna à Cambrai, où ses blessures reçurent les soins nécessaires. Malgré sa tristesse et ses occupations, Fénelon trouva le temps de s'occuper du jeune prisonnier, dont il sut sans doute discerner les brillantes facultés. Il l'admit dans sa société, causa avec lui et exerça si bien sur cet homme, qui fut une moitié de héros, ce charme de séduction qui lui était ordinaire, que jamais le souvenir de son séjour à Cambrai ne s'effaça de la mémoire du soldat aventurier. Il parlait toujours avec admiration du grand archevêque de Cambrai, qu'il lui avait été donné d'approcher. Il avait retenu par cœur des fragments entiers de ses sermons, et racontait lui avoir entendu dire, à propos de la mort encore récente du duc de Bourgogne, ces paroles qu'il n'avait jamais oubliées : « Dieu n'a pas aimé assez la France pour lui donner un tel roi. » Plus de cinquante ans après son court passage dans cette ville, après avoir gouverné une impératrice et par elle la Russie tout entière, après avoir vaincu les Turcs et illustré son nom, puis subi vingt années de disgrâce en Sibérie, et connu le comble de la félicité humaine, comme la plus affreuse misère, le maréchal de Munich, arrivé à une vieillesse fort avancée, aimait encore à parler de Fénelon avec une émotion reconnaissante. Il fallait que le charme de l'archevêque fût bien grand pour qu'il eût su ainsi séduire le rude soldat allemand aussi facilement que les beaux esprits policés de la cour de Louis XIV.

La fin des hostilités ramena au contraire à Versailles les officiers français hôtes du palais de Cambrai, qui se répandirent partout en éloges sur le prélat, sur ses charités et l'hospitalité généreuse qu'il avait exercée envers officiers et soldats. Ce fut un concert unanime de louanges auquel prenaient part même les anciens ennemis de Fénelon, qui ne croyaient plus avoir à redouter son influence. Le Roi, qui jusqu'alors ne s'était jamais laissé aborder sur le sujet de Fénelon, se montra, lui aussi, plus traitable, et si nous en croyons Saint-Simon, le laissa louer devant lui sans fermer la bouche au narrateur. Quelque temps après, Louis XIV, en nommant à l'évêché d'Ypres l'abbé de Laval, grand vicaire de Cambrai, donna une marque d'estime publique à l'archevêque, et témoigna qu'on n'encourait plus sa disgrâce en étant l'ami de M. de Cambrai. Cet abbé de Laval, d'une branche appauvrie de la famille de Montmorency, avait été élevé à Cambrai par les soins de Fénelon.

Voici comment Saint-Simon note ces légers indices d'un retour des bonnes grâces royales, ou au moins de l'apaisement d'un courroux qui durait depuis tant d'années[1] : « Il y

---

[1] Saint-Simon, éd. Cher., X, p. 362.

avait eu depuis quelque temps des lueurs que les amis de l'archevêque de Cambrai avaient avidement saisies pour le flatter. Personne ne s'était hasardé de prononcer son nom devant le Roi, même lorsque du vivant du Dauphin les gens de la cour qui servaient en Flandre s'empressaient le plus de lui faire la leur en passant et repassant, et se détournaient même exprès. Il en avait si magnifiquement usé pour les troupes et pour les officiers de toute condition, et encore à la dernière campagne, que Maréchal en avait parlé devant le Roi plus d'une fois, et presque toutes les fois le Roi y avait pris courtement, mais assez bien. J'en avais averti le duc de Chevreuse et le duc de Beauvilliers, qui en furent touchés d'une joie d'autant plus sensible, qu'ils étaient depuis bien longtemps hors de toute espérance à son égard... Ratabon, évêque d'Ypres, ne bougeait guere de Paris et prétendait qu'il y avait une vapeur dans sa cathédrale, qui le faisait évanouir toutes les fois qu'il y entrait. C'était un homme d'esprit, du monde, et qui était si bien avec les Jésuites que ce pouvaient être les cendres de Jansénius, son célèbre prédécesseur, qui opéraient cet effet sur lui. On lui donna l'évêché de Viviers, et le Pere Le Tellier, qui était tout à M. de Cambrai, sans oser le montrer, et dont le crédit croissait sans cesse, fit un tour de force et bombarda cet évêché d'Ypres pour l'abbé de Laval, grand vicaire de M. de Cambrai, qui l'avait élevé tout jeune, et l'avait toujours nourri et entretenu généreusement chez lui parce qu'il était un peu son parent, et que cette branche cadette Laval de Montigny avait à peine du pain. Cet abbé de Laval avait extrêmement profité d'une générosité si bien placée : il était savant, fort homme de bien, et s'était beaucoup fait aimer. Il n'avait jamais quitté l'archevêque, qu'il aimait et respectait comme son père, et dont il était chéri de même. Cet attachement était l'exclusion la plus formelle : aussi personne ne pensait à rien pour lui lorsque le Père Le Tellier fit de lui-même ce grand coup qui releva tout à fait les espérances sur l'archevêque même, et ravit M. de Beauvilliers. On verra que les suites en furent trompeuses. » Le pauvre abbé de Laval mourut en effet à Ypres peu de mois après avoir été sacré.

Mais les amis de Fénelon se trompaient étrangement s'ils se flattaient de voir leur maître vénéré revenir à la cour et rentrer en crédit. Louis XIV était de ces natures qui, une fois leurs décisions prises, croient de leur honneur de ne pas changer. Le prélat n'avait plus, au reste, aucun désir de revoir Versailles; mais il eût peut-être repris avec plaisir un peu plus de liberté dans ses actions. Car il était toujours, sinon exilé, du moins confiné dans son diocèse. En 1713, c'est-à-dire bien peu de temps avant sa mort, on demanda pour lui, à son insu, la permission de venir à Paris voir sa nièce, madame de Chevry, alors fort malade. La demande ne fut pas accueillie, et Fénelon, instruit à la fois de la demande et du refus, que nous avons bien de la peine à comprendre, écrivit sur-le-champ au chancelier Voisin la lettre suivante[1] :

« A Cambrai, 4 août 1713.

« Je viens d'apprendre qu'une personne inconnue vous écrivit, il y a quelques mois, pour vous supplier de parler au Roi, afin que je pusse aller à Paris voir ma nièce qui étoit alors très-malade. Je comprends bien qu'on pourra ne me croire point sur ma parole, quand je dirai que je n'ai eu aucune connoissance de cette demande, et que j'aurois tâché de l'empêcher si j'en avois été averti. On pourra même penser que je ne la désavoue maintenant qu'à cause qu'elle n'a pas réussi; mais je me livre à tout ce qu'on voudra penser de moi. Dieu sait combien je suis éloigné de tous ces détours.

[1] *Corr. gén.*, II, 322.

De plus j'ose dire, Monsieur, que ma conduite ne ressemble guère à ces empressements indiscrets. Je sais, Dieu merci, demeurer en paix et en silence, sans faire une tentative si mal mesurée. Personne sans exception n'a jamais poussé plus loin que moi la vive reconnoissance pour les bienfaits du Roi, le profond respect qui lui est dû, l'attachement inviolable à sa personne, et le zèle ardent pour son service; mais personne n'a jamais été plus éloigné que moi de toute inquiétude et de toute prétention mondaine. Je prie Dieu tous les jours pour la précieuse vie de Sa Majesté. Je sacrifierois avec plaisir la mienne pour prolonger ses jours. Que ne ferois-je point pour lui plaire! Mais je n'ai ni vue ni goût pour me rapprocher du monde. Je ne songe qu'à me préparer à la mort, en tâchant de servir l'Église le reste de ma vie dans la place où je me trouve. Au reste, je ne prends point, Monsieur, la liberté de vous rendre compte de tout ceci dans l'espérance que vous aurez la bonté de vous en servir pour faire ma cour. Vous pouvez le supprimer, si vous le jugez à propos. Je ne désire rien dans ce monde plus fortement que de remplir tous mes devoirs vers Sa Majesté avec un zèle à toute épreuve; j'ai toujours été également dans cette disposition; mais je n'y suis excité par aucun intérêt humain. Les bienfaits passés, dont je suis comblé, me suffisent, sans chercher pour l'avenir aucun agrément dont je puisse être flatté. C'est avec un vrai dévouement que je suis, etc. »

La tranquillité avec laquelle Fénelon supporta sans une plainte cette longue disgrâce, était d'autant plus méritoire que, tandis que le Roi affectait de le laisser louer devant lui pourvu qu'il restât exilé à Cambrai, il devenait le conseiller presque attitré de la cour dans la triste lutte contre le jansénisme dont la gravité augmentait tous les jours.

L'apparition de la fameuse bulle *Unigenitus* avait en effet déterminé une véritable recrudescence dans ces interminables controverses. Fénelon ne pouvait rester indifférent dans ces nouveaux débats : il devait défendre la vérité, et l'ardeur de son caractère ne lui eût pas permis le repos ; il resta courageusement sur la brèche jusqu'à son dernier jour.

Cette fois, les jansénistes s'étaient attirés à eux-mêmes les nouvelles condamnations qui les frappaient par leur acharnement à protester contre les décisions du Pape. Profitant de l'appui inespéré que leur prêtait la faiblesse du cardinal de Noailles, ils devenaient plus hardis à mesure que le Roi vieillissait, et ne cachaient plus leurs prétentions de résister même au Pape. L'archevêque dépeint vivement cette situation dans une lettre au duc de Chevreuse [1] : « On est menacé pour la religion de maux plus redoutables que ceux de l'État. Le jansénisme fait des progrès étonnants. Les défenseurs de la bonne cause deviennent de plus en plus odieux et méprisables. Ils n'ont de ressources que par leur seul crédit auprès de la personne du Roi. Dès que cette personne leur manquera, il ne leur laissera plus aucun soutien. Ils ne se justifient par aucun écrit aux yeux du public. [Ils ne répondent à ceux des jansénistes que par des coups de pure autorité : c'est ce qui irrite le public contre eux. L'autorité même du Roi n'est point employée efficacement et avec un plan suivi pour déraciner l'erreur et pour discréditer le parti...... Il est presque trop tard pour déraciner un si grand mal, on ne cherche que des tempéraments de faiblesse ; tout est mou et sans aucune suite. »

Et Fénelon prédisait avec une perspicacité que l'événement justifia que, Louis XIV une fois mort, il y aurait une vive réaction qui donnerait, au moins pour un temps, l'avantage au parti janséniste. Aussi désirait-il ardemment qu'il vînt de Rome un jugement définitif, croyant, peut-être un peu naïvement, que la soumission dont il avait donné autrefois l'exemple, serait imitée par tous. Le cardinal de Noailles

[1] *Corr. gén.*, I, 573.

lui-même avait fait appel au jugement du Pape. A Rome, où depuis près de cinquante ans tant d'efforts contre les jansénistes avaient été faits sans succès, on n'agit qu'avec la plus extrême prudence. Le livre du Père Quesnel fut examiné pendant trois ans par les plus habiles théologiens, parmi lesquels il n'y eut qu'un seul Jésuite. Le Pape présida lui-même les conférences. Enfin, après de longues et consciencieuses discussions, pressé par la cour de France qui désirait voir finir cette affaire, et par les jansénistes eux-mêmes qui espéraient que la nouvelle bulle leur offrirait le moyen de perpétuer les équivoques, dont ils savaient si bien user, le Pape se décida, et le 8 septembre 1713 parut la célèbre constitution *Unigenitus Domini,* qui a joué un si grand rôle au siècle dernier. Elle condamnait aussi nettement que possible les *Réflexions morales* et le *Nouveau Testament* du Père Quesnel, et renouvelait les anciennes censures contre les jansénistes.

Le coup était terrible pour le parti mis dans l'alternative ou de se soumettre ou de résister ouvertement : il se crut assez fort pour demeurer dans son attitude indécise, et usa pour arriver à cette fin d'une habileté qui eût mérité un autre nom. Dès que la teneur de la bulle fut connue, avant sa réception, le cardinal de Noailles publia une révocation solennelle des approbations données par lui aux livres condamnés, révocation qu'il avait jusque-là obstinément refusée. Mais lorsque le Roi, suivant en cela les avis que Fénelon faisait passer à la cour par l'intermédiaire du Père Lallemand, eut convoqué une assemblée du clergé pour recevoir la bulle, le cardinal reprit la lutte. Il commença par faire traîner en longueur les discussions de l'assemblée qu'il présidait; puis lorsque, malgré ses efforts, la bulle eut été reçue par l'immense majorité des évêques, à la tête de huit prélats, il s'opposa à sa réception, et en appela de nouveau à Rome. On donna à ces neuf évêques le nom d'appelants. L'assemblée passa outre, et la bulle *Unigenitus* fut enregistrée par le

Parlement le 4 février 1714. Aussitôt le cardinal publia un mandement où il renouvelait les condamnations du Père Quesnel, tout en défendant, sous peine de suspense, de recevoir la bulle. C'était se mettre ouvertement en lutte contre le Pape et braver l'autorité royale qui soutenait les décisions du Saint-Siége. La conduite de M. de Noailles est si différente de la tranquille soumission montrée par Fénelon seize années auparavant, après la condamnation de son livre, qu'elle amène naturellement un rapprochement.

Lorsque les *Maximes des Saints* furent condamnées par un bref du Pape, Fénelon se soumit immédiatement sans aucune restriction, et présida lui-même l'assemblée des évêques de sa province. Le bref fut reçu en peu de temps par toutes les assemblées de France, où l'on ne garda aucun ménagement pour l'illustre prélat. Ses adversaires, dont était le cardinal de Noailles, ne lui épargnèrent aucune humiliation, et essayèrent d'aller plus loin que le Saint-Siége, en faisant comprendre dans la condamnation les défenses qu'il avait publiées pour expliquer son livre, ce qui n'eut pourtant pas lieu. Fénelon subit tout sans une plainte. M. de Noailles, au contraire, dans une affaire qui ne le touchait pas directement, où il s'était déjà contredit en approuvant, puis en condamnant successivement les mêmes ouvrages, se refuse à recevoir une bulle du Pape. Il n'hésite pas à se mettre en opposition avec tous les évêques de France, au risque d'amener un schisme. Il nous semble que Fénelon fut justifié aux yeux de tous, et que l'on vit clairement que s'il avait écrit un livre d'un mysticisme exagéré, il avait su, mieux que ses adversaires, mettre en pratique cette patience et cette humilité chrétiennes qui sont le fond de l'amour de Dieu. Mais ce qui lui fait encore plus d'honneur, ce fut la conduite qu'il tint dans ces tristes débats envers ses anciens adversaires. Fénelon eût pu, à son tour, chercher à faire sentir au cardinal de Noailles tout le poids d'une autorité qui devenait chaque jour plus grande. Le cardinal l'avait si bien compris qu'il avait cherché, comme nous avons déjà été amené à le dire à plusieurs reprises, à se rapprocher de l'archevêque de Cambrai, qui repoussa toujours, avec une réserve pleine de fermeté et de douceur, ces avances dont le but était trop facile à deviner. Mais s'il était resté froid envers le cardinal, ce n'était nullement parce qu'il entendait attaquer directement M. de Noailles dans la guerre de plume que soulevait sa résistance aux ordres du Roi. Adversaire déclaré des jansénistes, et espérant que la nouvelle bulle mettrait fin à des controverses qui ébranlaient dans les esprits l'autorité de l'Église, il était surtout heureux de voir finir l'équivoque dans laquelle l'Église de France vivait depuis si longtemps, fût-ce au prix d'une lutte plus vive. Mais sa répugnance à entrer lui-même en scène, en attaquant personnellement le cardinal, était si grande, qu'il ne pouvait se décider à condamner ouvertement les appelants, c'est-à-dire M. de Noailles et les évêques qui refusaient de se soumettre. Il écrit à ce sujet au Père Daubenton[1] : « Pour moi, je garde un profond silence, et vous voyez sans peine les raisons qui m'y engagent. J'aurois écrit d'abord pour réfuter les libelles atroces et schismatiques qui attaquent la constitution. J'ai eu besoin de me retenir; mais, outre qu'il falloit attendre ce que l'assemblée feroit, de plus j'ai cru devoir éviter une scène où l'on m'auroit accusé de ressentiment. Ayez la bonté, je vous en conjure, de me faire savoir ce qui pourroit le plus montrer au Pape mon zèle pour sa constitution; je m'y conformerai autant que les choses qui viendront du Roi et de l'assemblée le pourront permettre. Vous ne sauriez vous imaginer à quel point de rage et d'insolence le parti éclate dans ses libelles et dans ses chansons contre l'autorité de Rome. Il n'y a

[1] *Corr. gén.*, VI, 411.

rien d'affreux qu'il ne tente pour soulever les peuples, et pour leur faire secouer le joug. Plus la constitution trouve de résistance dans les esprits, plus elle étoit nécessaire. L'incision va jusqu'au vif, en faisant crever l'abcès. Il y a quarante ans que le livre, mis dans les mains de tous les peuples, empoisonnoit toutes les conditions. On n'arrache point l'idole sans irriter; que seroit-ce si on eût tardé plus longtemps? Quand on dort, le parti veille; il se prévaut d'une fausse paix; il redouble la séduction : à la fin il entraîneroit tout. L'opération du remède ne fait point le mal; elle le montre et le guérit. Oh! qu'on est heureux d'écouter l'Église avec une docilité de petit enfant! *Bienheureux les pauvres d'esprit !..... bienheureux les pacifiques !.....* »

Quelques jours après, il écrit encore, à un correspondant inconnu, cette lettre, d'un accent si sincère qu'on ne peut mettre en doute les sentiments qui y sont exprimés [1] :

« A Cambrai, 12 mars 1714.

« La plupart des gens peuvent s'imaginer que j'ai une joie secrète et maligne de tout ce qui se passe, mais je me croirois un démon, si je goûtois une joie si empoisonnée, et si je n'avois pas une véritable douleur de ce qui nuit tant à l'Église. Je vous dirai même, par une simplicité de confiance, ce que d'autres que vous ne croiroient pas facilement : c'est que je suis véritablement affligé pour la personne de M. le cardinal de Noailles. Je me représente ses peines; je les ressens pour lui; je ne me souviens du passé que pour me rappeler toutes les bontés dont il m'a honoré pendant tant d'années. Tout le reste est effacé, Dieu merci, de mon cœur; rien n'y est altéré : je ne regarde que la seule main de Dieu, qui a voulu m'humilier par miséricorde. Dieu lui-même est témoin des sentimens de respect et de zèle qu'il met en moi pour ce cardinal.

[1] *Corr. gén.*, IV, 448.

« La piété que j'ai vue dans M. le cardinal de Noailles me fait espérer qu'il se vaincra lui-même, pour rendre le calme à l'Église, et pour faire taire tous les ennemis de la religion. Son exemple ramèneroit d'abord les esprits les plus indociles et les plus ardens : ce seroit pour lui une gloire singulière dans tous les siècles. Je prie tous les jours pour lui, à l'autel, avec le même zèle que j'avois il y a vingt ans. »

La bulle *Unigenitus*, aussitôt après la réception par l'assemblée du clergé et l'enregistrement par le Parlement, avait été envoyée par le Roi à tous les évêques de France. Fénelon dut faire un mandement pour la publier : il fut même obligé d'en écrire deux, l'un pour la partie de son diocèse qui était « terre d'Empire », et l'autre pour la partie française. Ces mandements, les derniers qui sortirent de la plume de Fénelon, sont d'éloquentes expositions du dogme et de vigoureuses réfutations du jansénisme, qui soulevèrent contre lui les fureurs du parti, mais lui méritèrent l'admiration de tous les hommes impartiaux. Non content de ces mandements, Fénelon publia encore une instruction pastorale qui fit grand bruit et résumait toute la controverse. Mais l'intérêt de l'Église demandait que le scandale de ces discussions cessât le plus tôt possible : aussi l'archevêque de Cambrai s'épuisait-il à exhorter la cour à agir avec décision, ne prévoyant que trop ce qui arriverait si le Roi venait à mourir avant d'avoir rétabli la paix religieuse, en mettant un terme à ces tristes dissentiments. Toutes les tentatives de douceur, et les larmes mêmes du Roi n'ayant pu fléchir un prélat dont les lumières n'égalaient pas les vertus, il fallut songer aux grandes mesures, toutes également difficiles à prendre. Consulté officieusement par le Père Le Tellier, Fénelon rédigea de nouveau un mémoire où, écartant successivement divers procédés que l'on avait proposés pour réduire les appelants à l'obéissance comme contraires aux usages de l'Église de France ou comme inefficaces, il finit par conseiller à la cour d'obtenir de Rome la réunion d'un concile national. C'était, suivant lui, le moyen le plus propre à terminer les malentendus et les querelles, et celui qui ménagerait le plus l'amour-propre des évêques. Ils auraient moins de peine à se rétracter devant une assemblée de tous les prélats de France que devant des commissaires spéciaux.

« J'incline toujours, disait-il, en combattant un parti plus violent, celui d'envoyer de force à Rome le cardinal pour le faire juger par le Pape, j'incline toujours vers un parti plus modéré, plus convenable aux dignités, à la naissance et à la vie édifiante du cardinal. Je voudrais une voie plus canonique, plus propre à ramener les esprits, et à détourner le schisme pour l'avenir. »

Le mémoire que Fénelon écrivit sur cette affaire épineuse avec son habileté accoutumée passa sans nul doute sous les yeux du Roi; fut-il trouvé concluant, ou d'autres raisons militèrent-elles en faveur de ce plan? Toujours est-il que le Roi se décida à en tenter l'exécution, et qu'il envoya à Rome M. Amelot, chargé d'entamer avec le Saint-Siége les négociations pour obtenir la convocation par le Pape d'un concile national qui amenât les évêques « appelants » à recevoir la bulle. L'affaire traîna en longueur, et la mort de Louis XIV vint changer la face des choses.

Lorsque Fénelon sut que son avis avait été trouvé bon et qu'on travaillait à le mettre à exécution, il ne vit pas venir sans anxiété le moment où il pourrait être appelé à juger publiquement la conduite du cardinal de Noailles. Pour une âme moins élevée, c'eût été une occasion unique de reparaître sur la scène des affaires et d'effacer tout le passé : quel retour après quinze années et plus d'exil que d'arriver à un concile, entouré d'une renommée universelle, d'une considération extraordinaire, dernier témoin du grand siècle pour juger une hérésie que se refusait à condamner clairement celui-là même qui avait autrefois présidé à l'enregistrement du bref contre les *Maximes des Saints!* C'était là un de ces retours du sort, un de ces jeux de la destinée auquel un cœur même droit et élevé n'eût pas été insensible. Mais l'âme de Fénelon était trop haute pour que des sentiments de mesquine rancune pussent la remplir. Peu après la décision prise par le Roi de travailler à la réunion d'un concile national alors que ce projet, qui devait rester lettre morte, n'avait encore reçu aucun commencement d'exécution, il écrit à ce sujet à l'abbé de Beaumont, le confident intime de toutes ses pensées et, depuis la mort de Langeron, son correspondant ordinaire, ces lignes si simples [1] :

« Le concile national pourra bien manquer ; mais si on le tenoit, et si j'étois convoqué selon la règle comme tous les autres, qu'est-ce que je devrois faire? Je serois sensiblement affligé d'être l'un des exécuteurs d'un homme qui m'a exécuté autant qu'il l'a pu. Ce personnage auroit des airs de vengeance, et seroit un prétexte de m'imputer une conduite très-odieuse. D'un autre côté, je me dois à l'Église dans un si pressant besoin. Si je croyois que tout allât bien, je serois ravi que tout se fît sans moi. Mais si le concile se trouvoit dans un grand péril de trouble et de partage, où je pusse n'être pas tout à fait inutile, je me livrerois, supposé qu'on me désirât véritablement ; après quoi je m'en reviendrois ici par le plus court chemin. Raisonnez là-dessus avec le très-petit nombre de personnes dignes de la plus intime confiance. Pour moi, je vais prier Dieu. »

Les amis ou les admirateurs de Fénelon n'étaient pas obligés à tant de désintéressement, et quelques-uns d'entre eux crurent même que, seul, il avait assez d'autorité pour apaiser les dissentiments et étouffer le schisme naissant. Pour cela, il eût fallu que, rappelé à la cour, l'archevêque de Cambrai fût officiellement chargé par le Roi de travailler

[1] *Corr. gén.*, II, 273.

à la pacification des esprits. Le souci que les affaires religieuses causaient au Roi était si grand que quelques personnes crurent possible de le faire consentir à en confier le soin à Fénelon. Mais celui-ci repoussa immédiatement ces ouvertures et refusa formellement d'entrer dans une entreprise qui ne convenait ni à son âge ni à sa position :

« J'avoue, écrivait-il, qu'un homme qui aurait le goût des affaires, accepterait plus facilement les propositions que vous me pressez d'accepter. Mais je n'ai pas assez bonne opinion de moi pour oser espérer de rétablir la paix dans l'Église comme vous voulez que je l'entreprenne. Je ne veux point faire le grand personnage que vous me proposez; c'est M. le cardinal de Noailles qui doit rétablir la paix dans l'Église. Je ne sais aucun secret, mais j'ose assurer qu'il la rétablira quand il voudra y réussir; elle est encore entre ses mains. Je lui en souhaite la gloire et le mérite devant Dieu et devant les hommes. Je mourrais content si je l'avais vu de loin achever ce grand ouvrage. »

Ce grand ouvrage ne devait pas s'achever du vivant de Fénelon. Il mourut à temps pour ne pas voir après la mort du Roi les jansénistes relever la tête et triompher pour un temps de leurs adversaires. On sait, en effet, comment les prévisions de Fénelon ne furent que trop justifiées par l'événement, et les interminables luttes que durant tout le siècle dernier les jansénistes soutinrent contre l'Église. La bulle *Unigenitus,* toujours imposée, toujours éludée, joue un rôle trop important dans l'histoire religieuse du dix-huitième siècle pour que nous ayons à y revenir. Il fallut bien du temps et les désastres de la Révolution pour venir à bout de cette résistance, qui ne contribua pas peu à accoutumer les esprits à secouer le joug de la foi. Fénelon fut le dernier grand adversaire du jansénisme, qui sut tenir tête aux docteurs du parti avec toute la supériorité du talent et de l'autorité que donne la sainteté de la vie. Il se dépensa sans se ménager dans cette tâche ingrate. Le zèle pour la vérité et l'amour de l'Église ne se refroidirent jamais en lui. Il nous a laissé, du reste, lui-même dans une page éloquente qui termine son dernier mandement, comme une profession de foi de ses sentiments que nous ne pouvons résister au désir de citer. Ce passage, écrit peu de mois avant la mort de Fénelon, est comme son testament religieux; il rappelle, par la beauté du langage, le célèbre adieu de Bossuet à la chaire dans l'oraison funèbre du grand Condé :

« O Église romaine! O cité sainte! O chère et commune patrie de tous les vrais chrétiens! Il n'y a en Jésus-Christ ni Grec, ni Scythe, ni Barbare, ni Juif, ni Gentil; tout fait un seul peuple dans votre sein, tous sont concitoyens de Rome, et tout catholique est Romain. La voilà, cette grande tige qui a été plantée de la main de Jésus-Christ! Tout rameau qui en est détaché se flétrit, se dessèche et tombe. O mère, quiconque est enfant de Dieu est aussi le vôtre; après tant de siècles vous êtes encore féconde. O épouse, vous enfantez sans cesse à votre époux dans toutes les extrémités de l'univers. Mais d'où vient que tant d'enfants dénaturés méconnaissent aujourd'hui leur mère, s'élèvent contre elle et la regardent comme une marâtre? D'où vient que son autorité leur donne tant de vains ombrages? Quoi! le sacré lien de l'unité qui doit faire de tous les peuples un seul troupeau, et de tous les ministres un seul pasteur, sera-t-il le prétexte d'une funeste division? Serions-nous arrivés à ces derniers temps où le Fils de l'homme trouve à peine de la foi sur la terre? Tremblons, mes chers frères, tremblons que le règne de Dieu dont nous abusons ne nous soit enlevé et ne passe à d'autres nations qui en porteront les fruits. Tremblons, humilions-nous de peur que Jésus-Christ ne transporte ailleurs le flambeau de la pure foi, et qu'il ne nous laisse dans les ténèbres dues à notre orgueil. O Église! d'où Pierre confirmera à jamais ses frères, que ma main droite s'oublie elle-même si je vous oublie jamais! Que ma langue se sèche et devienne immobile si vous n'êtes pas jusqu'au dernier soupir de ma vie le principal objet de ma joie et de mes cantiques! »

C'est ainsi que, jusqu'à son dernier jour, Fénelon soutint avec courage cette polémique ingrate et stérile, sans profit pour sa gloire, uniquement poussé par le dévouement à la vérité : « J'aimerais mieux mourir mille morts que de manquer à Dieu et à l'Église », écrivait-il un jour; à sa dernière heure il put se rendre témoignage d'avoir été fidèle à cette résolution. Et cependant tout eût dû contribuer à éteindre en lui cette flamme généreuse, si le malheur même ne contribuait pas à rendre les cœurs nobles plus prodigues encore d'eux-mêmes. La mort, en effet, frappait à coups redoublés autour de lui : il restait maintenant presque seul de ce petit groupe d'amis qui avait eu ses beaux jours à Versailles plus de vingt ans auparavant.

Un des plus tristes effets qu'ait la vie pour celui qu'elle épargne, c'est de voir disparaître un à un les amis des jeunes années, et de rester seul à porter le poids d'une existence qui devient chaque jour plus lourde. Les âmes vulgaires échappent seules à cette tristesse d'une solitude toujours croissante; pour elles, vivre est l'important, et la mort est une importune dont il faut à tout prix écarter la pensée. Mais pour les cœurs élevés, pour ceux qui ne prennent la vie que comme un moyen d'arriver au bien, cette tristesse de la vieillesse, ces ombres qui grandissent si rapidement, cette lumière qui devient chaque jour plus vague et plus indécise, sont comme autant de solennels avertissements du dénoûment qui s'approche, et ces avertissements sont entendus. Ces appels de la Providence ne manquèrent pas à Fénelon : il vit successivement disparaître les deux amis les plus chers à son cœur.

M. de Chevreuse mourut le premier. La mort du jeune

duc de Bourgogne avait été pour lui un coup si rude qu'il ne put s'en relever : il languit huit mois après son élève, puis alla le rejoindre dans le tombeau. C'était le plus ancien et le plus dévoué des amis de Fénelon. Avec son esprit aimable et facile, son admirable délicatesse de conscience et son infatigable activité, M. de Chevreuse était pour l'archevêque un de ces appuis dont on n'apprécie tout le prix que lorsqu'ils disparaissent. On peut juger par ce que nous avons dit des relations si anciennes et si intimes de Fénelon avec lui, quelle fut sa douleur lorsqu'il apprit la perte d'un ami si cher, enlevé en quelques jours sans qu'il pût le revoir. Ce fut un coup imprévu qui l'affligea jusqu'au fond de l'âme. Cette mort était comme le complément de celle de son cher Dauphin. « Je ne puis m'accoutumer, mon bon et cher duc, écrit-il au duc de Chaulnes, le second fils de M. de Chevreuse, à la perte irréparable que nous avons faite. Je la ressentirai avec amertume le reste de mes jours... Je prie Dieu qu'il bénisse votre personne, celle de madame la duchesse de Chaulnes, de vos chers enfants, et tout ce qui vient de celui que je regretterai toujours. » Dans son chagrin, Fénelon s'occupe avec anxiété de tous ceux qui sont frappés par la perte de son ami ; il s'inquiète de la bonne duchesse qui pleurera pendant vingt ans son mari, de M. de Chaulnes qui lui tient aussi bien à cœur, car il est l'enfant de ses prières, et il continue à le diriger de loin dans le bien. Il lui écrit, pour l'exhorter à prendre soin de lui-même, ces lignes, où respire une tendresse toute paternelle[1] : « Je vous conjure, mon cher duc (lui écrit-il), d'avoir la bonté de me faire savoir par quelqu'un qui ne soit pas vous-même comment se porte madame votre mère. On m'a mandé plusieurs fois que sa santé n'était pas bonne : j'en suis en peine. Je crains sa tristesse, sa longue souffrance, son tem-

[1] *Corr. gén.*, I, 335.

pérament altéré et, plus que tout le reste, l'accablement des affaires. Elle ne soutiendra pas un tel poids : elle y succombera. Il serait à désirer qu'elle donnât au gouvernement des affaires la meilleure forme qu'elle pourra par le choix de personnes habiles et droites. Aussi bien elle ne peut pas décider, et il faut qu'elle renvoie la décision à un conseil. Ainsi, il est à désirer qu'elle n'entende rien qu'en gros, et même qu'on la soulage en ne lui disant les inconvénients qu'avec les remèdes auxquels on a recours : autrement elle se tourmentera à pure perte, et abrégera sa vie au grand dommage de sa maison. Je n'ai pas été fâché de savoir qu'elle était allée à Versailles. Les bontés du Roi, les égards de madame de Maintenon, la société de madame la duchesse de Beauvilliers, auront pu la distraire un peu de sa douleur et de ses affaires domestiques. Comment va votre santé? Oserais-je vous demander si vous êtes moins sur vos papiers et plus dans vos devoirs du côté du monde? Pardon de ma curiosité indiscrète. Vous savez qu'on ne peut être que curieux sur les choses auxquelles on s'intéresse très-vivement. Dieu sait, mon très-cher duc, avec quelle tendresse je vous suis dévoué. Celui que nous avons perdu est au fond de mon cœur pour le reste de ma vie, je ne me console point. D'ailleurs votre personne m'est par elle-même plus chère que je ne puis l'exprimer. » A la veuve de son ami, Fénelon écrit des lettres de consolation qui sont parmi les plus belles et les plus douces de ses lettres spirituelles; mais son cœur fléchit parfois sous la douleur et les regrets. « Les vrais amis, écrit-il, font notre plus grande douceur et notre plus vive amertume. On serait tenté de désirer que tous les bons amis s'entendissent pour mourir ensemble. Ceux qui n'aiment rien voudraient enterrer tout le genre humain : ils ne sont pas dignes de vivre. Il en coûte beaucoup d'être sensible à l'amitié. Mais ceux qui ont cette sensibilité seraient honteux de ne l'avoir pas : ils aiment mieux souffrir que de ne l'avoir pas. » La foi chrétienne qui grandissait chaque jour dans son cœur ne lui permettait pas de s'arrêter trop longtemps à ces tristes pensées. Mais emporté sur ses ailes mystérieuses, il se plaisait à essayer de déchirer le voile qui nous sépare de l'éternité, et il écrivait à madame de Chevreuse cette page qu'on croirait emprunté aux *Confessions de saint Augustin*, tant elle est empreinte d'une mélancolie pénétrante [1] : « Unissons-nous de cœur à celui que nous regrettons : il ne s'est pas éloigné de nous en devenant invisible. Il nous voit, il nous aime, il est touché de nos besoins. Arrivé heureusement au port, il prie pour nous qui sommes encore exposés au naufrage. Il nous dit d'une voix secrète : Hâtez-vous de nous rejoindre. Les purs esprits voient, entendent, aiment toujours leurs vrais amis dans leur centre commun. Leur amitié est immortelle comme sa source. Les incrédules n'aiment qu'eux-mêmes ; ils devraient se désespérer de perdre leurs amis. Mais l'amitié divine change la société visible dans une société de pure foi ; elle pleure, mais en pleurant, elle se console par l'espérance de rejoindre ses amis dans le pays de la vérité et dans le sein de l'amour même. »

La mort, cependant, n'avait pas frappé son dernier coup : un ami aussi cher que le duc de Chevreuse, M. de Beauvilliers, restait encore à Fénelon ; mais il ne tarda pas à disparaître à son tour. L'archevêque ne l'avait pas revu depuis le jour où il avait quitté la cour pour n'y plus revenir. Mais leur affection, leur intimité même, ne s'était pas ressentie de cette longue séparation. Les liens qui unissaient ces deux hommes qui avaient su si bien se comprendre ne s'étaient relâchés ni par le temps, ni par l'âge, qui est une si grande épreuve pour les relations d'amitié. Le duc de Beauvilliers resta toujours aussi uni à son cher archevêque que lorsqu'il

---

[1] Beausset, *Vie de Fénelon*, IV, 368.

le voyait venir dans son petit appartement de Versailles causer avec tout le charme de son esprit, sur les sujets élevés et mystiques qui les ravissaient tous les deux. Déjà atteint par la mort de son élève chéri, l'ancien gouverneur du Dauphin ne put surmonter le chagrin de la mort de son beau-frère, avec qui il vivait dans la plus intime familiarité. Fénelon, qui le connaissait bien, comprit aussitôt que la mort d'un des deux amis entraînerait bientôt celle de l'autre, et il ne négligea rien pour l'exhorter à triompher de son chagrin : « Je vous conjure, mon bon duc, de ménager votre foible santé. Il vous faut du repos d'esprit et de la gaieté, avec de l'air et de l'exercice du corps. Je serois charmé si j'apprenois, dans la belle saison, que vous montassiez quelquefois à cheval pour vous promener autour de Vaucresson. J'espère que la bonne duchesse vous pressera de le faire : rien n'est meilleur. Dieu vous conserve et vous donne un cœur large par simplicité et par abandon ; cette largeur contribuera même à votre santé. Que ne donnerois-je point pour votre conservation ! J'ai le cœur toujours malade depuis la perte irréparable du P. P. (duc de Bourgogne). Celle du cher tuteur a rouvert toutes mes plaies. Dieu soit béni. »

M. de Beauvilliers sembla, en effet, sinon se remettre, au moins devoir conserver quelque temps encore une santé languissante ; ses amis aimaient à s'en flatter. Néanmoins Fénelon ne pouvait se rassurer, et il suivait avec une douloureuse inquiétude les moindres indispositions du bon duc : « Dieu m'enlève les personnes que j'aime le plus, écrit-il à l'abbé de Beaumont dans ces tristes jours. Il faut que je les aime mal, puisque Dieu tourne sa miséricorde ou sa jalousie à m'en priver. » Ces sombres pressentiments ne tardèrent pas à se réaliser, et M. de Beauvilliers mourut le 31 août 1714 d'épuisement et de langueur. Ce fut le dernier coup qui acheva de briser le cœur de Fénelon ; tout était fini pour lui désormais. Il supporta cette dernière épreuve avec une résignation douce qui témoignait du profond déchirement qu'elle avait opéré en lui : « Ne soyez point en peine de moi, écrit-il à son neveu, je suis triste, mais en paix et en soumission à Dieu. La douleur des hommes est dans leur imagination. Les maux les plus pénibles qu'on voit venir de loin nous accoutument peu à peu avec eux. On souffre plus longtemps, mais on souffre moins au dernier coup, parce que le dernier coup ne surprend presque plus. Ma peine est une langueur paisible et non une douleur violente. Ne vous hâtez pas de revenir. Je ne sens aucun besoin de compagnie. »

Dans les lettres de consolation adressées par Fénelon à la duchesse de Beauvilliers, on voit plus clairement encore qu'il a la résignation de ceux qui ont renoncé à la vie : il se sentait, en effet, frappé à mort, et la mort ne tarda pas à venir, car il ne devait survivre que de bien peu à son ami. Les lettres qu'il écrivait pour consoler la veuve de M. de Beauvilliers respirent une paix profonde et une sorte d'exaltation mystique où se retrouve le Fénelon d'autrefois. Voici un de ces billets [1] :

« A Cambrai, 5 décembre 1714.

« Je profite de cette occasion pour vous dire, Madame, combien je suis occupé de vous et de toutes vos peines. Dieu veuille mettre au fond de votre cœur blessé sa consolation ! La plaie est horrible ; mais la main du consolateur a une vertu toute-puissante. Non, il n'y a que les sens et l'imagination qui aient perdu leur objet. Celui que nous ne pouvons plus voir est plus que jamais avec nous. Nous le trouvons sans cesse dans notre centre commun. Il nous y voit, il nous y procure les vrais secours. Il y connoît mieux que nous nos infirmités, lui qui n'a plus les siennes, et il demande les re-

[1] *Corr. gén.*, I, 600.

mèdes nécessaires pour notre guérison. Pour moi, qui étois privé de le voir depuis tant d'années, je lui parle, je lui ouvre mon cœur, je crois le trouver devant Dieu ; et quoique je l'aie pleuré amèrement, je ne puis croire que je l'aie perdu. Oh! qu'il y a de réalité dans cette société intime! »

La mort du duc de Beauvilliers acheva de rompre toutes les relations du prélat avec la cour. Déjà celle de M. de Chevreuse, qui avait gardé toutes ses charges à la cour, avait mis un terme à ce que nous pourrions appeler l'action politique de Fénelon, si le mot n'est pas trop ambitieux. Dès lors, il ne s'occupa plus que de son diocèse, des affections qui lui restaient et de sa mort prochaine. Mais il garda jusqu'au bout son incessante activité, car il était de la race de ceux qui meurent debout.

Pour achever de peindre avec vérité la fin de sa vie, il nous faut ramener le lecteur dans ce palais de Cambrai où nous lui avons montré dix-sept ans auparavant Fénelon au sortir de la cour, et dans toute l'émotion de la condamnation de son livre. Nous avons anticipé quelque peu sur les temps en racontant ensemble la fin des deux ducs qui furent ses plus fidèles soutiens : on ne pouvait séparer ceux qui avaient été si unis pendant leur vie. Il nous reste à montrer ce que furent les derniers jours de Fénelon dans le cercle plus restreint de son existence d'évêque. Ce ne sera peut-être ni sans émotion, ni sans profit que l'on verra se terminer dans l'accomplissement le plus zélé et le plus exact de ses devoirs une existence qui sembla un moment devoir être si brillante aux yeux des hommes, mais que Dieu voulut se réserver tout entière.

CHAPITRE VIII

Les derniers jours de Fénelon. — Correspondance avec le duc de Chaulnes, le marquis de Fénelon et l'abbé de Beaumont. — La lettre à l'Académie et la correspondance avec Lamotte. — Assiduité aux devoirs épiscopaux. — Dernière tournée. — Maladie et mort de Fénelon.

1714-1715.

Fénelon était arrivé à ces heures douteuses de la vieillesse qui révèlent à découvert le fond de la nature morale d'un homme. Lorsque tout nous quitte et nous abandonne, il faut bien à son tour se détacher de ce monde qui se détache si facilement de nous, et d'ordinaire on renonce du même coup à toute dissimulation. Tout ce faux de la vie sociale que l'éducation et les mœurs accumulent autour de notre âme, tombe peu à peu, et le vrai de la nature apparaît au dehors. Ce retour à la vérité cause parfois, il faut l'avouer, un grand désenchantement à ceux qui assistent à cette métamorphose; parfois, au contraire, et là se trouve la récompense de ceux qui ont semé la bonne semence dans les années de la jeunesse, c'est le moment où le cœur et l'intelligence prodiguent autour d'eux, avec une insouciante abondance, ces trésors de vie et d'amour dont ils ont su garder en eux abondante et pure la source divine. Il semble que, voyant la mort lui enlever un à un ses plus chers amis, sachant que son tour allait bientôt venir, Fénelon ait voulu, lui aussi, donner comme sa vraie mesure, tant il garde de vie intérieure, tant il se prodigue dans tous les sens. Ses relations avec la cour étaient rompues; la lutte contre le jansénisme le rapprochait seule parfois de ce théâtre où il aurait pu jouer un si grand rôle;

tous ses plans politiques étaient restés lettre morte et utopie de rêveur; ses plus chères espérances avaient été fauchées avant le temps par une sorte de fatalité. Devant tant de tristesse et de si amers déboires, il ne se laisse pas gagner un moment par le découragement ni l'ennui. Une voie restait ouverte à son zèle : l'accomplissement de ses devoirs d'évêque; il s'y livra avec un complet oubli de lui-même et une charité admirable.

La paix avait enfin rendu un peu de repos à ces contrées si maltraitées par la longue guerre qui venait de se terminer. Tout le monde respirait; mais ce qui était un repos pour les habitants du diocèse de Cambrai devint une source de nouveaux travaux pour leur évêque [1]. « Ce qui finit vos travaux, écrit Fénelon au chevalier Destouches, commence les miens; la paix qui vous rend la liberté me l'ôte, j'ai à visiter sept cent soixante-quatre villages. Vous ne serez pas surpris que je veuille faire mon devoir, vous que j'ai vu si scrupuleux sur le vôtre, malgré vos maux et votre blessure. Je pars, la saison me presse; à mon retour, je ne vous laisserai point respirer. »

Il fallait tout remettre en ordre, visiter les églises, relever celles qui avaient été détruites, ranimer la foi dans les campagnes, qui perdent leurs habitudes religieuses dans les temps de trouble, donner partout la confirmation là où la guerre avait interrompu le culte, réparer enfin les mille ruines morales ou matérielles que les armées avaient laissées derrière elles. L'archevêque de Cambrai, malgré une santé toujours faible et qui déclinait visiblement, s'adonna à tous ces soins divers avec si peu de ménagements pour sa santé que tous ceux qui le voyaient à l'œuvre en étaient remplis d'admiration, mais aussi d'inquiétude. Il semblait que, sentant la vie prête à lui échapper, Fénelon voulut faire encore beau-

---

[1] *Lettres inédites*, 207.

coup en peu de temps : « Je suis accablé de confirmations », écrit-il à son neveu. Mais ni la fatigue, ni la faiblesse ne l'arrêtaient, et il continuait à se dépenser sans compter, sans aucune agitation cependant, ni aucun trouble, sachant qu'avec l'aide de Dieu un homme de bonne volonté arrive toujours à temps. Ces courses épiscopales, auxquelles il ne renonça jamais, le fatiguaient extrêmement. C'était toujours comme aux premiers jours de son arrivée à Cambrai : il entrait à l'église de grand matin, y confessait lui-même ceux qui se présentaient, puis montait en chaire pour exhorter la population des campagnes à revenir à leurs pratiques religieuses. Il retourna une fois à Cambrai avec une complète extinction de voix que lui avait causée la fatigue de ces constantes prédications. Son secrétaire essaya de le porter à se ménager un peu, mais il ne répondit autre chose sinon que « quand il aurait donné son âme pour ses ouailles, il aurait alors rempli l'idée du vrai pasteur. Jusque-là, ajouta-t-il, je n'aurai rien fait de trop. » Toute la vie de Fénelon dans ces derniers temps de sa vie est comprise dans ce peu de mots.

Sa piété devient chaque jour plus vive, les lettres spirituelles qu'il écrit en très-grand nombre dans ces années 1713 et 1714 sont toutes empreintes comme d'un souffle de foi plus ardent et plus simple qu'autrefois. Nous en citerons une de 1714, écrite à une personne inconnue pour l'exhorter au détachement du monde. C'est le Fénelon des derniers jours qui, sans s'en douter, s'est peint lui-même à nous dans cette page tout empreinte d'un sentiment si vrai d'humilité chrétienne [1] :

(1714.)

« J'ai tort, Madame, puisque vous êtes sûre de m'avoir fait

[1] *Corr. gén.*, VI, 55.

l'honneur de m'écrire; je suis charmé d'être confondu et de voir vos bontés. Mais votre santé trouble un peu ma joie : Dieu veuille que l'air de campagne, un peu de promenade et un vrai repos d'esprit vous rétablissent parfaitement! Pour moi, je ne suis plus qu'un squelette qui marche et qui parle, mais qui dort et qui mange peu; mes occupations me surmontent, et je ne me couche jamais sans laisser plusieurs de mes devoirs en arrière. Un vaste diocèse est un accablant fardeau à soixante-trois ans. J'ai beaucoup trop d'affaires, et vous n'en avez peut-être pas assez pour éviter l'ennui; mais la sagesse consiste à savoir s'amuser. Trompez-vous vous-même, Madame; inventez des occupations qui vous raniment. Les jours sont longs, quoique les années soient courtes; il faut accourcir les jours en se traitant comme un enfant; cette enfance est une sagesse profonde. Souvenez-vous que vous ne feriez dans le plus beau monde rien de plus solide que ce que vous faites dans la langueur et dans l'obscurité de votre solitude; vous entendriez beaucoup de mauvais discours; vous verriez beaucoup de personnes importunes et méprisables avec des noms distingués; vous seriez environnée de piéges et d'exemples contagieux; vous sentiriez les traits de l'envie la plus maligne; vous éprouveriez votre propre fragilité; vous auriez bien des fautes à vous reprocher. Il est vrai que vous paroîtriez être plus dans l'abondance; mais vous n'auriez qu'un superflu très-dangereux : la vanité le dépenseroit, et vous rendroit peut-être encore plus dérangée et plus embarrassée que vous ne l'êtes; vous ne songeriez sérieusement ni à Dieu, ni à la mort, ni à votre salut; vous seriez, comme les autres, enivrée, ensorcelée, endurcie. Ne vaut-il pas mieux demeurer un peu tristement loin du monde sous la main de Dieu, qui vous fera goûter les espérances de la religion, et qui vous détachera des faux biens dont il vous dépouille? En vérité, Madame, je vous donne de bon cœur les conseils que je prends pour moi-même. Le monde ne donne que des plaisirs de vanité. D'ailleurs, il est plein d'épines, de troubles, de procédés lâches, trompeurs et odieux; il faut que nous soyons bien gâtés, puisque nous avons tant de peine à demeurer loin du mal. J'ai vu ici, pendant trois ou quatre ans, l'armée et une grande partie de la cour. Quoique j'aie mille sujets de me louer de leur politesse, je me sens infiniment soulagé de ne les voir plus. Pour la dépense, je me croirois riche si je n'avois à dépenser chaque année que deux mille francs comme en ma jeunesse. Secouez le joug du superflu ; faites-vous riche sans argent; vous êtes dispensée de tout, et heureuse de mépriser pour l'amour de Dieu tout ce qui vous manque. »

Ne croirait-on pas, en lisant cette page, voir devant soi cette grande figure décharnée, mais toujours noble, cette physionomie imposante à laquelle les années n'avaient fait que donner plus de caractère, sans lui ôter rien de son attrait? C'était bien toujours le même Fénelon, aussi aimable, aussi plein d'une prévenance délicate pour les autres; mais la vie avait fait son œuvre en lui et avait ôté de son cœur tout désir personnel, sans qu'aucune amertume fût venue remplacer les illusions perdues. Nulle trace de cet égoïsme rancunier, qui suit parfois les déceptions, chez cet homme que l'ardeur des pensées toujours contrariées n'a pas moins usé que les austérités d'une vie toute chrétienne. Le cœur est resté jeune et chaud sous les tristesses de la fin du jour, et comme ceux qui l'entourent sont tous plus jeunes que lui, l'affection qu'il leur témoigne a pris cette nuance de protection paternelle qui sied si bien aux cheveux blancs.

La paix, en effet, en rendant à l'archevêque de Cambrai le temps de loisirs qu'il emploie avec tant de zèle à l'édification de son troupeau, n'a pas fait l'isolement autour de lui : si son palais n'est plus rempli d'officiers et de blessés, si l'on n'y entend plus le bruit des armes, il n'est pas seul cependant. Les fidèles amis, ceux que la mort a respectés, sont toujours là, et les enfants mêmes, neveux ou amis ne manquent pas plus qu'autrefois autour de sa table.

C'était toujours M. de Beaumont, le cher Panta, puis M. de Chantérac : M. Dupuy venait encore de Paris se reposer et se refaire à Cambrai, comme par le passé, et le cher Bonhomme ne manquait pas, lui non plus, à l'appel. De temps à autre, le duc de Chaulnes arrivait aussi passer quelques jours auprès du conseiller de ses jeunes années, et lui confiait même ses enfants. Enfin, et avec les années, il était peut-être devenu le plus cher de tous, le marquis de Fénelon, qu'entre soi on appelait toujours Fanfan, venait se faire soigner à Cambrai, ou écrivait régulièrement à son oncle quand il était retenu à Paris près des médecins. Il recevait, en retour, ces charmantes lettres dont nous avons souvent parlé. Tout cela faisait un intérieur doux et animé où la piété n'enlevait rien au mouvement des esprits. Voici, du reste, quelques extraits de la correspondance de Fénelon durant les derniers mois de sa vie, qui peindront mieux que nous ne saurions le faire cette fin de vie si grave et si pieuse, mais en même temps si calme et si sereine qu'il semble que Fénelon soit arrivé à posséder pratiquement quelque chose de cette quiétude qu'il avait tant prêchée dans sa jeunesse sans l'atteindre, et dont il jouissait maintenant qu'il avait renoncé à la prêcher.

Ainsi, le jeune marquis ayant été retenu à Paris une partie de l'année 1713 pour soigner sa blessure qui ne voulait pas se fermer, son oncle lui écrit une série de lettres où les conseils de piété et les marques d'affection se mêlent toujours avec la même grâce et où se retrouve le maître de maison si soigneux que nous avons déjà montré souvent à nos lecteurs[1] :
« Je vous écrivis hier une longue lettre après laquelle il vous faut un peu respirer. Celle du petit page est arrivée

---

[1] *Corr. gén.*, II, 154.

ce matin, elle paraît être faite sans conseil et est très-originale. Il écrira mieux dans dix ans : mais j'en suis content pour aujourd'hui.

« Vous me ferez un vrai plaisir si vous voulez prier madame de Chevry d'envoyer sa surintendante me chercher un beau drap violet. Je suis moins difficile sur l'étoffe que sur la teinture. Il faut un violet teint sur une vraie écarlate qui soit pourpre, autrement il ne dure pas et devient de la couleur lie de vin, qui est très-vilaine. Je vous conjure de me mander des nouvelles de madame la duchesse de Chevreuse ou de celles de M. le duc de Chaulnes..... Embrassez à droite et à gauche M. de Marquessat, le cher grand abbé. Dites à M. l'abbé Le Fèvre que nos vieux ans demandent encore une consolation, qui est celle de nous embrasser. Pour le bon Puteus, il sera servi ponctuellement, et je serai charmé de le voir. Je voudrais bien qu'il pût sans embarras avoir la bonté de me choisir un laquais de figure raisonnable, sage et sachant bien écrire; il le mènerait en venant ici. »

L'état du jeune blessé ne s'améliorant pas, et ayant exigé une douloureuse opération, le vieil oncle de Cambrai s'en occupe avec une anxiété touchante, d'autant plus que M. de Fénelon était logé chez madame de Chevry, cette autre nièce de l'archevêque, malade elle-même et peu riche[1] :

« A Cambrai, 27 janvier 1713.

« Je vois bien, mon très-cher fanfan, qu'il n'y a aucune porte ouverte pour sortir de chez notre cher malade. Dieu sait si je voudrois lui faire de la peine, manquer de confiance en elle, et refuser de lui avoir les plus grandes obligations! Mais ce que je crains le plus est que vous ne soyez tous deux malades en même temps, de manière à vous causer une peine réciproque, sans pouvoir vous entre-secourir. Le meilleur parti qui vous

[1] *Corr. gén.*, II, 78.

reste à prendre, c'est celui de ne perdre pas un jour pour l'opération résolue. Choisissez, sans ménager la dépense, le meilleur de tous les chirurgiens : régime exact, grand repos; nul égard, nulle gêne, nul devoir, que celui d'obéir aux maîtres de l'art; patience, tranquillité, présence de Dieu, confiance en lui seul. L'argent ne vous manquera point. Si la paix vient, comme on l'espère, vous pourrez épargner; si la guerre continue, Dieu y pourvoira : à chaque jour suffit son mal.. . . . .
. . . .

« Put (M. Dupuy) arriva hier en bonne santé après avoir passé par des abîmes de boue. Il est délassé aujourd'hui, et est bien content de se voir en repos au coin de mon feu. Je voudrois que vous y fussiez aussi avec votre jambe bien guérie; mais il faut travailler patiemment à sa guérison. Bonsoir. Mille et mille amitiés à la malade, pourvu qu'elle obéisse à M. Chirac. Tendrement et à jamais tout sans réserve à mon très-cher fanfan. »

L'opération qui inquiète tant Fénelon ayant été fort douloureuse, il exhorte son neveu à la patience avec une fermeté douce qui amène parfois sous sa plume de beaux passages à la hauteur des plus célèbres *Lettres spirituelles,* aussi bien pour la forme que pour le fonds. Mais comme il faudrait citer trop de fragments de ce genre pour les faire apprécier à leur valeur, nous préférons faire repasser sous les yeux du lecteur quelques passages qui mettent la personne même de Fénelon plus en lumière, ainsi que sa vie, dans cette dernière période. Voici un petit tableau de son existence où se retrouve son goût pour la promenade [1] :

« Samedi 1er avril 1713.

« Je fais des promenades toutes les fois que le temps et

[1] *Corresp. gén.*, II, 197.

mes occupations me le permettent; mais je n'en fais aucune sans vous y désirer. Je ne veux néanmoins vouloir que ce qui plaît au Maître de tout. Vous devez vouloir de même, le tout sans tristesse ni chagrin. Oh! qu'on a une grande et heureuse ressource, quand on a découvert un amour tout-puissant, qui prend soin de nous, et qui ne nous fait jamais aucun mal, que pour nous combler de biens! Qu'on est à plaindre quand on ne connoît pas cette aimable ressource, pour le temps et pour l'éternité! Combien d'hommes qui la repoussent! Le bon Put (M. Dupuy) marche avec nous, et quelquefois il évite nos courses, quand il est las. C'est le meilleur homme qu'on puisse voir. Les gens qui veulent de bonne foi servir Dieu sans mesure sont bien aimables. »

Malgré son attachement et sa soumission à l'ordre de la Providence, Fénelon voudrait bien revoir auprès de lui cet enfant si cher qu'il aime chaque jour davantage[1] : « Je me porterai encore mieux quand tu seras guéri, et que je te reverrai dans la petite chambre grise auprès de moi. » Enfin, au mois d'août 1713, le jeune homme, à peu près remis, put annoncer son retour. Aussitôt Fénelon s'occupe de lui faire parvenir de l'argent, et l'exhorte à ne pas regarder à la dépense, afin de rendre le voyage plus commode. Il ajoute en finissant[2] : « Demande un peu les livres que tu pourrais nous apporter. Je n'en voudrais pas beaucoup; ma curiosité est très-bornée, je sens qu'elle diminue tous les jours. Je compterai souvent les jours jusqu'à celui de notre réunion; mais, en les comptant, je n'en voudrais pas retrancher un seul. Il faut laisser tout en place, selon l'arrangement du Maître. » Au milieu de septembre, le neveu tant désiré arriva enfin à Cambrai chez l'archevêque, qui avait autour de lui nombre de neveux, petits-neveux, voire même un petit-

---

[1] *Corr. gén.*, II, 225.
[2] *Corr. gén.*, II, 229.

filleul, le fils de madame de Chevry, « un petit follet bambin qui mange, qui court, qui saute, qui rit, qui déclame toute la journée ».

La correspondance avec M. Destouches continuait aussi toujours avec la même vivacité. C'était de part et d'autre assaut de gaieté et de bonne grâce. L'enfant gâté donnait fort à faire à son illustre précepteur, et les soupers de Paris avaient bien du charme sur le cher bon homme. Sa vie s'écoulait en effet dans un monde fort lettré, fort spirituel, qui devait avoir son jour de puissance sous le Régent, mais qui n'était encore que la société un peu libertine du moment, nous dirions un peu bohème dans notre langue grossière du dix-neuvième siècle.

« Il ne vous appartient pas de me prier de vivre[1], lui écrit le grave prélat, c'est moi qui dois vous faire cette prière. Vos soupers m'alarment, vos amis vous empoisonnent, ce que tant de coups de canon n'ont pas fait, *quod non mille carinæ*, des fèves à la moutarde le feront. Si vous succombez à la grossière tentation de ces mets de village, que ne ferez-vous point devant les ragoûts les plus exquis?

« Vous êtes un vrai bon homme, d'avoir eu tant d'empressement d'aller d'abord à la rue de Tournon, vous avez enchanté tout mon nombreux népotisme. Mais ne soyez point si aimable si vous voulez mourir bientôt d'indigestion, ou faites que je ne vous aime plus ou vivez plus que moi. J'ai été charmé d'apprendre que madame votre mère a senti la joie de vous revoir. Ayez la bonté de lui dire que je la respecte de tout mon cœur, j'aime et j'honore toute votre famille.

« Voilà une lettre pour M. de Pléneuf, cachet volant; brûlez-la si elle n'est pas bien. Soyez aussi docile sur vos repas que je le suis sur mes lettres. »

---

[1] *Lettres inéd.*, 90.

La vigilance de Fénelon poursuit partout l'aimable chevalier, qui aimait fort à être grondé d'une telle façon, et il lui écrit à Paris, puis au camp, toujours avec la même simplicité et la même bonne humeur [1] : « Vous me paraissez, mon cher bon homme, aussi content de votre sagesse que de votre santé ; mais si vous vous flattez autant pour l'une que pour l'autre, je suis autant alarmé pour vous que vous êtes tranquille. Pardonnez-moi ce petit soupçon, vous m'avouerez, sans faire une confession générale, que vous avez souvent mérité qu'on doutât un peu de votre régime. Je vous crois de la grande manche comme on le dit des cordeliers, me ferez-vous une querelle là-dessus ? Je prends pour juge le grave témoin de vos vie et mœurs. M. de Saint-Contest sera pour moi, j'en suis sûr, et si vous êtes aussi ingénu que vous l'êtes souvent, vous déposerez contre vous-même. Je suis ravi de vous savoir en bonne compagnie ; votre prélat en fait lui seul une très-agréable qui ne laisse rien à désirer. M. le comte de Sallians est d'un commerce aimable, et il fait sentir tout ce qu'il est.

« On avait à Paris de trop bonnes raisons pour ne vous point écrire ; on était presque mort ; tout l'hôpital de la rue de Tournon était à l'agonie, mais enfin tout est en chemin de guérison. On vous aime et on vous honore là comme ici. Faites promptement la paix par votre guerre, et puis venez nous présenter le rameau d'olivier, vous serez le bienvenu. Je vous prépare un appartement plus proportionné à vos mérites que la cellule grise où vous avez tant grondé médecins, chirurgiens et religieuses hospitalières. Vous ne devriez jamais vous exposer à être malade, car vous n'êtes pas poli dans vos maladies. Bonjour, cher bon homme ; aimez-moi comme je vous aime, vous vous aimerez mieux que vous ne faites, car je vous aime pour votre véritable bien. Pardon-

[1] *Lettres inéd.*, 90.

nez-moi ce mot, et pensez-y, si vous en avez le courage. Petit-Maro, le gros Giflard et tous les miens me ressemblent par une sincère tendresse pour vous. » Mais le libertin de chevalier savait, au besoin, se contraindre, surtout lorsqu'il s'agissait de rendre service à son grave ami. Aussi celui-ci le charge-t-il même de conduire à travers Paris deux de ses nombreux neveux : on retrouve bien là cette finesse de tact de Fénelon. Il savait bien, en effet, que nul ne saurait être un meilleur guide pour ces jeunes gens, car l'officier bel esprit était un homme d'honneur, incapable de tromper la confiance qu'on lui témoignait, et plus capable que personne de détourner les autres des écueils de la grande ville, que lui-même connaissait trop bien. « Que vous êtes bon homme de traîner après vous deux marmots! lui écrit Fénelon[1]. Mais vous n'êtes guère grave pour vous ériger en pédagogue ; n'étiez-vous pas le moins sage de la troupe? Parlez, si vous l'osez.

« Vous avez beau vous vanter de votre régime, vous périrez, comme l'ancienne Rome, de vos propres mains :

Suis et ipsa Roma viribus ruit.

Vos plaisirs seront vos Sylla, vos Marius, vos Pompée et vos César. Vous avez une bonté de cœur qui m'attendrit et un je ne sais quoi qui m'alarme. Vous direz que je pense mélancoliquement, et je dis que vous pensez d'une façon bien gaillarde. Après cette mutuelle gronderie, aimons-nous plus que jamais, je ne puis m'en corriger.

« Les anciens et les modernes partagent l'Académie :

Bella per Æmathios plus quam civilia campos.

Les torys et les whigs sont moins animés; les uns veulent, malgré une possession de deux mille cinq cents ans, dégrader

---

[1] *Lettres inéd.*, 103.

Homère et donner sa place à M. de La Motte, les autres critiquent avec véhémence M. de La Motte comme un demi-poëte. Celui-ci m'a envoyé son *Illiade* et m'a demandé ma pensée. Je lui ai donné beaucoup de louanges, qu'il me paraît mériter; mais pour la question qu'il traite dans sa préface, je lui ai répondu :

> *Non nostrum inter vos tantas componere lites.*
> *Et vitula tu dignus, et hic.....*

Ce que vous me mandez de la paix qui s'enfuit m'afflige, je courrais volontiers après elle pour la retenir.

« Aimez-moi donc; vous le devez, puisque je vous aime. Je suis fâché de ce que vous irez encore à la guerre; quand je pense sérieusement à tout ce qui vous touche, je deviens poltron pour vous. Mon népostime vous aime follement, et je ne suis pas plus sage qu'eux, je le suis même beaucoup moins. Pourquoi n'accordez-vous pas la sagesse avec l'amitié tendre que je ne puis vous refuser? »

L'hiver de 1713 à 1714, le dernier que Fénelon eut à passer sur la terre, s'écoula donc pour lui dans l'accomplissement de ses fonctions épiscopales, qu'il remplissait avec une ardeur de jeune homme, et au milieu de la douce et aimable société que nous venons d'indiquer. Le jeune officier achevait de se remettre auprès de son oncle, dont le toit hospitalier abritait toujours quelque membre nouveau de la nombreuse famille des Fénelon. Nous avons vu que, loin de croire avoir mérité le repos par tant de travail et de peine, le prélat continua jusqu'à la fin à prendre une part active à la polémique contre les jansénistes. Mais c'était plus pour satisfaire sa conscience que par goût qu'il soutenait, avec tant de ressources et d'énergie, une lutte qui ne convenait plus guère à sa disposition d'esprit. Chaque jour il s'efforçait de se détacher peu à peu lui-même de toute préoccupation trop exclusive. Les lettres elles-mêmes, il s'efforçait de les oublier; mais ce goût constant de son esprit était plus fort que sa volonté : il y revenait toujours. Ses lettres au Père Quirini, où il l'exhorte à ne pas se laisser absorber par les études profanes, sont remplies de citations latines, tirées de Virgile ou d'Horace, qui font un singulier commentaire aux pieux conseils du prélat. Et chose plus remarquable encore, la fameuse *Lettre à l'Académie,* qui est devenue un des monuments littéraires de la langue, a été écrite par Fénelon en 1714, dans ces derniers temps si tristes. Le fait n'a pas été suffisamment remarqué, et il mérite de l'être, car il met dans une vive lumière l'étonnante vitalité de cet esprit qui semble n'avoir pas pu vieillir. C'est au milieu des chagrins qui l'assaillaient de toutes parts, entre deux tournées de confirmation dont il revenait épuisé de fatigue, que Fénelon écrivit dans sa soixante-quatrième année ces pages célèbres sur la littérature française, que l'on croirait sorties de la plume d'un jeune homme, tant il y circule de vie et d'idées. Tout est jeune dans ce charmant écrit où, en quarante pages, il a su dire tant de choses neuves et ouvrir des aperçus si originaux sur les lettres. Il n'y a pas jusqu'aux idées peut-être chimériques ou paradoxales qui n'aient un air de jeunesse et de naïveté qui étonne quand on se reporte au moment où elles furent écrites. La perfection du style et sa concision si française révèlent seules l'âge de l'auteur : il fallait être non-seulement un grand écrivain, mais avoir derrière soi une longue carrière de travail pour réunir à un si haut degré ces deux qualités, qui sont comme impossibles à acquérir sans le temps et l'expérience.

Il ne nous appartient pas d'analyser cet ouvrage, qui a été jugé si diversement, mais dont personne n'a contesté l'originalité et l'éclat. A côté de jugements sévères ou contestables, de théories d'une singulière hardiesse, il y a tels passages sur la poésie ou l'histoire qui contenaient alors de véritables découvertes, telles idées **neuves qui** sont devenues des lieux communs, mais que Fénelon a été le premier à mettre en circulation. On est vraiment confondu de la richesse inépuisable de ce merveilleux esprit, quand on songe que c'était presque un vieillard qui écrivait, comme en se jouant, ces pages qui ont plus fait pour sa réputation d'écrivain que toute sa controverse contre le jansénisme.

A voir Fénelon encore si jeune d'imagination et si épris du beau littéraire jusque dans les années qu'assombrissent les pensées de la vieillesse et de la mort, on se rend plus facilement compte du charme qu'il exerce autour de lui. C'est aussi durant ces deux dernières années qu'il eut avec Houdard de La Motte, ce fanatique défenseur des modernes dans la fameuse querelle qui divisait alors les gens de lettres, une correspondance littéraire où il sait rester neutre entre les deux partis, et se tirer avec une grâce charmante de la nécessité de prononcer entre eux. Il avait été mis par le chevalier Destouches en rapport direct avec ce singulier personnage, qui ne manquait ni d'esprit ni de talent, malgré ses théories étranges. L'adversaire des anciens chercha un moment à attirer Fénelon dans son parti, mais celui-ci se refusa à prendre place dans la lutte, comme il le dit au chevalier dans la lettre que nous avons citée plus haut. Les réponses à M. de La Motte, où il élude toute décision trop absolue, sont de vrais chefs-d'œuvre de finesse et de goût. Il fallait être le plus antique des écrivains modernes, pour savoir ainsi se jouer sur une matière aussi délicate, et s'il ne se prononce pas en faveur d'un des deux partis, il n'est pas difficile de deviner à travers les lignes à quel rang l'auteur de *Télémaque* place l'antiquité classique. La dernière lettre à M. de La Motte est datée de quelques jours seulement avant la maladie qui l'emporta. Une pareille souplesse d'esprit, un pareil intérêt pour toutes choses ne sont-ils pas bien remarquables, et n'est-il pas curieux de voir à quel point l'ancien défenseur du quiétisme avait su garder vivantes en lui toutes les admirables facultés qui sont, elles aussi, un don de Dieu, qu'il donne pour qu'on les développe et leur fasse porter des fruits? Et si l'on était tenté de reprocher à Fénelon ce goût si persistant pour les lettres comme peu en rapport avec la gravité de son état, il nous semble qu'il serait facile de répondre que c'était encore le beau sous une de ses formes les plus élevées et les plus pures, qu'il aimait en elles. Ce beau qui l'avait séduit dans la jeunesse, il l'avait trouvé en Dieu, et s'était donné à lui sans retour, mais il le poursuivait sans cesse et se plaisait à retrouver partout celui qui a inscrit son nom dans les vers du poëte comme dans le firmament étoilé.

L'été de 1714 vint rompre la réunion de famille qui était si douce au vieil oncle de Cambrai. Le marquis de Fénelon dut aller à Baréges soigner sa jambe, et l'abbé de Beaumont s'éloigna également pour se rendre aux eaux de Bourbon et faire ensuite une série de visites aux innombrables parents qu'ils avaient tous les deux dans le Périgord. Mais Fénelon eut une compensation qui lui parut fort agréable. M. Destouches vint lui faire une visite à Cambrai. Cette fois, il n'y revenait plus comme blessé, avec un billet de logement, mais en ami qu'on reçoit les bras ouverts. Cette visite, longtemps promise et toujours différée à cause des innombrables tournées épiscopales de Fénelon, eut lieu dans le courant de juin 1714, et fut une vraie distraction pour le prélat[1] : « Je ne veux plus de vous, lui écrit-il après son départ, il en coûte trop quand vous partez. Ne mangez pas et ne dormez pas trop, marchez un peu, et ne vous laissez pas appesantir. »

Une fois le chevalier parti, Fénelon reprit ses courses diocésaines, bien qu'il se sentît faible et en mauvais train. Sa fatigue était si grande qu'il songeait à se donner un coadjuteur ou même à se retirer; mais ce n'était pas chose facile

---

[1] *Lettres inéd.*, 111.

que de trouver quelqu'un qui lui convînt et fût apte à le soulager dans les travaux qui devenaient trop lourds pour lui[1] : « Je crois, écrit-il à son neveu de Beaumont, qu'il serait à propos que vous vissiez le Père Le Tellier pour lui parler de mon désir sincère d'avoir un coadjuteur : j'en aurais un vrai besoin ; mais il faut laisser entendre que j'aimerais mieux quitter ma place et me laisser donner un successeur que de prendre un coadjuteur que je ne connaîtrais pas à fond pour l'avoir éprouvé à fond un temps considérable en le faisant travailler avec moi... Pour une démission absolue, le temps orageux où nous sommes m'en éloigne... »

Ces projets n'aboutirent pas, et, il faut le dire, il est difficile de comprendre comment un esprit aussi ardent et aussi entier eût pu s'adjoindre un aide, qui est toujours, quoi qu'on fasse, une sorte de contrôle vivant. Fénelon était d'une nature trop indépendante pour s'astreindre à cette gêne, qui eût été plus grande que le secours apporté par un homme nouveau, qu'il eût fallu instruire et mettre au courant des affaires. Il reprit donc avec courage son travail de chaque année, et ces innombrables confirmations qui le tuaient. Fénelon, que rien ne pouvait décourager d'une entreprise une fois formée, eut dans cette même année, comme évêque, une dernière consolation. Depuis le jour de son arrivée à Cambrai, il avait désiré confier le séminaire de son diocèse à cette chère congrégation de Saint-Sulpice, d'où il était sorti. Ce projet qu'il avait, comme nous l'avons dit, déjà essayé à plusieurs reprises de faire arriver à bon terme, avait toujours été retardé, et il y avait même presque renoncé lors de l'orage que souleva son livre des *Maximes*. Cependant, lorsque tout fut calmé et qu'il n'eut plus à craindre de compromettre ses amis, il reprit son premier dessein, et réussit, peu avant de mourir, à obtenir du Roi la permission d'appeler

---

[1] *Corr. gén.*, II, 271.

à Cambrai les prêtres de Saint-Sulpice, et un ordre à ces « messieurs » de venir prendre la direction du séminaire. Il ne put achever lui-même cette entreprise, mais il y travailla jusqu'à son dernier jour avec une persévérance obstinée.

Le palais de Cambrai ne demeura pourtant pas vide pendant cet été de 1714 qui dispersa la famille de Fénelon : il fut, au contraire, envahi par une nouvelle troupe d'enfants, composée des fils du duc de Chaulnes et d'un de ses neveux, appelé M. de Montfort, qui était élevé avec ses cousins. Fénelon eut à garder ces petits-fils du bon duc de Chevreuse pendant un voyage de leurs parents[1] : « Je vous demande vos enfants, écrit-il au duc de Chaulnes, qui sont les miens, vers la Pentecôte, quand je serai revenu de mes visites. Ils ne m'embarrasseront en rien, j'en serai charmé, et je serai leur premier précepteur. »

La petite troupe des enfants du duc de Chaulnes vint donc prendre ses quartiers dans la demeure de Fénelon, qui les surveillait et les soignait de son mieux. L'ancien précepteur du duc de Bourgogne n'avait rien perdu de son goût et de son talent pour l'éducation des enfants, dont il démêlait le caractère avec une sûreté de coup d'œil surprenante. Le 23 juillet, il rend compte au père de la petite colonie de ses observations sur chacun des enfants, avec une finesse et une bonne grâce qui durent lui aller au cœur[2] :

« A Cambrai, 23 juillet 1714.

« Je profite avec plaisir de cette occasion, mon cher duc, pour vous dire librement des nouvelles de la petite jeunesse.

« M. le comte de Montfort est sage, raisonnable et sensible à la piété, quoiqu'il soit un peu léger, et inappliqué par le goût du plaisir. Il est prévenu de grâce, et j'espère que

[1] *Corr. gén.*, I, 584.
[2] *Corr. gén.*, I, 587.

Dieu le formera pour l'état ecclésiastique. S'il étoit un peu plus avancé en âge, et si j'étois moins vieux, j'aurois bien des desseins sur lui; je l'aime tendrement.

« M. le vidame a une raison avancée, un esprit net, ferme et décisif. Je trouve qu'il gagne beaucoup sur son humeur pour la modérer. Il s'adoucit; il veut plaire : il sent ses fautes; il se les reproche; il les avoue de bonne foi; il aime ceux qui le reprennent avec douceur. Son âpreté est grande; mais il fait beaucoup par rapport à son âge pour la corriger. Il a du courage, de la ressource, du sentiment et de la religion. C'est un très-joli enfant, qui donne de grandes espérances. Chacun l'aime céans, et on remarque en lui un véritable progrès.

« M. le comte de Piquigny a de l'esprit, de la hardiesse, de la facilité de parler; mais son humeur est forte, et il n'a pas encore assez de raison pour se retenir. Il est emporté, et il ne revient pas facilement de ces fantaisies ; mais il y a un fonds de raison et de force, duquel on peut attendre beaucoup. Il faut le mener avec une fermeté douce, patiente et égale. On ne peut point éviter de le corriger un peu; autrement il tomberoit dans de grandes fautes contre M. son frère même, qu'il veut frapper jusqu'à lui faire beaucoup de mal. On ne parvient pas même facilement à lui faire sentir son tort; il se roidit de sang-froid, et méprise la correction. Mais, pourvu qu'on l'accoutume peu à peu à se modérer, cet enfant aura des qualités très-avantageuses. C'est un naturel très-fort; il n'est question que de l'adoucir. L'âge, qui fortifie la raison, l'exemple, l'instruction, l'autorité, tempéreront cette impétuosité enfantine; il faut la réprimer.

« M. Gallet[1] est très-appliqué et très-affectionné pour l'éducation de ces enfants. Je lui dis sur eux ce qui me paroît le plus convenable, et il le reçoit à cœur ouvert. A tout

---

[1] Précepteur des enfants du duc de Chaulnes.

prendre, vous auriez des peines infinies pour trouver un homme qui eût autant d'assiduité, de patience, de zèle et de vertu que celui-là. Il mérite d'être ménagé, soulagé et traité avec considération.

« Pour la petite troupe, je suis charmé de l'avoir ici. Je les aime tendrement; ils me réjouissent, ils ne m'embarrassent en rien. Lors même que j'irai à mes visites, ils seront ici comme à Chaulnes. Naturellement la maison va toujours son train; ils ne me coûteront rien d'extraordinaire. Mon absence ne pourra pas être bien longue; je serai ravi de les retrouver ici. Si vous croyez que je ne leur sois pas inutile, usez de moi, en toute simplicité, non comme d'un homme qui vous honore parfaitement, mais comme d'un autre vous-même, avec lequel vous n'avez ni ménagemens ni mesures à garder. Votre famille m'est plus chère que la mienne. »

Quelques jours après, le duc ayant redemandé ses enfants dans la crainte de les imposer trop longtemps à Fénelon, celui-ci ne veut par les rendre, et lui écrit avec une affectueuse vivacité [1] :

« Cambrai, 12 août 1714.

« Les enfants, mon bon duc, ne me causent ni dépense ni embarras; au contraire, ils sont ma consolation. Votre discrétion est injurieuse, et j'en suis blessé. Puisque vous devez venir à Chaulnes dans deux mois, ne vaut-il pas mieux qu'ils vous attendent en ce pays, et que je vous les rende alors chez vous, que de les faire traîner à Paris, pour les ramener sitôt à Chaulnes, et puis les reconduire encore à Paris avant l'hiver? Je vais faire des visites, mais je n'y serai pas bien longtemps, et, en m'attendant, ils ne perdront pas leur temps ici. Voilà ce que je vous conseille très-simplement d'agréer. En votre place, je le trouverois bon. »

[1] *Corr. gén.*, I, 591.

En automne, Fénelon fit un court séjour à Chaulnes, où il se retrouva pour quelques jours au milieu de ce qui restait de la société où s'était écoulée sa jeunesse. Ce fut sans doute sa dernière joie, car il voyait refleurir dans le fils du duc de Chevreuse toutes les vertus de son père et retrouvait en lui cet ami si cher. Aucune lettre ne nous a conservé le souvenir de cette halte dans le chemin dont il allait atteindre le terme.

Pendant que, malgré son âge et sa gravité, Fénelon donnait ainsi avec tant de bonne humeur une longue hospitalité à de tout jeunes enfants, ses deux neveux, le marquis de Fénelon et l'abbé de Beaumont, couraient le Midi, suivis partout par la sollicitude de leur oncle. Ces voyages nous ont valu une dernière série de lettres dont nous ne pouvons résister au plaisir de citer quelques extraits. Le 22 mai, il écrit au grand abbé qui était arrivé au Bourbon, et y prenait les eaux, cette lettre, toute pleine de réminiscences classiques et d'une amitié exprimée avec cette grâce délicate qui n'appartient qu'à lui [1] :

« 22 mai 1714.

« Votre lettre de Cosne m'a réjoui, mon très-cher neveu. Le jeu poétique m'y amuse, et l'amitié qui s'y fait sentir m'adoucit le cœur. Je ne vis plus que d'amitié, et c'est l'amitié qui me fera mourir. Je ne vois ici le printemps que par les arbres de notre pauvre petit jardin.

...Jam lætæ turgent in palmite gemmæ.

Je vois aussi dans nos plates-bandes cet aimable objet.

Inque novos soles audent se gramina tuto
Credere; nec metuit surgentes pampinus austros.

. . . .

Sed tradit gemmas, et frondes explicat omnes.

[1] *Corr. gén.*, II, 247.

« Voilà les jeux d'enfans qui flattent mon imagination sous nos arbres. Oh! que je vous souhaiterois à leur ombre! Mais il faut vouloir que vous soyez au bain, et que vous fassiez provision de santé. M. l'abbé Delagrois me lit dans sa chambre, et m'entretient dans la mienne : il est gai; il a le cœur bon ; il a de la délicatesse dans l'esprit. Vous avez des espaces immenses à parcourir; vous allez égaler les *erreurs* d'Ulysse. Je compte tous vos pas, et mon cœur en sent le prix. Cette absence nous préparera la joie d'une réunion. Guérissez-vous, priez : soyez petit, souple dans la main de Dieu. Aimez qui vous aime avec tendresse.

« Les noyers morts m'ont affligé : c'étoit *ruris honos*. »

Pendant ce temps, l'autre neveu se dirigeait lentement vers Baréges, faisant en chemin visite sur visite à son innombrable famille (il avait treize frères et sœurs, et son oncle avait eu également quatorze enfants). Fénelon suivait de loin avec un soin minutieux les pérégrinations de son « cher Fanfan », et lui recommandait avec insistance de se soigner afin de remettre sa santé pour le reste de ses jours :

« A Cambrai, jeudi 28 juin 1714[1].

« Votre lettre de Montauban m'a fait un très-sensible plaisir, mon très-cher Fanfan; mais une lettre de Baréges me touchera encore davantage, et celle qui m'apprendrait votre entière guérison me comblerait de joie. Demeurez aux eaux jusqu'à la fin de l'automne si on vous le conseille, et faites tout avec patience : *Patientia magnam habet remunerationem*.

« J'ai ici depuis huit jours M. Destouches. Il badine joliment, il dort, il est vrai et bon pour ses amis; je voudrais qu'il le fût pour lui-même; mais... ma santé va à l'ordinaire..... Bonsoir, mon très-cher Fanfan. En Dieu, il n'y a

---

[1] *Corr. gén.*, II, 253.

pas loin de Cambrai à Baréges, ce qui est un ne peut être distant. »

Après une première série de bains prise en toute conscience, une seconde série fut jugée nécessaire, et Fénelon n'hésite pas à l'imposer à son neveu, malgré tout l'ennui de lui voir prolonger ainsi son séjour à l'autre bout de la France[1]. « M. Chirac, je le sais, lui dit-il, vous condamne à prendre Baréges comme votre désert jusqu'à l'automne. Lisez, priez Dieu, ennuyez-vous pour l'amour de Dieu. » Dans l'intervalle des deux saisons d'eaux, le marquis alla se reposer à Fénelon, berceau de sa famille. L'archevêque, qui n'avait pas oublié ces lieux de son enfance, lui écrit de nouveau[2] :

« A Cambrai, 2 août 1714.

« Vos deux lettres du 15 et du 19 de ce mois, mon très-cher Fanfan, m'ont appris que vous alliez à Fénelon. J'en suis très-content. J'aime bien que vous goûtiez notre pauvre Ithaque, et que vous vous accoutumiez aux pénates gothiques de nos pères. Mais ne vous séduisez pas vous-même : défiez-vous de deux traîtres, l'ennui, et l'impatience de vous rapprocher de ces pays-ci. Il faut vous exécuter en toute rigueur pour retourner à Baréges dans la seconde saison, si peu qu'il reste de doute raisonnable sur votre parfaite guérison. La patience est le remède qui fait opérer tous les autres.

« Vous me priez de vous écrire deux fois chaque semaine ; c'est ce qui est impossible pour Fénelon, à moins que les postes ne soient changées. Je n'ai jamais vu qu'un seul courrier chaque semaine de Paris à Tholoze (Toulouse) : il passe par Peyrac. S'il n'y a point de changement, vous ne pouvez ni envoyer ni recevoir des lettres qu'une fois en huit jours. Je ne me porte pas mal, excepté un peu de fluxion sur les dents.

[1] *Corr. gén.*, II.
[2] *Corr. gén.*, II, 263.

« Sachez, je vous prie, si ma nourrice est vivante ou morte, et si elle a touché quelque argent de moi par la voie de notre petit abbé. Mille choses à mon frère et à mes sœurs. Tendrement tout à vous et au chevalier. »

Ce n'était pas alors une petite entreprise que d'aller à Baréges, à plus de deux cents lieues de Paris, et, une fois le voyage fait, la dépense affrontée, il fallait en retirer le plus de profit possible. Le petit marquis, malgré ses protestations, dut donc épuiser le remède des eaux, et ne revint à Paris, toujours boitant, qu'à la fin d'octobre. Il retrouva l'abbé de Beaumont, qui, lui aussi, avait fini sa tournée de famille, comme il appelle quelque part son voyage.

La correspondance continue avec les deux neveux pendant leur séjour à Paris; mais peu à peu le ton change, à chaque lettre nouvelle il devient plus grave et plus solennel. On sent que celui qui tient la plume n'a plus devant lui que des pensées sérieuses et tristes. L'oncle est toujours aussi tendre, aussi préoccupé de ce qui regarde ceux qu'il se plaît à appeler ses enfants, mais il ne les voit plus que de loin, comme si la mort fût déjà entre eux et lui. Ce changement subit s'explique par un accident arrivé à Fénelon vers cette époque, qui fit une vive impression sur son esprit, et qu'il considéra avec raison comme un avertissement de sa fin prochaine. Les chevaux de son carrosse s'emportèrent en traversant un pont sur la Somme ; la voiture versa et faillit tomber dans la rivière. Voici comment il le raconte lui-même, avec sa bonne grâce accoutumée, au cher bonhomme, le chevalier Destouches [1] :

« 22 novembre 1714.

« Une assez longue absence a retardé les réponses que je vous dois. Il est vrai, cher homme, que j'ai été dans le plus

---

[1] *Lettres inédites*, 114.

grand danger de périr; je suis encore à comprendre comment je me suis sauvé. jamais on ne fut plus heureux en perdant trois chevaux. Tous mes gens criaient : Tout est perdu, sauvez-vous! Je ne les entendais point : les glaces étaient levées. Je lisais un livre, ayant mes lunettes sur le nez, mon crayon en main et mes jambes dans un sac de peau d'ours; tel à peu près était Archimède quand il périt à la prise de Syracuse. La comparaison est vaine, mais l'accident était affreux. Je vais être poltron sur les ponts auprès des moulins. Vous remarquerez, s'il vous plaît, que la roue du moulin qui touchait un des bords du pont sans garde-fou, commença tout à coup à tourner dans le moment où nous passions; un des chevaux du timon eut peur mal à propos, et nous jeta du côté où il avait grand tort de se précipiter; en périssant, il me sauva, car il arrêta le timon dans un trou du pont qui empêcha ma chute. » Personne ne fut atteint, mais la secousse avait été terrible, et Fénelon, déjà faible et malade, la ressentit très-profondément. Comme on s'empressait autour de lui après l'accident, il dit à son aumônier : « Bon, bon, à quoi est-ce que je sers dans le monde? Grand avertissement, au reste, de me tenir sur mes gardes, puisque j'ai pu mourir au moment où je m'y attendais le moins. » Il revint à Cambrai fort ébranlé, eut un accès de fièvre, puis son énergie habituelle triompha de cette défaillance, et il reprit sa vie accoutumée sans rien y changer. Mais le coup était porté, et au premier choc, cette frêle santé devait céder sans résistance. Fénelon, dans ses lettres à ses neveux, ne fait pas la moindre allusion à cet accident, mais il les presse de revenir auprès de lui avec une insistance presque fiévreuse qui est bien différente de sa sérénité ordinaire[1] : « J'ai une grande impatience de voir revenir l'abbé de Beaumont, dit-il au jeune marquis. J'écris à lui et à sa sœur,

---

[1] *Corr. gén.*, II, 278.

mais il ne me répond rien. Pressez-le très-fortement de ma part, je vous en conjure : j'ai réellement un grand besoin de lui. »

Le grand abbé s'oubliant un peu à Paris auprès de sa sœur qui était toujours malade, Fénelon écrit à son neveu, le 29 décembre 1714, deux jours avant de tomber malade, cette lettre qui clôt la correspondance de famille, et où on le retrouve tout entier [1] :

« Samedi au soir, 29 décembre 1714.

« Je te prie, mon cher petit Fanfan, de tirer notre bon Panta (*l'abbé de Beaumont*) de Paris, où il ne peut être retenu que par son goût contre sa grâce. Ne le tracasse point, mais fais-lui entendre qu'il ne convient pas de multiplier la dépense de mes chevaux. Je ne le désire point ici pour moi ; c'est pour lui. Je sais, Dieu merci, être seul et en paix. Il faut que tu le presses par amitié et par douceur, sans y mêler ton naturel. Aide-toi de sa sœur et du cher Put (*M. Dupuy*).

« Apporte-moi les *Caractères de La Bruyère* de la meilleure édition.

« Consulte MM. Chirac, Maréchal et La Peyronie sur ta jambe ; ce sera une occasion de les consulter sur la malade.

« Mille amitiés tendres au cher Put, qu'il me tarde d'embrasser tendrement. Oh ! que je t'embrasserai, mon petit Fanfan ! »

Mais c'est surtout dans les lettres à ses amis plus âgés qui pouvaient mieux le comprendre, que Fénelon montre le fond de son cœur, et ces pressentiments de la mort prochaine qui ne le quittaient plus. Dans ce même mois de décembre, il écrit une dernière fois au Père Quirini pour lui parler des affaires religieuses, cette lettre où respire une piété si sin-

---

[1] *Corr. gén.*, II, 284.

cère[1] : « Je prie Dieu de tout mon cœur qu'Il bénisse votre voyage de Rome, et qu'il soit utile à l'Église. Cette Église mère et maîtresse a besoin de saints encore plus que de savants. Elle doit nous instruire, et je veux sucer son lait comme un petit enfant. Mais il faut que l'autorité de ses exemples nous rende dociles, simples, humbles et désintéressés. Plus elle est contredite et méprisée, plus elle doit répandre au loin la bonne odeur de Jésus-Christ. N'allez donc pas augmenter le nombre de ces génies pénétrants et curieux que la science enfle, mais nourrissez-vous des paroles de la foi pour apprendre aux hommes à se renoncer et à être pauvres d'esprit. Pardon, mon Révérend Père, de ce zèle indiscret, mais plus je vous aime et je vous honore, plus je vous désire l'unique bien..... Priez pour moi : aimez un homme qui vous aime et qui vous honore. »

A tous ses amis, il écrit aussi avec un redoublement d'affection, mais aussi avec une tristesse qui ne lui est pas ordinaire.

Ainsi, le 28 décembre, il envoie à madame de Beauvilliers, encore dans toute la première douleur de la mort de son mari, ces lignes toutes pleines d'une éloquence mélancolique qui semble prophétique[2] :

« A Cambrai, 28 décembre 1714.

« Je vous supplie de me donner de vos nouvelles, Madame, par N... que j'envoie chercher. Je suis en peine de votre santé : elle a été mise à de longues et rudes épreuves. D'ailleurs, quand le cœur est malade, tout le corps en souffre. Je crains pour vous les discussions d'affaires, et tous les objets qui réveillent votre douleur. Il faut entrer dans les desseins de Dieu et s'aider soi-même pour se donner du soulagement.

---

[1] *Corr. gén.*, IV, 590.
[2] *Corr. gén.*, I, 601.

Nous retrouverons bientôt ce que nous n'avons point perdu. Nous nous en approchons tous les jours à grands pas. Encore un peu, et il n'y aura plus de quoi pleurer. C'est nous qui mourons : ce que nous aimons vit, et ne mourra plus. Voilà ce que nous croyons ; mais nous le croyons mal. Si nous le croyions bien, nous serions pour les personnes les plus chères comme Jésus-Christ vouloit que ses disciples fussent pour lui quand il montoit au ciel : *Si vous m'aimiez,* disoit-il, *vous vous réjouiriez* de ma gloire. Mais on se pleure en pleurant les personnes qu'on regrette. On peut être en peine pour les personnes qui ont mené une vie mondaine ; mais pour un véritable ami de Dieu, qui a été fidèle et petit, on ne peut voir que son bonheur, et les grâces qu'il attire sur ce qui lui reste de cher ici-bas. Laissez donc apaiser votre douleur par la main de Dieu même qui vous a frappée. Je suis sûr que notre cher N... veut votre soulagement, qu'il le demande à Dieu, et que vous entrerez dans son esprit en modérant votre tristesse. »

Cette lettre, qui a servi depuis lors à procurer quelques consolations à bien d'autres douleurs après celle de madame de Beauvilllers, est une des dernières que Fénelon écrivit. Certes, en traçant ces lignes sur la brièveté du temps qui reste à parcourir avant d'aller retrouver les amis perdus, il ne croyait pas qu'elles dussent se vérifier sitôt à son égard. Mais il sentait bien que la vie lui échappait, et il ne faisait aucun effort pour la retenir.

Je ne sais pas par quel hasard heureux une lettre de Fénelon adressée à une personne inconnue le 30 décembre 1714, veille du jour où il tomba malade, a échappé à la destruction et a été conservée. Cette lettre, si nous ne nous trompons, est écrite à une pauvre paysanne du diocèse d'Arras qui passait pour une personne d'une grande sainteté. Déjà, par le canal de M. de Montberon, Fénelon lui avait fait passer les avis les plus sages pour sa conduite spirituelle. Pressé, nous ne savons par qui, d'entrer directement en rapport avec elle, Fénelon lui écrivit ce qui suit[1] :

« A Cambrai, 30 décembre 1714.

« Je reçois, Madame, diverses lettres où l'on me presse de plus en plus de vous voir au plus tôt, de m'ouvrir à vous sans réserve et de vous engager à la même ouverture. Je ne sais d'où viennent ces lettres. Je suppose que ces personnes, inconnues pour moi, sont instruites à fond des grâces que Dieu vous fait. Je serois ravi d'en profiter, quoique je n'aie jamais eu l'occasion de vous voir. Je me recommande même de tout mon cœur à vos prières. Enfin je vous conjure de me faire connaître en toute simplicité tout ce que vous auriez peut-être au cœur de me dire. Il me semble que je le recevrois avec reconnoissance et vénération. Vous pouvez compter sur un secret inviolable. Pour ce qui est de vous aller voir, je ne manquerois pas de le faire si vous étiez dans mon diocèse ; mais vous savez mieux qu'une autre les réserves qui sont nécessaires dans toutes les communautés. Un tel voyage surprendroit tout le pays, et pourroit même vous causer de l'embarras. Les lettres sont sans éclat. Je recevrai avec ingénuité, et même, j'ose le dire, avec petitesse, tout ce que vous croirez être selon Dieu, et venir de son esprit. Quoique je sois en autorité pastorale, je veux être, pour ma personne, le dernier et le plus petit des enfants de Dieu. »

Tels étaient à la veille de sa mort les sentiments de cet homme qui, trente ans auparavant, paraisssait sur la plus brillante scène du monde, revêtu de tout ce qui peut charmer, qui semblait destiné à être la gloire du siècle vieillissant et digne d'arriver au premier rang. La vie avait fait son œuvre, et ce cœur qui, nous l'avouons sans peine, avait connu toutes les nobles ambitions, qui, pour avoir voulu regarder trop tôt

---

[1] *Corr. gén.*, IV, 594.

le soleil des choses divines, avait failli s'y aveugler, n'aspirait plus à cette heure suprême qu'après cette science du Christ que nous ne faisons jamais que bégayer, et demandait sans aucune affectation d'humilité à une pauvre femme ignorante, et non plus à une demi-prophétesse comme madame Guyon, de lui apprendre à marcher dans les voies de Dieu. Je ne sais si le lecteur partagera cette impression, mais il me semble qu'il y a quelque chose d'inexprimablement touchant à voir ce grand et ferme esprit, si illustre, si admiré, ce fameux directeur des âmes, s'humilier ainsi obscurément vis-à-vis d'une âme inconnue qui le dépassait peut-être en sainteté : il y a là un acte de pur amour pratique et d'oubli de soi-même qui montre à quel point le bel esprit, le penseur subtil et rêveur avait disparu pour faire place au chrétien défiant de lui-même, et qui croit toujours n'avoir rien fait dans cette conscience de son impuissance, qui fait le désespoir de ceux qui entrevoient ces sommets de la perfection.

Le 1ᵉʳ janvier de l'année 1715 qui devait finir une grande période de l'histoire, l'archevêque de Cambrai fut pris d'un violent accès de fièvre et obligé de s'avouer malade. Il se sentit aussitôt mortellement atteint; il comprit que la mort était à son chevet, et il ne songea plus qu'à s'y préparer : « Je n'en réchapperai pas, dit-il à quelqu'un de sa maison, je ne dois plus songer prochainement qu'à mourir. » De ce moment, en effet, toute autre pensée que celle de Dieu et de sa fin prochaine disparut de son esprit. « Soit dégoût du monde, dit Saint-Simon, obligé cette fois malgré lui de rendre hommage à Fénelon, si continuellement trompeur pour lui, et de sa figure qui passe, soit plutôt que sa piété entretenue par un long usage fût ranimée encore plus par les tristes considérations de tous les amis qu'il avait perdus, il parut insensible à tout ce qu'il quittait et uniquement occupé de ce qu'il allait trouver avec une tranquillité et une paix qui n'excluait que le trouble et qui embrassait la pénitence, le détachement, le soin unique des choses spirituelles de son diocèse, enfin une confiance qui ne faisait que surnager à la crainte et à l'humilité. »

La maladie, très-violente dès le début et accompagnée de vives douleurs, ne dura que six jours. Fénelon fut parfaitement simple et humble dans cette crise, qui déchire tous les voiles. Il se fit lire constamment l'Écriture Sainte, et surtout cette admirable épître de saint Paul qui est connue sous le nom de « Seconde aux Corinthiens ». S'occupant jusqu'au bout avec intérêt des affaires de son diocèse, il signait sans impatience les expéditions nécessaires, ne souffrant pas qu'on les remît. Mais il revenait toujours à la lecture des Saintes Écritures. « Répétez-moi, répétez-moi, disait-il, ces divines paroles. » Le troisième jour après le commencement de son mal, il reçut solennellement le saint viatique « dans sa grande chambre, en présence de tous les membres du chapitre ». Il avait lui-même vivement insisté pour recevoir cette dernière consolation des mourants. « Dans l'état où je me trouve, avait-il répondu à ceux qui croyaient que l'on pouvait attendre, je n'ai point d'affaire plus pressée. » Avant de recevoir la sainte communion, il adressa lui-même sans aucun trouble quelques paroles d'édification aux assistants. Le marquis de Fénelon et l'abbé de Baumont n'avaient pas encore quitté Paris. Prévenus aussitôt de l'état de l'archevêque, ils arrivèrent en poste dans l'après-midi du quatrième jour. Leur venue causa une joie sensible au malade, mais cette entrevue qui devait être si émouvante pour tous ne lui fit éprouver aucune agitation, tant il était déjà absorbé par les pensées de cette éternité dans laquelle il allait entrer.

M. de Beaumont avait amené de Paris le célèbre Chirac, premier médecin du Roi, qui jouissait alors d'une grande réputation. On essaya d'après ses avis de nouveaux remèdes, et entre autres celui de l'émétique, qui passait pour guérir toutes les maladies. Mais, malgré un léger soulagement qui ne dura guère, tous les efforts de l'illustre médecin restèrent impuissants, et il dut s'avouer vaincu comme les autres. Le matin du jour des Rois, le malade, dont le corps épuisé ne résistait plus au mal, s'affaiblit tellement qu'on lui administra les derniers sacrements. Puis il fit appeler son aumônier et lui dicta d'une voix forte et avec une profonde émotion la lettre suivante, adressée au confesseur du Roi, pour être remise au souverain aussitôt après que lui, Fénelon, aurait quitté le monde [1] :

« Cambrai, 6 janvier 1715.

« Je viens de recevoir l'extrême-onction : c'est dans cet état, mon Révérend Père, où je me prépare à aller paroître devant Dieu, que je vous supplie instamment de représenter au Roi mes véritables sentiments. Je n'ai jamais eu que docilité pour l'Église, et qu'horreur des nouveautés qu'on m'a imputées. J'ai reçu la condamnation de mon livre avec la simplicité la plus absolue. Je n'ai jamais été un seul moment en ma vie sans avoir pour la personne du Roi la plus vive reconnoissance et le zèle le plus ingénu, le plus profond respect et l'attachement le plus inviolable. Je prends la liberté de demander à Sa Majesté deux grâces, qui ne regardent ni ma personne ni aucun des miens. La première est qu'elle ait la bonté de me donner un successeur pieux, régulier, bon et ferme contre le jansénisme, lequel est prodigieusement accrédité sur cette frontière. L'autre grâce est qu'il ait la bonté d'achever avec mon successeur ce qui n'a pu être achevé avec moi pour messieurs de Saint-Sulpice. Je dois à Sa Majesté le secours que je reçois d'eux. On ne peut rien voir de plus apostolique et de plus vénérable. Si Sa Majesté veut bien faire entendre à mon successeur qu'il vaut mieux qu'il conclue avec ces messieurs ce qui est déjà si avancé, la

[1] *Corr. gén.*, IV, 595.

chose sera bientôt finie. Je souhaite à Sa Majesté une longue vie, dont l'Église aussi bien que l'État ont infiniment besoin. Si je puis aller voir Dieu, je lui demanderai souvent ces grâces. Vous savez, mon Révérend Père, avec quelle vénération je suis, etc. »

Cette lettre, « qui n'avait rien que de touchant, et qui ne convînt au lit de mort d'un grand évêque », comme dit Saint-Simon, fut comme le dernier regard jeté par Fénelon aux choses de la terre. Cela fait, il ne s'occupa plus, pendant le peu de moments qui lui restaient encore, que des choses du ciel. Pendant ces heures d'agonie qui précèdent la mort, il se consolait et se fortifiait en répétant sans cesse des paroles tirées de l'Écriture. Parfois, pendant de courts instants, la fièvre le privait de sa raison. Dès qu'il revenait à lui, il faisait à haute voix des actes d'abandon à la volonté de Dieu. « Cet abandon, dit le pieux auteur du récit de sa mort, cet abandon plein de confiance à la volonté de Dieu, avait été, dès sa jeunesse, le goût dominant de son cœur, et il y revenait sans cesse dans ses entretiens familiers. » Mais soigneux jusqu'au bout des moindres détails qui touchaient les autres, la dernière chose dont il s'occupa fut le soin de ses serviteurs. « Je vous recommande, dit-il à celui qui était chargé de gouverner sa maison, de prendre soin de mon domestique jusqu'à ce que mes héritiers aient réglé toutes choses; continuez à l'entretenir dans la charité et la subordination. »

La nuit du 6 au 7 janvier 1715 fut la dernière. « Je suis encore attendri, dit l'auteur du récit auquel nous empruntons ces détails, quand je pense au spectacle touchant de cette dernière nuit. Toutes les personnes de sa pieuse famille qui étaient réunies à Cambrai, M. l'abbé de Beaumont, M. le marquis de Fénelon, l'abbé de Fénelon, le chevalier de Fénelon, M. de l'Eschelle, autrefois attaché à l'éducation de M. le duc de Bourgogne, l'abbé de l'Eschelle et l'abbé Devime, leur neveu, vinrent tous l'un après l'autre dans ces intervalles de pleine liberté d'esprit, demander à recevoir sa bénédiction, lui donner le crucifix à baiser et lui adresser quelques mots d'édification. Quelques autres personnes qu'il dirigeait se présentèrent aussi pour recevoir sa dernière bénédiction. Ses domestiques vinrent ensuite tous ensemble, fondant en larmes, la demander, et il la leur donna avec amitié. M. l'abbé Le Vayer (de la congrégation de Saint-Sulpice), supérieur du séminaire de Cambrai, l'assista particulièrement à la mort cette dernière nuit, la reçut aussi pour le séminaire et tout le diocèse. M. l'abbé Le Vayer récita ensuite les prières des agonisants, en y mêlant de temps en temps des paroles courtes et touchantes de l'Écriture, les plus convenables à la situation du malade, qui fut environ une demi-heure sans donner aucun signe de connaissance, après quoi il expira doucement à cinq heures et quart du matin (7 janvier 1715). »

Le jour même de la mort de l'archevêque de Cambrai, tout le chapitre du diocèse se réunit solennellement pour écouter la lecture de son testament; ce document fort court était déjà assez ancien, puisqu'il portait la date de 1705; il est trop connu pour que nous le citions en entier. Fénelon y renouvelle dans les termes les plus formels la condamnation de son livre, soumet tous ses écrits au Saint-Siége et désavoue tous ceux qu'on pourrait lui attribuer après sa mort. « A Dieu ne plaise, dit-il, que je prenne ces précautions par une vaine délicatesse pour ma personne. Je crois seulement devoir au caractère épiscopal dont Dieu a permis que je fusse honoré qu'on ne m'impute aucune erreur contre la foi ni aucun ouvrage suspect... » « Je souhaite, continue-t-il, que mon enterrement se fasse dans l'Église métropolitaine de Cambrai en la manière la plus simple et avec le moins de dépense qu'il se pourra. Ce n'est point un discours modeste que je fasse ici pour la forme : c'est que je crois que les fonds qu'on pourrait employer à des funérailles moins simples doivent être réservés pour des ouvrages plus utiles, et que la modestie des funérailles des évêques doit apprendre aux laïques à modérer les vaines dépenses que l'on fait dans les leurs. » Il laissait tout ce qui pouvait se trouver d'argent comptant dans sa succession à l'abbé de Beaumont pour en faire des usages pieux convenus entre eux. Il ne laissait rien à ses neveux ni à sa famille, parce que n'ayant aucune fortune personnelle, il ne leur revenait rien de ce qu'il pouvait laisser après lui. « Quoique j'aime tendrement ma famille, dit-il à ce sujet, et que je n'oublie pas le mauvais état de ses affaires, je ne crois pourtant pas devoir lui laisser ma succession. Les biens ecclésiastiques ne sont point destinés aux besoin des familles, et ils ne doivent point sortir des mains des personnes attachées à l'Église. » On reconnaît bien à ce trait celui qui, bien des années auparavant et au scandale de quelques-uns, avait rendu ses bénéfices le jour de sa nomination à l'archevêché de Cambrai. Tout était, du reste, si bien réglé dans la maison de ce prélat, dit Saint-Simon, qu'il mourut sans devoir un sou, et sans nul argent[1].

Les funérailles de Fénelon furent faites comme il l'avait désiré, avec une extrême simplicité. Il n'y eut même point d'oraison funèbre comme il s'en prononçait alors en de pareilles circonstances. Le chapitre, craignant de déplaire au Roi et de réveiller d'anciennes discussions, « arrêta que messieurs les exécuteurs testamentaires examineraient s'il convenait de faire l'éloge du prélat ou, vu les circonstances, de déroger en ce point à la coutume, qu'ils seraient libres de prendre tel parti qui leur paraîtrait le plus sage ». M. de Chantérac et l'abbé de Fénelon étaient de trop bons imitateurs de leur maître pour hésiter de leur côté un moment; dès qu'ils virent l'incertitude de leurs collègues du chapitre, et sûrs d'être fidèles à l'esprit qui avait toujours animé Fénelon, ils décidèrent qu'il n'y aurait point de discours. Ainsi le

---

[1] Saint-Simon, XI, 447.

plus illustre évêque du siége de Cambrai, dont la mémoire honore encore l'Église de France, fut privé de cet hommage qu'on rendait alors à tout personnage marquant. On voit que ce n'est pas d'aujourd'hui seulement que date le désir immodéré de plaire au pouvoir qui s'est perpétué en France sous toutes les formes de gouvernement : mais les chanoines de Cambrai furent trop timides, et ils faisaient injure à Louis XIV s'ils croyaient s'attirer ses bonnes grâces, en manquant ainsi de respect à leur évêque. Ils se contentèrent d'annoncer au ministre sa mort par une lette toute remplie de l'expression de leurs regrets. « L'édification avec laquelle il a rempli toute sa vie les devoirs de l'épiscopat et la parfaite union qu'il nous a fait l'honneur d'entretenir avec nous jusqu'au dernier jour nous rendent si sensibles à sa mort que nous ne pouvons, Monseigneur, assez témoigner à Votre Excellence à quel point nous en sommes affligés. »

Il est difficile de savoir quels furent les sentiments de Louis XIV lorsqu'il apprit la mort de Fénelon. Eut-il quelques regrets d'avoir tenu rigueur à un homme d'un tel mérite, et quelque repentir de ne pas lui avoir donné un témoignage de cette estime que Fénelon ne pouvait pas manquer d'inspirer, même à ceux qu'il ne séduisait pas ? Certes, de pareils sentiments eussent été bien naturels ; ils étaient même si bien amenés par les circonstances qu'on a raconté que le Roi, en apprenant la nouvelle de la mort de Fénelon, s'était écrié avec tristesse : « Il nous manque bien au besoin. » Mais rien ne vient attester la vérité de cette exclamation, qui eût certainement très-vivement frappé les auditeurs. Aucun écrivain contemporain, pas plus Saint-Simon que les autres, n'en fait aucune mention, et il faut bien le dire, elle n'est pas dans le caractère de Louis XIV, qui ne revenait jamais sur un jugement qu'il avait une fois porté. Ses sentiments à l'égard de l'auteur du *Télémaque* étaient si connus que le successeur de Fénelon à l'Académie française, M. de Boze, qui fut reçu avant la mort du Roi, n'osa pas parler de ce livre fameux dans son discours de réception, et que M. Dacier, en lui répondant, garda le même silence prudent. Ainsi, rien ne peut faire croire que ses dispositions eussent changé à l'égard du « plus bel esprit chimérique de son royaume », et s'il eut une expression de regret, elle dut être de pure convenance. Puis, déjà malade et affaibli, le vieux Roi dut écarter au plus vite la pensée de la mort de Fénelon avec cette humeur des vieillards arrivés aux dernières limites de l'âge, contre ceux qui osent leur rappeler la mort en mourant avant eux.

Madame de Maintenon, cette ancienne amie de Fénelon, cette admiratrice d'autrefois qui l'avait si vite abandonné, fut plus sèche encore; peut-être le sentiment secret de n'avoir pas bien agi à son égard lui imposa-t-il une gêne qu'elle n'eut pas le courage de secouer ; toujours est-il qu'elle ne trouve en parlant de Fénelon au curé de Saint-Sulpice, M. de la Chétardie, qui était devenu son directeur, que ces quelques lignes d'une singulière froideur : « Je suis fâchée de la mort de M. de Cambrai, c'est un ami que j'avais perdu par le quiétisme, mais on prétend qu'il aurait pu faire du bien dans le concile, si on pousse les choses jusque-là. » Il est impossible d'être moins sensible et de donner une plus pauvre idée de son cœur que de parler avec cette froide tranquillité d'un ancien ami qu'on avait fait profession d'admirer et d'aimer. Aussi madame de Caylus, qui connaissait à fond le caractère de son illustre tante, lui écrit-elle, quelques jours avant la mort de Fénelon, ces quelques lignes, dont l'ironie ne dut pas échapper à madame de Maintenon, qui ne jugea pas à propos d'y répondre : « M. de Cambrai est bien mal : je suis assurée qu'on prie bien Dieu à Saint-Cyr pour lui, et que vous ne vous y oubliez pas. » En fait, ni Louis XIV ni madame de Maintenon n'eurent un mot de regret pour Fénelon : et il nous semble que d'autres sentiments à l'égard de celui qui est resté une des gloires les plus pures de la France, eussent fait plus d'honneur à leur cœur et à leur esprit.

Mais si la mort de Fénelon ne put secouer chez le Roi cette triste indifférence pour les personnes, que cause le pouvoir, elle fut vivement ressentie par tous les gens de bien en France et à l'étranger. Avec lui s'éteignait une des lumières du grand siècle, et l'Église de France perdait son plus illustre représentant. Dans le diocèse de Cambrai, l'affliction fut profonde; ses adversaires mêmes, les partisans avoués ou inavoués des doctrines jansénistes, furent plus affligés peut-être encore que les bons catholiques, parce que s'ils avaient trouvé toujours en Fénelon un adversaire intraitable sur les doctrines, ils avaient trouvé en lui la plus grande douceur et de grands ménagements. La place que Fénelon laissait vide parut même si difficile à remplir que le Roi la laissa inoccupée, ne trouvant pas de sujet digne de remplacer le grand évêque; il fallut plus tard toute l'insouciance effrontée du Régent pour mettre sur le siége de Fénelon son ancien précepteur, l'abbé Dubois, qui n'eut que le nom d'archevêque de Cambrai et n'y résida jamais. Hors de France, les regrets ne furent pas moins unanimes. Le pape Clément XI témoigna publiquement de son émotion, et laissa clairement entendre que la seule crainte de déplaire à Louis XIV l'avait empêché de le faire cardinal. Partout, dans ce qui formait alors l'Europe lettrée et civilisée, le nom de Fénelon fut loué à l'envi par les gens de lettres, et le souvenir de cette illustre mémoire fut si long à s'effacer que, bien des années plus tard, le chevalier de Ramsay fut admis comme docteur honoraire à l'Université d'Oxford, malgré sa conversion au catholicisme, uniquement parce qu'il avait été l'élève du grand Fénelon, *quod instar omnium est :* « ce qui répond à tout », dit celui qui le présentait.

Que dire maintenant des amis de Fénelon qui, suivant l'énergique expression de Saint-Simon, tombèrent dans l'abîme de l'affliction la plus amère? Ils perdaient en lui non-seulement le plus cher des amis, mais leur guide, leur maître toujours docilement écouté. Le petit troupeau privé de son pasteur garda fidèlement son souvenir ou plutôt ne se consola jamais de sa perte; ni les années ni les événements de la vie ne purent rendre moins vifs les regrets de ceux qui l'avaient approché. Ainsi l'archevêque de Cambrai, qui avait eu le rare bonheur de trouver des amis vrais et dignes de lui, eut le bonheur plus rare encore de n'être oublié par aucun d'eux; tous, chacun dans la mesure de ses forces, se consacrèrent à défendre sa mémoire, et, ce qui eût été bien autrement précieux à son cœur, pas un ne démentit ses leçons : tous surent, par une vie sans reproche, porter dignement le nom de disciples de Fénelon.

Le marquis de Fénelon, le cher Fanfan, ne trompa pas les espérances qu'il avait données à son oncle; après avoir suivi la carrière des armes aussi longtemps que ses forces le lui permirent, et y avoir fait preuve d'une bravoure plus qu'ordinaire, il fut chargé, sous le règne de Louis XV, de diverses négociations diplomatiques, où il sut faire apprécier la finesse de son esprit et le charme conciliant de ses manières. Il fut même quelque temps ambassadeur en Hollande au moment où se négociait la triple alliance. Il n'oublia pas un jour de sa vie ce qu'il devait à son oncle, et travailla sans cesse à défendre sa mémoire, soit en publiant quelques-uns de ses ouvrages, soit en faisant réfuter avec soin les pamphlets que ses ennemis ne se lassèrent pas même après sa mort de répandre dans le public, soit enfin en conservant avec soin les écrits de Fénelon qui ne pouvaient encore voir le jour. C'est lui qui publia en Hollande la première édition de *Télémaque,* faite avec soin sur le manuscrit original et digne de l'ouvrage. Fidèle aux traditions de sa famille, le marquis de Fénelon eut douze enfants de son mariage avec la fille du président Le Pelletier. Enfin cette existence si honorable, qui s'était passée tout entière dans l'accomplissement de tous les devoirs publics et privés, fut glorieusement tranchée à la bataille de Raucou, où M. de Fénelon, alors lieutenant général, fut tué d'un coup de canon à l'âge de cinquante-huit ans.

L'abbé de Chantérac ne survécut que quelques mois à son ami. Retiré à Périgueux dans sa famille, aussitôt après la mort de Fénelon, il ne put se remettre de la perte qu'il avait faite, et mourut à la fin de 1715, entouré de la vénération de tous.

L'abbé de Beaumont, qui était beaucoup plus jeune, fut nommé en 1716 à l'évêché de Saintes. Il y exerça longtemps les fonctions épiscopales avec une piété solide et une bonne grâce dans les manières qui rappelaient de loin l'archevêque de Cambrai, dont il garda aussi tout le zèle contre les jansénistes; il y mourut en 1744.

Le duc de Chaulnes devint maréchal de France, et continua à donner l'exemple d'un grand seigneur chrétien. Son neveu, M. de Montfort, cet enfant que Fénelon avait remarqué pendant qu'il le gardait à Cambrai, justifia ses prévisions, et fut plus tard le cardinal de Luynes, ami de la reine Marie Leczinska, et l'un des principaux et des plus vertueux prélats du royaume pendant le dix-huitième siècle.

Saint-Simon a laissé un trop touchant tableau de la fin de la vie de mesdames de Beauvilliers et de Chevreuse, toute consacrée aux bonnes œuvres et aux regrets de ce qu'elles avaient perdu, pour qu'il faille y revenir. Le souvenir de Fénelon resta lié dans leurs cœurs à celui de leurs maris, et elles y furent constamment attachées.

Cette fidélité de tous les amis de Fénelon, cette sorte de culte qui s'attacha à sa mémoire chez ceux qui l'avaient approché est très-touchante : on n'est ni si sincèrement ni si fidèlement aimé quand on n'est pas digne de l'être.

Le chevalier Destouches, auquel Fénelon avait laissé en mémoire de leur affection une bonne copie de son portrait fait par Vivien, comme un souvenir et un avertissement, garda, lui aussi, le souvenir de cette amitié qui l'avait honoré, mais continua à mener la vie d'un homme de plaisirs. Fénelon l'avait, en effet, toujours regardé comme un esprit incorrigible, et l'amitié qu'il lui témoignait n'avait jamais troublé la finesse de son jugement. Cette amitié même est une singulière preuve de cette tolérance envers les hommes qui s'alliait si étrangement en lui avec l'ardeur de la foi. Elle montre aussi qu'il était resté jusqu'au bout un homme d'esprit, et les gens d'esprit ne savent pas résister au charme de leurs pareils. Le chevalier Destouches avait été dans les dernières années de la vie du grave prélat comme une expression vivante de ce goût pour les lettres dont saint Augustin s'accusait encore dans sa vieillesse, comme ce rire discret que les gens les plus graves se permettent parfois au récit des bruits du monde dont ils sont sortis, mais qu'ils n'ont pas tout à fait oublié.

Mais les ennemis de l'illustre écrivain ne l'oublièrent pas non plus, et la mort ne les désarma pas. Pendant longtemps, ils travaillèrent à lier le souvenir de Fénelon uniquement à la fameuse querelle mystique qui avait donné lieu au livre des *Maximes des Saints,* afin de réveiller les soupçons et les défiances des gens de bien. Chaque fois que les héritiers de Fénelon voulaient publier ses œuvres, ils se heurtaient à une malveillance décidée qu'entretenaient les chefs du parti janséniste. La première édition parut en Hollande : le gouvernement, c'est-à-dire le cardinal Dubois, n'ayant pas permis au marquis de Fénelon de la faire imprimer en France, il dut même en retirer et faire détruire une édition de *Télémaque* à laquelle il avait ajouté le petit morceau intitulé : « Examen de conscience d'un roi. » Ce ne fut pas la dernière péripétie qu'eurent à subir les œuvres posthumes de Fénelon; mais il ne rentre pas dans notre sujet de faire l'histoire bibliographique de ses œuvres. L'histoire en serait curieuse, parce que les idées successives du dix-huitième siècle s'y reflètent assez exactement. Ajoutons seulement qu'une partie des écrits de Fénelon ne parurent dans toute leur intégrité que sous le règne de Louis XVI, dans l'édition bien incomplète encore qu'en prépara l'abbé de Fénelon, arrière-petit-neveu de l'archevêque, celui qui périt sur l'échafaud, malgré les réclamations des pauvres, pendant la Révolution.

L'acharnement des anciens adversaires de Fénelon ne se borna pas cependant à mettre des entraves à l'impression de ses ouvrages. L'un des anciens correspondants de Bossuet pendant le procès du livre des *Maximes,* l'abbé Phélipeaux, dont la partialité violente était bien connue, avait laissé en mourant un manuscrit intitulé : *Relation du Quiétisme,* avec ordre de l'imprimer vingt années seulement après sa mort. Le successeur de Bossuet sur le siége de Meaux ayant fait écrire une histoire de l'église de cette ville, où l'on racontait cette fameuse querelle avec impartialité et modération, l'abbé Bossuet, alors évêque de Troyes, fit imprimer en secret cette *Relation du Quiétisme* comme pour venger la mémoire de son oncle outragée. Or, ce récit n'était autre chose qu'un libelle contre Fénelon, si violent et si calomnieux qu'il fut condamné par un arrêt du conseil et brûlé par la main du bourreau, ce qui ne l'empêche pas d'être resté une des sources où l'on va puiser les détails de cette controverse fameuse. C'est ainsi que longtemps encore la mémoire de Fénelon fut livrée à la discussion. Puis, comme nous l'avons dit au début de cette étude, vinrent les philosophes qui voulurent s'emparer de ce grand nom et en faire une sorte de demi-philosophe. Il devint un des personnages favoris des déclamations de rhétorique. Voltaire, d'Alembert et Rousseau lui-même insinuèrent à l'envi qu'au fond, Fénelon avait été plus un philosophe qu'un chrétien, ou plutôt qu'à force de génie et de bonté, il s'était élevé, presque à son insu, au-dessus de la foi. De là le bon Fénelon, un

Fénelon patelin, doucereux, un peu ridicule, qui passe dans le domaine des livres de prix. La publication des œuvres de Fénelon et l'admirable portrait du prélat que Saint-Simon a tracé dans ses Mémoires ont ôté du crédit à cette légende sans la détruire entièrement. Mais la plume mordante du grand seigneur écrivain, qui avoue franchement n'avoir jamais aimé Fénelon, ne l'a guère mieux traité que les louanges hypocrites des philosophes. Le portrait si brillant, mais si amer, qu'il trace de lui, où tous les côtés faibles sont exagérés à plaisir, est plutôt un morceau littéraire achevé qu'une analyse véritable du caractère de Fénelon. Comment l'esprit élevé, mais étroit, de Saint-Simon, qui lui aussi avait les qualités d'un vrai citoyen, mais ne s'élevait pas jusqu'à la région des idées générales, eût-il pu juger avec équité cette nature à la fois rêveuse et ardente, où le goût de la contemplation des vérités éternelles se mêlait si étrangement au désir passionné du bien public, et à un besoin irrésistible d'activité?

Arrivé à la fin de la tâche que nous avons entreprise, nous espérons avoir montré à ceux qui auront eu la patience de nous suivre dans cette trop longue étude, que les divers jugements, copiés les uns sur les autres, que l'on répète sur Fénelon, ont étrangement défiguré la vérité, et qu'en l'étudiant de près, on voit se dégager une figure tout autrement vivante et digne d'admiration. Certes, nous n'avons nullement la prétention d'avoir découvert un Fénelon nouveau ou de changer le jugement de l'histoire; nous ne voudrions pas non plus affirmer que les critiques mises en avant contre lui soient dénuées de tout fondement. L'homme resta toujours vivant en Fénelon, et il eut sa part des faiblesses communes à tous ceux qui passent sur la terre; mais jamais cœur plus noble ne battit pour le bien et le beau. Et ces retours de désirs humains, cette ambition inavouée pour le bien public, cette opiniâtreté à défendre même les torts de ses amis, toutes ses impressions si vives sur les événements donnent un attrait de plus à ce caractère qui n'écrase pas l'humanité, malgré la hauteur à laquelle il s'élève. On sent, à suivre pendant quelques années cette vie de Fénelon, tout ce que lui a coûté de luttes et d'efforts cette poursuite un peu haletante de la perfection. Que de fois, dans l'amertume des diverses épreuves que la Providence lui ménagea, ne dut-il pas penser combien il est différent de parler du pur amour dans un cercle d'initiés, au milieu d'une cour brillante qu'il est doux de mépriser, et de mettre en pratique les leçons qu'il savait si bien donner! Mais il sortit vainqueur de la lutte, et se dépouilla peu à peu, mais constamment, de tout ce qui restait en lui de préoccupation personnelle. Le travail fut long, et la hache du bûcheron qui coupe sans merci les branches qui penchent vers la terre, dut plus d'une fois s'appesantir sur cet arbre précieux, mais il finit par s'élever droit vers le ciel. On nous accusera d'exagération; mais comment avoir vécu pendant longtemps dans le commerce d'une telle nature, comment avoir entrevu tous les trésors que Dieu y avait déposés, sans être un peu fasciné par sa grandeur et son éclat? Que dire aussi du plaisir d'avoir fait une plus intime connaissance avec l'écrivain qui fut la dernière gloire du siècle de Louis XIV?

Peut-être le lecteur trouvera-t-il comme nous qu'il y a peu de jouissance plus vive et plus pure que celle d'entrer dans le secret d'un homme tel que Fénelon, qui fut, par ses qualités comme par ses défauts, unique en son genre. De nos jours, où l'enthousiasme est si décrié, où le culte de la matière a remplacé le culte des idées, il y a peut-être autre chose qu'un plaisir de curieux à ramener, ne fût-ce que quelques esprits, vers les sources pures du bien; en leur donnant le nom de mysticisme, on a vite fait de s'en écarter et de les fuir; mais sous peine de tomber peu à peu dans un matérialisme qui ramène vite à la barbarie, il faudra bien y revenir.

Avec Fénelon se termine cette longue série d'esprits supérieurs et d'écrivains de génie qui, si différents, si contraires même parfois, avaient tous pourtant un trait commun : la croyance ferme et inébranlable dans les vérités religieuses. Depuis Malherbe et Sully, jusqu'à Racine et Fénelon, la France avait produit une suite de grands esprits, peut-être unique dans l'histoire du monde, tous groupés, pour ainsi dire, autour d'un centre commun. C'est ce qui donne à cette époque un caractère de grandeur et de force qui n'appartient qu'à elle. Fénelon mort, le siècle est clos; tout va changer dans la littérature comme dans le reste. Mais entre toutes ces grandes figures consacrées par l'histoire, et qui regardent passer les générations, il y en a peu de plus originales, de plus séduisantes même que celle de Fénelon, de cet esprit à la fois si vif et si mesuré, si épris du ciel, et malgré lui si ému des choses de la terre, si docile et si indépendant, de cet évêque mourant à la peine sous le fardeau des devoirs épiscopaux, qui était à la fois un vrai citoyen dans l'acception la plus étendue du mot et le plus tendre des amis. Jamais talent merveilleux d'écrivain ne fut uni à plus de noblesse de cœur, jamais chrétien fervent n'aima plus ardemment son pays. De tels êtres sont rares : Dieu ne les donne pas souvent à la terre. En apprenant à les connaître de plus près, on se prend à comprendre mieux combien sont utiles au monde et dignes d'envie ceux qui, suivant ces paroles de l'*Imitation* que Fénelon dut méditer plus d'une fois, ont appris, fût-ce au prix d'une vie de souffrances, « à mépriser ce qui passe, et à aimer ce qui dure éternellement ».

FIN.

TABLE DES MATIÈRES

Avant-propos I

CHAPITRE PREMIER.
Fénelon à Cambrai après la condamnation du livre des *Maximes des Saints*. — Sa vie. — Sa maison. — Ses amis. — Les trois abbés. — Les jeunes neveux. — Madame de Montberon. — Visite de l'abbé Le Dieu (1699-1700) 1

CHAPITRE II.
Les correspondants de Fénelon à Versailles. — Les deux ducs. — Les *Lettres au duc de Bourgogne*. — Attitude à l'égard du Roi et de la cour. — La première campagne du petit prince. — L'entrevue de l'auberge de Dunkerque. — Conseils pour la conduite du duc de Bourgogne à la cour (1699-1708) 55

CHAPITRE III.
Œuvres et administration épiscopale. — Première polémique contre les jansénistes. — Activité littéraire. — Situation de Fénelon dans son diocèse et en France (1700-1710) 123

CHAPITRE IV.
La guerre en Flandre. — Campagne de 1708. — Le duc de Bourgogne à l'armée. — Oudenarde et la prise de Lille. — Soin des malades et des blessés. — Dévouement de Fénelon. — Marlborough et le prince Eugène. — L'hiver de 1709. — Histoire de la conversion du chevalier de Ramsay. — Jacques III à Cambrai. — Mort de l'abbé de Langeron (1708-1710) 169

CHAPITRE V.
Correspondances sur l'état de la France. — Désirs de la paix. — Conseils politiques. — L'évêque de Tournai et les Hollandais. — Nouvelles polémiques contre les jansénistes. — Lettres aux amis de Versailles et à Fanfan. — Le chevalier Destouches. — L'examen de conscience d'un roi. — Mort de Monseigneur (1710-1711) 241

CHAPITRE VI.

Le duc de Bourgogne Dauphin. — Espérances de Fénelon et de ses amis. Conseils et avis. — Les « Tables de Chaulnes ». — Espérances de paix. — Visiteurs à Cambrai. — Le Père Quirini. — Mort du Dauphin (1711-1712) 305

CHAPITRE VII.

Ténacité et persévérance de Fénelon. — Nouveaux mémoires sur le gouvernement. — Les lettres sur la religion. — Fénelon et Saint-Simon. — La Bulle *Unigenitus*. — Le maréchal de Munich. — Mort du duc de Chevreuse et du duc de Beauvilliers. — Fin des relations de Fénelon avec la cour (1712-1714)................................ 357

CHAPITRE VIII.

Les derniers jours de Fénelon. — Correspondance avec le duc de Chaulnes, le marquis de Fénelon et l'abbé de Beaumont. — La lettre à l'Académie et la correspondance avec Houdard de Lamotte. — Assiduité aux devoirs épiscopaux. — Maladie et mort de Fénelon (1714-1715).. 404

FIN DE LA TABLE DES MATIÈRES.

PARIS. TYPOGRAPHIE E. PLON, NOURRIT ET Cie, RUE GARANCIÈRE, 8.

www.ingramcontent.com/pod-product-compliance
Lightning Source LLC
Chambersburg PA
CBHW060516230426
43665CB00013B/1541